HOW TO WIN PPP

A FULL ANALYSIS OF
FINANCING AND CONSTRUCTION

张大平　主编

完胜PPP

融资与建造的全域解析

黄华珍◎等著

法律出版社
LAW PRESS·CHINA

目　　录

第三编 融资与监管

第四编 风险与合同

一、本书其他撰稿人简介

张大平：工学博士研究生，英国里丁大学 CEM 学院工料测量文凭，日本筑波大学、日本建筑安全协会日本国建筑安全管理证书，英国剑桥大学访问学者。英国皇家特许测量师协会（RICS）会员、澳大利亚测量师协会（AIQS）会员、美国工程成本协会（AACE）会员。

骆杰：民商法学博士研究生，现就职于国内保险监管机构，主要研究方向为保险业法、健康保险、互联网保险等，论文被《海商法保险法评论》《保险法前沿》等丛书收录。

郭楠：法学硕士，现就职于某部委，从事棚户区改造和公租房相关工作。

孙杰：经济学博士，美国夏威夷大学和东西方中心高级访问学者，现就职于国内大型银行机构。主要研究领域：金融、银行业务、宏观经济等，出版《开放经济条件下中国产业结构调整》《公务员绩效工资制度》两本著作，在《金融研究》《中国软科学》《中国金融》等刊物发表学术论文三十多篇。

王亚利：经济法硕士，经济法学硕士，现就职于某国有大型银行，从事一线对公信贷及非信贷实操工作。

綦赞超：经济法硕士，现就职于某国有大型信托有限责任公司法务部门，从事各类型信托项目合规审核和风控管理工作。

李越川：金融博士，具有多年投行业务经验，曾协助多家大型企业集团筹建金融机构。现就职于某大型私募股权基金，主要投资领域为基础设施、新能源、装备技术、高新技术领域。

耿胜先：法学博士，现就职于中国保监会，主要从事保险学、保险法研究，参与国家级、省部级课题多项，在核心刊物发表论文十余篇。

袁圆：法学硕士研究生，现就职于某国有大型保险投资公司法务部门，具有丰富的保险另类投资法律服务经验。

王瀚培：民商法博士，现就职于国有资产管理公司法务部门，主要研究方向为公司法、物权法，代表作有《公司权力中心变迁与公司法的回应》《预告登记与

“买卖不破租赁”之矛盾及化解》。

刘峰：税务师，律师，青年财税俱乐部发起人，现任职于汇源集团，曾在税务局工作7年，当前主要从事投融资、新三板等资本运作业务。

二、本书撰写分工

第一编　何为PPP　黄华珍　郭　楠　骆　杰
　第一章　PPP基础理论
　　第一节~第三节　黄华珍　骆　杰
　　第四节~第五节　黄华珍
　第二章　PPP发展现状
　　第一节　骆　杰
　　第二节　黄华珍　郭　楠
第二编　操作与流程　黄华珍
第三编　融资与监管
　第六章　银行　孙　杰　王亚利
　第七章　信托　綦赞超
　第八章　基金　黄华珍　李越川
　第九章　保险　黄华珍　耿胜先　袁　圆
　第十章　退出机制　黄华珍
　第十一章　PPP项目税务处理　刘　峰
　第十二章　PPP项目投后管理要点　张大平　邹雪云
第四编　风险与合同
第十三章　PPP项目合同体系
　第一节　PPP项目合同体系概览　王瀚培
　第二节　PPP项目合同核心条款案例解析　黄华珍　王瀚培
第十四章　PPP项目风险分配　黄华珍

　　全书由黄华珍、张大平统稿审定。

前　言

近一年来，“PPP”这个词成为工程界、金融界、法律界、咨询界热议的话题。自国发2014年43号文禁止地方融资平台为地方政府“输血”以来，基础设施建设模式便悄然发生重大变革，中央多次强调要通过PPP方式解决基础设施和公共产品融资问题。一时间，不少在建工程拟转为PPP模式，而新建项目则多以PPP模式操作。

然而，与政府“热”形成鲜明对比的是，施工单位、金融机构等社会资本最初呈现出“冷”的反应。此前不少施工单位折戟BOT等“垫资”项目，因此业内绝大多数企业严格控制该类项目。金融机构普遍认为PPP项目风险过大，一度持观望态度。2015年，有专家调研后总结认为中国PPP政府“热”、民间“冷”，国企“热”、民企“冷”，中西部欠发达地区“热”、东部发达地区“冷”，精辟地描述了当时PPP的实施状况。

然而，随着中央密集出台一系列鼓励PPP的政策性文件和逐步完善规范PPP操作的文件，不断释放肯定性信号，各市场主体从最初的怀疑、观望，逐渐走向尝试、探索。从2015年年底开始，部分PPP项目开始落地，有专家预测2016年下半年将迎来一个PPP项目落地高峰。

其实，无论是在中国还是在其诞生地——英国和其他国家，PPP模式都遭受着各种质疑和非议。有外国专家甚至极端地认为，PPP所能带来的好处已被其具有的坏处完全抵销。在中国，PPP最令人质疑的是地方政府的“信用”问题，不少从业人员担心在PPP项目长达几十年的合作过程中，地方政府因换届等原因不信守合约。笔者认为，在基础设施建筑史上，没有一种模式是完美的，早期由私人资本提供公共产品服务的模式以及后来完全由政府部门提供服务的模式均广受诟病。PPP模式未必是最好的基础设施供给模式，但是却是目前中国最急需的模式。

与一个缺乏硬约束的财政体制所可能带来的系统性风险相比，PPP“高成本”的弊端显得不足为道。举凡在分权的政治体制下实施财政预算制的现代国家，大都面临着扩大基础设施供给与缩小财政赤字的矛盾，而 PPP 模式能起到政府“出表”的作用。在我国，PPP 模式将投资、建设、运营一揽子打包给社会资本方，还能解决工程建设质量低下的顽疾，因为社会资本方为了提高项目收益率，通常会提高建设质量以减少返工风险，降低运营成本。

当然，PPP 模式实践过程会遭遇很多困难与障碍，如各参与主体经验不足、政府信用风险等，其中最突出的当属法律障碍。目前所有规范 PPP 的政策性文件尚未上升至法律层面，相关部门制定的文件又存在诸多冲突，而且与其他法律法规之间也存在矛盾和冲突。尽管有关部门在牵头制定 PPP 法，然而现行《招标投标法》《政府采购法》两大法本身的冲突难以通过 PPP 单行法的立法得到解决。PPP 法制建设是一个系统性工程，尤其是规范“资源配置”和“采购”环节的法律法规亟待统一协调，中国式 PPP 任重道远！

自 2015 年以来，笔者有幸从事 PPP 法律服务，目睹了 PPP 落地的艰难过程。在法律服务过程中，感到部分从业人员对 PPP 模式存在一些知识盲区和误区，尤其是部分建筑业人士不了解融资知识，而部分金融界人士也不了解 PPP 建造知识，便决定撰写一本建筑界、金融界 PPP 从业人员所需要的、贯穿 PPP 融资与建造全过程的书籍。幸运的是，这一想法得到了金融界、工程咨询界 PPP 从业人员的鼎力支持。历时一年，本书终于呈现在读者面前。

本书第一编概括性地介绍了 PPP 的基本概念、本质、作用、发展现状、主要政策性文件以及各种运作模式。第二编结合政策文件内容，梳理介绍了 PPP 模式的操作流程和重点环节注意事项。第三编介绍了银行、信托、基金、保险等 PPP 主要融资机构的融资条件、模式和风险控制要点。第四编在总结分析过去 PPP 失败案例的基础上，系统性地梳理了 PPP 模式运作过程中可能存在的风险，并提出风险管控对策，同时以案例解析的方式分析了 PPP 项目合同重点条款。第五编介绍了 PPP 税务处理问题。

中国式 PPP 仍在路上，我们的认识有粗浅不当之处，欢迎各位读者批评指正、交流探讨。

黄华珍
2016 年 8 月 1 日

第一编　何为 PPP

第一章
PPP 基础理论

改革开放三十余载，社会资本规模迅速扩张，现已成为推动我国经济平稳、健康、可持续发展的重要力量。我国经济步入“新常态”，面对处置“三期”叠加的现实考验和实现“十三五”战略目标的历史重任，加大基础设施的投资和建设力度成为各级政府应对当前困难形势的共识，但与社会不断增长的基础设施投资需求相伴，现有投资模式在资金、技术、管理等方面不足的逐渐显现，政府直接投资模式已很难满足当前现实需要。因此，汇集利用社会资本并发挥其竞争优势是现实选择，也是必由之路。PPP（Public-Private Partnerships）正顺应了该潮流。按照官方的说法，PPP 模式是转变政府职能、提升国家治理能力的一次体制机制变革，是深化财税体制改革、构建现代财政制度的重要内容，是稳增长、促改革、调结构、惠民生的重要抓手。集万千宠爱于一身的 PPP 究竟为何物？何以得到政府如此高度的重视？这些都值得予以重点探讨。

第一节　PPP 的定义

PPP 一般译为“公私合作伙伴关系”，国内官方用语是“政府和社会资本合作”或“政府和社会资本合作模式”。目前，全球范围内对 PPP 还没有统一的标准模式，BOT（Build-Operate-Transfer）、BOO（Building-Owning-Operation）、BOOT（Build-Own-Operate-Transfer）、TOT（Transfer-Operate-Transfer）、PFI（Private Finance Initiative）等多种融资模式都在扮演者 PPP 的角色，在城市基础设施建设中发挥了重要的作用。PPP 模式作为一系列特定融资模式的总体概念，代表了私人部门与公共部门不同程度的合作关系。各国政府及多边组织结合实践，基于自身对合作主体、方式、内容等的把握和理解，逐渐形成了符合本区域经济社会特点的定义。

一、国内代表性定义

（一）法律法规层面

《关于推广运用政府和社会资本合作模式有关问题的通知》（财金〔2014〕76号）指出，政府和社会资本合作模式（PPP）是在基础设施及公共服务领域建立的一种长期合作关系，通常模式是由社会资本承担设计、建设、运营、维护基础设施的大部分工作，并通过“使用者付费”及必要的“政府付费”获得合理投资回报；政府部门负责基础设施及公共服务价格和质量监管，以保证公共利益最大化。

《国家发展改革委关于开展政府和社会资本合作的指导意见》（发改投资〔2014〕2724 号）指出，政府和社会资本合作模式（PPP）是指政府为增强公共产品和服务供给能力、提高供给效率，通过特许经营、购买服务、股权合作等方式，与社会资本建立的利益共享、风险分担及长期合作关系。

《国务院办公厅转发财政部发展改革委人民银行关于在公共服务领域推广政府和社会资本合作模式指导意见的通知》（国办发〔2015〕42 号）指出，政府和社会资本合作模式（PPP）是公共服务供给机制的重大创新，即政府采取竞争性方式择优选择具有投资、运营管理能力的社会资本，双方按照平等协商原则订立合同，明确权利关系，由社会资本提供公共服务，政府依据公共服务绩效评价结果向社会资本支付相应对价，保证社会资本获得合理收益。

可见，财政部、发改委与国务院办公厅对 PPP 的定义略有差异，财政部更强调财政约束、政府监管；发改委更强调政府与社会资本的“利益共享、风险共担、长期合作”关系，强调“特许经营、购买服务、股权合作”的三种合作方式；国办则强调 PPP 是公共服务供给重大创新，强调政府与社会资本方的平等合作关系。但三者也有共同之处：一是均认为 PPP 是政府与社会资本在基础设施与公共服务领域建立的长期伙伴合作关系；二是认可社会资本与政府存在职责分工，社会资本提供服务，政府负责必要的付费、监督等。

（二）学理层面

学界目前从 PPP 的功能、融资形式、合同体系等角度出发阐释定义，但尚未形成统一认识。常见的观点有:(1)公共部门与私人部门在基础设施建设中通过正式协议建立起来的一种长期合作伙伴关系。① (2)公共部门与私营部门通过建立伙伴关系来提供基础设施产品/服务的一种运行机制。② (3)企业获得政府的特许经营权,提供传统上由政府负责的基础设施、公用事业的建设与服务的方式。③ (4)私人企业与公共部门合作的融资模式。④ (5)公共部门和私人部门为提供公共产品或服务、实现特定公共产品的公共效益而建立的项目全生命期合作的契约关系。⑤

二、国外代表性定义

联合国培训研究院认为:PPP 涵盖了不同社会系统倡导者之间的所有制度合作方式,目的是解决当地或区域内的某些复杂问题。其包含两层含义:其一,满足公共产品需要而建立的公共和私人倡导者之间的各种合作关系;其二,为满足公共产品需要,公共部门和私人部门建立伙伴关系进行的大型公共项目的实施。⑥

欧盟委员会(European Public-Private Partnership Expertise Centre)的定义认为,PPP 是指公共部门和私人部门之间的一种合作关系,其目的是提供传统上由公共部门提供的公共项目和服务。⑦

加拿大 PPP 国家委员会(Canadian Council for Public-Private Partner-ships)指出,PPP 是指公共部门和私人部门之间的一种合作经营关系,它建立在双方各

① 参见连红军:《中小企业参与 PPP 模式与技术创新关系的实证研究》,载《改革与战略》2011 年第 5 期。

② See Yelin Xu, John F. Y. Yeung, Albert P. C. Chan, et al., "Developing a Risk Assessment Model for PPP Projects in China-A Fuzzy synthetic Evaluation Approach", Automation in Construction, 2010, pp. 929 – 943.

③ 参见程哲、王守清:《非盈利性医院 PPP 项目融资的框架结构设计》,载《中国卫生事业管理》2011 年第 4 期。

④ 参见杨超、唐莹:《PPP 项目投资决策的优化研究综述》,载《企业天地家》2011 年第 13 期。

⑤ 参见叶胜甦、易朋成、吴书霞:《PPP 项目控制权本质探讨》,载《科技进步与对策》2011 年第 13 期。

⑥ See "United Nations Institute for Raining and Research", PPP For sustainable development, 2000.

⑦ See The European Commission Guidance for successful PPP, 2003.

自经验的基础上，通过适当的资源分配、风险分担和利益共享机制，最好地满足事先清晰界定的公共需求。①

美国 PPP 国家委员会（National Council for Public-Private Partnerships）认为，PPP 是介于外包和私有化之间并结合了两者特点的一种公共产品提供方式，它充分利用私人资源进行设计、建设、投资、经营和维护公共基础设施，并提供相关服务以满足公共需求。②

标准普尔认为，PPP 是公共部门与私人部门之间长期合约关系的媒介，包括风险分担和多部门之间的专有技术人才和融资共享，从而达到理想的政策结果。

世界银行集团（World Bank Group Public-Private Partnership in Infrastructure Resource Center，PPPIRC）认为，PPP 是指公共部门与私人部门为提供公共资产或服务而签订长期合约，其中私人部门承担了相当大的风险和管理责任，且报酬与实施效果挂钩。

可见，上述定义的一个共同之处是：均认为 PPP 是政府与社会资本之间建立的长期合作关系，但所界定的 PPP 内涵各有不同，导致其外延也各不相同。比如在联合国的定义里，政府与社会资本的 PPP 合作关系所针对的标的是公共产品与大型项目。而欧盟的定义则更为广泛，包括一切公共项目和公共服务。世界银行则强调私有部门承担了大量风险，并通过绩效取得报酬。美国的 PPP 模式仅局限于外包与私有化模式之间的中间模式，但我国的外包与私有化本身也是 PPP 的模式。

总之，目前 PPP 还缺乏一个统一的定义，每个国家 PPP 的外延也不一样。在美国，政府与社会资本在公共产品、公共服务领域的合作都可以称作 PPP，例如政府与保险公司合作医疗保险也作为 PPP 的一种实践，但是在我国“大病保险”通常不以 PPP 命名；再如政府与社会资本共同进行科技开发也是 PPP 的实践，但我国 PPP 通常局限于基础设施等“硬件服务”领域，尚未扩展至这些“软服务”领域。当然，国外的定义对我国也有借鉴意义，随着政府与社会资本合作的深入开展，越来越多的领域均可以尝试 PPP 模式操作。

---

① See Allan R J. ,“PPP：a review of literature and practice”，Saskatchewan Institute of Public Policy ：Public Policy Paper，1999.

② See The National Council For PPP，USA. ，For the good of the people：using PPP to meet America’s essential needs，2002.

三、PPP 的实质

通过对上述不同角度定义的分析,可以归纳出 PPP 三个层面的含义:第一,从广义上讲,是指公共部门和私营部门共同参与生产和提供物品和服务的任何安排,如合同承包、特许经营、补助等公共服务的制度安排;第二,是指一些复杂的、多方参与并被民营化了的基础设施项目;第三,是指企业、社会贤达和地方政府官员为改善城市状况而进行的一种正式合作,在这种情况下,企业超越了其市场角色,介入到学校、就业培训、市区复兴、城市再开发等领域,政府超越了税收者和市政服务者的角色,变成了不动产开发者、商业信贷者。

从运行机制上看,PPP 模式使民间资本融入基础设计建设项目的整个链条中,不再单纯扮演项目承包者的角色,在减轻了财政部门在项目上资金投入压力的同时,可以发挥社会资本的效益和价值,获取利益。在项目实施中,政府通过给予私营部门相应的政策优惠,推动社会资本积极参与政府项目,从而帮助政府部门的项目焕发活力。私营部门能够全面参与建设,将自身的技术和管理方式运用到操作中,使政府部门建设项目的质量和效率有一定程度的提高。

进一步而言,公私合作机制即伙伴关系无疑是 PPP 的本质,其显著区别于传统特许经营模式下的简单合同关系或行政管理关系。从普遍的商业意义上来说,伙伴关系是一种商业公司的组织形式。当两人或两人以上为了商业利益聚集在一起,自愿组成联盟时,他们就形成了伙伴关系。伙伴关系成立的前提是,伙伴方共享利益并且相应地共同分担损失。从伙伴关系的主要要素来看,一是所有个体都要分享项目的风险和收益;二是合伙人间以投资多寡来分配收益权;三是合伙人共同对所有的债务、义务和承诺负有无限责任;四是合伙人在项目决策中拥有等量的权力;五是所有合伙人对项目拥有对应的产权,尽管他们可能同意由其中一个合伙人独自占有公司使用项目中的设施或者其他固定资产。

综上,伙伴关系的形成,是政府与社会资本合作的本质要求,也是 PPP 的应有之义。分析定义也是围绕该内核进行演化,尽管在实现方式上的异同造成了定义间的差异,但目的价值上的趋同又使不同定义间存在某种内在的联系,并且随着合作的深入和新合作模式的产生,定义更是与时俱变,并不断体现出其时代特征。

第二节　PPP 与相关概念的关系

一、PPP 与特许经营

（一）特许经营的含义

特许经营是指政府将某项公共服务职能，通过一定行政或经济程序，授予企业在约定的时间和范围内享有和利用，企业承担相应的义务。特许经营也可称为特许权，来源于英文 concession。2015 年 4 月六部委联合颁发的《基础设施和公用事业特许经营管理办法》第 3 条对特许经营进行了界定，“指政府采用竞争方式依法授权中华人民共和国境内外的法人或者其他组织，通过协议明确权利义务和风险分担，约定其在一定期限和范围内投资建设运营基础设施和公用事业并获得收益，提供公共产品或者公共服务。”但该规定仍未明确特许经营的法律属性及其与 PPP 的关系。通过了解国外 concession 的相关法律和解释，可对特许经营的含义有更准确的理解。

欧盟于 2000 年在关于特许权的解释性通讯中对公共设施特许权的解释具有较强代表性。① 该通讯对公共设施特许权和公共服务特许权两种情况的特许权进行了详细说明。其定义的特许权是指下述政府行为：通过该行为，公共机构以合同或（取得第三方事前同意情况下）单边行为将通常应由其负责的全部或部分对某种服务的管理职能委托给一个第三方，由该第三方承担风险。此外，联合国国际贸易法委员会（UNCITRAL）2001 年出版了《UNCITAL 关于私人融资基础设施项目立法指引》，该指引以特许权作为立法的基础。明确说明“在很多国家，公共服务属于政府垄断或受特别法管辖。在这种情况下，由非公共机构实体提供公共服务通常要求适当的政府机构作出授权。在不同国家法律下不同的表述被用来界定此种授权行为。常用表述包括下属词语：特许权（concession）、特许（franchise）、许可（license）或租约（lease）。

（二）特许经营的特征

概括而言，特许经营具有以下四个方面的特征：一是以公共事务为经营对

① Commission interpretative communication on concessions under community law，2000.

象。特许经营下移交给社会资本管理的公共事务，属政府应承担之职能，即政府在公共教育、科技、文化、卫生、基础设施、公共用房、社会保障、环境等一般社会事务上满足公共需要的职能，可简单概括为公共产品和公共服务。公共事务的主体是政府，目的是提供社会服务，而非获取利润，这与私人部门的逐利本性存在根本区别。二是以政府为授权方。基于公共事务的公共性，管理公共事务既是政府的权力，也是其义务，因而特许经营的授权方应为政府。三是项目被授权方为社会资本。特许经营在于本应由政府承担之特定公共事务不由政府从事，而将之授权于社会资本。四是特许经营项下公共事务的经营权被委托给社会资本。不同于一般政府工程合同中政府仍是公共事务的经营者，特许经营中公共事务的经营权被委托给社会资本方。

可见，特许经营的核心是经营权的排他性授予；被特许企业从事的活动是经营活动，自负盈亏；用户直接向经营主体付费。授予特许经营权，属于《中华人民共和国行政许可法》中第 12 条规定的“可以设定行政许可”的事项，即“有限自然资源开发利用、公共资源配置以及直接关系公共利益的特定行业的市场准入等，需要赋予特定权利的事项”。如政府特许自来水的经营企业，许可的过程是行政行为，其规定定价机制、经营范围、规划方向等，企业的行为则属于经营行为，自负盈亏。该特许经营中未规定政府向企业付费，而是通过将政府的公共服务权利和义务让渡给被授权企业，企业获得收费权，向用户收取水价。

（三）特许经营与 PPP 的关系

由于当前在国内外，PPP 主要应用范围是“基础设施和所谓公共建设的领域，具体是通过特许经营来实施和完成的”，[①]特许经营在实践中内容与 PPP 存在相当程度的重合，在部分政府文件中对二者并不予以明确区分，大多情况下将特许经营作为 PPP 的一种表现形式予以列示。

从两大法系该问题的历史演进来看，无论是 PPP 立法还是特许权立法实际上代表了两大法系两种立法思路的演变。PPP 这一称谓来源于英美法，最早称为 PSP（Private-Sector-Participation），由于 PSP 强调私人部门参与，容易与私有

---

① 摘自发改委秘书长李朴民、法规司司长李亢就《基础设施和公用事业特许经营管理办法》回答记者提问文字实录。

化混淆，后一般称PPP。由于英美法系具有重实用、重解决问题的传统，不严格讲究法律关系和法律体系的建构，因此，PPP概念包罗万象、应用灵活。不论是否构成特许权，只要是一种长期合作关系，在这种关系下转移了政府的实质风险，皆可称为PPP。而大陆法国家更重视法律体系建设和法律概念严谨。大陆法系国家在规范私人投资公共设施建设的初期，试图通过特许权界定私人投资公共设施领域的行为，但基于特许权的内涵和特征，其更适用于用户付费或用户付费加政府可行性补贴的情形，因此这些国家认识到特许权法不能涵盖PPP的全部形式。如项目实施中由私人资本负责融资、建设和维护，但公共服务本身并不转移给私人资本，因而无法纳入特许权的框架内。

欧洲复兴开发银行曾对PPP发展情况予以总结，发现过去十年来，该银行所覆盖区域的国家倾向于将立法侧重点从以BOT为主的特许权转向更广范围的PPP安排，包括不一定包含建设或用户付费的合同，以及期限更短的管理合同和委托合同。最近几年来很多国家除了制度特许权法律外，还制定了PPP法律。例如法国，过去只有特许权法，2008年通过了PPP法，将政府付费DBFOM合同定义为合作合同（Partnership Contract）。巴西2004年通过PPP法，规定了政府资助和完全政府付费的合同形式，但仍然定义为特殊类别的特许权。

通过以上对特许权含义和PPP含义的分析，以及两种立法思路的发展，我们可以简单总结PPP和特许经营的关系如下：

1. 特许经营属于广义PPP的一种形式，若PPP合同构成了政府将公共事务的经营权转移，则构成特许经营。

2. 特许经营的公共事务一般须具有经营性，不具有经营性的公共事务，一般认为无法设定特许经营；但也有国家（如巴西）通过创造行政特许权，将社会资本经营此类公共事务的合同界定为一种特殊的特许权，该类特许权通过PPP法规定。

3. 特许经营并非PPP实施过程的必备内容。如政府并未将公共事务的经营权转移给社会资本的情况下，显然不构成特许经营，但社会资本承担了融资、建设、维护等风险和责任，并根据绩效获取报酬，所以也属于PPP的一种形式。

4. 在合同组成上，PPP强调的是政府和社会资本之间的合作关系，其本身并不是一种独立、统一的合同形式，而是在公共事务管理中通过合理分配风险和利益形成的政府和社会资本之间的长效合作机制，表现为各种类型的合同组成的合同群，如管理合同/委托合同、特许经营合同、服务合同等，或者通过股权转让合同建立合资关系。特许经营合同只是 PPP 合同群中的一种。

二、PPP 与传统 BOT

传统 BOT（Build-Operate-Transfer），即建造—运营—移交，是指由国内外投资人或财团发起的，通过获取政府基础设施建设的特许权，而进行融资、建设和运营，在整个特许期内通过现金流量支付本息，并从中获取收益，在特许期结束后全部交还政府的运作模式。社会上广泛存在 BOT 与 PPP 在定义认识上的混同，认为 PPP 就是 BOT。在逻辑关系上，BOT 仅是 PPP 的一项实现方式，并在实践中发展出多种形式，如 BOO、BOOT 等。

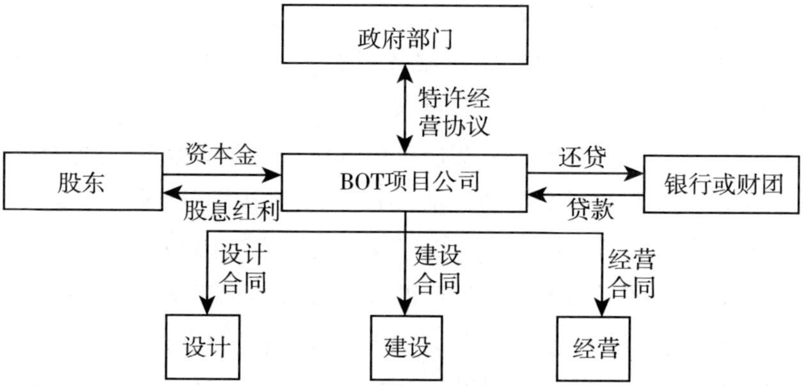

图 1.1　BOT 模式

BOT 与 PPP 的共同点主要包括：一是这两种融资模式的当事人都包括融资人、出资人、担保人；二是两种模式都是通过签订特许权协议使公共部门与私人企业发生契约关系的；三是两种模式都以项目运营的盈利偿还债务并获得投资回报，一般都以项目本身的资产作担保抵押。

二者的区分，在于 BOT 仅为 PPP 的一种实现方式。当然，传统 BOT 与 PPP 模式略有不同，体现在：一是两者组织机构设置不同，传统 BOT 模式参与项目的公共部门和私人部门之间是以等级关系发生相互作用的，传统 PPP 模式是政府、营利性企业和非营利性企业基于某个项目而形成的以“双赢”或“多赢”为理念的相互合作形式，参与各方可以达到与预期单独行动相比更为有利的结果；二是两者运行程序不同，两种模式的不同之处主要在项目前期，PPP 模式中私人企业从项目论证阶段就开始参与项目，而传统 BOT 模式则是从项目招标阶段才开始参与项目，PPP 模式中政府始终参入其中，而在传统 BOT 模式中在特许协议签订之后政府对项目的影响力通常较弱。

三、PPP 与政府购买服务

政府购买服务是指通过发挥市场机制作用，把政府直接提供的一部分公共服务事项以及政府履职所需服务事项，按照一定的方式和程序，交由具备条件的社会力量和事业单位承担，并由政府根据合同约定向其支付费用。①

PPP 与政府购买服务有着千丝万缕的联系。由于两者的还款来源中都含有“政府付费”的内容，国家发改委甚至在《关于开展政府与社会资本合作的指导意见》（发改投资〔2014〕2724 号）中，将政府购买服务作为 PPP 模式的一种类型。但在具体操作过程中，两者还是存在较大差别的。

第一，还款来源不同。政府购买服务只有一个还款来源即政府付费。PPP 的还款来源通常由政府付费和使用者付费两部分组成。

第二，操作流程不同。政府购买服务由制定政府购买服务管理办法、纳入政府购买指导性目录、财政承受能力评估、确定购买主体、明确采购方式、选择承接主体、采购资金纳入未来年度预算、签订政府购买服务协议八个关键环节构成。相比而言，PPP 项目的操作流程则复杂得多。根据财政部发布的《政府与社会资本合作模式操作指南（试行）》（财金〔2014〕113 号）的文件要求，一个完整的 PPP 项目必须履行项目识别、项目准备、项目采购、项目执行、项目移交 5 个步骤 19 个操作环节，程序多，流程长。

第三，对项目运营的要求不同。政府购买服务不包括项目建成后的运营，而典型的 PPP 项目往往包含项目的运营环节。

第三节　PPP 的本质与作用

一、PPP 的本质

2014 年国发 43 号文终结了地方融资平台为地方政府融资输血的地位，2015 年预算法改革更将地方政府债务纳入全口径预算管理。在经济下行的背景下，要“稳增长”，地方政府只有加杠杆，传统“影子银行”关门大吉，只得求助

① 《政府购买服务管理办法（暂行）》，财综〔2014〕96 号。

于 PPP 模式。所以李克强总理在 2014 年 10 月的国务院常务会议上提出“要大力创新融资方式，积极推广政府与社会资本合作（PPP）模式”。2015 年 3 月，财政部长楼继伟在两会答记着问中提及政府和社会资本合作（PPP）表示，在公共部门财政困难的情况下，应通过 PPP 等方式积极调动私人资本参与基础设施发展。可见，从政府的角度看，PPP 模式本质上是一种融资方式。

由于 PPP 自身具有较强的理念性，从现实的角度出发，学界和实务界立足外延特征对其概念的界定较多，对其本质特征的分析着墨相对较少，甚至如德国学者 Norbert Portz 所言，“试图去总结是什么或者应该是什么几乎没有任何意义，它没有固定的定义，并且也很难考证这个含义模糊的英文单词的起源”。认识论告诉我们，实践和认识是推动事物发展的两个方面，二者缺一不可，对事物本质的认识无疑是实践的奇点，人们正是通过对事物本质的逐步揭示，才得以不断推动事物的发展。

单纯从文意上理解，PPP 就是公私合作伙伴关系，其参与者主要涉及公共部门和私人部门。对于何为公共部门，学界多数认为是指以公共事业单位为代表的公共企业。言及内涵及范围，发达国家普遍强调企业产生的制度背景，认为公共企业应是立法机关通过相关法律创设的公法制企业，在我国无疑主要是国有企业。但从制度特征分析，PPP 模式独特之处就在于私人部门在政府公共部门的指导和监督下，从事公共产品生产和供给活动。据此，公共部门指向的对象显然不应仅局限于国有企业，所有具有指导和监督作用的部门，如政府的相关财政、税务、国土资源、环境保护等部门，也可纳入公共部门的范围。对于私人部门，国际主流观点认为一般是私人企业，国内学者则习惯于按照所有制形态予以界定，认为国有企业以外的其他所有制类型企业均为私人部门。显然，该种基于政治、经济、意识形态等历史因素的区分显然与当前 PPP 的现实需要和实践相背离。根据 Bovaird 的定义“PPP 是指公共部门与公用事业领域以外任意组织结成的契约关系”，①基于此，私人部门应为公用事业领域外的任何组织，在相应契约安排下，国有企业也可成为特定合作关系中的私人部门。实际上，在近期中国官方的相关表述中，私人部门的界定也开始出现新的变化。如财政部在《2014 年财政预算报告》中的定义为“政府与社会资本合作模式”；而随后召开的国务

① See Bovaird T.，“Developing New Forms of Partnership with the Market in the Procurement of Public Serices”，Public Administration，2006，pp. 81 – 102.

院常务会议，也将首批推出的基础设施工程明确视为“鼓励社会资本参与”的项目。由此可见，公私部门之间的边界正逐渐跨越所有制的界限，传统“私人部门”的称谓也开始被内涵更广泛的“社会资本”代替。

审视各国 PPP 社会实践，虽实现方式各异，但都具有合作关系持久性和关联性的特点。从合作性质出发，PPP 实质上是一张公私混合的组织网络，①其吸引社会资本的关键是通过制度安排和机制设计建立长期稳定的合作关系，明确政策预期以降低政策风险。与传统公用事业运作中私营部门与公共部门谋求短期对价的合约关系不同，PPP 中各方深度合作并绑定为利益整体，共同承担责任和风险，通过运营久期和风险久期的对冲，实现长期连续的合作。

因此，PPP 作为一种公共产品的供给理念或模式，究其本质应是公共部门与私人部门间建立的以市场化为基础、以相应合同群确立的权利义务为制约、以实施公共产品供给为目的的一系列长期合作关系。社会上有种流行的观点将 PPP 的本质放在了融资模式创新上，立足于引入社会资本，拓宽融资渠道，缓解政府财政压力之上，而忽略了 PPP 作为一种新型公共产品供给模式，融资仅仅是其中的一个环节。与公共产品供给的传统三种模式（政府供给、市场或企业供给、第三部门供给）相比，PPP 模式是公共部门与私人部门以伙伴关系进行充分协作、共享共建的新方式。所以我们理解 PPP 的本质不应放在化解地方政府债务危机上，而应在于充分发挥社会资本和政府各自的“专业”优势，更好地满足人们对公共产品和服务的需求，以及服务供给结构改革的需要。

二、PPP 的作用

PPP 模式之所以能够在经济社会发展的过程中、在各大基础设施建设和公共服务提供上焕发旺盛的生命力，是因为其符合市场经济的基本特征、生产要素科学分配的客观规律以及我国经济转型升级步入“新常态”的历史要求。PPP 模式炙手可热的原因在于，与以往政府开展基础设施建设和提供公共服务的模式相比，更符合市场化的特点，提高资本利用的效率，对政府治理能力和治理体系的现代化具有巨大的推动作用。PPP 模式的优势体现为宏观和微观两个层次。

---

① See Milward H. B. , Provan K. G. , “Governing the Hollow State”, Journal of Public Administration Research and Theory, 2000, pp. 359 – 380.

（一）宏观作用

党的十八届三中全会通过的《中共中央关于全面深化改革若干重大问题的决定》指出，经济体制改革是全面深化改革的重点，其核心是处理好政府和市场的关系。《“十三五”规划建议》中明确提出要发挥投资对增长的关键作用，深化投融资体制改革，优化投资结构，增加有效投资。发挥财政资金撬动功能，创新融资方式，带动更多社会资本参与投资。创新公共基础设施投融资体制，推广政府和社会资本合作模式。政府和社会资本合作模式（PPP）很好地把市场在资源配置中的决定性作用与政府在经济发展中的引导作用结合在一起，充分利用市场机制和资源，增加、改善和优化公共产品和服务供给，推动经济更有效率、更加公平、更可持续发展。从公共管理理论上分析，在 PPP 模式中，政府不必制定公共服务的详细技术规范或为某个公共设施加以设计，而只需要对所要实现的公共服务成果进行描述并规定标准。这样的制度安排可以弥补政府部门在专业知识和人力资源方面的缺陷，充分利用私人部门的优势并发挥其能动性。具体而言，其优势体现在以下几个方面：

第一，PPP 模式可以有效缓解政府部门在基础设施上的融资缺口，通过私营资本的融资解决财政瓶颈的问题和促进高效的风险管理。新《预算法》的颁布实施，使地方政府融资平台渠道被切断，加之正在推动的集体建设用地、宅基地平等入市改革也将削弱地方政府在土地流转环节的资金来源，可以预见在未来很长一段时间，地方政府的基础设施供给能力将受到严格约束而趋于下降。与此同时，我国仍处于城镇化的上升通道，据有关部门测算，未来 20 年将要有 4 亿 ~5 亿农村人口市民化，至少需要 40 亿 ~50 万亿基建投入，城镇化改革对公共设施和公共服务的需求迫切，地方政府面临严峻考验。面对上述难题，社会资本参与融资的 PPP 模式亦可以不受公共预算约束的影响，直接为公共服务和基础设施提供私人部门融资支持；此外，在政府付费的 PPP 模式下，政府部门实际上将一次性的资本投入转化为整个合同期间的长期固定费用支出，从而有效缓解了短期预算约束所受到的限制。

第二，PPP 模式可以促进公共设施和服务提供效率的提升，利用私营资本的高效管理提高公共工程项目的绩效水平。PPP 模式注重社会资本的参与，使政府和私营部门合理分担风险，有助于激发非公有制经济的活力，市场化方式的运用可以提高资源的配置和使用效率，在运营管理上实现公私部门优势互补，推动基础设施建设和运营的质量水平、绩效水平、管理水平的进一步提升，为公众提供更好的公共服务。

第三，PPP 模式可以推动政府与市场关系的厘清，有助于政府治理体系和治理能力现代化的建设。该模式对政府部门角色的双重定位要求政府部门必须从根本上区分效率导向的出资人职能和公平导向的监管职能。过程设计合理、实施高效透明的 PPP 模式有助于政府、企业、公共设施和服务的最终消费者之间建立起良性的互动互信关系，最终实现政府治理能力的持续改善，同时推动我国基础设施发展的市场化和产业化。

（二）微观作用

微观层面上，PPP 模式带来的不只是社会资本，还包括出资方的知识技能、管理经验、创新能力、市场约束等“附加值”。其核心价值在于，在社会资本的催化之下，PPP 项目往往更具效率。具体而言，体现在下列方面：

一是 PPP 模式下，公共部门不再兼任项目的投资、建设和监督等工作，有益于解决管理人员的问题；二是能够以潜在的巨大市场和稳定的投资回报吸引更多优秀的民营资本介入，在增强投资主体多元化的同时刺激民营经济的发展，并使用管理技术和方法解决提供公共产品过程中的问题；三是该模式下，政府通过政策扶持提高民营资本投资基础设施项目的积极性，并保证民营资本“有利可图”，私人企业处于预期服务效果对自身经济利益影响的考虑而强化执行阶段的流程控制，公司合营所形成的长期伙伴关系可实现民营资本的永续收益；四是 PPP 模式使企业来承担相应的项目风险，起到了分散政府风险的作用。

第四节　PPP 项目运作方式

PPP 模式有许多种不同的操作方式，下面我们将介绍 PPP 模式的各种常见的运作方式，并针对运用它们投资时的风险进行简要分析。

一、PPP 运作模式概要

PPP 项目可以根据收费定价机制、项目投资收益水平、风险分配基本框架、融资需求、改扩建需求和期满处置等因素选择适当的具体运作方式，PPP 项目的运作方式根据不同的标准产生不同的类别。如世界银行综合考虑资产所有权、经营权、投资关系、商业风险和合同期限等因素，将 PPP 分为服务外包、管理外包、租赁、特许经营、BOT/BOO 和剥离六种模式；欧盟委员会按照投资关系将 PPP 分为传统承包、一体化开发和经营、合伙开发三大类；加拿大 PPP 国家委员会按照转移给私人部门的风险大小将广义 PPP 细分成了 12 种模式。在我国，PPP 项目主要运作模式分类大致如表 1.1 所示：

表 1.1　PPP 运作模式

分类		项目运作模式	含义
外包类	模块式外包	MC	Management Contract 管理合同
	整体式外包	O&M	Operations Maintenance 委托运营
		DBO	Design-Build-Operate 设计—建设—运营
特许经营类		TOT	Transfer-Operate-Transfer 转让—运营—移交
		ROT	Rehabilitate-Operate-Transfer 改建—运营—移交
		BOT	Build-Operate-Transfer 建设—运营—移交
		BLOT	Build-Lease-Operation-Transfer 建设—租赁—运营—移交
		BOOT	Build-Own-Operation-Transfer 建设—租赁—运营—移交
		BLT	Build-Lease-Transfer 建设—租赁—移交
		BTO	Build-Transfer-Operation 建设—移交—运营
		DBFO	Design-Build-Finance-Operate 设计—建造—融资—经营
私有化类		BOO	Build-Own-Operate 建设—拥有—运营

二、PPP 运作模式分类

按照项目标的不同，上述各种 PPP 运作类别可分为存量项目与新建项目（如表 1.2 所示），适合存量项目的有 MC、O&M、TOT 、ROT 模式，适合新建项目的有 BOT、BLOT、BOOT、BOO、BLT、BTO、DBO、DBFO 模式。总体而言，存量项目没有新建、改建项目中的建设风险，但存量项目可能面临其他风险，例如 TOT 模式面临着并购项目中常见的存量资产处置、员工安置等复杂问题，因此不可一概而论何者风险更大。

表 1.2　PPP 项目类型对应运作模式

PPP 项目类型	PPP 运作模式
存量项目	MC、O&M、TOT 、ROT
新建项目	BOT、BLOT、BOOT、BOO、BLT、BTO、DBO、DBFO

按照政府与社会资本承担职责的不同与风险大小，上述模式可以分为外包类、特许经营类以及私有化类（如图 1.2 所示）。外包是指将基础设施或公共产品的服务或管理外包给社会资本。私有化是指将基础设施或公共产品的整体产权让渡给社会资本，同时项目建设、运营、管理、服务也由社会资本全权负责。根据我国法律法规，特许经营是指“各级人民政府依法选择中华人民共和国境内外的企业法人或者其他组织，并签订协议，授权企业法人或者其他组织在一定期限和范围内建设经营或者经营特定基础设施和公用事业，提供公共产品或者公共服务的活动”。

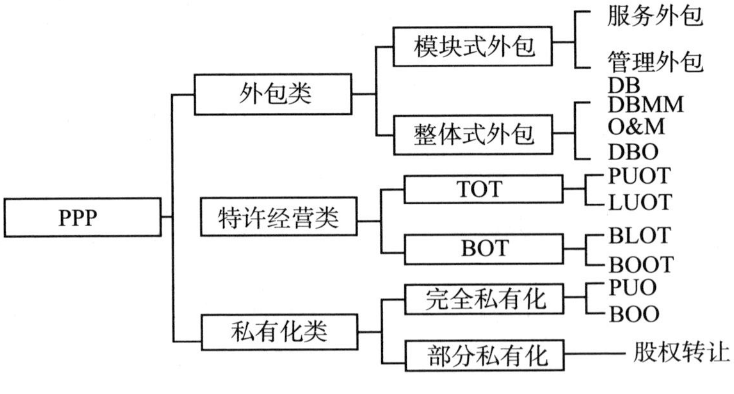

图 1.2　PPP 运作模式分类

外包模式下政府仍然保留大部分职责,社会资本风险较小;而私有化模式下政府职责最小,社会资本职责最大,相应其权利也较多;特许经营模式则是一种折中模式(如图 1.3 所示)。具体到各特许经营模式,每种模式下政府与社会资本风险大小也不同,后文我们将详解。

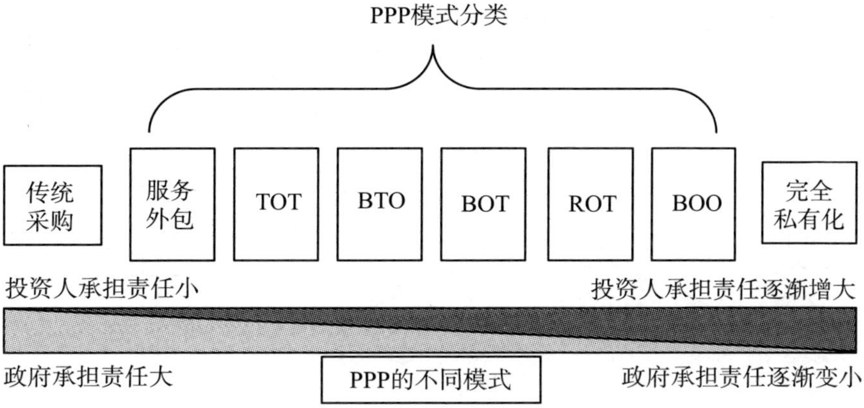

图 1.3　PPP 各运作模式风险对比

如图 1.4 所示,财政部 PPP 研究中心综合对比了各种 PPP 运作模式。若项目为存量项目,则视其是否引入社会资本方资金:如果不引入资金,仅引入技术或管理,则可采用 MC、OM、LOT 模式;若需要引入资金,则视其是否为改扩建项目,如是,则可采 ROT 模式,若仅是并购存量项目,则采 TOT 模式。若项目非为存量项目,则视其是否引入管理:不引入管理的,为 BT 项目;引入管理的,则又视其是否引入资金,不引入资金的为 LOT 项目,引入资金的,又分为是否移交,不移交的为 BOO(私有化)项目,移交的为 BOT 项目。

所谓 LOT 是指 Lease-Operate-Transfer,即租赁—运营—移交,指将存量及新建公共资产的运营管理职责、维护职责以及用户服务职责转移给社会资本的 PPP 运作模式,政府仍然承担公共资产投资的职责并保留公共资产的所有权。LOT 是 TOT 的过渡模式,可以省去 T(并购)的繁琐,从广义上讲,属于 MC 模式范畴,所以上文我们没有单独列示。

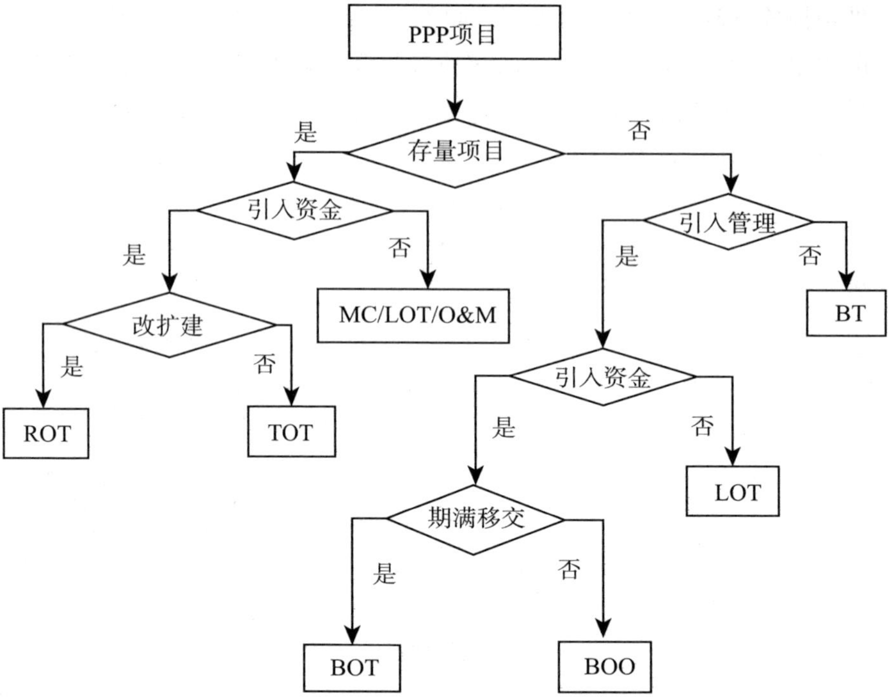

图 1.4　PPP 各运作模式综合对比

三、PPP 各运作模式详解

(一)MC

MC 即 Management Contract(管理合同),是指政府将存量公共资产的运营、维护及用户服务职责授权给社会资本或项目公司的项目运作方式。政府保留资产所有权,只向社会资本或项目公司支付管理费。管理合同通常作为 BOT(转让—运营—移交)的过渡方式,合同期限一般不超过 3 年。

MC 模式的优势在于,私人部门仅仅专注于项目的运营维护,既不用承担建设阶段的各种风险,也不用承担运营阶段的融资风险,其承担的风险很小,有利于服务质量的提高。适用于污水处理、垃圾处理等项目。

(二)O& M

O& M 即 Operations & Maintenance(委托运营),是指政府将存量公共资产

的运营维护职责委托给社会资本或项目公司，社会资本或项目公司不负责用户服务的政府和社会资本合作项目运作方式。政府保留资产所有权，只向社会资本或项目公司支付委托运营费。

O&M模式与MC模式大同小异，都是委托运营和维护协议，但MC适用于提供用户服务的项目，而O&M则不涉及用户服务。

案例1.1 O&M—深圳滨海医院①

香港大学深圳医院（滨海医院）项目采用的即是O&M运作方式。港大深圳医院由深圳市政府出资35亿元兴建，营运费用也由深圳政府补贴，香港大学提供人力资源。香港大学深圳医院产权归深圳市政府所有，由深港双方共同组建的医院决策和管理团队进行管理。双方在医院管理体制、财政投入机制、人事分配制度、保障公益性、企业化运行、成本管理、服务模式以及提高服务质量和工作效率等领域大胆改革，推动“政事分开、管办分开、医药分开、营利与非营利分开”。根据深港双方合作协议，香港大学深圳医院将坚持公立医院属性，纳入深圳市公立医院服务体系，优先满足深圳市民的基本医疗卫生需求，保障医疗卫生服务的公益性。

（三）BOT

BOT（Build-Operate-Transfer，建设—经营—转让）模式，指政府通过契约授予私营企业以一定期限的特许专营权，由社会资本或项目公司承担新建项目建造、运营、维护和用户服务职责，准许其从运营期中的收入里实现成本回收和获得投资回报，社会资本方在运营期间没有项目所有权，合同期满后项目资产及相关权利等无偿移交给政府的项目运作方式。合同期限一般为20~30年。

BOT模式是最为经典的PPP模式，在这种模式下，公共部门利用私人部门的资金、能力、经验等，既能解决政府财政资金不足的困境，又可以提供优良的社会产品和服务。而私人部门既可以获得优越的税收条件，又能解决无能力筹划基础设施建设项目的问题。BOT模式适用范围广泛，能通过向用户收取服务费用而获得收入的项目（包括交通运输、电力、水利、通信等）都是其的适用对象。

① 案例来源于李金龙、郭林燕：《非营利性医院PPP项目运作模式研究》，载《公共管理》2015年第31期。

采用 BOT 模式，对私人部门而言，能够充分利用项目经济状况的弹性，减少资本金支出，解决私人部门通常无能力筹划基础设施建设项目的问题，实现“小投入做大项目”或“借鸡下蛋”；能够享受最有利的税收条件，拓宽项目资金来源，减轻借款方的债务负担。而国际性财团或大公司作为投资者和管理者参与到项目中来，可以带来先进技术和管理经验，提高项目建设质量和加快建设速度，以更好的服务或更低的价格使最终消费者受益。

对公共部门，BOT 模式能够最大限度地利用私人部门的资金，政府没有必要借贷，不会增加政府的外债负担，能够在一定程度上解决政府由于种种原因不能满足基础设施建设的庞大资金需求，使政府在财政资金不足的情况下仍能进行一些建设项目。通过这种方式，减轻了基础设施项目资金短缺的压力，可使政府集中资金投入另外一些不被投资者看好但又对国家具有重要战略意义的项目。

此外，以市场化原则进行经营和管理，能够提高基础设施项目的建设和经营效率，有利于在公共服务领域引进先进的设计、管理理念和技术设备。一方面，由于私人部门的参与，贷款机构对项目的要求一般会比对政府直接承担的项目要求更加严格；另一方面，为了减少风险而获得更多收益，客观上也促使私人部门加强管理和控制造价，保证项目按时按质完成。另外，利用引进外资，形成“资金筹措—建设—经营管理并获得收益—最终移交”的一条龙项目经营管理办法，可以避免传统的利用外资过程中由于资金、技术、设备、施工、经营、管理相互脱钩和分离而造成的以次充好、偷工减料、半途而废甚至上当受骗等诸多问题，提高了利用外资的工作效率。

案例 1.2 BOT—广西来宾 B 电厂①

广西来宾 B 电厂是第一个经国家批准的 BOT 项目，现已圆满移交。项目位于广西壮族自治区的来宾县，装机规模为 72 万千瓦，安装两台 36 万千瓦的进口燃煤机组。总投资为 6.16 亿美元，其中 25% 为股东投资，两个发起人按照60:40 的比例向项目公司出资，具体出资比例为法国电力国际占 60%，通用电气阿尔斯通公司占 40%，出资额作为项目公司的注册资本；其余的 75% 通过有限追索

① 案例来源于王守清、柯永建：《特许经营项目融资（BOT、PFI 和 PPP）》，清华大学出版社 2008 年版，第 131 ~ 137 页。

的项目融资方式筹措。中国各级政府、金融机构和非金融机构不为该项目融资提供任何形式的担保。

项目融资贷款由法国东方汇理银行、英国汇丰投资银行及英国巴克莱银行组成的银团联合承销，贷款中3.12亿美元由法国对外贸易保险公司提供出口信贷保险。项目特许期为18年，其中建设期为2年9个月，运营期15年3个月。特许期满项目公司将电厂无偿移交给广西壮族自治区政府。

在建设期和运营期内，项目公司向广西壮族自治区政府先后提交履约保证金3000万美元，同时还承担特许期满电厂移交给政府后12个月的质量保证义务。广西电力公司每年负责向项目公司购买35亿千瓦时（5000小时）的最低输出电量（超发电量只付燃料电费），并送入广西电网。同时，由广西建设燃料有限责任公司负责向项目公司供应发电所需燃煤。

（四）BLOT 与 BOOT

BLOT（Build-Lease-Operation-Transfer，建设—租赁—运营—移交）模式，指私人部门先与公共部门签订长期租赁合同，由私人部门在公共土地上投资、建设基础设施，并在租赁期内经营该设施，通过向用户收费而收回投资、实现利润。合同结束后将该设施交还给公共部门。在我国项目建设土地由国家划拨、项目公司享有所有权的惯例之下，BLOT 模式并不常见。

BOOT（Build-Own-Operation-Transfer，建设—拥有—经营—转让）模式，指私人部门在获得公共部门的授予的特许经营权后，投资、建设基础设施，并通过向用户收费而收回投资、实现利润。在特许期内私人部门具有该设施的所有权，特许经营期结束后交还给公共部门。在国外，BOOT 的目的是使项目公司掌握项目的所有权，以便向银行融资。

BOOT 与标准 BOT 模式的区别在于明确了私人部门拥有约定期限内项目的所有权，政府允许其在一定条件下为融资目的抵押项目资产，从而减轻私人部门的融资压力。此外，BOOT 模式的项目期限通常比标准 BOT 模式要长一些。

BLOT 模式和 BOOT 模式都是 BOT 的衍生模式，这两种模式的特许经营期限一般为25～30年。其不同之处在于，BOOT 模式下，私人部门在项目期内享有项目的所有权，在满足一定条件的时候能够以项目抵押进行融资，故而融资压力较轻；BLOT 模式下私人部门则没有所有权。在我国，即使以项目作为抵押或质押标的，通常也是将项目资产置于项目公司名下，而非社会投资人名下，因此笔者认为 BOOT 模式也非常罕见。

（五）BOO

BOO 即 Build-Own-Operate（建设—拥有—运营），是指由政府授予私人部门建设和经营特许权，私人部门承担项目开发、建设、经营，并承担相应的风险，在特许期满不将此项基础设施移交给相应的政府或所属机构。

BOO 模式由 BOT 模式演变而来，二者区别主要是 BOO 模式下社会资本或项目公司拥有项目所有权，当地政府只是购买项目服务，一般不涉及项目期满移交，但必须在合同中注明保证公益性的约束条款，以避免私人部门侵害公益利益。BOO 模式适用于可由私人部门控制的项目，如供水、供电等项目。

案例 1.3　BOO—北京市高安屯垃圾焚烧发电厂①

北京市高安屯垃圾焚烧发电厂项目是 BOO 的典型案例。该项目位于北京市朝阳区，是北京 2008 年奥运工程的重点项目。北京市高安屯垃圾焚烧厂项目采用 BOO 模式，由金州控股集团有限公司控股、北京金州工程有限公司、北京国朝国有资产运营有限公司、北京华联达环保能源技术开发有限责任公司和中国对外经济贸易信托投资有限公司于 2003 年 5 月参股组建北京高安屯垃圾焚烧有限公司（项目公司），属中外合资企业。对高安屯垃圾焚烧厂进行投资、建设和运营，合资经营期限 50 年。该项目可研批复总投资 7.5 亿元人民币，项目资本金 2.5 亿元，由企业投资。由美国金州控股集团有限公司、中国对外经济贸易信托投资有限公司、北京金州工程技术有限公司、等股东按各自比例以资金入股，北京国朝国有资产运营有限公司以土地入股。除注册资本外，其他资金通过国内商业银行以项目融资形式贷款 5 亿元解决。高安屯生活垃圾焚烧厂，在申请外国政府贷款和国内银行贷款的同时，以国有土地作价入股，与外国公司和境内民营企业组建合资公司进行项目投资建设和经营。合作期间，北京高安屯垃圾焚烧有限公司（项目公司）对其拥有所有权，北京市政府付费购买项目服务。

---

① 案例来源于刘奎胜：《北京高安屯垃圾焚烧发电厂项目简介》，载《中能人》2008 年第 33 期。

（六）BTO

BTO 即 Build-Transfer-Operation（建造—移交—运营），是指私人部门先垫资建设基础设施，完工后以约定好的价格移交给公共部门。公共部门再将该设施以一定的费用回租给私人部门，由私人部门经营该设施。

BTO 模式中，私人部门在项目移交时可获得一部分投资回报，可以较快地收回成本、实现利润，有利于现金流转。事实上，BTO 模式是为某些特殊的涉及公共利益和国家安全的项目创设的，如通信项目，为保证国家信息安全，如果建设方为外资，项目所有权通常归于东道国政府，由东道国专门公司经营。又如文物古董，或其他不宜让私营企业在运营期间享有所有权的项目，须在项目完工后转让所有权，其后再由项目公司进行维护经营，支付政府租金。

与 BOT 相比，BTO 模式较早地转移了所有权，当政府较早取得所有权更为有利时可考虑采取此模式，如在美国，政府所有项目在民事侵权案件中受主权豁免法律的保护，可规避私营联合体在运营过程中遭遇不可保险的风险。

采用 BTO 模式，私人部门可以避免由于拥有资产的所有权而带来的各种责任或其他复杂问题，同时由于项目投资回报分为转让项目的价款和运营收益两个部分，现金流转更为容易，其风险无疑比 BOT 模式更低。公共部门则可以从私人部门建设的专业经验中得到益处，从而节约设计、建设、运营的成本。

案例 1.4　BTO—深圳市龙岗区布吉文体中心①

深圳市龙岗区布吉文体中心采用的是 BTO 模式，该项目位于龙岗区布吉街道中兴路南面、龙岗大道北侧、布吉街道行政中心西北侧的地块，占地面积 19,426 平方米。项目规划建设文化馆、图书馆、剧场、电影院、体育场馆及配套服务设施等功能区，项目总投资约人民币 5.5 亿元。项目采用 BTO 模式引入社会资本参与投资、建设与运营，在坚持用地规划不变、项目建成后全部资产归政府所有的原则下，通过公开招标选择社会投资人出资建设项目，项目建成后全部资产归政府所有，图书馆和文化馆交由政府方运营，其他的单元由中标人在区政府授予的期限内自主运营并获取收益，运营年限届满，中标人享有的经营权无偿

① 案例来源于《布吉文体中心 BTO（建设—移交—运营）项目投资人招标公告》、深圳市龙岗区文体旅游局网站（http://www.wtlyj.lg.gov.cn/）。

交还政府。

（七）BLT

BLT（Build-Lease-Transfer，建设—租赁—移交）模式，是指公共部门出让项目建设权，由私人部门负责项目的融资和建设，在项目建成后租赁给公共部门，并由公共部门负责项目运营和维护，私人部门以政府付给的租金收入作为投资回报，租赁期结束后，项目所有权移交给公共部门。

BLT 模式是 BOT 模式的衍生产物，借鉴了融资租赁的方式，其优势在于，私人部门只承担建设中的风险而不必承担运营中的风险，且投资回报稳定；公共部门则能把握项目的实际控制权。

BLT 模式中，私人部门既是项目的投资者和建设实施的管理者，又作为项目的所有者与政府之间有租赁合同关系。相比于 BOT 模式，在 BLT 模式下私人部门承担的风险无疑更少，一方面，其只需承担项目建设中的风险而不用承担项目运营中的各种风险；另一方面，其项目收益更为稳定，因为其以公共部门的租金作为投资回报。对公共部门而言，可以利用私人部门的建设经验，同时由于项目的运营和维护由自己负责，即把握了项目的实际控制权，能有效地对项目产品或服务质量加以控制，且不必担心 BOT 模式中私人部门透支性开发的问题。笔者接触到目前一些公立学校、医院等 PPP 项目采取 BLT 形式运作，政府在项目建成后向社会资本定期支付租金，但社会资本无须负责运营。

（八）TOT

TOT，即 Transfer-Operate-Transfer（转让—运营—移交）模式，是 20 世纪末期兴起的融资模式。它是指政府部门将已竣工运营的城市基础设施项目的产权和经营权，有偿转让给私营投资主体，由其进行运营管理；私营投资主体在约定的时间内通过经营收回全部投资并得到合理的回报，并在合约期满之后，无偿转交给政府部门的一种融资方式。

TOT 模式的优势在于其不涉及建设过程，私人部门不需要承担此过程中的风险，风险低于 BOT 模式，同时使私人部门得以进入某些政府垄断经营的项目中。而公共部门能一次性获得大笔资金，减轻了财政压力，同时有利于引进先进的管理经验，提高公共服务质量。TOT 又可以称为并购模式，适用于各种纯经营性和准经营性项目，如交通运输项目、轨道交通项目、供水项目等。TOT 模式将基础设施转让以后，每年可以减少大量的财政补贴，不但盘活了城市基础设施存量资产，也能引导更多的社会资金投向城市基础设施建设。同时，采用融资方式引入外资，以打破政府对基础设施的垄断经营状态，也有利于逐步建立起开放、有序、公平竞争的基础设施经营市场，加快基础设施的市场化进程。

案例 1.5　TOT—安徽合肥的王小郢污水处理厂①

安徽合肥的王小郢污水处理厂是中国第一个试水污水的 TOT 项目，也是当时全国规模最大的氧化沟工艺污水处理厂。项目分两期建设，一、二期分别于1998 年和 2001 年建成投产，日处理能力合计为 30 万吨，建设总投资约 3.2 亿元。王小郢污水处理厂是利用澳大利亚政府贷款、亚行贷款和国债资金建设的市政基础设施，为巢湖污染综合治理发挥重要作用。2003 年合肥市政府通过国际公开招标的方式转让王小郢污水厂资产权益，实施 23 年的特许经营。最终，柏林水务和东华工程联合体以 4.8 亿元中标，与此同时，项目条件中确定的0.75 元污水处理服务费单价，为随后实施的一系列污水处理市场化项目确立了价格标杆，使整个行业的价格下降 20% 以上，王小郢项目开创了国内污水处理 TOT 运作模式的先河。

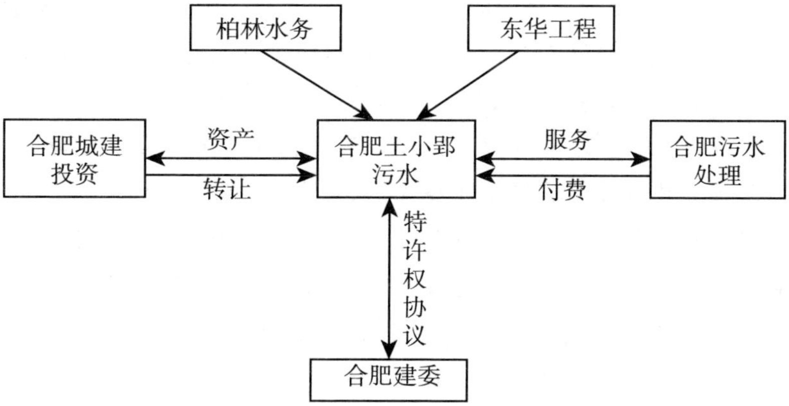

图 1.5　安徽合肥王小郢污水处理厂融资结构

---

① 案例来源于中华人民共和国国家发展改革委员会网：http://www.sdpc.gov.cn/，最后访问日期：2016 年 10 月 1 日。合肥市王小郢污水处理厂资产权益转让项目。

（九）ROT

ROT 即 Rehabilitate-Operate-Transfer（改建—运营—移交），是指政府在 TOT 模式的基础上，增加改扩建内容的项目运作方式。合同期限一般为 20～30 年。

ROT 模式能够得到发展是因为现有政府公共设施或资源项目的技术设备已老化，政府无意或无力进行改造，于是保留现有的基础设施及产权资源，将项目的改造和运营完全交给 ROT 承包商，要求其以新理念、新设备、新技术等改造并运营基础设施，实现政府、社会、企业等共赢局面。ROT 模式适用于年久失修、需要翻新后使用的项目，多见于供水、供电等项目。因为含有改建的部分，ROT 模式中私人部门需要承担施工中的风险，而运营风险并未减少，所以 ROT 模式中私人部门的风险较之 TOT 模式无疑又要更胜一筹。

案例 1.6 ROT—郑州市八岗污泥处理厂①

郑州市八岗污泥处理厂是运用 ROT 模式的一个实例。郑州市八岗污泥处理厂于 2008 年 12 月项目开工建设，2009 年 9 月建成 100 吨/日规模的一期工程，2012 年 7 月建成投用 500 吨/日规模的二期工程。目前项目已满负荷运行，年均处理污泥 20 万吨，累计处理污泥 60 余万吨。市污水净化公司拟对八岗污泥处理厂进行改造扩建，采用 ROT（改建—运营—移交）模式共同运作，计划由郑州污水净化公司与社会资本成立 SPV。SPV 将负责现有八岗污泥处理厂的日常运营以及改造扩建的投资、建设、运营和维护工作。改建扩建所需资金由 SPV 负责筹措。SPV 与郑州地方政府部门签订特许经营协议，协议期限为 30 年。八岗污泥处理厂现有固定资产归郑州污水净化公司所有，改建扩建形成的固定资产归 SPV 所有。SPV 有权无偿使用八岗污泥处理厂现有固定资产。30 年经营期满后，SPV 将全部资产无偿转让给政府。特许经营期内，政府向 SPV 提供优惠的税收政策，支付合理的污泥处理处置费用，提供必要的财政配套资金。

（十）DBO

DBO（Design-Build-Operate，设计—建设—运营）模式，是指私人部门按照约定标准完成项目设计、建造后，负责项目的运营和维护，并根据运营绩效从政府

① 案例来源于河南省财政厅：《河南省第一批 PPP 推介项目简介》。

方获得一定的报酬，以此获得投资回报。在整个过程中公共部门拥有项目的所有权，合约期满后项目移交公共部门。

DBO 模式中，项目的投融资全部由政府负责，私人部门无任何融资责任和义务，这对私人部门而言无疑十分有诱惑力。此外，除融资外项目的一切阶段几乎都由私人部门负责，这也给了私人部门大展拳脚的机会。对政府而言，通过控制项目的资金和按绩效支付报酬的方式也能够很好地控制项目运营。适用于污水处理、轨道交通、垃圾处理等项目。

DBO 模式的特点之一就是政府负责项目融资。这降低了项目准备阶段的复杂性，能有效防范项目建设、运营阶段的资金风险。充足的资金保障往往能使项目工期和质量目标顺利实现，同时政府通过管控资金对整个项目进行控制。建设阶段对资金的使用牢牢掌握，避免投资超支问题；项目完工后，对项目验收后办理产权手续，明确了政府保留所有权，以此取得运营阶段的主动权；而运营期间政府是根据私营方的运营绩效支付报酬，不需要考虑对私营方进行资本性补偿，在价格制定、回报率确定等方面就具有更多的主动权，可以有效控制后期运营成本，从而优化项目全寿命周期成本。

同时，私人部门对设计、施工和运营各阶段的各项工作全盘负责，责任主体保持同一性，有利于项目整体的衔接。这既保证了工作的连贯性，使工期和质量得到保证，又给予承包商较高的自主权，有效提高其打造精品项目的兴趣和积极性。此外，因为私人部门没有前期投入的负担，在运营时能更加专注于提供优质服务、降低运营成本、提高运营管理效率，以期获得政府肯定，及时获取款项拨付和相应奖励。

案例 1.7 DBO—天津市滨海新区汉沽营城污水处理厂①

2008 年 1 月 30 日，中国内地第一家实行 DBO 模式招标的项目——天津市滨海新区汉沽营城污水处理厂项目开工建设。汉沽营城污水处理厂项目是一项重要的公益环保项目，坐落于汉沽区工业污水库的废弃氧化塘内，占地面积 28 公顷。项目建设内容包括建设日处理 10 万吨污水处理厂一座、日生产 5 万吨中水厂一座以及厂外配套管网 52 公里和泵站 7 座，工程总投资 3.61 亿元，资金来源于世界银行贷款，市政府并没有直接出资，世行要求采用市场机制建设和运

① 案例来源于齐文杰、白晓虹、闫丽：《DBO（设计、建设、运行）模式在小城镇污水处理厂的应用》，载《2008 年 GEF 海河流域水资源与水环境综合管理项目国际研讨会》。

营，不要求国有企业运营，所以采用了 DBO 模式。污水处理厂投入使用后，经过处理后的水将可达到城镇污水排放一级标准，COD 减排量可达 2700 吨，建成当年可实现 COD 减排量 225 吨。

（十一）DBFO

DBFO 即 Design-Build-Finance-Operate（设计—建造—融资—运营），英国架构中最主要的模式，指私人部门承担项目的设计、建设，项目建成后由私人部门提供项目的辅助性服务以维持项目可正常运转，而公共部门向私人部门支付一定费用使用该设施，向公众提供项目的核心服务。英国最近大多数建造的公路采用 DBFO 合同，在该模式下，所有权并不转让给社会资本方，社会资本方无法获得任何土地权益，也无法获得用户付费，而是采"影子收费"、可用性测量值和绩效指标组合的方式。虽然这避免了商业风险，但可能面临政府信用风险。

在 DBFO 模式中，项目的整个过程除核心服务外都由同一私人部门完成，便于政府对项目监管，同时从项目整体考虑设计建造也利于节约成本。但是较之 DBO 模式，由于私人部门承担融资风险，显然风险更大，适用于学校、医院、交通运输设项目等。

DBFO 模式主要应用的基础设施有学校、医院等。例如，私人部门投资建设某医院的各种建筑物，公共部门向私人部门支付一定费用使用建设完工的医院设施，并提供门诊等主要公共服务，而私人部门负责提供饮食、清洁等保证该设施正常运转的辅助性服务。采用 DBFO 方式，政府部门只面向特许经营项目公司，便于监管和控制；具有相对简单、透明的结构；便于工程采购的组织和实施。

第五节　PPP 模式典型案例解析

一、"鸟巢"BOT 项目

（一）项目概况①

国家体育场位于奥林匹克公园中心区南部，工程总占地面积 21 公顷，建筑

① 案例来源于李长军、高存红：《PPP 模式在国家体育场（鸟巢）项目的应用分析——试论公开招标是 PPP 项目实施的有效途径》，载《招标采购管理》2014 年第 11 期；《国家体育场"鸟巢"PPP 项目融资模式案例分析》，载 http://wenku.baidu.com/view/9be13877a8114431b80dd85e.html? re = view.，最后访问日期：2016 年 8 月 5 日。

面积 25.8 万平方米,场内观众坐席约为 91,000 个,其中临时坐席 11,000 个,项目于 2003 年 12 月 24 日开工建设,2008 年 6 月 28 日正式竣工。国家体育场有限责任公司负责国家体育场的融资和建设工作,北京中信联合体体育场运营有限公司负责 30 年特许经营期内的国家体育场赛后运营维护工作。

该项目有三大难点:

一是在世界同类体育场中规模最大、结构最复杂、技术难度最高、工期和质量要求最严格;二是公众项目,具有公益性,预期盈利低,运营难度大;三是需要整合国内外多方资源,包括融资、设计、施工、采购、运营管理、风险控制、保险、移交等多个方面。

在项目层面上,除了满足举办奥运会的各项条件外,该项目的主要目标就是获取最大的利润,所以项目的设计、融资、建造、运营、维护、移交等工作都围绕这个目标而展开。因此,国家体育场的设计建造必须恰当考虑对后续运营潜在的影响。有鉴于此,在体育场的建设阶段,项目公司就积极与赛后对国家体育场的运营可能有兴趣的潜在公司进行必要的磋商和谈判。例如,在项目谈判时,据说国家体育场在赛后可能会成为北京国安足球俱乐部的主场,如果确有其事,这将是对项目公司现金流的一个巨大保证。但实际上,许多现实性因素阻碍了这一预期的实现。

(二)项目的合同体系和融资结构

1. 合同体系

"鸟巢"项目的合同体系围绕三个重要合同展开,即特许权协议、国际体育场协议以及联营体协议。

2003 年 8 月 9 日,北京 2008 年奥运会主体育场——国家体育场举行项目签约仪式。中国中信集团联合体作为中标人分别与北京市政府、北京奥组委、北京市国有资产有限责任公司签署了《特许权协议》《国家体育场协议》《合作经营合同》三个合同。之后,由联合体与国有资产经营管理有限公司共同组建了项目公司即国家体育场有限责任公司,该公司注册为中外合营企业,享受相关税收优惠。

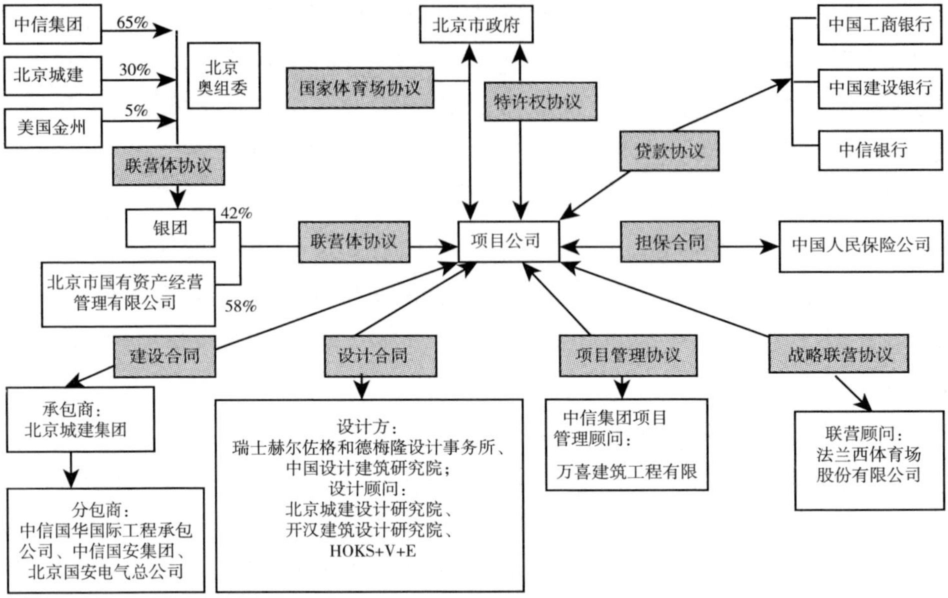

图 1.6　“鸟巢”项目合同结构①

2. 项目融资结构

“鸟巢”项目总投资为 313,900 万元，北京市政府委托北京市国有资产经营管理有限公司出资 182,062 万元，占 58%，其他投资者出资占 42%。投资者按比例出资用于项目的建设，项目投资者直接承担对应比例的责任与义务。其余部分资金由国资委和联合体分别筹措，根据工程进度分批注入。政府方按出资比例拥有项目所有权、决策权、监管权，但承诺不参与项目的收益分配。体育场运营后的收入所得，根据与贷款银行之间的现金流量管理协议进入贷款银行监控账户，并按使用优先顺序的原则分配，即优先支付工程照常运行所发生的资本开支、管理费用，然后按计划偿还债务，剩余资金按投资比例分配。②

---

① 参见《国家体育场“鸟巢”PPP 项目融资模式案例分析》，载 http://wenku.baidu.com/view/9be13877a8114431b80dd85e.html? re = view.，最后访问日期：2016 年 8 月 5 日。

② 参见李长军、高存红：《PPP 模式在国家体育场（鸟巢）项目的应用分析——试论公开招标是 PPP 项目实施的有效途径》，载《招标采购管理》2014 年第 11 期。

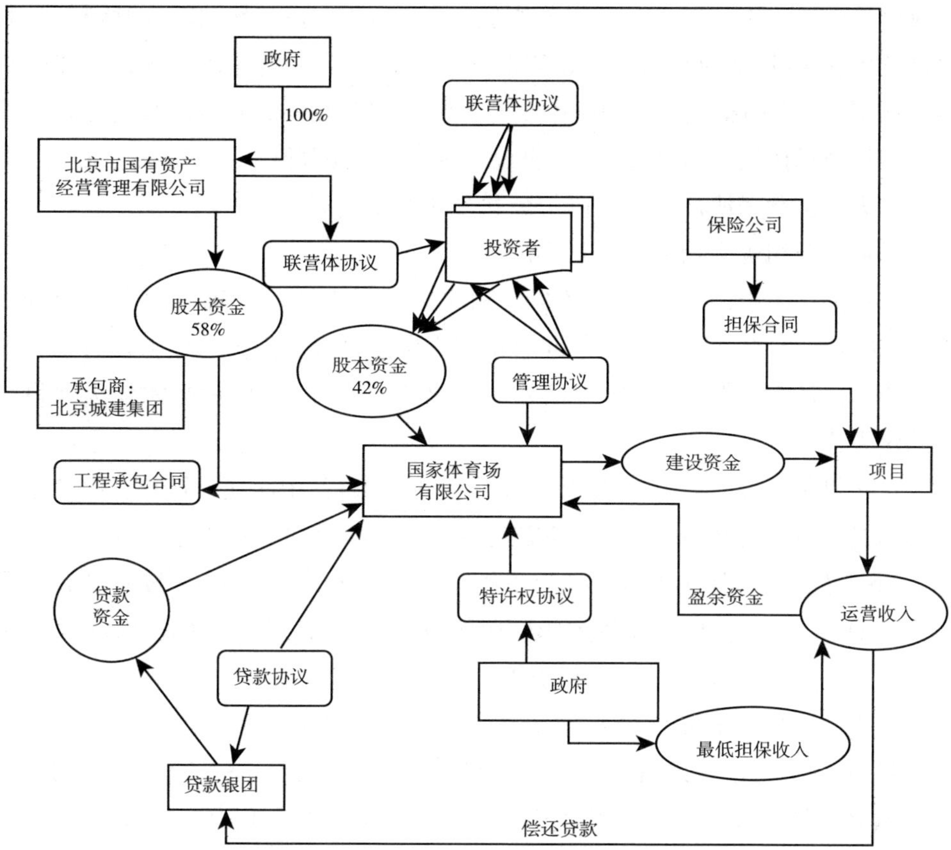

图 1.7　“鸟巢”项目融资模式①

(1)“鸟巢”项目融资结构重点

①政府的支持和承诺

在特许权协议的相关文件中,政府方为项目实施提供了许多优惠和便利条件作为支持,以保证国家体育场项目的建设。

一是项目土地价格低廉,土地一级开发费仅为每平方米 1040 元,并由北京市政府提供必要配套基础设施(水、电、路等),以及其他可以为方便体育场建设和运营的帮助。二是北京市政府提供 18.154 亿元的补贴,占总投资的 58%,且不要求回报。三是北京奥组委支付奥运会和测试赛期间的体育场使用费,北京

① 参见《国家体育场“鸟巢”PPP 项目融资模式案例分析》,载 http://wenku.baidu.com/view/9be13877a8114431b80dd85e.html? re = view.,最后访问日期:2016 年 8 月 5 日。

市政府承担专门用于奥运会开闭幕式但赛后不再使用的特殊装置的所有费用。四是竞争性条款，北京市政府承诺限制在北京市区北部新建体育场或扩建已有体育场馆，以保护国家体育场的市场。如果确须建设新的体育场，则由北京市政府与项目公司协商，并按照特许权协议对项目公司进行补偿。五是北京市发展与改革委员会承诺协调各部门以帮助联合体取得利润。

②项目公司资本构成与贷款协议

项目公司由中国中信集团联合体和北京市国有资产管理有限公司合资成立，注册资本金 10.43333 亿元。北京市国有资产管理有限公司作为政府方出资占 58%，中信集团牵头的中国中信联合体出资占 42%，由中信集团作为项目公司的法人代表。

早在投标之前，项目公司就得到了中国工商银行、中国建设银行和中信银行三家商业银行的贷款承诺函，银行贷款主要作为项目的非资本金投入。贷款主要为 16 年期限（包括 6 年宽限期）的优先债务，年利率 5.184%（按基准利率下浮 10% 计），按季度付息。同时银团为项目公司提供了 12 亿元的授信额度。①

（2）“鸟巢”项目的信用保证结构

由于政府方的出资与承诺，国家体育场项目的经济强度和可融资性都很高。该项目中，政府方注入的资金占总投资 58%，并且是无偿注资；项目建成的后三十年内由项目公司获得管理经营权，并且独自享受利润而政府方不参与分红；北京市发改委承诺协调各部门帮助中信集团联合体取得利润。如此，非但大大减少了企业投资者的融资金额，为企业投资者缓解了大部分的资金压力，而且实质增加了项目信用，为项目融资铺平了道路。此外，中国人保和天安保险公司承担了该项目的“一揽子”保险，包括建筑工程一切险、安装工程一切险、雇主责任险以及货物运输险，保单总额达到 23 亿元人民币，进一步降低了项目风险。

（三）项目实施中的问题

1. 建设阶段

国家体育场项目在建设阶段遇到的问题主要有三点：

一是建设工期紧迫，按照签订特许权协议的要求，项目必须在 2006 年 12 月

① 参见《国家体育场“鸟巢”PPP 项目融资模式案例分析》，载 http://wenku.baidu.com/view/9be13877a8114431b80dd85e.html? re = view.，最后访问日期：2016 年 8 月 5 日。

31 日前完工，工期只有 3 年多。然而，由于国家体育馆的技术标准要求很高、功能很复杂，仅仅项目计划就花费了比一般体育场项目更多的时间，更何况之后由于修改设计，图纸不能及时提供，又导致了半年的工期延误。

二是设计变更造成的损失。出于经济性与安全性方面的考虑，“鸟巢”项目于 2004 年 7 月 30 日全面停工，进行重新设计。此后，可闭合顶盖方案被取消，但图纸未能及时提供，导致接近半年的工期延误。同时各投资方也因为设计方案的更改而损失了相当的利益，各方因此而争议不断。

三是成本超支。国家体育馆采用三维钢桁架系统，工序复杂，而中国没有类似项目的施工经验；对于充气 ETFE 膜结构以及大尺寸膜结构的安装，也缺乏相应的施工经验。此外，“鸟巢”的钢结构特殊，其制作、安装和维护都存在很多潜在问题。虽然后来取消了可闭合顶盖的建设，但依然导致了成本的较大超支。据国家审计署的审计所得，国家体育场项目投资超概算约 4.56 亿元。

2. 运营阶段

在国家体育场项目历经艰难完工之后，运营阶段仍是问题频发，主要有以下几点：

一是市场需求有限。国家体育场无疑是中国最优秀的大型体育和演出设施，但其依然无法避免竞争风险。由于最大竞争者即工人体育场的投资已经收回，一直具有低运营成本和低收费优势。因此，国家体育场必须创出自己的形象和品牌、创建独有的文化氛围，以优质的服务和先进的管理技术吸引国内和国际最好的体育赛事、表演艺术机构。然而，国家体育场的市场始终不大，只有非营利性大型活动才更有可能在国家体育场举办。而且由于可闭合顶盖设计的取消，国家体育场的品牌建立计划和唯一性特色大受影响，之前预计的全天候商演更是无法实现。总之，市场需求比预测得小，项目公司遭遇严重的财政赤字。

二是运营经验缺乏。国家体育场主要依靠承接国内外的各项赛事和表演活动盈利，包括大型赛事、大型演出、国内外个人和团体音乐或演唱会等。为了吸引客户，项目公司必须与国内、区域和国际的体育协会以及国家体育总局、文化部等政府部门、广电总局下的各新闻机构和外国新闻机构保持良好关系。大型体育场的经济可行性很大程度上依靠的是公司客户的赞助，因此，项目公司还必须与国内外大型企业建立良好关系。但是，项目公司从未运营过体育场，缺乏运营经验。虽然项目公司积极向国外有经验的公司寻求咨询，并通过与广告公司合作获取广告收益等方式盈利，但依然无法掩盖其运营经验不足的劣势。

三是设计的重大变更给运营带来了不利影响。国家体育馆项目的设计曾发生重大变更，按照原投标测算，设计的运营面积达 12 万 m^2，而并非目前的 6.6 万 m^2；独特的可开启屋盖设计可以满足多种功能的需求，同时唯一性的设计也具有品牌效应，能够带来的无形资产价值。然而设计变更之后，这些计划皆成泡影。此外，设计变更还导致了工期的延长、增加了成本投入，无形之中增加了国家体育场的运营成本，减少了运营利润。

四是无形资产开发滞后影响了运营效益。企业冠名、观众座椅冠名等无形资产的开发本应是体育场馆收益的重要组成，但由于国家体育场的性质，企业冠名权无法实现。此外，由于国内的联赛少，而国家体育场举办体育比赛的运营成本又较大，根本无法吸引常规赛事在此举办，所以广告开发也一直没有实质性进展。

五是合同约定与我国财务、法律制度冲突影响了运营效益。国家体育场项目在运营过程中遇到了与我国财务、法律制度的冲突，难以协调。如折旧问题，按照现行财务制度计提折旧，于是在 30 年的运营期内，体育场项目的账目总是亏的，所以股东无法分红。同时，按照公司清算办法，公司必须按照股权来清算，本来政府承诺在特许经营期内不分红，但此承诺是违反清算法的。至于兜底条款：北京市发改委会协调各部门帮助联合体取得利益，至今仍不知其如何履行。此外，在诸如企业冠名、观众座椅冠名等商业运作方面，甚至是国家体育场参观门票价格制度方面都存在商业与公众利益冲突的问题。毋庸置疑，上述问题都直接或间接地影响了国家体育场的运营效益。①

（四）项目结果

在国家体育场正式引入赛后运营的一年后至 2009 年 8 月 29 日，北京市人民政府与中信联合体在北京饭店签署《关于进一步加强国家体育场运营维护管理协议》。根据协议，国家体育场“鸟巢”将进行股份制改造：北京市政府持有的 58% 股份将改为股权，主导经营场馆，并承担相应责任，原中信联合体成员持有 42% 股权。同时，成立国家体育场运营维护协调小组，形成在北京市委、市政府主导下，由国家体育场公司负责运营，北京市政府全力配合的新体制。在政府接

---

① 参见史可：《探寻公益类 PPP 项目路径——鸟巢 PPP 项目的样本启示》，载《新理财》2015 年第 Z1 期。

手运营权后，负责“鸟巢”投融资和建设工作的国家体育场有限责任公司将做出一些调整，董事长、总经理等公司高层由政府人员出任。这也意味着，中信联合体放弃了自己 30 年的特许经营权，转而获得永久股东身份，从一定程度上说，是 30 年经营权的终结。①

其实，单就国家体育场而言，并不适合纯商业的运作模式。用美国奥运经济论坛执行主席黄为的话来说，国家体育场的定位就决定它一定得归政府管。交给国家之后，统筹运营的效果会更好。而这也是悉尼经验所验证过的。

首先，在国家体育场的工程建设中，有大量来自政府方的间接投资和政策优惠。而且国家体育场项目牵扯甚广，是一个不容失败的项目，所以整个工程设计建设的决定权实质上由政府方掌握，这一点从项目设计方案的重大变更就可以看出。因此，国家体育场应该向公益性回归，而减弱营利性。

其次，纯商业运营不符合国家体育场的政治意义和其所代表的国家形象。在运营中，项目各方发生了许多争议，包括产权持有方和原运营方理解上的差异、冠名权的争议、运营策略的争议、门票的定价机制的争议等。如国家体育场圆梦卡项目的破产和意大利超级杯赛前夕国家体育场冠名权风波等也都缘于这些争议。

最后，PPP 投融资模式虽然在国家体育场项目建设时期发挥了巨大的优势，但运营中使用 PPP 模式却面临很多实际问题。例如，中信联合体在运营中无法获得银行的贷款，因为其只有经营权，这直接影响了运营效果。同时，公众对于国家体育场的参观费用及进入国家体育场后餐饮出奇昂贵颇为不满，也体现了商业运营模式与公共利益的冲突。最终，国家体育场经营不善也是政府收回运营权的一个主要原因。可以说，在国家体育场项目的整个过程中，项目各方特别是政府方主要考虑的是建设过程中的资金、效率问题，对运营关注过少。

总之，政府之所以收回运营权，是国家体育场的公共资源性质使然。因为国家体育场在定位上不是一个纯商业性质的体育场，其运营模式也不应过于商业化，而应向公益性回归。

总体分析国家体育场项目可以得知，合作融资有利于提高项目的总规模，降低成本。“鸟巢”项目的建设采用 PPP 模式的原因之一，就是政府部门意识到其

① 参见《国家体育场“鸟巢”PPP 项目融资模式案例分析》，载 http://wenku.baidu.com/view/9be13877a8114431b80dd85e.html? re = view.，最后访问日期：2016 年 8 月 5 日。

在降低整个项目建设运营成本、减轻财政压力、提高运营效率等方面的优势；而中信联合体也可以借助政府的优惠政策，取得调动社会资源的优势。成功的PPP 合作将大大减少社会总成本，可谓双赢。在“鸟巢”项目的 PPP 原合作方案中，中信联合体不具有对“鸟巢”的最终拥有权，其收益全部依靠 30 年的特许经营，如此漫长的期限无疑增大了其承担的风险。之所以接受如此安排，是因为原先中信联合体认为这种投资可能产生高收益。但“鸟巢”的巨大运营成本使其收益目标无法轻易完成，使其不得不进一步商业化开发，影响了“鸟巢”的公益服务功能。据悉，这是北京市政府收回运营权的一大原因。因此，最终“鸟巢”PPP 模式的股份制变化也是各方理性选择的结果。但政府重新主导“鸟巢”经营必然凸显“鸟巢”的公益性而弱化其投资回收和市场行为，其经营效率会大打折扣，实质已违背了 PPP 模式的初衷。①

国家体育场是我国第一个采用 PPP 模式的大型体育场项目，此模式既弥补了资金不足，又利于分散风险，为我国大型体育设施项目投融资提供了一条新路。但同时，国家体育场项目的投融资只考虑到了 PPP 模式对建设速度和对奥运会服务的优势，而未对运营做出合理的规划以及相应的风险控制，最终导致运营的重大失误，不得不引以为戒。

二、安庆外环路 DBFO 项目

（一）项目概况②

安庆市外环北路总长 14.93 公里，总投资近 20 亿元。项目的建设内容包括道路工程、桥涵工程、立交工程、管线工程、交通工程及安全设施、照明工程、绿化工程及其他附属工程等，其中桥隧比 28.68%。就市政道路项目而言，这个项目规模大，包含内容多，难度较大。工程建设投资部分控制价为 15.26 亿元，在前期还有一些配套工作成本，如征地拆迁、前期的设计费、造价费、整个采购过程产品的交易成本等，共计约 4.5 亿元，总投资是 19.76 亿元。

① 参见《国家体育场“鸟巢”PPP 项目融资模式案例分析》，载 http://wenku.baidu.com/view/9be13877a8114431b80dd85e.html? re = view.，最后访问日期：2016 年 8 月 5 日。

② 案例来源于李竞一：《深度解析安庆市外环北路工程 PPP》，载《施工企业管理》2016 年 2 月；谢瑜、贺颖：《市政道路的 PPP 模式探索——以安庆外环北路 PPP 模式项目为例》，载《经济丛刊》2015 年第 4 期。

（二）融资结构

本项目采用 DBFO 模式，安庆市政府授权住建委来担任实施机构，代表政府与社会资本方签订 PPP 合同，同时授权安庆市城市建设投资发展（集团）有限公司作为 PPP 项目政府方出资代表，与社会资本合资组建项目公司，政府方出资12％。项目公司注册资本按照不低于 5 亿元人民币设置，因为当时国家要求市政公用工程一级总承包资质可以承接不超过资本金五倍的工程，而该项目在招标阶段预估总价为 23 亿元，因为政府方要控制股东会和董事会关于一些重大事项的决策，所以相关的条款中对重大事项要求一致通过。①

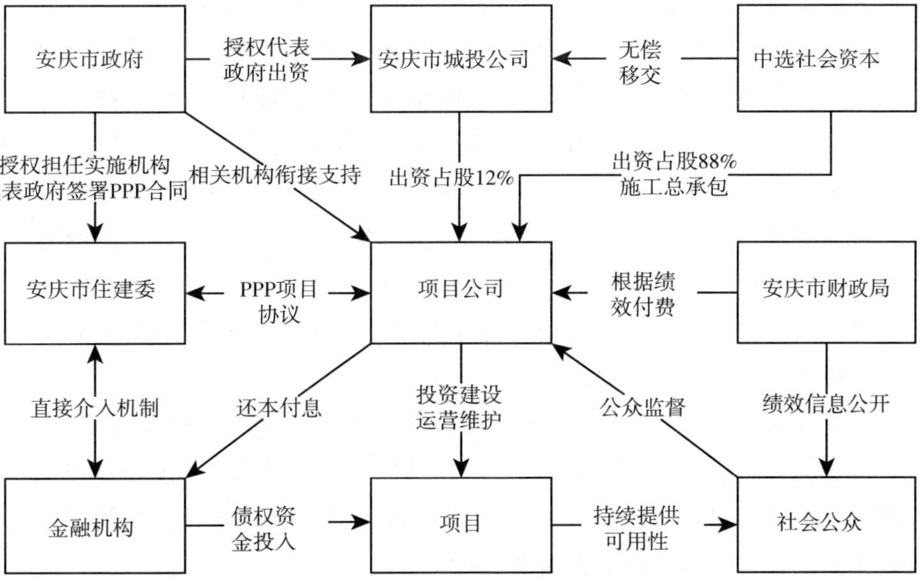

图 1.8 安庆市外环北路工程融资结构

（三）合同结构

本项目涉及两个层次的合同，一是项目公司与政府间的 PPP 合同，二是 EPC 总承包合同以及项目融资、保险方面的合同。PPP 合同除约定项目的建设、运营、维护、移交的一系列条款外，还包括十几个附件，用以定义可用性绩效指

① 参见李竞一：《深度解析安庆市外环北路工程 PPP》，载《施工企业管理》2016 年 2 月。

标、运维绩效指标等，并规定一些保函的格式。EPC 合同的相对方是项目公司的母公司，即社会资本方，由其负责该项目设施的建造。此外，由于政府方十分注重保险措施，对一些强制性必保的保险、保险金额、受益人等有所要求，并约定因社会资本违反规定而出现的风险由其自身承担；若项目提前终止，政府方支付提前终止补偿金时，投保不足产生的损失相应扣除。以此督促社会资本方购买必要的保险。①

本项目合同要点如下：

一是有关项目土地使用权和资产权属的约定。在招标之时，关于项目的土地使用权和资产权属问题，设置了两个方案供社会资本来选择：第一种是社会资本拥有项目的资产所有权，政府将土地划拨给社会资本，这样社会资本就可以在项目允许的范围内进行融资，但必须承担与土地相关的一些税赋；第二种是社会资本寻得不需要依据土地和资产权属，而基于政府对项目付费的收益权的融资，因此社会资本不需要资产所有权，同时政府划拨给社会资本该土地的无偿使用权。开标后，所有的社会资本都选择了获得资产私有权的模式，也就是说，他们在对接金融机构时，似乎没有一家金融机构接受完全收益权质押来融资的方式。在外环北路项目中，中标的社会资本在做计量时将项目资产做成了长期应收款，即金融性资产。因为金融性资产扣除了利息之后的流转税是不需要缴纳的，只交所得税即可，所以能够避税。

二是绩效考核体系。该考核体系包括建设期绩效考核指标和运营维护期绩效考核指标，即基于可用性的公共产品的绩效指标与维持可用性的运营维护绩效指标。政府方对于项目的各个部分，包括路面、桥梁、排水、绿化、照明等内容，所须达到的建设和运营标准都有考核指标。

三是服务费计付及调整机制。服务费分为两个部分，即可用性服务费以及运营维护绩效服务费，由安庆市住建委按期支付。可用性服务费在对应的服务购买期内不做调整；运营维护绩效服务费则根据通货膨胀情况每两年调整一次。可用性服务费部分为固定总额，即设置包含整个工程施工的投入、项目工程管理费用、回报等在内的价格，将其定为固定总额。如果社会资本方在建设过程中效率足够高、成本足够节省，政府仍然会按照固定总额来支付；如果超支，也仍然是固定总额支付。运营维护绩效服务费部分，按设计生命周期十五年计算，每年支

① 参见李竟一：《深度解析安庆市外环北路工程 PPP》，载《施工企业管理》2016 年 2 月。

付平均金额，设定上限，内含人工费、水电费等。同时约定随着通货膨胀而进行调价。

四是强制保险方案与履约担保体系。社会资本方应按谨慎运营，并购买及维持必要的保险。强制要求购买必要的保险是为了避免出现异常状况，以免造成重大损失。此外，本项目还设有包括投标保函、建设期履约保函、运营与维护保函及移交保函在内的履约担保体系。在招标阶段，要求所有的投标人提交投标保函；在建设阶段，要求项目公司提交建设期保函，以防建设期工程超支、重大安全事故和一些不符合政府规定的情况，如资本金没有到位、融资没有及时的交割、前期费用没有按期到位等；运营阶段要求提交运营维护保函，在建设期刚刚结束的运营前期，社会资本方的违约风险偏大一些，因为有可能社会资本在项目建设后通过直接违约，把项目转变为一个 BT 项目，所以此段的运营保函金额非常高。此外，为了杜绝社会资本方在建成后直接违约，还约定，如果社会资本方以违约方式退出的话，则政府方不按照原先的回报额计算终止违约金，即回报减少，且终止违约金分期支付，用以防止社会资本方提前回收成本。①

（四）项目分析

1. PPP 内核设计

（1）绩效指标的设置

安庆市外环北路项目为“政府购买服务”的创新方式。安庆市人大常委会在 PPP 项目协议签署前即已通过决议，将该项目的可用性服务费和运营绩效服务费纳入跨年度的财政预算，并要求市政府加强项目建设与资金管理，定期向市人大常委会报告工程进展、资金使用情况。重政府方的履约保障，是本项目成功实施的关键因素之一。

将政府所应支付的费用纳入政府的预算管理中，并且经人大常委会决议，同时按照决议将应支付的费用作为政府债务管理，才能够有效保证政府方履约。而保证社会资本方履约相对容易，只要政府方牢牢控制付费权。以绩效为标准，若社会资本方的绩效指标不达标，则政府方减扣运营维护付费。因此，可量化的绩效考核指标及激励相容机制设计必不可少。

可用性绩效指标，主要从工程质量、工期、环保、安全生产这几个方面来设

① 参见李竞一：《深度解析安庆市外环北路工程 PPP》，载《施工企业管理》2016 年 2 月。

置，并以竣工验收备案为标准。可用性指标达成后，社会资本方才能获得付费。当然，若非因社会资本方的原因而导致不能达成指标，不能由社会资本方承担责任。如部分路段拆迁未完成，但并不影响道路的开通，那么在建设期满的时候，就应当按照开通路段的比例来给社会资本方付款，以避免社会资本因为政府方的原因而受到损失。

运营维护绩效指标分为四个层级、十七个方面、三十八项绩效指标。每项绩效指标都有一个权重分数，前三个层级满分 100 分，第四个层级是加分。政府方通过常规检查和临时检查的方式，对项目公司进行运营维护绩效考核。①

移交绩效指标，是为了保证道路移交给政府时能够继续使用而设定的标准。考虑到我国货运车辆超载现象普遍，尽管国内道路的使用周期为 15 年，但实际上在 7 ~8 年时就会提前进行大修。而道路使用越接近 15 年，出现的问题就会越多，社会资本方在道路运营后期的投入自然也越大。所以在第二轮招标时，移交的周期从原先计划的 2 +13 共 15 年缩短为 2 +11 共 13 年。②

（2）项目竞价方式的创新

对政府方而言，其主要诉求为政府购买服务费用在合理区间范围内的最低，以及每年相对平滑的财政支出安排；对社会资本方而言，其主要诉求为政府购买服务费用在合理区间内的相对较高，以及在尽可能短的年限内收回相应的成本及获得合理回报；为了实现各年财政付费规模的平滑，在评标细则中对可用性服务费年支付比例设计了专门的评分机制，引导社会资本理性报价。

因此，本项目创新竞争方式，将报价分为三个部分。

第一部分是可用性服务费的总额，社会资本方可在总额以内进行报价，根据报价评分，报价越低，得分越高。

第二部分是支付比例，即可用性服务费的支付方式，政府方希望每年的财政支出相当，而社会资本方希望前多后少。所以本项目中设置了支付比例上限，即每年支付给社会资本方的比例不能超过上限。

第三部分是每年的运营维护费用，该费用有上限设置。

最终，每年政府方需支付费用少的方案获胜。

---

① 参见谢瑜、贺颖：《市政道路的 PPP 模式探索——以安庆外环北路 PPP 模式项目为例》，载《经济丛刊》2015 年第 4 期。

② 参见李竞一：《深度解析安庆市外环北路工程 PPP》，载《施工企业管理》2016 年 2 月。

2. 回报机制及退出程序

本项目是市政道路，属于非经营性项目，采用“政府付费”的回报机制。

按照 DBFO 模式，由政府向项目公司购买本项目可用性以及为维持本项目可用性所需的运营维护服务，项目公司负责提供符合验收标准的公共产品和符合绩效要求的公共服务。也就是说，政府根据绩效考核情况向社会资本支付可用性服务费和运维绩效服务费。通过市人大决议将本项目的政府购买服务付费纳入跨年度政府预算管理。

股东和股权转让限制。本项目合同约定：受让方为第三方的，自竣工验收完成后 4 年之后，经政府方事先书面同意，则任一方股东可以转让其在项目公司中的全部或部分股权，该方应当事先向另一方和项目公司发出书面通知；×市城投公司对社会资本方拟转让的股权享有优先购买权；社会资本方对市城投方拟转让的股权在不低×%的股权比例范围内放弃相应的优先购买权。受让方为关联方的，社会资本方与×市城投公司可以自由将其持有的项目公司的股权全部或者部分转让给其关联方。但社会资本的受让方应具备资格预审文件及招标文件（含项目协议）中对转让方的资格条件及要求，且承担 PPP 项目协议项下的全部权利及义务。

此种股权转让限制与以往的机制略有不同。对于社会资本方尤其是承包商而言，若未来项目建成之后能找到接盘者，很可能选择退出，所以本项目有退出机制安排。我国类似项目中一般约定前 5 年和后 5 年都锁定股权不允许转手，只有当中允许经政府批准而转手。安庆市外环北路项目则相对放开，如果投资人转让给符合标准的关联方，那么是被允许的；如果要转让给第三方的话，政府要锁定 4 年（建设期 2 年 + 此后的运营 2 年），转让方也必须受政府认可，且具备相应的能力、资质和经验。①

① 参见李竞一：《深度解析安庆市外环北路工程 PPP》，载《施工企业管理》2016 年 2 月。

第二章
PPP 发展现状

第一节　国外 PPP 发展概况

一、英国

英国是世界上最早开发并使用 PPP 模式的国家，有着丰富的实践经验和理论制度储备。1990 年后，英国经济陷入衰退，而同时期公共支出却保持不断增长。1992 年，时任财政大臣拉蒙特提出私人融资计划（Private Financing Initiative，PFI）模式，试图在基础设施领域加强政府和私营部门合作，利用私人资金来支付日益增长的公共服务支出。英国工党执政后，将 PFI 作为重要的施政手段，在包括监狱、学校、交通、医院、国防、政府办公大楼、博物馆、法院、地方医疗中心和垃圾处理站等几乎所有社会公共基础设施领域推广 PFI 模式。2010 年新一届政府上台后，在对 PFI 模式予以改进的基础上提出 PFI Ⅱ（Private Financing Initiative Ⅱ）模式，高度重视交通、水利等经济基础设施建设。无论是 PFI 还是 PFI Ⅱ，均是基于服务可用性的政府付费模式，即在私营部门提供基础设施等服务达到合同标准后，公共部门按合同定期支付一定的费用，私营部门以此获得稳定的回报。PFI Ⅱ 较之 PFI 不同之处有两点，一是 PFI Ⅱ 模式更加注重股权融资、降低杠杆比率，政府通过扮演少数股权投资人角色，实现公私合作伙伴的强化，以提高投资评级，降低财务风险。二是政府通过派驻董事、加强信息披露等手段，更好地管控项目，有助于解决私营部门获利过多等问题。

英国 PPP 项目运营期限整体较长，运营期限在 20 年 ~ 30 年的项目合计占比为 81.45%，还有部分超过 40 年的项目（占 0.28%），主要为交通类项目（高速公路维护）和医疗项目。

在 2003 年 ~ 2004 年，投资中有 11% 是通过 PPP 模式提供公共服务（约为 675 亿美元），有 451 个 PPP 项目已经完成，包括 34 所医院和 239 个新的和改造的学校项目。PFI 是英国卫生服务委员会 NHS（National Health Service）主导的 PPP 中的一种主要模式，在这种模式中，NHS 负责提供高质量的医疗服务。通过应用 PPP 模式，NHS 获得的不仅仅是融资，还有各种管理、商业和创新技术。主要的 PFI 计划都是典型的 DBFO（Design Build Finance Operate），因此，NHS 在特许经营期(25 年 ~ 40 年）内使用私营服务商提供所有的设施，并每年支付费用。

根据英国的经验测算，PPP 模式一般可以为政府节省5% ~ 20% 的费用，但是所提供的公共服务的质量却显著提升。英国的统计数据表明，80% 的 PPP 项目在计划时间内完成，80% 的 PPP 项目控制在预算之内，20% 超过预算的是因为政府提出调整工程方案；而传统的政府采购项目只有 30% 能够按时完成，能够控制在预算范围内的只有 25% 。可见，和传统的项目运作方式相比，PPP 模式在节约时间和资金方面具有相当大的优势。

二、日本

日本 PPP 模式起源于 20 世纪末的社会实践，1999 年，日本政府在基础设施建设领域引入英国 PFI 模式，并出台 PFI 推进法，并在当年选择政府大楼、学校和医院等项目进行试点，以分析制度、管理方面存在的问题，为此后全面推广积累经验。2001 年日本政府对 PFI 推进法进行了修订，在政府的努力下，从 2000 年开始，日本 PPP 项目数量和投资规模高速增长，尤其是在政府设施、教育、健康医疗和娱乐休闲设施方面，PPP 模式得到了较好的发展。截至 2009 年，日本已经运营的 PPP 项目由 2001 年仅有的 3 个达到 224 个，涉及教育与文化、健康与环境、城市建设、政府公务、生活与福利等诸多领域，极大提高了日本基础设施服务的质量和水平，有效解决了 20 世纪末因泡沫经济引起的财政投资不足问题，成为除“第三方机构”之外又一重要的基础设施建设力量。从发展过程来看，2000 年和 2001 年，PPP 项目以 BOT 范式为主，BOO 范式排名其次，BTO 范式的应用较少；从 2002 年开始，BTO 取代了 BOT 和 BOO，在 PPP 项目中应用的比例逐渐增加。这一变化说明，政府意识到了拥有项目所有权的重要性，并在实践中总是争取拥有项目所有权。

日本基础设施法律框架主要分为两个层面，国家层面和地方层面。由于

PPP 模式的积极作用，日本政府逐步将公路、港口、机场等大型重要基础设施项目向私人部门开放。但是，日本相关法律对私人部门在道路、城市排水和城市公园的权利进行了限制，例如公共私有管理法将私营部门的权利分为三类，一是私营部门不得拥有公共基础设施；二是私营部门不得运营或管理某些指定的公共基础设施；三是私营和公共部门都可以管理公共基础设施。

三、澳大利亚

澳大利亚已经成为世界上 PPP 模式应用体系最为成熟的国家之一，在住房、医疗、交通及国防领域均有较为成熟的经验。澳大利亚政府在 1995 年 4 月采纳了国家竞争政策（National Competition Policy，NCP），在基础设施发展上引入竞争模式，推动许多原先由公共部门独占和垄断的基础设施经营业务重组。同时，澳大利亚政府通过对提供公共服务的隐形成本（如资金成本、价格风险）以及公共利益的需要等的分析，使 PPP 的推广有了较好的外部环境，继而使 PPP 模式被采纳作为澳大利亚提供基础设施的重要方式。据澳大利亚政府公布的最新数据，自引入 PPP 模式以来到 2012 年，澳大利亚共有 PPP 项目 127 个，合同金额超过 760 亿美元，其中维多利亚州 PPP 模式的应用最多、最成熟，其次是新南威尔士州和昆士兰。联邦和国家政府对 PPP 模式使用的大幅度增加，无疑为私营部门投资者参与大型基础设施项目提供了大量宝贵的机遇。

目前，澳大利亚联邦政府与州政府都设有专门的 PPP 管理机构，对基础设施领域采用 PPP 模式建设的项目有明确的条件，公司部门的角色和责任都有明确的划分，私人利益能够得到保障。2008 年 11 月，澳大利亚政府委员会批准了国家 PPP 项目政策和指南，并为澳大利亚国家、州和领地政府机构所使用。政府通过法制化和规范化管理，与私营部门确权分利，分担风险，形成双方共赢的局面。澳大利亚的经验在于其正确认识了政府在项目主导中的作用与定位，这成为推动 PPP 发展的关键所在。

第二节　我国 PPP 发展现状及相关立法

一、我国 PPP 发展现状

党的十八届三中全会通过《中共中央关于全面深化改革若干重大问题的决定》，提出“允许社会资本通过特许经营等方式参与城市基础设施投资和运营”。

在此背景下,2014 年 9 月,国务院出台了《关于加强地方政府性债务管理的意见》(国发〔2014〕43 号),提出"推广使用政府与社会资本合作模式",鼓励社会资本参与城市基础设施等的投资和运营。2014 年 11 月,出台了《国务院关于创新重点领域投融资机制鼓励社会投资的指导意见》(国发〔2014〕60 号),提出鼓励和引导社会投资,增强公共产品供给能力。可以说,鼓励和引导社会资本参与城市基础设施投资和运营,是党中央、国务院做出的一项重要决定。

在此背景下,国务院及其相关部门陆续出台了一系列 PPP 相关政策文件。一些地方也积极开展有益探索,形成了一些政策成果。截至 2016 年 6 月 30 日,按照《关于规范政府和社会资本合作综合信息平台运行的通知》(财金〔2015〕166 号)的要求,经审核纳入 PPP 综合信息平台项目库的项目 9285 个,总投资额 10.6 万亿元,其中执行阶段项目共 619 个,总投资额达 1 万亿元;财政部示范项目 232 个,总投资额 8025.4 亿元,其中执行阶段项目 105 个,总投资额 3078 亿元。

财政部两批示范项目除江苏南京垃圾处理项目主动退出示范外,均已入库,共 232 个。其中,24 个处于识别阶段,93 个处于准备阶段,42 个处于采购阶段,73 个处于执行阶段,尚无项目进入移交阶段。处于采购和执行阶段的示范项目分别占 18% 和 32%。

二、我国 PPP 政策性文件

(一)国务院出台的文件

1. 国务院办公厅转发发展改革委、卫生部等部门《关于进一步鼓励和引导社会资本举办医疗机构意见的通知》(国办发〔2010〕58 号)。

2. 国务院办公厅《关于政府向社会力量购买服务的指导意见》(国办发〔2013〕96 号)。

3. 国务院办公厅《关于加强城市地下管线建设管理的指导意见》(国办发〔2014〕27 号)。

4. 国务院《关于近期支持东北振兴若干重大政策举措的意见》(国发〔2014〕28 号)。

5. 国务院《关于加强地方政府性债务管理的意见》(国发〔2014〕43 号)。

6. 国务院《关于深化预算管理制度改革的决定》(国发〔2014〕45 号)。

7. 国务院《关于创新重点领域投融资机制鼓励社会投资的指导意见》(国发

〔2014〕60号）。

8.《国务院关于清理规范税收等优惠政策的通知》（国发〔2014〕62号）。

9. 国务院办公厅《关于推行环境污染第三方治理的意见》（国办发〔2014〕69号）。

10. 国务院办公厅《关于进一步做好盘活财政存量资金工作的通知》（国办发〔2014〕70号）。

11.《中华人民共和国政府采购法实施条例》（中华人民共和国国务院令第658号）。

12. 国务院关于《加快发展体育产业促进体育消费的若干意见》（国发〔2014〕46号）。

13. 国务院办公厅《关于支持铁路建设实施土地综合开发的意见》（国办发〔2014〕37号）。

14. 国务院《关于实行中期财政规划管理的意见》（国发〔2015〕3号）。

15. 国务院办公厅转发文化部等部门《关于做好政府向社会力量购买公共文化服务工作意见的通知》（国办发〔2015〕37号）。

16. 国务院《关于税收等优惠政策相关事项的通知》（国发〔2015〕25号）。

17. 国务院办公厅《关于城市公立医院综合改革试点的指导意见》（国办发〔2015〕38号）。

18. 国务院办公厅《关于全面推开县级公立医院综合改革的实施意见》（国办发〔2015〕33号）。

19. 国务院办公厅《关于妥善解决地方政府融资平台公司在建项目后续融资问题意见的通知》（国办发〔2015〕40号）。

20. 国务院《关于调整和完善固定资产投资项目资本金制度的通知》（国发〔2015〕51号）。

21. 国务院《关于印发推进财政资金统筹使用方案的通知》（国发〔2015〕35号）。

22. 国务院《关于进一步做好城镇棚户区和城乡危房改造及配套基础设施建设有关工作的意见》（国发〔2015〕37号）。

23. 国务院办公厅《关于推进城市地下综合管廊建设的指导意见》（国办发〔2015〕61号）。

24. 国务院办公厅转发财政部、发展改革委、人民银行《关于在公共领域推广政府和社会资本合作模式指导意见的通知》（国办发〔2015〕42号）。

25. 国务院办公厅《关于推进海绵城市建设的指导意见》(国办发〔2015〕78 号)。

26. 国务院办公厅转发卫生计生委等部门《关于推进医疗卫生与养老服务相结合指导意见的通知》(国办发〔2015〕84 号)。

27. 国务院办公厅《关于加快发展生活性服务业促进消费结构升级的指导意见》(国办发〔2015〕85 号)。

28. 国务院办公厅《关于推进医疗卫生和养老服务相结合指导意见的通知》(国办发〔2015〕75 号)。

29. 国务院办公厅《关于加快电动汽车充电基础设施建设的指导意见》(国办发〔2015〕73 号)。

30. 国务院办公厅转国家发改委《关于"十三五"期间实施新一轮农村电网改造升级工程意见的通知》(国办发〔2016〕9 号)。

31. 国务院《关于进一步健全特困人员救助供养制度的意见》(国发〔2016〕14 号)。

32. 国务院办公厅关于印发《深化医药卫生体制改革 2016 年重点工作任务的通知》(国办发〔2016〕26 号)。

33. 国务院《关于印发 2016 年推进简政放权放管结合优化服务改革工作要点的通知》(国发〔2016〕30 号)。

34. 国务院《关于印发土壤污染防治行动计划的通知》(国发〔2016〕31 号)。

35. 国务院办公厅《关于进一步做好民间投资有关工作的通知》(国办发明电〔2016〕12 号)。

36. 国务院《关于深化投融资体制改革的意见》(中发〔2016〕18 号)。

（二）国家发改委出台的文件

1. 国家发展改革委办公厅《关于创新企业债券融资方式扎实推进棚户区改造建设有关问题的通知》(发改办财金〔2014〕1047 号)。

2. 国家发展改革委《关于规范平台公司发行企业债券有关审核标准的工作指引(初稿)》。

3.《政府核准投资项目管理办法》(发改〔2014〕11 号)。

4.《外商投资项目核准和备案管理办法》(发改〔2014〕12 号)。

5.《天然气基础设施建设与运营管理办法》(发改〔2014〕8 号)。

6. 国家发展改革委《关于发布首批基础设施等领域鼓励社会投资项目的通

知》（发改基础〔2014〕981 号）。

7. 国家发展改革委《关于开展政府和社会资本合作的指导意见》（发改投资〔2014〕2724 号）。

8.《政府和社会资本合作项目通用合同指南》（2014 年版）。

9. 国家发展改革委办公厅《城市地下综合管廊建设专项债券发行指引》（发改办财金〔2015〕755 号）。

10. 国家发展改革委办公厅《战略性新兴产业专项债券发行指引》（发改办财金〔2015〕756 号）。

11. 国家发展改革委办公厅《养老产业专项债券发行指引》（发改办财金〔2015〕817 号）。

12. 国家发展改革委办公厅《城市停车场建设专项债券发行指引》（发改办财金〔2015〕818 号）。

13. 国家发展改革委办公厅《关于充分发挥企业债券融资功能支持重点项目建设促进经济 平稳较快发展的通知》（发改办财金〔2015〕1327 号）。

14.《传统基础设施领域实施政府和社会资本合作项目工作导则》（发改投资〔2016〕2231 号）。

（三）财政部出台的文件

1.《政府采购非招标采购方式管理办法》（中华人民共和国财政部令第 74 号）。

2. 财政部《地方政府存量债务纳入预算管理清理甄别办法》（财预〔2014〕351 号）。

3. 财政部《关于贯彻实施修改后的预算法的通知》（财法〔2014〕10 号）。

4. 财政部《关于推广运用政府和社会资本合作模式有关问题的通知》（财金〔2014〕76 号）。

5. 财政部《关于政府和社会资本合作示范项目实施有关问题的通知》（财金〔2014〕112 号）。

6. 财政部《关于印发政府和社会资本合作模式操作指南（试行）的通知》（财金〔2014〕113 号）。

7. 财政部《关于规范政府和社会资本合作合同管理工作的通知》（试行）（财金〔2014〕156 号）。

8. 财政部《关于印发〈政府采购竞争性磋商采购方式管理暂行办法〉的通

知》(财库〔2014〕214 号)。

9. 财政部《政府和社会资本合作项目政府采购管理办法》(财库〔2014〕215 号)。

10. 财政部《关于开展中央财政支持海绵城市建设试点工作的通知》(财建〔2014〕838 号)。

11. 财政部《关于开展中央财政支持地下综合管廊试点工作的通知》(财建〔2014〕839 号)。

12. 财政部办公厅《关于开展地方政府存量债务初步清理甄别结果自查工作的通知》(财办预〔2015〕2 号)。

13. 财政部《关于推进地方盘活财政存量资金有关事项的通知》(财预〔2015〕15 号)。

14. 财政部《关于印发 2015 年政府采购工作要点的通知》(财办库〔2015〕27 号)。

15. 财政部《关于印发 2015 年地方政府专项债券预算管理办法的通知》(财预〔2015〕32 号)。

16. 财政部《地方政府一般债券发行管理暂行办法》(财库〔2015〕64 号)。

17. 财政部《关于印发〈地方政府专项债券发行管理暂行办法〉的通知》(财库〔2015〕83 号)。

18. 财政部《政府和社会资本合作项目财政承受能力论证指引》(财金〔2015〕21 号)。

19. 财政部《关于进一步做好政府和社会资本合作项目示范工作的通知》(财金〔2015〕57 号)。

20. 财政部印发《关于农业综合开发推进农业适度规模经营的指导意见》的通知》(财发〔2015〕12 号)。

21. 财政部《关于规范政府和社会资本合作(PPP)综合信息平台运行的通知》(财金〔2015〕166 号)。

22. 财政部《关于印发〈PPP 物有所值评价指引(试行)〉的通知》(财金〔2015〕167 号)。

23. 财政部《关于实施政府和社会资本合作项目以奖代补政策的通知》(财金〔2015〕158 号)。

24. 财政部《关于印发〈政府投资基金暂行管理办法〉的通知》(财预〔2015〕210 号)。

25. 财政部《关于财政资金注资政府投资基金支持产业发展的指导意见》

（财建〔2015〕1062 号）。

26. 财政部《关于对地方政府债务实行限额管理的实施意见》（财预〔2015〕225 号）。

27. 财政部《关于印发城市管网专项资金绩效评价暂行办法的通知》（财建〔2016〕52 号）。

28. 财政部《关于采取有效措施进一步加强地方财政库款管理工作的通知》（财库〔2016〕81 号）。

29.《基本建设财务规则》（中华人民共和国财政部令第 81 号 ）。

30.《关于在公共服务领域深入推进政府和社会资本合作工作的通知》（财金〔2016〕90 号）。

31.《关于联合公布第三批政府和社会资本合作示范项目加快推动示范项目建设的通知》（财金〔2016〕91 号）。

32.《政府和社会资本合作项目财政管理暂行办法》（财金〔2016〕92 号）。

（四）国务院其他部门或多部门联合发布的文件

1. 国家发展改革委、民政部、财政部、国土资源部、住房和城乡建设部、国家卫生计生委、中国人民银行、国家税务总局、国家体育总局、中国银行业监督管理委员会《关于加快推进健康与养老服务工程建设的通知》（发改投资〔2014〕2091 号）。

2. 国家发展改革委、国家开发银行《关于推进开发性金融支持政府和社会资本合作有关工作的通知》（发改投资〔2015〕445 号）。

3. 国家发展改革委、财政部、水利部《关于鼓励和引导社会资本参与重大水利工程建设运营的实施意见》（发改农经〔2015〕488 号）。

4. 国家发展和改革委员会、财政部、住房和城乡建设部、交通运输部、水利部、中国人民银行《基础设施和公用事业特许经营管理办法》（〔2015〕25 号令）。

5. 发展改革委、财政部、水利部《关于开展社会资本参与重大水利工程建设运营第一批试点工作的通知》（发改办农经〔2015〕1274 号）。

6. 国家发改委、住房城乡建设部《关于加强保障性安居工程配套基础设施建设中央预算内投资管理的通知》（发改投资〔2015〕3001 号）。

7. 国家发改委、住房城乡建设部《关于城市地下综合管廊实行有偿使用制度的指导意见》（发改价格〔2015〕2754 号）。

8. 国家发改委、财政部、国土资源部、住房城乡建设部、交通运输部、公安部、银监会《关于加强城市停车设施建设的指导意见》(发改基础〔2015〕1788 号)。

9. 国家发改委、财政部、国土资源部、银监会、国家铁路局《关于进一步鼓励和扩大社会资本投资建设铁路的实施意见》(发改基础〔2015〕1610 号)。

10. 财政部、国家发展改革委、中国人民银行、中国银行业监督管理委员会《关于开展地方政府存量债务清理甄别初步结果核查工作的通知》(财预〔2015〕24 号)。

11. 财政部、国家税务总局《关于公共基础设施项目享受企业所得税优惠政策问题的补充通知》(财税〔2014〕55 号)。

12. 财政部、民政部、工商总局《关于印发〈政府购买服务管理办法(暂行)〉的通知》(财综〔2014〕96 号)。

13. 财政部、国家发展改革委、民政部、全国老龄工作委员会办公室《关于做好政府购买养老服务工作的通知》(财社〔2014〕105 号)。

14. 财政部、国家发展改革委、住房和城乡建设部《污水处理费征收使用管理办法》(财税〔2014〕151 号)。

15. 财政部、住房和城乡建设部、水利部《关于开展中央财政支持海绵城市建设试点工作的通知》(财建〔2014〕838 号)。

16. 财政部、住房和城乡建设部《关于开展中央财政支持地下综合管廊试点工作的通知》(财建〔2014〕839 号)。

17. 财政部、住房和城乡建设部《关于市政公用领域开展政府和社会资本合作项目推介工作的通知》(财建〔2015〕29 号)。

18. 财政部、住房城乡建设部、水利部《关于组织申报 2015 年海绵城市建设试点城市的通知》(财办建〔2015〕4 号)。

19. 财政部、环境保护部《关于推进水污染防治领域政府和社会资本合作的实施意见》(财建〔2015〕90 号)。

20. 财政部 交通运输部《关于在收费公路领域推广运用政府和社会资本合作模式的实施意见》(财建〔2015〕111 号)。

21. 财政部、国土资源部等《关于运用政府和社会资本合作模式推进公共租赁住房投资建设和运营管理的通知》(财综〔2015〕15 号)。

22. 财政部、住房城乡建设部《关于印发〈城市管网专项资金管理暂行办法〉的通知》(财建〔2015〕201 号)。

23. 财政部、交通运输部《关于推进交通运输领域政府购买服务的指导意见》(财建〔2016〕34 号)。

24. 财政部、住房城乡建设部《关于开展 2016 年中央财政支持地下综合管廊试点工作的通知》(财办建〔2016〕21 号)。

25. 财政部、住房城乡建设部《关于申报市政公用领域 PPP 推介项目的通知》(财建〔2016〕495 号)。

26. 财政部、环境保护部《关于申报水污染防治领域 PPP 推介项目的通知》(财建〔2016〕453 号)。

27. 财政部、国土资源部、中国人民银行、银监会《关于规范土地储备和资金管理等相关问题的通知》(财综〔2016〕4 号)。

28. 财政部、科技部、工业和信息化部、发展改革委、国家能源局《关于"十三五"新能源汽车充电基础设施奖励政策及加强新能源汽车推广应用的通知》(财建〔2016〕7 号)。

29. 财政部、发展改革委《关于进一步共同做好政府和社会资本合作(PPP)有关工作的通知》(财金〔2016〕32 号)。

30. 中国人民银行、中国银行业监督管理委员会、中国证券业监督管理委员会、中国保险业监督管理委员会、国家外汇管理局《关于规范金融机构同业业务的通知》(银发〔2014〕127 号)。

31. 民政部、国家发展改革委、教育部、财政部、人力资源和社会保障部、国土资源部、住房和城乡建设部、国家卫生计生委、中国银行业监督管理委员会、中国保险业监督管理委员会《关于鼓励民间资本参与养老服务业发展的实施意见》(民发〔2015〕33 号)。

32. 住房和城乡建设部《关于印发进一步鼓励和引导民间资本进入市政公用事业领域的实施意见的通知》(建城〔2012〕89 号)。

33. 住房城乡建设部《市政公用事业特许经营管理办法》(中华人民共和国建设部令第 126 号)。

34.《城镇污水排入排水管网许可管理办法》(中华人民共和国住房和城乡建设部令第 21 号)。

35. 住房城乡建设部《城市停车设施建设指南的通知》(建城〔2015〕142 号)。

36. 中国银监会办公厅《关于 2014 年银行理财业务监管工作的指导意见》(银监办发〔2014〕39 号)。

37. 中国银监会办公厅《关于信托公司风险监管的指导意见》(银监办发〔2014〕99 号)。

38. 中国银监会办公厅《关于规范商业银行同业业务治理的通知》(银监办发〔2014〕140 号)。

39. 中国银监会办公厅《关于开展银行业金融机构同业新规执行情况专项检查的通知》(银监办发〔2014〕250 号)。

40.《城市供水特许经营协议示范文本》(建设部 2004)。

41.《管道燃气特许经营协议示范文本》(建设部 2004)。

42.《城市生活垃圾处理特许经营协议示范文本》(建设部 2004)。

43.《城市污水处理特许经营协议示范文本》(建设部 2006)。

44.《城镇供热特许经营协议示范文本》(建设部 2006)。

45. 国家能源局《关于在能源领域积极推广政府和社会资本合作模式的通知》(国能法改〔2016〕96 号)。

46. 银监会、国家发展改革委《关于银行业支持重点领域重大工程建设的指导意见》(银监发〔2015〕43 号)。

47. 银监会《项目融资业务指引》(银监发〔2009〕71 号)。

48. 审计署《政府投资项目审计规定》(审投发〔2010〕173 号)。

(五)地方性规定

1. 上海市:《延安东路隧道专营管理办法》(1994)。

2. 深圳市:《深圳市公用事业特许经营办法》(2003)。

3. 长沙市:《长沙市供水行业特许经营办法》《长沙市污水处理行业特许经营办法》(2004)。

4. 邯郸市:《邯郸市市政公用事业特许经营管理办法》(2004)。

5. 深圳市:《深圳市公用事业特许经营条例》(2005)。

6. 新疆维吾尔自治区:《新疆维吾尔自治区市政公用事业特许经营条例》(2005)。

7. 青岛市:《青岛市市政公用基础设施特许经营管理暂行规定》(2005)。

8. 天津市:《天津市市政公用事业特许经营管理办法》(2005)。

9. 北京市:《北京市城市基础设施特许经营条例》(2006)。

10. 淮南市:《淮南市公用事业特许经营条例》(2006)。

11. 乌鲁木齐市:《乌鲁木齐市城市公共汽车客运特许经营管理办法》(2006)。

12. 合肥市:《合肥市市政公用事业特许经营实施办法》(2006)。

13. 吉林省:《吉林省城市污水处理特许经营管理办法》(2006)。

14. 武汉市:《武汉市市政公用事业特许经营管理办法》(2006)。

15. 杭州市:《杭州市市政公用事业特许经营条例》(2007)。

16. 贵州省:《贵州省市政公用事业特许经营管理条例》(2007)。

17. 山西省:《山西省市政公用事业特许经营管理条例》(2007)。

18. 吉林市:《吉林市市政公用事业特许经营办法》(2007)。

19. 北京市:《北京市人力客运三轮车胡同游特许经营若干规定》(2007)。

20. 湖南省:《湖南省市政公用事业特许经营条例》(2008 修正)。

21. 沈阳市:《沈阳市城市轨道交通运营特许经营管理办法》(2008)。

22. 青海省:《青海省市政公用事业特许经营管理条例》(2009)。

23. 成都市:《成都市人民政府特许经营权管理办法》(2009)。

24. 昆明市:《昆明市特许经营权管理办法》(2010)。

25. 长春市:《长春市供热特许经营管理办法》(2010)。

26. 上海市:《上海市城市基础设施特许经营管理办法》(2010)。

27. 重庆市:《关于 PPP 投融资模式改革的工作方案》(2014)。

28. 福建省:《关于推广政府和社会资本合作(PPP)试点的指导意见》(2014)。

29. 河南省:《关于进一步加强城镇基础设施建设管理工作的实施意见》(2014)。

30. 安徽省:《安徽省城市基础设施领域 PPP 模式操作指南》(2014)。

31. 湖南省:《湖南省财政厅关于推广运用政府和社会资本合作模式的指导意见》(2014)。

32. 北京市:《关于创新重点领域投融资机制鼓励社会投资的实施意见》(京政发〔2015〕14 号)。

33. 厦门市:《厦门市推广运用政府和社会资本合作(PPP)模式实施方案》(2015)。

34. 云南省:《云南省推广运用政府和社会资本合作模式实施方案》(2015)。

35. 海南省:《关于推广运用政府和社会资本合作模式的实施意见》(2015)。

36. 江苏省:《关于政府和社会资本合作(PPP)示范项目实施有关问题的通知》(苏财金〔2015〕1 号)。

37. 安庆市:《关于推广运用政府和社会资本合作模式的实施意见》(2015)。

38. 铜陵市:《铜陵市财政局关于推广运用政府和社会资本合作模式的意见》(2015)。

39. 广元市:《关于开展政府和社会资本合作的意见》(2015)。

40. 甘肃省:《关于创新重点领域投融资机制鼓励社会投资的实施意见》(甘政发〔2015〕23 号)。

41. 河南省:《关于进一步加快推进铁路建设的意见》(2015)。

42. 甘肃省:《甘肃省发展改革委关于开展政府和社会资本合作的实施意见》(2015)。

43. 南昌市:《南昌市推广政府和社会资本合作模式的实施意见(试行)》(2015)。

44. 浙江省:《关于推广运用政府和社会资本合作模式的指导意见》(2015)。

45. 三明市:《关于鼓励和引导社会资本参与基础设施等领域建设的实施意见》(2015)。

46. 新疆维吾尔自治区:《关于加快城镇基础设施建设的实施意见》(2015)。

三、重要政策性文件解读

表 2.1　重要政策性文件解读

序号	发文单位	文号	文件名	主要内容	重点内容
1	国务院	国发〔2014〕43 号	关于加强地方政府性债务管理的意见	要求建立规范的地方政府举债融资机制,对地方债务实行规模控制和预算管理,从而控制和化解地方政府性债务风险。	1. 明确划清政府与企业界限,政府债务只能通过政府及其部门举借,不得通过企事业单位等举借。 2. 地方政府举债采取政府债券方式。没有收益的公益性事业发展确须政府举借一般债务的,由地方政府发行一般债券融资,主要以一般公共预算收入偿还。有一定收益的公益性事业发展确须政府举借专项债务的,由地方政府通过发行专项债券融资,以对应的政府性基金或专项收入偿还。 3. 剥离融资平台公司政府融资职能,融资平台公司不得新增政府债务。

续表

序号	发文单位	文号	文件名	主要内容	重点内容
2	国务院	国发〔2014〕45 号	关于深化预算管理制度改革的决定	对预算法修订的内容做出了更为细化的规定，要求：建立预算公开、预算管控制度，清理税收优惠，优化支出结构，规范地方政府债务管理等。	1. 明确一般公共预算、政府性基金预算、国有资本经营预算、社会保险基金预算的收支范围，政府的收入和支出全部纳入预算管理。 2. 财政部门会同各部门研究编制三年滚动财政规划，对未来三年重大财政收支情况进行分析预测。预算执行中如须增加或减少预算总支出，必须报经本级人大常委会审查批准。 3. 地方政府举债不得突破批准的限额。地方政府在国务院批准的分地区限额内举借债务，必须报本级人大或其常委会批准。
3	国务院	国发〔2014〕60 号	关于创新重点领域投融资机制鼓励社会投资的指导意见	创新公共服务、资源环境、生态建设、基础设施等重点领域的投融资机制，放宽市场准入，推广 PPP 模式，通过投资补助、基金注资、担保补贴、贷款贴息等多种方式，支持社会资本参与重点领域建设。	1. 在公共服务、资源环境、生态保护、基础设施等领域，积极推广 PPP 模式，通过投资补助、基金注资、担保补贴、贷款贴息等方式，支持社会资本参与重点领域建设。 2. 通过特许经营、投资补助、政府购买服务等多种方式，鼓励社会资本投资市政基础设施项目。政府可采用委托经营或转让—经营—转让（TOT）等方式，将已经建成的市政基础设施项目转交给社会资本运营管理。改进市政基础设施价格形成、调整和补偿机制，使经营者能够获得合理收益。 3. 创新融资方式，在信贷服务、担保、产业投资基金、股权债权融资等方面，多措并举，丰富社会资本的融资方式和渠道。如支持开展排污权、收费权、购买服务协议质押等担保贷款业务；利用工程供水、供热、发电、污水垃圾处理等预期收益质押贷款；发展股权和创业投资基金等。
4	国务院	国务院令第 658 号	中华人民共和国政府采购法实施条例	明确规定了政府采购的主体、范围、信息公开方式、招投标程序、评标管理等政府采购中的的细化内容。	1. 明确了投标、履约保证金的提交方式和上限。投标保证金不得超过采购项目预算金额的 2%，履约保证金不得超过政府采购合同金额的 10%。 2. 明确了供应商参加政府采购活动需要提交资格证明材料，需要提供营业执照、财务状况、技术能力、3 年内无重大违法记录的书面声明等。 3. 单位负责人为同一人或者存在直接控股、管理关系的不同供应商，不得参加同一合同项下的政府采购活动。除单一来源采购项目外，为采购项目提供整体设计、规范编制或者项目管理、监理、检测等服务的供应商，不得再参加该采购项目的其他采购活动。

续表

序号	发文单位	文号	文件名	主要内容	重点内容
5	国务院	国发〔2015〕3号	关于实行中期财政规划管理的意见	要求实行中期财政规划管理，由财政部门会同各部门研究编制三年滚动财政规划，对未来三年重大财政收支情况进行分析预测，对规划期内一些重大改革、重要政策和重大项目，研究政策目标、运行机制和评价办法，通过逐年更新滚动管理。并规定了具体操作程序。	1. 中期财政规划涵盖一般公共预算、政府性基金预算、国有资本经营预算和社会保险基金预算，包括预测现行政策下财政收支、分析现行财政收支政策问题、制定财政收支政策改革方案、测算改革后财政收支情况。 2. 财政部牵头编制全国中期财政规划。在下一年度预算编制启动之前，提前编制中期财政规划草案，报国务院批准后实施。 3. 各部门应研究未来三年涉及财政收支的重大改革和政策事项，并测算收支数额，及时提交财政部汇总平衡。编制部门三年滚动财政规划，按照部门预算管理有关规定执行。 4. 地方财政部门要比照中央的做法，编制地方中期财政规划，经同级人民政府批准后，报财政部备案。
6	国务院	国发〔2015〕51号	关于调整和完善固定资产投资项目资本金制度的通知	对固定资产投资项目资本金制度进行了调整。	1. 城市和交通基础设施项目最低资本金比例调整：城市轨道交通项目调整为20%，港口、沿海及内河航运、机场项目调整为25%，铁路、公路项目调整为20%。 2. 房地产开发项目最低资本金比例调整：保障性住房和普通商品住房项目维持20%，其他项目调整为25%。 3. 其他工业项目最低资本金比例调整：玉米深加工项目调整为20%，化肥（钾肥除外）项目维持25%。 4. 城市地下综合管廊、城市停车场项目以及经国务院批准的核电站等重大建设项目，可以在规定最低资本金比例基础上适当降低。
7	国务院	国办发〔2015〕42号	关于在公共领域推广政府和社会资本合作模式指导意见的通知	要求改革创新公共服务供给机制，大力推广 PPP 模式。明确了 PPP 模式的定义、原则、目标，要求构建制度体系、规范项目实施、完善政策保障，并对其提出了具体要求。	1. 政府和社会资本合作模式，即政府采取竞争性方式择优选择具有投资、运营管理能力的社会资本，双方按照平等协商原则订立合同，明确责权利关系，由社会资本提供公共服务，政府依据公共服务绩效评价结果向社会资本支付相应对价，保证社会资本获得合理收益。 2. 在能源、交通运输、水利、环境保护、农业、林业、科技、保障性安居工程、医疗、卫生、养老、教育、文化等公共服务领域，鼓励采用政府和社会资本合作模式。 3. 开展财政承受能力论证。针对政府不同支付机制，将项目涉及的运营补贴、经营收费权和其他支付对价等，按照国家统一的会计制度进行核算，纳入年度预算、中期财政规划，并向本级人大或其常委会报告。

续表

序号	发文单位	文号	文件名	主要内容	重点内容
7					4. 推进公共服务领域价格改革，按照补偿成本、合理收益、节约资源、优质优价、公平负担的原则，理顺公共服务价格。 5. 融资平台公司与政府脱钩，进行市场化改制；对已经建立现代企业制度、实现市场化运营的，在其承担的地方政府债务已纳入政府财政预算、得到妥善处置并明确公告今后不再承担地方政府举债融资职能的前提下，可作为社会资本参与当地政府和社会资本合作项目。严禁融资平台公司通过保底承诺等方式参与政府和社会资本合作项目，进行变相融资。
8	发改委	发改〔2014〕11号	政府核准投资项目管理办法	规范了政府对企业投资项目的核准行为，具体规定了项目申请报告的内容与编制、核准程序、核准内容及效力、监管措施及法律责任等。	1. 项目核准机关对企业提交的项目申请报告，应当主要从维护经济安全、合理开发利用资源、保护生态环境、优化重大布局、保障公共利益、防止出现垄断等方面依法进行审查，做出是否予以核准的决定。项目的市场前景、经济效益、资金来源、产品技术方案等均由企业自主决策、自担风险，不得干预企业的投资自主权。 2. 项目申请报告应当主要包括：项目单位情况、拟建项目情况、资源利用和生态环境影响分析、经济和社会影响分析。 3. 主要根据以下条件对项目进行审查：符合国家法律法规和宏观调控政策、符合发展规划、产业政策、技术政策和准入标准、合理开发并有效利用了资源、不影响我国国家安全、经济安全和生态安全、对公众利益，特别是对项目建设地的公众利益不产生重大不利影响。
9	发改委	发改投资〔2014〕2724号	关于开展政府和社会资本合作的指导意见	在国办发〔2015〕42号文之前，明确PPP模式的定义、原则、范围、操作模式，并提出健全PPP模式工作机制、政策保障和规范管理的要求。	1. PPP模式是指政府为增强公共产品和服务供给能力、提高供给效率，通过特许经营、购买服务、股权合作等方式，与社会资本建立的利益共享、风险分担及长期合作关系。 2. PPP模式主要适用于政府负有提供责任又适宜市场化运作的公共服务、基础设施类项目，如燃气、供电、供水、供热、污水、垃圾处理、公路、铁路、机场、城市轨道交通、医疗、旅游、教育培训、健康养老、水利、资源环境和生态保护等项目。新建市政工程以及新型城镇化试点项目优先考虑采用PPP模式。 3. 明确规定了适用经营性、准经营性、非经营性项目的情形。对项目库的建立、伙伴的选择、合同管理、绩效评价、退出机制等做出了规定。 4. 对于涉及中央定价的PPP项目，可适当向地方下放价格管理权限。依法依规为准经营性、非经营性项目配置土地、物业、广告等经营资源，为稳定投资回报、吸引社会投资创造条件。

续表

序号	发文单位	文号	文件名	主要内容	重点内容
10	财政部	财政部令第 74 号	政府采购非招标采购方式管理办法	具体规定了非招标采购方式的种类、适用范围、适用程序、监管措施等。	1. 非招标采购方式,是指竞争性谈判、单一来源采购和询价采购方式。 2. 竞争性谈判是指谈判小组与符合资格条件的供应商就采购货物、工程和服务事宜进行谈判,采购人从谈判小组提出的成交候选人中确定成交供应商的采购方式。适用于招标不成功的、技术特殊复杂的、需求紧急的或价格总额不明的采购项目。 3. 单一来源采购是指采购人从某一特定供应商处采购货物、工程和服务的采购方式。适用于只能从唯一供应商处采购的、情况紧急无法从其他供应商处采购的或者必须保证原有采购项目一致性或者服务配套的要求的采购项目。单一来源采购必须经过公示程序。 4. 询价是指询价小组向符合资格条件的供应商发出采购货物询价通知书,要求供应商一次报出不得更改的价格,采购人从询价小组提出的成交候选人中确定成交供应商的采购方式。从询价通知书发出之日起至供应商提交响应文件截止之日止不得少于 3 个工作日。
11	财政部	财金〔2014〕76 号	关于推广运用政府和社会资本合作模式有关问题的通知	明确提出推广 PPP 模式,开展项目示范工作,要求提高财政管理能力、做好项目评估、完善财政补贴和风险管理机制。	1. 财政部将统筹考虑项目成熟度、可示范程度等因素,在全国范围内选择一批以"使用者付费"为基础的项目进行示范。示范项目要具有价格调整机制相对灵活、市场化程度相对较高、投资规模相对较大、需求长期稳定等特点。 2. 按照"风险由最适宜的一方来承担"的原则,合理分配项目风险,项目设计、建设、财务、运营维护等商业风险原则上由社会资本承担,政策、法律和最低需求风险等由政府承担。 3. 地方各级财政部门要会同行业主管部门,做好项目前期论证工作。积极借鉴"物有所值"评价理念和方法,对拟采用政府和社会资本合作模式的项目进行筛选,可委托专业机构进行项目评估论证。 4. 财政部将围绕实现"物有所值"价值目标,探索创新适合政府和社会资本合作项目采购的政府采购方式。
12	财政部	财金〔2014〕112 号	关于政府和社会资本合作示范项目实施有关问题的通知	明确要规范地推广运用 PPP 模式,并公布了第一批 PPP 示范项目。	1. 鼓励和引导地方融资平台公司存量项目,以 TOT 等方式转型为 PPP 项目,引入社会资本参与存量项目的改造和运营,切实有效化解地方政府融资平台债务风险。 2. 进一步完善实施方案,必要时可聘请专业机构协助;严格按照《政府采购法》等规定,采取竞争性采购方式。

续表

序号	发文单位	文号	文件名	主要内容	重点内容
12					3. 合理确定社会资本的收益水平，并通过特许经营权、合理定价、财政补贴等事先公开的收益约定规则，使社会资本获得长期稳定收益。 4. 严格按照合同办事，切实履行政府合同责任；依法公开充分披露项目实施的相关信息，保障公众知情权，接受社会监督。
13	财政部	财金〔2014〕113号	关于印发《政府和社会资本合作模式操作指南（试行）》的通知	对PPP模式的整个流程做出规定，包括项目识别、项目准备、项目采购、项目执行、项目移交，为PPP模式具体操作提供了依据。	1. 投资规模较大、需求长期稳定、价格调整机制灵活、市场化程度较高的基础设施及公共服务类项目，适宜采用PPP模式。由政府或社会资本发起，以政府发起为主。 2. 财政部门会同行业主管部门，从定性和定量两方面开展物有所值评价工作。财政部门应根据项目全生命周期内的财政支出、政府债务等因素，对部分政府付费或政府补贴的项目，开展财政承受能力论证，每年政府付费或政府补贴等财政支出不得超出当年财政收入的一定比例。 3. 原则上，项目设计、建造、财务和运营维护等商业风险由社会资本承担，法律、政策和最低需求等风险由政府承担，不可抗力等风险由政府和社会资本合理共担。 4. 项目运作方式主要包括委托运营、管理合同、建设—运营—移交、建设—拥有—运营、转让—运营—移交和改建—运营—移交等。项目回报机制主要包括使用者付费、可行性缺口补助和政府付费等支付方式。 5. 采购方式包括公开招标、竞争性谈判、邀请招标、竞争性磋商和单一来源采购。项目实施机构应根据项目采购需求特点，依法选择适当采购方式。 6. 出现重大经营或财务风险，威胁或侵害债权人利益时，债权人可依据与政府、社会资本或项目公司签订的直接介入协议或条款，要求社会资本或项目公司改善管理等。
14	财政部	财金〔2014〕156号	关于规范政府和社会资本合作合同管理工作的通知	明确要求对PPP合同的起草、谈判、履行、变更、解除、转让、终止直至失效的全过程管理，规定PPP合同管理的核心原则，并发布《PPP项目合同指南（试行）》	1. 在PPP模式下，政府与社会资本是基于PPP项目合同的平等法律主体，应在充分协商、互利互惠的基础上订立合同，并依法平等地主张合同权利、履行合同义务。 2. PPP项目合同中除应规定社会资本方的绩效监测和质量控制等义务外，还应保证政府方合理的监督权和介入权，以加强对社会资本的履约管理。 3. 鉴于PPP项目的生命周期通常较长，在合同订立时要合理设置一些关于期限变更、内容变更（产出标准调整、价格调整等）、主体变更的灵活调整机制。

续表

序号	发文单位	文号	文件名	主要内容	重点内容
15	财政部	财库〔2014〕214 号	关于印发《政府采购竞争性磋商采购方式管理暂行办法》的通知	具体规定了竞争性磋商采购方式的流程。	1. 竞争性磋商采购方式，是指采购人、政府采购代理机构通过组建竞争性磋商小组与符合条件的供应商就采购货物、工程和服务事宜进行磋商，供应商按照磋商文件的要求提交响应文件和报价，采购人从磋商小组评审后提出的候选供应商名单中确定成交供应商的采购方式。适用于政府购买服务的、技术复杂或性质特殊的、不能确定价格总额的、竞争不充分的科研项目，以及必须进行招标的工程建设项目以外的工程建设项目。 2. 拟采用竞争性磋商采购方式的，需要报经主管预算单位同意后，依法向设区的市、自治州以上人民政府财政部门申请批准。 3. 经磋商确定最终采购需求和提交最后报价的供应商后，由磋商小组采用综合评分法对提交最后报价的供应商的响应文件和最后报价进行综合评分。综合评分法货物项目的价格分值占总分值的比重（权值）为 30% 至 60%，服务项目的价格分值占总分值的比重（权值）为 10% 至 30%。价格分统一采用低价优先法计算，即满足磋商文件要求且最后报价最低的供应商的价格为磋商基准价，其价格分为满分。其他供应商的价格分统一按照下列公式计算：磋商报价得分 =（磋商基准价/最后磋商报价）× 价格权值 ×100。
16	财政部	财库〔2014〕215 号	政府和社会资本合作项目政府采购管理办法	规定了 PPP 项目政府采购的具体程序	1. PPP 项目采购，是指政府为达成权利义务平衡、物有所值的 PPP 项目合同，遵循公开、公平、公正和诚实信用原则，按照相关法规要求完成 PPP 项目识别和准备等前期工作后，依法选择社会资本合作者的过程。PPP 项目实施机构（采购人）在项目实施过程中选择合作社会资本（供应商），适用本办法。 2. 采购方式包括公开招标、邀请招标、竞争性谈判、竞争性磋商和单一来源采购。 3. PPP 项目采购应当实行资格预审，发布资格预审公告，验证项目能否获得社会资本响应和实现充分竞争。 4. 采用竞争性谈判或者竞争性磋商采购方式的，应当明确评审小组根据与社会资本谈判情况可能实质性变动的内容，包括采购需求中的技术、服务要求以及项目合同草案条款。 5. 项目实施机构应当在 PPP 项目合同签订之日起 2 个工作日内，将 PPP 项目合同在省级以上人民政府财政部门指定的政府采购信息发布媒体上公告，但 PPP 项目合同中涉及国家秘密、商业秘密的内容除外。

续表

序号	发文单位	文号	文件名	主要内容	重点内容
17	财政部	财金〔2015〕21号	政府和社会资本合作项目财政承受能力论证指引	规定了PPP项目财政承受能力论证的具体方法及操作流程。	1. 财政承受能力论证是指识别、测算PPP项目的各项财政支出责任，科学评估项目实施对当前及今后年度财政支出的影响，为PPP项目财政管理提供依据。结论分为“通过论证”和“未通过论证”。“通过论证”的项目，各级财政部门应当在编制年度预算和中期财政规划时，将项目财政支出责任纳入预算统筹安排。“未通过论证”的项目，则不宜采用PPP模式。 2. PPP项目全生命周期过程的财政支出责任，主要包括股权投资、运营补贴、风险承担、配套投入等。应当综合考虑各类支出责任的特点、情景和发生概率等因素，对项目全生命周期内财政支出责任分别进行测算。 3. 财政承受能力评估包括财政支出能力评估以及行业和领域平衡性评估。财政支出能力评估显示PPP项目实施对当前及今后年度财政支出的影响；领域均衡性评估是为了防止某一行业和领域PPP项目过于集中。
18	财政部	财金〔2015〕57号	关于进一步做好政府和社会资本合作项目示范工作的通知	针对PPP项目的实施、监管、信息披露等做出了规定，并公布了第二批PPP备选示范项目的申报要求。	1. 确定合理的收费标准，选择一批能力较强的专业中介机构，为示范项目实施提供技术支持。严禁通过保底承诺、回购安排、明股实债等方式进行变相融资，将项目包装成PPP项目。 2. 每一年度全部PPP项目需要从预算中安排的支出责任占一般公共预算支出比例应当不超过10%。 3. 上报备选示范项目要纳入城市总体规划和各类专项规划，新建项目应已按规定程序做好立项、可行性论证等项目前期工作。政府和社会资本合作期限原则上不低于10年。对采用BT方式的项目，通过保底承诺、回购安排等方式进行变相融资的项目，财政部将不予受理。
19	财政部	财金〔2015〕167号	关于印发《PPP物有所值评价指引（试行）》的通知	规定了PPP项目物有所值评价的具体方法及操作流程。	1. 物有所值评价是判断是否采用PPP模式代替政府传统投资运营方式提供公共服务项目的一种评价方法。结论分为“通过”和“未通过”。“通过”的项目，可进行财政承受能力论证；“未通过”的项目，可在调整实施方案后重新评价，仍未通过的不宜采用PPP模式。 2. 定性评价指标包括全生命周期整合程度、风险识别与分配、绩效导向与鼓励创新、潜在竞争程度、政府机构能力、可融资性六项基本评价指标，以及项目规模大小、预期使用寿命长短、主要固定资产种类、全生命周期成本测算准确性、运营收入增长潜力、行业示范性等补充评价指标。六项基本评价指标权重为80%，其中任一指标权重

续表

序号	发文单位	文号	文件名	主要内容	重点内容
19					一般不超过 20%；补充评价指标权重为 20%，其中任一指标权重一般不超过 10%。 3. 定量评价是在假定采用 PPP 模式与政府传统投资方式产出绩效相同的前提下，通过对 PPP 项目全生命周期内政府方净成本的现值(PPP 值)与公共部门比较值(PSC 值)进行比较，判断 PPP 模式能否降低项目全生命周期成本。PPP 值可等同于 PPP 项目全生命周期内股权投资、运营补贴、风险承担和配套投入等各项财政支出责任的现值；PSC 值为参照项目的建设和运营维护净成本、竞争性中立调整值、项目全部风险成本三项成本的全生命周期现值之和。
20	财政部	财金〔2015〕158 号	关于实施政府和社会资本合作项目以奖代补政策的通知	明确了以奖代补政策的原则、申请项目要求、监督管理等。	1. PPP 项目以奖代补工作遵循依法合规、公开透明、政府引导、管理到位的原则。 2. 享受以奖代补政策支持的 PPP 项目，必须切实保障项目选择的适当性、交易结构的合理性、合作伙伴选择的竞争性、财政承受能力的中长期可持续性和项目实施的公开性，确保项目实施质量。 3. 地方财政部门要对辖内 PPP 项目以奖代补资金的申请工作进行指导，会同有关部门对奖励资金审核拨付工作进行检查，及时处理和反映问题。同时，要加强对奖励资金拨付、使用的监督检查，规范审核拨付程序，保证奖励资金专项使用。 4. PPP 项目以奖代补政策自 2016 年起施行，执行期限暂定 3 年。
21	财政部	财预〔2015〕225 号	关于对地方政府债务实行限额管理的实施意见	对政府债务限额管理、风险防控机制以及存量债务的妥善处理做出了规定。	1. 对地方政府债务余额实行限额管理。年度地方政府债务限额等于上年地方政府债务限额加上当年新增债务限额(或减去当年调减债务限额)，分为一般债务限额和专项债务限额。地方政府债务总限额由国务院确定，并报全国人民代表大会批准。 2. 逐级下达分地区地方政府债务限额。根据债务风险、财力状况等因素并统筹考虑国家宏观调控政策、各地区建设投资需求等提出方案，报国务院批准后下达各省级财政部门。严格按照限额举借地方政府债务，将地方政府债务分类纳入预算管理。 3. 加快建立政府综合财务报告制度，全面评估风险状况，跟踪风险变化，切实防范风险。 4. 属于公益性项目债务的，由地方政府统筹安排包括债券资金在内的预算资金偿还，必要时可以处置政府资产；属于非公益性项目债务的，由举借债务的部门和单位通过压减预算支出等措施偿还，暂时难以压减的可用财政资金先行垫付，并在以后年度部门和单位预算中扣回。

续表

序号	发文单位	文号	文件名	主要内容	重点内容
21					5. 对确须依法代偿的或有债务，地方政府要将代偿部分的资金纳入预算管理，并依法对原债务单位及有关责任方保留追索权；对因预算管理方式变化导致原偿债资金性质变化为财政资金、相应确须转化为政府债务的或有债务，在不突破限额的前提下，报经省级政府批准后转化为政府债务；对违法违规担保的或有债务，由政府、债务人与债权人共同协商，重新修订合同，明确责任，依法解除担保关系。
22	六部委	六部委〔2015〕25号	基础设施和公用事业特许经营管理办法	规定了特许经营的范围和原则，特许经营项目实施方案、可行性评估，经营协议的内容、履行、变更和终止、争议解决等事项。	1. 基础设施和公用事业特许经营，是指政府采用竞争方式依法授权中华人民共和国境内外的法人或者其他组织，通过协议明确权利义务和风险分担，约定其在一定期限和范围内投资建设运营基础设施和公用事业并获得收益，提供公共产品或者公共服务。 2. 项目需要政府提供可行性缺口补助或者开展物有所值评估的，由财政部门负责开展相关工作。 3. 实施机构根据经审定的特许经营项目实施方案，应当通过招标、竞争性谈判等竞争方式选择特许经营者；特许经营项目建设运营标准和监管要求明确、有关领域市场竞争比较充分的，应当通过招标方式选择特许经营者。 4. 特许经营协议可以约定特许经营者通过向用户收费等方式取得收益。向用户收费不足以覆盖特许经营建设、运营成本及合理收益的，可由政府提供可行性缺口补助。需要可行性缺口补助的项目，应当严格按照预算法规定，综合考虑政府财政承受能力和债务风险状况，合理确定财政付费总额和分年度数额，并与政府年度预算和中期财政规划相衔接。 5. 行政区划调整，政府换届、部门调整和负责人变更，不得影响特许经营协议履行。因法律、行政法规修改，或者政策调整损害特许经营者预期利益，或者根据公共利益需要，要求特许经营者提供协议约定以外的产品或服务的，应当给予特许经营者相应补偿。

第二编　操作与流程

根据财政部《〈关于印发政府和社会资本合作模式操作指南(试行)〉的通知》(财金〔2014〕113号文),PPP项目大致可分为项目识别、项目准备、项目采购、项目执行、项目移交五个阶段(见下图)。结合地方性法规,PPP项目的大致操作流程是:社会投资人或政府发起PPP项目,财政部门会同行业主管部门对潜在项目进行筛选评估,根据筛选结果制订年度开发计划和中期开发计划。纳入年度开发计划的项目,项目发起方须准备初步实施方案,财政部门根据初步实施方案对项目进行物有所值和财政能力评估,通过评估的项目进入准备阶段。政府选择确定项目实施机构,项目实施机构编制PPP项目实施方案报市级政府审批,通过审批的项目进入项目采购阶段。项目实施机构按照法律法规规定的采购方式选择社会投资人并签署PPP项目合作协议等交易文件,社会投资人与政府出资主体组建项目公司(政府也可以不出资),项目公司与政府签署PPP项目实施协议或特许经营协议,协议签署后进入项目实施阶段。项目公司组织开展PPP项目的建设、运营、融资以及后续移交事宜。

目前PPP项目的主管部门存在多头管理的现象,就牵头部门而言,最初PPP项目的主管部门是发改委,但是近年来财政部日益发挥主导作用。财政部《关于印发〈政府和社会资本合作模式操作指南(试行)〉的通知》(财金〔2014〕113号)明确了财政部对PPP项目的统筹管理职能:"财政部门应本着社会主义市场经济基本原则,以制度创新、合作契约精神,加强与政府相关部门的协调,积极发挥第三方专业机构作用,全面统筹政府和社会资本合作管理工作。"然而《关于在公共服务领域推广政府和社会资本合作模式的指导意见》(国办发〔2015〕42号)并未将发改委置于财政部的领导之下:"财政部要会同有关部门,加强政策沟通协调和信息交流,完善体制机制。教育、科技、民政、人力资源社会保障、国土资源、环境保护、住房城乡建设、交通运输、水利、农业、商务、文化、卫生计生等行业主管部门,要结合本行业特点,积极运用政府和社会资本合作模式提供公共服务,探索完善相关监管制度体系。地方各级人民政府要结合已有规划和各地实际,出台具体政策措施并抓好落实;可根据本地区实际情况,建立工作协调机制,推动政府和社会资本合作项目落地实施。"因此,PPP项目除受各行业主管部门的监管以外,还接受发改委和财政部两条线的领导。

财政部和发改委对PPP项目的监管引导的侧重点不同,前者关注项目财政规划、预算等经济影响,后者关注行业统筹、社会发展等社会影响,两者对PPP项目操作的规定各不相同,有些甚至可能出现矛盾和冲突。举例而言,若一个水厂项目申请进入财政部 PPP 项目库，须遵从财政部规定适用政府采购法，符合非招标采购条件的可以采取非招标采购办法进行采购。然而，在发改委条线下，凡涉及特许经营管理的 PPP 项目都应当进行招标采购。两个部门各自有一套项目识别、准备、报批流程。实务操作中，社会投资人最好提前与相关部门沟通，确保不出现合规障碍。目前有关 PPP 的规定多为部门规章层级，尚未上升至法律或行政法规层次，多头管理也是现阶段 PPP 项目亟待解决的问题。

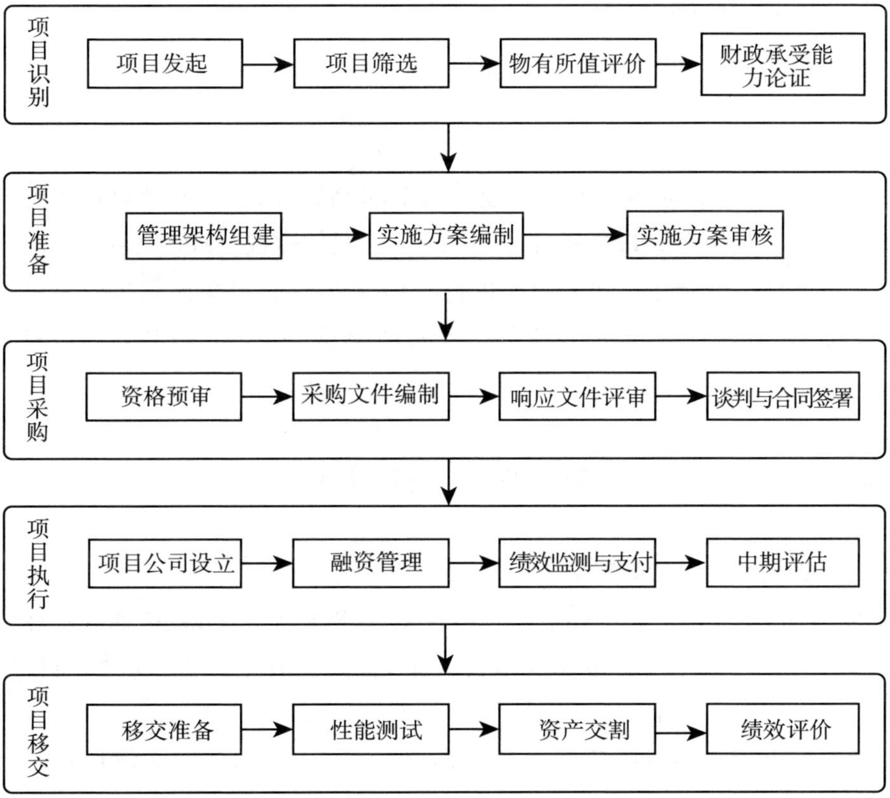

《关于印发〈政府和社会资本合作模式操作指南（试行）〉的通知》

（财金〔2014〕113 号文）规定的 PPP 项目实务流程图

第三章
项目筹备

PPP 项目筹备是指政府或社会投资人发起 PPP 项目,政府针对备选项目开展筛选工作,识别、确定 PPP 项目并对其进行立项的过程。PPP 项目筹备阶段决定了一个项目是否能够以 PPP 模式进行操作,PPP 项目筹备阶段也大致决定了一个 PPP 项目的范围、交易方、交易基本架构、交易内容等,是 PPP 项目采购的前提与基础。

第一节　项 目 发 起

一、PPP 模式的适用范围

PPP 融资建造模式并不能适用于所有项目,PPP 项目复杂、前期谈判耗费时间较多、建设运营期限长、整体成本投入很高,只有具备一定规模的项目适用 PPP 模式才具备经济性。

关于 PPP 项目的适用范围,各国(地区)立法例有列举式和概括式两种方法。例如,我国台湾地区采列举式,台湾地区"促进民间参与公共建设法"规定,PPP 模式适用于以下公共建设:交通建设及共同管道,环境污染防治设施,污水下水道、自来水及水利设施,卫生医疗设施,社会及劳工福利设施,文教设施,观光游憩重大设施,电业设施及公用气体燃料设施,运动设施,公园绿地设施,重大工业、商业及科技设施,新市镇开发,农业设施。新加坡采用概括式,《PPP 手册》规定 PPP 模式适用于:政府采用资源最优的方法决定是否采用 PPP,即将 PPP 采购方法与政府传统采购方法进行比较,如果 PPP 更加物有所值,政府就会采用 PPP。英国、澳大利亚、欧盟等也采概括式,适用 PPP 模式的核心判断标准为是否符合物有所值。列举式的优点在于可操作性强,但容易出现挂一漏万的现象,采列举式立法例的国家(地区)大都规定了比较宽泛的适用范围,例如,我国台湾地区将重大工业、商业也纳入PPP适用范围。概括式的优势在于判断标准灵活,但操作性差。①

我国是概括与列举相结合的模式。财政部《关于印发〈政府和社会资本合作模式操作指南(试行)〉的通知》(财金〔2014〕113号)明确,PPP项目仅限于投资规模较大、需求长期稳定、价格调整机制灵活、市场化程度较高的基础设施及公共服务类项目。国家发展改革委2014年12月2日颁布《关于开展政府和社会资本合作的指导意见》(发改投资〔2014〕2724号)规定,PPP模式主要适用于政府负有提供责任又适宜市场化运作的公共服务、基础设施类项目,燃气、供电、供水、供热、污水及垃圾处理等市政设施,公路、铁路、机场、城市轨道交通等交通设施,医疗、旅游、教育培训、健康养老等公共服务项目,以及水利、资源环境和生态保护等项目均可推行PPP模式,各地的新建市政工程以及新型城镇化试点项目,应优先考虑采用PPP模式建设。

由此可见,我国PPP项目适用标的是基础设施、公共产品和公共服务,典型的PPP项目包括市政设施、交通设施、教育、医疗、旅游、养老等项目。根据上述规定,笔者认为普通商品房、工业用房、办公用房、商业地产等建设项目不宜采用PPP模式建设,因为此类项目属于纯私人部门运作的项目。此外,涉及国家安全的敏感项目不宜引入社会资本合作,如核电站、国防设施,因其涉及国家秘密须严格保密,不宜引入社会资本参与;科学技术更新较快的项目(如通信项目)不宜使用PPP模式,因为PPP项目往往周期长,技术更新过快的项目可能加大PPP项目风险,浪费公共资源。

实务中,有的地方政府将非基础设施、公共产品与基础设施、公共产品打包申请PPP项目,如将高科技产业园和市政道路、公租房等整体打包成园区项目,这种情况是否可适用PPP模式存在一定争议,是否能够纳入PPP项目要看各地政府掌握的尺度。目前,产业园区模式已基本获得认可。当然,在我国是否能够适用PPP模式主要取决于政府态度,关键程序是PPP立项,只有立项的项目才能够以PPP模式推进。

---

① 参见王守清、程珊珊等:《国内外PPP项目适用范围PK》,载《施工企业管理》2014年9月。

但是，相关法规已经明确土地收储和前期开发不得以 PPP 模式运作，新出台的《关于联合公布第三批政府和社会资本合作示范项目加快推动示范项目建设的通知》（财金〔2016〕91 号）第 5 条指出："PPP 项目主体或其他社会资本，除通过规范的土地市场取得合法土地权益外，不得违规取得未供应的土地使用权或变相取得土地收益，不得作为项目主体参与土地收储和前期开发等工作，不得借未供应的土地进行融资；PPP 项目的资金来源与未来收益及清偿责任，不得与土地出让收入挂钩。"因此，业界普遍认为 PPP 模式不适用于土地一级开发项目。

二、PPP 项目的主体

（一）发起主体

PPP 项目发起主体既可以是政府方，也可以是社会资本方。

财政部《关于印发〈政府和社会资本合作模式操作指南（试行）〉的通知》（财金〔2014〕113 号）规定："财政部门（政府和社会资本合作中心）应负责向交通、住建、环保、能源、教育、医疗、体育健身和文化设施等行业主管部门征集潜在政府和社会资本合作项目。行业主管部门可从国民经济和社会发展规划及行业专项规划中的新建、改建项目或存量公共资产中遴选潜在项目。"因此，政府可以主动发起 PPP 项目，邀请社会资本方参与 PPP 项目。

财政部《关于印发〈政府和社会资本合作模式操作指南（试行）〉的通知》（财金〔2014〕113 号）规定："社会资本应以项目建议书的方式向财政部门（政府和社会资本合作中心）推荐潜在政府和社会资本合作项目。"据此，社会资本可以主动向政府推介项目，只要该项目符合 PPP 项目特征，具备公共服务和公共产品的特性，符合立项条件。例如，笔者在执业过程中接触到一个案例，在一个交通较为拥堵且城市停车设施供给较缺乏的西部省会城市，一位私营企业主向政府提交了城市综合停车场项目建设建议书，政府对此表示了极大兴趣。

（二）政府方与项目实施主体

无论是社会资本发起的，还是政府主动发起的 PPP 项目。PPP 项目的准备、采购、监管和移交等工作一般不由政府直接操作，而是通过政府授权的实施机构负责，因此明确实施机构成为一个 PPP 项目招商筹备阶段必须解决的法律实务问题。

财政部规范性文件与发改委规范性文件对项目实施主体的规定各有不同。国家发展改革委2014年12月2日颁布《关于开展政府和社会资本合作的指导意见》(发改投资〔2014〕2724号),规定了PPP项目的实施主体。“明确相应的行业管理部门、事业单位、行业运营公司或其他相关机构,作为政府授权的项目实施机构,在授权范围内负责PPP项目的前期评估论证、实施方案编制、合作伙伴选择、项目合同签订、项目组织实施以及合作期满移交等工作。”财政部《关于印发〈政府和社会资本合作模式操作指南(试行)〉的通知》(财金〔2014〕113号)规定,政府或其指定的有关职能部门或事业单位可作为项目实施机构,负责项目准备、采购、监管和移交等工作。

对比二者,财政部将PPP项目实施机构仅限于政府部门和事业单位,而发改委的定义更为广泛,将行业运营公司和其他机构也纳入了PPP项目实施主体。实务操作的解决办法是:财政部推出的项目以财政部规定为准,发改委负责的项目以其规定为准,同时涉及两个部门的,社会资本需要提前与两部门进行沟通。

此外,实践中,一些PPP项目中地方融资平台既代表政府出资,又是项目回购主体,对项目进行保底承诺、变相融资。这就引出了实务中经常遇到的一个问题,即地方融资平台是否可以代表政府作为PPP项目实施主体?对此,目前尚无法规和规范性文件的明确规定。如果从政府清理地方融资平台的一系列政策文件背景和立法意图来看(详细内容参考“地方融资平台可否作为社会资本方”一节),尤其是根据财政部关于PPP项目实施主体的规定,笔者认为地方融资平台不宜代表政府在PPP项目中出资,因为地方融资平台代表政府极容易导致政府出资、政府回购、政府兜底模式的重演。在与财政部等部委沟通的过程中,笔者也了解到,一些PPP项目因为主体的不适格,如由地方融资平台代表政府作为项目实施主体,而在申报部级项目的过程中被否定。根据《关于组织开展第三批政府和社会资本合作示范项目申报筛选工作的通知》(财金函〔2016〕47号)的评审标准,国有企业和融资平台公司作为政府方签署PPP项目合同的,不列为备选项目。

(三)社会资本方

财政部《关于印发〈政府和社会资本合作模式操作指南(试行)〉的通知》

（财金〔2014〕113号）规定："社会资本是指已建立现代企业制度的境内外企业法人，但不包括本级政府所属融资平台公司及其他控股国有企业。"据此，PPP项目社会资本方可以是国有企业、私营企业、外资企业，但是外资企业需遵守国家有关外商投资的特殊规定。

值得关注的是，两类主体不得作为PPP项目社会资本方，一是本级政府所属的没有进行市场化转型的融资平台公司；二是本级政府控股的国有企业（上市公司除外）。此项规定的缘由在于：PPP项目是由政府或其授权机构作为项目实施主体，如果同时选择政府所属融资平台或国企作为社会资本方，则有自己交易之嫌，不符合PPP项目公私合作的本质。当然，国务院此后颁布的文件对此项禁止性规定有所松绑，现详解如下：

1. 地方融资平台可否作为社会资本方

地方政府融资平台公司，指由地方政府及其部门和机构等通过财政拨款或注入土地、股权等资产设立，承担政府投资项目融资功能，并拥有独立法人资格的经济实体。自2008年国际金融危机以来，地方融资平台作为融资主体为推动地方政府重大项目建设作出了突出贡献。然而，由于政府债未纳入中央预算统一管理，地方政府债务呈现出失控的局面，成为影响金融系统安全的不稳定因素，近年来政府开始加大对地方政府债务的管理，尤其是对地方融资平台开始进行刮骨疗伤式整治。

首先，国务院《关于加强地方政府融资平台公司管理有关问题的通知》（国发〔2010〕19号）要求地方融资平台整顿清理改制，其中规定："对只承担公益性项目融资任务且主要依靠财政性资金偿还债务的融资平台公司，今后不得再承担融资任务，相关地方政府要在明确还债责任，落实还款措施后，对公司做出妥善处理；对承担上述公益性项目融资任务，同时还承担公益性项目建设、运营任务的融资平台公司，要在落实偿债责任和措施后剥离融资业务，不再保留融资平台职能。对承担有稳定经营性收入的公益性项目融资任务并主要依靠自身收益偿还债务的融资平台公司，以及承担非公益性项目融资任务的融资平台公司，要按照《中华人民共和国公司法》等有关规定，充实公司资本金，完善治理结构，实现商业运作；要通过引进民间投资等市场化途径，促进投资主体多元化，改善融资平台公司的股权结构。对其他兼有不同类型融资功能的融资平台公司，也要按照上述原则进行清理规范。"

其次，国务院《关于加强地方政府性债务管理的意见》（国发〔2014〕43号）

明确了对地方政府债务实行规模控制的原则,地方政府债务规模纳入限额管理,由国务院确定并报全国人大或其常委会批准,各地区政府债务规模由国务院批准;严格限定政府举债程序和资金用途,地方政府在国务院批准的分地区限额内举借债务,必须报本级人大或其常委会批准,不得再通过企业举债,市县级政府确需举借债务的由省、自治区、直辖市政府代为举借;地方政府债务严格纳入全口径预算管理,一般债务收支纳入一般公共预算管理,将专项债务收支纳入政府性基金预算管理。此外,43 号文明确规定要"剥离融资平台公司政府融资职能,融资平台公司不得新增政府债务"。如果严格按照国务院 19 号文、43 号文和财政部 113 号文,地方融资平台是不得作为社会资本方的。

然而,《关于在公共服务领域推广政府和社会资本合作模式的指导意见》(国办发〔2015〕42 号)规定:"大力推动融资平台公司与政府脱钩,进行市场化改制,健全完善公司治理结构,对已经建立现代企业制度、实现市场化运营的,在其承担的地方政府债务已纳入政府财政预算、得到妥善处置并明确公告今后不再承担地方政府举债融资职能的前提下,可作为社会资本参与当地政府和社会资本合作项目,通过与政府签订合同方式,明确责权利关系。严禁融资平台公司通过保底承诺等方式参与政府和社会资本合作项目,进行变相融资。"

业内人士普遍认为国办发 42 号文有条件地修改了财政部之前对"社会资本"的定义,给地方融资平台了指明生路,可以视为对国发 43 号文的放水。也有专家认为允许融资平台作为社会资本方参与 PPP 项目,对 PPP 模式的长期健康发展未必有益,甚至可能使相关改革出现社会资本所担心的"反复"。

从实务角度上看,笔者认为根据国办发 42 号文,已市场化转型的地方融资平台可以作为社会资本参与当地政府和社会资本合作项目,国办发 42 号文是对现实的妥协,是改革过程中不得已的过渡性措施。当然,实践中笔者也看到多数 PPP 项目仍有地方融资平台参与的身影,而且一些融资平台尚未完成企业化改革。但是,根据《关于组织开展第三批政府和社会资本合作示范项目申报筛选工作的通知》(财金函〔2016〕47 号)的评审标准,未剥离政府性债务、承诺不再承担融资平台职能的本地融资平台公司作为社会资本方的,不列为备选项目。此外,在监管部门尚未出台对市场化转型的认定标准细则的情况下,建议审慎选择融资平台企业作为承接主体。

2. 地方国有企业可否作为社会资本方

根据财政部 113 号文规定,本级政府控股的国有企业(上市公司除外)不得作为 PPP 项目社会资本方。此外，财政部颁布的《PPP 项目合同指南（试行）》（财金〔2014〕156 号）更加明确地提出：项目公司可以由社会资本出资设立，也可以由社会资本与本级政府共同出资成立，但本级政府在项目公司中的持股比例应当低于 50%，且不具有实际控制力和管理权。因此，笔者认为地方政府控股的国有企业不得作为社会资本方。理由如前所述，地方国有企业与地方政府具有千丝万缕的联系，作为社会资本方不符合公私合作的精神。但在发改委文件体系里并未见对地方国有企业作为社会投资的禁止性规定。

第二节　项目筛选与准备

社会投资人或政府发起 PPP 项目后，项目进入筛选阶段。PPP 模式周期长、投入成本高，只有符合特定条件，即物有所值且在政府财政承受能力范围内的项目才可以 PPP 模式实施。根据财政部《关于印发〈政府和社会资本合作模式操作指南（试行）〉的通知》（财金〔2014〕113 号）确定的程序，项目发起之后，首先由财政部门（政府和社会资本合作中心）会同行业主管部门对潜在政府和社会资本合作项目进行筛选，确定 PPP 备选项目，并制订年度和中期开发计划；纳入年度开发计划的，项目发起方应准备初步实施方案（或者可研报告），由财政部门进行物有所值评价和财政承受能力论证；通过评价和论证的项目进入实施准备阶段，由项目实施机构编制项目实施方案并报市级人民政府审批。

地方性法规对于筛选程序有着更为细致的规定，如《浙江省财政厅关于推广运用政府和社会资本合作模式的实施意见》（浙财金〔2015〕5 号）规定：首先，财政部门会同行业主管部门对潜在 PPP 项目（无论是政府发起还是社会投资人发起）进行评估筛选，确定备选项目，制定项目年度和中期开发计划。其次，列入年度开发计划的项目，财政部门会同行业主管部门组织开展项目定性、定量物有所值评估和财政承受能力论证，通过论证的项目纳入项目库管理，并报送省财政厅备案，由省厅建立 PPP 项目库，向社会公布推荐项目清单。再次，纳入 PPP 库的项目进入项目准备阶段，由各地确定的项目实施机构编制项目实施方案，财政部门对项目实施方案再次进行物有所值和财政承受能力验证，通过验证的，报经同级政府批准后实施；未通过验证的，需调整方案后重新验证。最后，实施方案经地方政府批准的项目进入政府采购阶段。

由此可见根据法规的规定，一个 PPP 项目至少需要经过两次物有所值和财政承受能力评估，第一次在入 PPP 库阶段，第二次在 PPP 实施方案报批阶段。此外，根据财政部《政府和社会资本合作项目物有所值评价指引》（财金〔2015〕167 号），采购阶段也应当进行物有所值和财政承受能力评估。这也是国际惯例，因为 PPP 项目十分复杂，其边界条件往往随着准备的深入而逐渐清晰，因此需要做多次物有所值和财政承受能力评估。但是根据笔者的实务经验，目前我国 PPP 项目筛选过程较为简单，物有所值和财政承受能力评估往往只做一次，通过评估的直接列入 PPP 备选库或执行库。

PPP 项目筛选过程中最核心的内容是物有所值和财政承受能力评估。财政部《关于印发〈政府和社会资本合作模式操作指南（试行）〉的通知》（财金〔2014〕113 号）规定："财政部门（政府和社会资本合作中心）应对项目实施方案进行物有所值和财政承受能力验证，通过验证的，由项目实施机构报政府审核；未通过验证的，可在实施方案调整后重新验证；经重新验证仍不能通过的，不再采用政府和社会资本合作模式。"国家发展改革委《关于开展政府和社会资本合作的指导意见》（发改投资〔2014〕2724 号）规定："为提高工作效率，可会同相关部门建立 PPP 项目的联审机制，从项目建设的必要性及合规性、PPP 模式的适用性、财政承受能力以及价格的合理性等方面，对项目实施方案进行可行性评估，确保'物有所值'。审查结果作为项目决策的重要依据。"《推广运用政府和社会资本合作模式有关问题的通知》（财金〔2014〕76 号）规定："项目评估时，要综合考虑公共服务需要、责任风险分担、产出标准、关键绩效指标、支付方式、融资方案和所需要的财政补贴等要素，平衡好项目财务效益和社会效益，确保实现激励相容。"

一、项目联评联审

在 PPP 项目主管部门会同行业主管部门对潜在 PPP 目进行评估筛选、确定备选项目时，为了简化审批流程，国家建立了 PPP 项目联评联审机制。国务院办公厅于 2015 年 5 月 19 日发布的《关于在公共服务领域推广政府和社会资本合作模式的指导意见》（国办发〔2015〕42 号）规定："进一步减少审批环节，建立项目实施方案联评联审机制，提高审查工作效率。"

二、项目实施方案编制

财政部《关于印发〈政府和社会资本合作模式操作指南（试行）〉的通知》

（财金〔2014〕113 号）规定："对于列入年度开发计划的项目，项目发起方应按财政部门（政府和社会资本合作中心）的要求提交相关资料。新建、改建项目应提交可行性研究报告、项目产出说明和初步实施方案；存量项目应提交存量公共资产的历史资料、项目产出说明和初步实施方案。"113 号文同时规定，项目实施机构应组织编制项目实施方案，项目实施方案包括以下内容。

（一）项目概况

项目概况主要包括基本情况、经济技术指标和项目公司股权情况等。基本情况主要明确项目提供的公共产品和服务内容、项目采用政府和社会资本合作模式运作的必要性和可行性以及项目运作的目标和意义。经济技术指标主要明确项目区位、占地面积、建设内容或资产范围、投资规模或资产价值、主要产出说明和资金来源等。项目公司股权情况主要明确是否要设立项目公司以及公司股权结构。

（二）风险分配基本框架

按照风险分配优化、风险收益对等和风险可控等原则，综合考虑政府风险管理能力、项目回报机制和市场风险管理能力等要素，在政府和社会资本间合理分配项目风险。原则上，项目设计、建造、财务和运营维护等商业风险由社会资本承担，法律、政策和最低需求等风险由政府承担，不可抗力等风险由政府和社会资本合理共担。

（三）项目运作方式

项目运作方式主要包括委托运营、管理合同、建设—运营—移交、建设—拥有—运营、转让—运营—移交和改建—运营—移交等。具体运作方式的选择主要由收费定价机制、项目投资收益水平、风险分配基本框架、融资需求、改扩建需求和期满处置等因素决定。

（四）交易结构

交易结构主要包括项目投融资结构、回报机制和相关配套安排。项目投融资结构主要说明项目资本性支出的资金来源、性质和用途以及项目资产的形成和转移等。项目回报机制主要说明社会资本取得投资回报的资金来源，包括使用者付费、可行性缺口补助和政府付费等支付方式。相关配套安排主要说明由项目以外相关机构提供的土地、水、电、气和道路等配套设施和项目所需的上下游服务。

（五）合同体系

合同体系主要包括项目合同、股东合同、融资合同、工程承包合同、运营服务合同、原料供应合同、产品采购合同和保险合同等。项目合同是其中最核心的法律文件。项目边界条件是项目合同的核心内容，主要包括权利义务、交易条件、履约保障和调整衔接等边界。权利义务边界主要明确项目资产权属、社会资本承担的公共责任、政府支付方式和风险分配结果等。交易条件边界主要明确项目合同期限、项目回报机制、收费定价调整机制和产出说明等。履约保障边界主要明确强制保险方案以及由投资竞争保函、建设履约保函、运营维护保函和移交维修保函组成的履约保函体系。调整衔接边界主要明确应急处置、临时接管和提前终止、合同变更、合同展期、项目新增改扩建需求等应对措施。

（六）监管架构

监管架构主要包括授权关系和监管方式。授权关系主要是政府对项目实施机构的授权以及政府直接或通过项目实施机构对社会资本的授权；监管方式主要包括履约管理、行政监管和公众监督等。

（七）采购方式选择

项目采购应根据《中华人民共和国政府采购法》及相关规章制度执行，采购方式包括公开招标、竞争性谈判、邀请招标、竞争性磋商和单一来源采购。项目实施机构应根据项目采购需求特点，依法选择适当采购方式。公开招标主要适用于核心边界条件和技术经济参数明确、完整、符合国家法律法规和政府采购政策，且采购中不作更改的项目。

涉及特许经营的PPP项目，根据《基础设施和公用事业特许经营管理办法》（六部委〔2015〕25号令），项目实施方案应当包括以下内容：项目名称；项目实施机构；项目建设规模、投资总额、实施进度，以及提供公共产品或公共服务的标准等基本经济技术指标；投资回报、价格及其测算；可行性分析，即降低全生命周期成本和提高公共服务质量效率的分析估算等；特许经营协议框架草案及特许经营期限；特许经营者应当具备的条件及选择方式；政府承诺和保障；特许经营期限届满后资产处置方式；应当明确的其他事项。

2016 年，财政部和发改委相继出台了《政府和社会资本合作项目财政管理暂行办法》（财金〔2016〕92 号）和《传统基础设施领域实施政府和社会资本合作项目工作导则》（发改投资〔2016〕2231 号），这两个文件对项目实施方案有了更详细的规定。

财政部《政府和社会资本合作项目财政管理暂行办法》第 5 条规定："新建、改扩建项目的项目实施方案应当依据项目建议书、项目可行性研究报告等前期论证文件编制；存量项目实施方案的编制依据还应包括存量公共资产建设、运营维护的历史资料以及第三方出具的资产评估报告等。项目实施方案应当包括项目基本情况、风险分配框架、运作方式、交易结构、合同体系、监管架构等内容。"此外，该暂行办法第 6 条、第 7 条和第 8 条规定了"两评估、一实施方案"的工作流程，即"实施方案—物有所值评价—财政承受能力论证—调整实施方案"，此流程设计体现了项目实施方案是物有所值评价和财政承受能力论证的基础，不同的实施方案会有不同的结果。

发改委出台的《传统基础设施领域实施政府和社会资本合作项目工作导则》中对项目实施方案的规定与财政部有明显的区别，该导则第 9 条规定："PPP 项目实施方案由实施机构组织编制，内容包括项目概况、运作方式、社会资本方遴选方案、投融资和财务方案、建设运营和移交方案、合同结构与主要内容、风险分担、保障与监管措施等。为提高工作效率，对于一般性政府投资项目，各地可在可行性研究报告中包括 PPP 项目实施专章，内容可以适当简化，不再单独编写 PPP 项目实施方案。"相较于财政部的文件，该导则的规定更为细致。并规定可以将项目实施方案纳入可研报告，通过一个可研报告解决全部问题，这与财政部之规定亦有不同，在具体项目中的落实仍需社会资本方与政府方沟通确认。此外，该导则第 10 条、第 11 条对项目可研报告、项目实施方案的审批作出了规定，明确可研报告审批后，再制订实施方案，发改委相关负责人表示，因审核过程中经常变更项目相关内容，审核后再对 PPP 项目实施方案进行决策，将使 PPP 项目边界条件更明确。并规定对项目实施方案的审查建立联评联审机制，同时明确了一般性基础设施投资项目可不再单独制作 PPP 项目实施方案，而将其作为可研的一章。但对于一般项目与重大项目的区别标准，发改委负责人表示中央未作统一限制，留待各地具体掌握。

三、财政承受能力论证

根据财政部《关于印发〈政府和社会资本合作模式操作指南(试行)〉的通知》(财金〔2014〕113 号),为确保财政中长期可持续性,财政部门应根据项目全生命周期内的财政支出、政府债务等因素,对部分政府付费或政府补贴的项目开展财政承受能力论证。

2015 年 4 月 7 日财政部印发了《政府和社会资本合作项目财政承受能力论证指引》(财金〔2015〕21 号)。根据该指引,财政承受能力论证是指识别、测算 PPP 项目的各项财政支出责任,科学评估项目实施对当前及今后年度财政支出的影响,为 PPP 项目财政管理提供依据。"通过论证"的项目,各级财政部门应当在编制年度预算和中期财政规划时,将项目财政支出责任纳入预算统筹安排。"未通过论证"的项目,则不宜采用 PPP 模式。

财政承受能力论证采用定量和定性分析方法,控制 PPP 项目财政支出规模。PPP 项目全生命周期过程的财政支出责任,主要包括股权投资、运营补贴、风险承担、配套投入等,《财政承受能力论证指引》明确了各种财政支出责任的测算方法。(1)股权投资支出应当依据项目资本金要求以及项目公司股权结构合理确定。股权投资支出责任中的土地等实物投入或无形资产投入,应依法进行评估,合理确定价值。(2)运营补贴支出应当根据项目建设成本、运营成本及利润水平合理确定,并按照不同付费模式分别测算。对政府付费模式的项目,在项目运营补贴期间,政府承担全部直接付费责任。(3)对可行性缺口补助模式的项目,在项目运营补贴期间,政府承担部分直接付费责任。政府每年直接付费数额包括:社会资本方承担的年均建设成本(折算成各年度现值)、年度运营成本和合理利润,再减去每年使用者付费的数额。年度折现率应考虑财政补贴支出发生年份,并参照同期地方政府债券收益率合理确定。合理利润率应以商业银行中长期贷款利率水平为基准,充分考虑可用性付费、使用量付费、绩效付费的不同情景,结合风险等因素确定。

《财政承受能力论证指引》指出 PPP 项目财政承受以力评估还应兼顾行业间平衡,根据 PPP 模式适用的行业和领域范围,以及经济社会发展需要和公众对公共服务的需求,平衡不同行业和领域 PPP 项目,防止某一行业和领域 PPP 项目过于集中。

最为重要的是,《财政承受能力论证指引》指出:每一年度全部 PPP 项目需要从预算中安排的支出责任，占一般公共预算支出比例应当不超过 10%。这 10% 的比例，应当是指每年新的和旧的 PPP 项目都在这 10% 的预算支出比例中。也就是说，一个地区的 PPP 项目总量存在一定限制，对于社会投资人而言，这就意味着纳入地方政府预算存在一定困难，然而如果未纳入预算，则项目可能无法顺利开展并成功实施。

然而新出台的《关于在公共服务领域深入推进政府和社会资本合作工作的通知》（财金〔2016〕90 号）第 8 条指出："对于政府性基金预算，可在符合政策方向和相关规定的前提下，统筹用于支持 PPP 项目。对于使用者付费项目，涉及特许经营权的要依法定程序评估价值，合理折价入股或授予转让，切实防止国有资产流失。"我们认为，该条款突破了上述公共预算支出比例的限制，明确在一定的条件下，政府性基金预算也可以统筹用于支持 PPP 项目。此外，本条款还规定涉及特许经营权的项目，特许经营权要依法定程序评估并折价入股或转让，但实务中，不少特许经营权未经评估作价。我们认为根据该通知的规定，以及《行政许可法》、六部委 25 号令，特许经营权作为公共资源应计为政府投入。

案例 3.1 某市科教产业园 PPP 项目财政承受能力论证[①]

1. 股权支出

本项目采取政府持股占比 10%，社会资本占比 90% 的方式组建项目公司，项目资本金比例为项目总投资额的 20%。

股权投资支出 = 178,402.58 × 20% × 10% = 3,568.05 万元。

2. 运营补贴

$$\text{当年运营补贴支出数额} = \frac{\text{项目合部建设成本} \times (1 - \text{合理利润率}) \times (1 - \text{年度折现率})n}{\text{财政运营补贴周期(年)}} + \text{年度运营成本} \times (1 + \text{合理利润率}) - \text{当年使用者付费数额} =$$

$$\{[171,060.58 \times (1 + 8.758\%) \times (1 + 7.6\%) n]/X\} + \text{年度运营成本} \times (1 + 8.758\%)$$

项目运营期内各年度运营补贴支出合计 320,794.58 万元。

合理利润率为：5 年以上长期贷款利率约（5.65%）上浮 55%，5.65% ×

① 案例来源于本书作者参与实际操作的项目。

(1 +55%) =8.7575%

3. 风险支出

本项目风险承担成本项目建设运营成本的20%计算;可转移风险承担成本项目全部风险承担成本的80%,自留风险承担成本项目全部风险承担成本的20%。

可转移风险承担成本 = 项目建设运营成本 ×20% ×80% = 30,134.81 万元。

自留风险承担成本 = 项目建设运营成本 ×20% ×20% =7,533.70 万元。

政府自留风险承担成本 = 自留风险 × 出资比例(10%) =753.37 万元。

4. 总支出

股权出资3,568.05 + 运营补贴320,794.58 + 风险成本753.37 =325,116.00 万元。

5. 财政承受能力

该市近五年一般公共预算支出平均为18.05%,按此比例测算未来年度的财政预算支出,结合上述年度运营补贴支出,该项目年度财政补贴支出金额占一般公共预算支出比例不超过2%,符合"占一般公共预算支出比例应当不超过10%"的要求,通过财政承受能力评估。

四、物有所值评估

物有所值是一个相对性的概念,其衡量的是PPP模式是否比传统采购模式更能创造价值,更能降低项目全生命周期成本。众所周知,PPP项目整体上加大了成本投入,以一项造价2亿元、建设期2年的公路BT项目为例,在PPP模式下,建设期可能被拉长至5年~10年,建造模式可能变为DFBO(设计—融资—建造—运营),设计方、运营方、融资方等主体的参与导致交易结构更为复杂,前期谈判成本增加,加上融资成本、运营成本以及各种经营风险,PPP项目成本往往可能翻倍,有的甚至可能翻几倍。据一项统计显示,PPP项目仅前期谈判成本比非PPP项目高出几十个百分点。那么放弃传统模式而转向PPP模式的合理性在哪里?物有所值评估是关键。

根据财政部《关于印发〈政府和社会资本合作模式操作指南(试行)〉的通知》(财金〔2014〕113号)及《PPP物有所值评价指引(试行)》(财金〔2015〕167号,下称"评价指引"),物有所值(Value for Money,VFM),是指一个组织运用其可利用资源所能获得的长期最大利益,是判断是否采用PPP模式代替政府传统投资运营方式提供公共服务项目的一种评价方法。VFM 评价是国际上普遍采用的一种评价传统上由政府提供的公共产品和服务是否可运用政府和社会资本合作模式的评估体系,旨在实现公共资源配置利用效率最优化。根据评价指引,“物有所值评估包括定性和定量两方面的评估,现阶段以定性评价为主,鼓励开展定量评价”。定性评价为项目的可行性、合理性、可完成性评价;定量评价主要通过对政府和社会资本合作项目全生命周期内政府支出成本现值与公共部门比较值进行比较,计算项目的物有所值量值,判断政府和社会资本合作模式是否降低项目全生命周期成本。

(一)定性评价

定性评价重点关注项目采用政府和社会资本合作模式与采用政府传统采购模式相比能否增加供给、优化风险分配、提高运营效率、促进创新和公平竞争等。根据评价指引,定性评价由六项基本评价指标和补充评价指标组成,在各项评价指标中,六项基本评价指标权重为 80% ,其中任一指标权重一般不超过 20% ;补充评价指标权重为 20% ,其中任一指标权重一般不超过 10% 。

基本评价指标包括:一是全生命周期整合程度,主要考核在项目全生命周期内,项目设计、投融资、建造、运营和维护等环节能否实现长期、充分整合;二是风险识别与分配,主要考核在项目全生命周期内,各风险因素是否得到充分识别并在政府和社会资本之间进行合理分配;三是绩效导向与鼓励创新,主要考核是否建立以基础设施及公共服务供给数量、质量和效率为导向的绩效标准和监管机制,是否落实节能环保、支持本国产业等政府采购政策,能否鼓励社会资本创新;四是潜在竞争程度,主要考核项目内容对社会资本参与竞争的吸引力;五是政府机构能力,主要考核政府转变职能、优化服务、依法履约、行政监管和项目执行管理等能力;六是可融资性,主要考核项目的市场融资能力。

补充评价指标包括:一是项目规模大小;二是预期使用寿命长短;三是主要固定资产种类;四是全生命周期成本测算准确性;五是运营收入增长潜力;六是行业示范性。

定性评价的评审由本级财政部门(或 PPP 中心)会同行业主管部门组织召开专家组会议,专家组包括财政、资产评估、会计、金融等经济方面专家以及行业、工程技术、项目管理和法律方面专家等。专家在充分讨论后按评价指标逐项打分,按照指标权重计算加权平均分,得到评分结果,形成专家组意见,根据专家组意见，做出定性评价结论。原则上，评分结果在60分（含）以上的，通过定性评价；否则，未通过定性评价。

（二）定量评价

定量评估是在假定采用PPP模式与政府传统投资方式产出绩效相同的前提下，通过对PPP项目全生命周期内政府方净成本的现值（PPP值）与公共部门比较值（Public Sector Comparator，PSC值）进行比较，判断PPP模式能否降低项目全生命周期成本。其前提是存在一个传统采购模式下净成本现值（PSC值）作为参照系，若政府在PPP模式下全生命周期内支出净成本现值（PPP值）与PSC相比更高，则物无所值；反之，则物有所值。根据评价指引，PPP值小于或等于PSC值的，认定为通过定量评价；PPP值大于PSC值的，认定为未通过定量评价。

1. PSC值的确定

PSC的确定尤为关键，根据国外经验，PSC一般由基本PSC（包括基本成本和融资成本）、风险承担成本（包括可转移风险承担成本和自留风险承担成本）、竞争性中立调整值等几部分构成。根据评价指引，我国PSC值为以下三项成本的全生命周期现值之和：参照项目的建设和运营维护净成本、竞争中立调整值、项目全部风险成本。

参照项目可根据具体情况确定，可以是假设政府采用现实可行的、最有效的传统投资方式实施的、与PPP项目产出相同的虚拟项目，也可以是最近五年内相同或相似地区采用政府传统投资方式实施的、与PPP项目产出相同或非常相似的项目。建设净成本主要包括参照项目设计、建造、升级、改造、大修等方面投入的现金以及固定资产、土地使用权等实物和无形资产的价值，并扣除参照项目全生命周期内产生的转让、租赁或处置资产所获的收益。运营维护净成本主要包括参照项目全生命周期内运营维护所需的原材料、设备、人工等成本，以及管理费用、销售费用和运营期财务费用等，并扣除假设参照项目与PPP项目付费机制相同情况下能够获得的使用者付费收入等。

项目全部风险成本包括可转移给社会资本的风险承担成本和政府自留风险的承担成本，评价指引规定参照《政府和社会资本合作项目财政承受能力论证指引》（财金〔2015〕21号）第21条的方法（比例法、情景分析法和概率法）测算。

比例法用于各类风险支出数额和概率难以进行准确测算的情况，按照项目的全部建设成本和一定时期内的运营成本的一定比例确定风险承担支出。风险承担成本 = 项目建设运营成本 × 风险承担比例。

情景分析法适用于各类风险支出数额可以进行测算但出现概率难以确定的情况，计算公式为：

风险承担支出数额 = 基本情景下财政支出数额 × 基本情景出现的概率 + 不利情景下财政支出数额 × 不利情景出现的概率 + 最坏情景下财政支出数额 × 最坏情景出现的概率

概率法适用于各类风险支出数额和发生概率均可进行测算的情况，可将所有可变风险参数作为变量，根据概率分布函数，计算各种风险发生带来的风险承担支出。

2. PPP 值的确定

PPP 值为项目全生命周期内政府支出净成本现值，包括项目全生命周期下的全部费用，包括直接费用和间接费用。根据国外经验，其计算方法在不同 PPP 项目阶段是不一样的，在项目决策阶段，由于实际成本未知，通常采用影子报价（Shadow Bid）；而在采购阶段，则为社会资本实际报价和政府承担自留风险的成本加总之和。[①] 准备阶段的 PPP 值称为 PPPs，采购阶段称为 PPPa。所以理论上，一个 PPP 项目物有所值的评估往往不是一次就结束的，在项目实施过程中可能开展多次评估。

影子报价中政府应承担的建设运营成本包括政府建设成本、政府运营维护成本和政府其他成本。政府建设运营成本 = （政府建设成本 - 资本性收益） + （政府运营维护成本 - 第三方收入） + 其他成本。其中，政府建设成本包括政府以现金、固定资产或土地使用权等方式对项目设计、建设进行的投资补助。资本性收益，是指项目全生命周期内产生的转让、租赁或处置资产所获的收益。资本性收益应从建设成本中抵减。第三方收入，是指项目全生命周期内，因提供项目基础设施及公共服务而从第三方获得的收入（如使用者付费）。第三方收入应从政府运营维护成本中抵减。政府运营维护成本包括政府向社会资本支付的运营维护费、财政补贴等政府运营维护成本可根据社会资本的投资回报预期等进行测算，具体公式如下：政府运营维护成本 = （社会资本建设成本 - 社会资本额资本性收益 + 社会资本运营维护成本 - 第三方收入 + 社会资本其他成本） ×

① 参见任建新：《PPP“物有所值”评价解析》，载《东方早报》2015 年 2 月 17 日。

(1+合理利润率)。政府其他成本,通常包括政府承担的未纳入建设成本的咨询服务费用、市场测试费用、社会资本中未选补偿金、移交补偿款等交易成本,政府负责的连接设施和配套工程建设成本,政府授予社会资本的项目周边土地或商业开发收益权,政府向社会资本提供的贷款贴息,以及政府放弃的项目公司股利等。

我国的PPP值计算与国外的计算方法不同,只进行一次测算评估,而非如国外的物有所值评估一样进行多次。根据评价指引,PPP值可等同于PPP项目全生命周期内股权投资、运营补贴、风险承担和配套投入等各项财政支出责任的现值,参照《政府和社会资本合作项目财政承受能力论证指引》(财金〔2015〕21号)及有关规定测算。具体测算方法已于上文有关财政承受能力论证的部分有所叙述,在此不赘述。

数值测算完毕后,PPP值小于或等于PSC值的,认定为通过定量评价;PPP值大于PSC值的,认定为未通过定量评价。

物有所值评价报告的结论,分为"通过"和"未通过"。"通过"的项目,可进行财政承受能力论证;"未通过"的项目,可在调整实施方案后重新评价,仍未通过的不宜采用PPP模式。

案例3.2 某市科教产业园PPP项目物有所值评估①

(一)PSC值

1. 初始PSC值=(建设成本-资本性收益)+(运营维护成本-第三方收入)+其他成本

(1)建设成本:主要包括项目设计、施工、等方面投入的现金以及固定资产、土地使用权等实物和无形资产,本项目建设成本为178,402.58万元。

(2)资本性收益:项目全生命周期内产生的转让、租赁或处置资产所获得的收益,资本性收益应从建设成本中抵减。

(3)运营维护成本:项目全生命周期内运营维护的管理费用、修理维护费用、动力费、运营期财务费用等;根据财务测算结果,项目年运营维护成本为710万元。

(4)第三方收入:项目全生命周期内,政府按照PPP模式提供项目基础设施

① 案例来源于本书作者参与实际操作的项目。

和公共服务从第三方获得的收入；项目内包含水费、污水处理费等收入。

(5)其他成本：具体按照相关参数及经济指标计算。

初始PSC值＝178,402.58＋80,395.47－9,105.66＝249,692.39万元

2. 竞争性中立调整值

竞争性中立调整值是为了消除政府传统采购模式下公共部门相对社会资本所具有的竞争优势，主要包括政府比社会资本少支出的土地费用、行政审批费用、所得税等有关税费。本项目竞争性中立调整值主要为营业税金和所得税，传统模式下，政府拨付项目运营费用，不产生营业税金和企业所得税，采用PPP模式项目公司取得收入应按照税法规定缴纳税金及附加、产生利润要缴纳所得税。

税金及附加＝营业收入额×税率

企业所得税＝应纳税所得额×所得税率

竞争性中立调整值＝土地费用＋行政审批费＋所得税＝26,593.43万元

3. 风险承担成本(详见财政承受能力评估)

综上，PSC值＝249,692.39＋26,593.43＋30,134.81＋7,533.70＝313,954.34万元。

4. 折现率

参照×市当地同期地方政府债券收益率，结合项目本身实际情况及地方经济综合因素，本项目折现率采用7.6%。

(二)PPP值

1. PPPs值＝影子报价政府建设运营成本＋政府自留风险承担成本

影子报价政府建设运营成本＝265,119.17万元

政府自留风险承担成本＝753.37万元

PPP值＝265,119.17＋753.37＝265,952.54万元

2. PSC现值－PPP现值＝244,462.40－216,107.30＝28,355.11万元

结论：本项目物有所值量值和指数均为正，说明项目适宜采用PPP模式。

五、项目实施方案报批

根据财政部113号文，财政部门应对项目实施方案进行物有所值和财政承受能力验证，通过验证的，由项目实施机构报政府审核。未通过验证的，可在实施方案调整后重新验证；经重新验证仍不能通过的，不再采用政府和社会资本合作模式。通过物有所值和财政承受能力论证的项目，连同项目实施方案一并报

市政府审批。通常项目实施方案中有一部分是物有所值和财政承受能力评估的结果。

第三节　筹备阶段注意事项

在PPP项目筹备阶段，政府和社会资本方应注意以下问题，任何一个环节的瑕疵都可能影响PPP项目的合法性，从而影响项目顺利进行。

一、选择适当的标的

以PPP模式开发的项目应当在法律法规规定的PPP模式适用范围之内，即属于基础设施或社会公共服务领域，符合相关法律、法规以及规范性文件的规定。

二、选择适当的主体

一是选择适格的主体作为PPP项目实施主体，代表政府组织实施PPP项目，特别需要注意尽量避免以地方融资平台作为PPP项目实施主体。

二是选择适格的社会投资人，特别需要注意法律法规对地方融资平台和地方国有企业担任社会投资人的限制性规定。

三、履行适当的程序

PPP项目筹备阶段的主要工作内容集中于政府方，核心为是否能够通过“二评估”即物有所值评估和财政承受能力评估，关键是“一审批”即项目实施方案是否能够获得有权机关的审批。当然，作为工程项目，除了履行财政部规定的程序外，还应当履行工程项目所应履行的各种手续，例如遵守国家有关投资项目审批、备案的相关规定等。

当然，这并不意味着社会投资人在此阶段无可作为。相反，社会投资人提前介入项目有助于协助政府设计交易结构，尤其是社会投资人发起的项目。

四、配置适当的资源

目前存在一种误解，认为只有那些经济效益差的项目，地方政府才会交给社会资本以PPP模式运作。当然，不能排除少数地方政府对PPP存在错误认识，但是笔者认为 PPP 项目绝不应是地方政府甩掉债务包袱的捷径；相反，PPP 项目可能使地方政府背上更为长期的债务负担。

对于 PPP 项目，政府应当配置适当的资源。没有现金流的项目，例如公立学校、医院、监狱、图书馆等应由政府全额付费的项目，应将政府付费部分全额纳入财政预算。对于现金流较好的项目，例如管廊、车流量较好的高速公路、污水处理厂等，可由社会资本自行运营。

社会投资人应当高度关注项目的收入来源，根据《预算法》，政府所有财政支出均应纳入预算，采三年滚动预算的方法。因此，所有涉及政府补贴和付费的项目都应当纳入政府年度预算和中期财政规划。

然而，由于 PPP 项目财政支出总量上存在限制，只能占一般公共预算的 10%。与过去政府兜底的情况不同，PPP 项目财政支出可以说是稀缺资源，不少政府在列入预算的问题上慎之又慎，因为将一个 PPP 项目列入预算，就意味着财政资源在未来较长一段时期内将被占用。一些地方政府甚至仍然沿续过去的融资思维，不将 PPP 项目纳入预算，而只是给社会投资人开出回购承诺函。笔者认为传统模式在 PPP 项目中不具有适应性，从法律上看，承诺函对社会投资人来说没有保障力，只有列入预算的项目才是真实的 PPP 项目。如果项目收入来源出现了问题，那么社会投资人在 PPP 项目实施过程中将面临具大的不确定性和成本开支，可能直接导致项目失败。

当然，社会投资人也应当创新商业模式，从 PPP 项目自身寻找盈利点。《关于开展政府和社会资本合作的指导意见》（发改投资〔2014〕2724 号）指出，依法依规为准经营性、非经营性项目配置土地、物业、广告等经营资源，为稳定投资回报、吸引社会投资创造条件。因此，社会投资人可以从项目土地使用权、物业收费权、广告经营权、其他收费权、租金收入、营业收入等角度创设项目收益模式，与政府沟通协调取得相应资源政策支持，尽量从项目收入中实现自给自足，避免加重政府财政负担，这也是 PPP 模式提升公共资源使用效能的应有之义。

第四章
项目采购与签约

PPP 项目实施方案获批准之后,根据财政部相关规定,项目进入政府采购阶段。政府采购应遵守《中华人民共和国政府采购法》《中华人民共和国政府采购法实施条例》《中华人民共和国招投标法》《中华人民共和国招投标法实施条例》《政府和社会资本合作项目政府采购管理办法》《政府采购非招标采购方式管理办法》《政府采购竞争性磋商采购方式管理暂行办法》等法律法规。

当前一些实务专家在 PPP 项目究竟是适用《政府采购法》还是《招投标法》上存在分歧,有的专家认为 PPP 项目应适用《招投标法》,而不适用《政府采购法》,有的持相反观点。① 笔者认为这一争议的出现源于我国《招投标法》与《政府采购法》本身的立法冲突。② 原本招投标应为政府采购的一种方式,但是从立法时间上看,《招投标法》在先,《政府采购法》在后,且《招投标法》由发改委主导,《政府采购法》由财政部主导,在部门利益导向的立法背景下出现了法制冲突与不协调的现象。笔者认为在政府采购法制统一之前,PPP 项目采购程序既要遵守《招投标法》,又要遵守《政府采购法》,两法存在冲突的,在当前的情形下,应遵守规范性文件的特殊规定,具体项目执行中应加强与各部门的沟通。

在项目采购阶段,项目实施机构首先应确定采购方式,然后依据法律法规组织采购程序,根据竞争性程序选择社会资本方。除了法律法规对政府采购的规定外,PPP 项目采购还须遵守财政部有关 PPP 采购的特殊规定。例如,在项目合同签署层面,《政府采购非招标采购方式管理办法》规定,确认谈判完成后,项目

---

① 参见曹珊:《政府和社会资本合作(PPP)项目法律实务》,法律出版社 2016 年版,第 123 页。

② 参见肖北庚:《政府采购法制之发展路径:补正还是重构》,载《现代法学》2010 年 3 月。

实施机构应与中选社会资本签署确认谈判备忘录，并将采购结果和根据采购文件、响应文件、补遗文件和确认谈判备忘录拟定的合同文本进行公示，公示期不得少于5个工作日。合同文本应将中选社会资本响应文件中的重要承诺和技术文件等作为附件。合同文本中涉及国家秘密、商业秘密的内容可以不公示。公示期满无异议的项目合同，应在政府审核同意后，由项目实施机构与中选社会资本签署。需要为项目设立专门项目公司的，待项目公司成立后，由项目公司与项目实施机构重新签署项目合同，或签署关于承继项目合同的补充合同。项目实施机构应在项目合同签订之日起2个工作日内，将项目合同在省级以上人民政府财政部门指定的媒体上公告，但合同中涉及国家秘密、商业秘密的内容除外。

《政府和社会资本合作项目政府采购管理办法》(财库〔2014〕215号)规定了PPP项目的五种采购方式，包括公开招标、邀请招标、竞争性谈判、竞争性磋商和单一来源采购。客观来说，作为PPP项目发起人的社会资本方未必能够在竞争性程序中中标，不少作为社会资本方的企业对此比较担忧，尤其是施工企业。笔者有以下建议：一是施工企业可以与金融机构、运营企业等其他企业组成联合体参与招投标，增加投标的竞争实力；二是社会投资人可以完善商业方案，采用先进技术，降低项目成本，提高项目质量与社会效应，提高自身的综合竞争力。如果仍然无法中标，建议政府给予社会发起人一定补偿。新出台的《政府和社会资本合作项目财政管理暂行办法》(财金〔2016〕92号)第14条规定："参加采购评审的社会资本所提出的技术方案内容最终被全部或部分采纳，但经采购未中选的，财政部门应会同行业主管部门对其前期投入成本予以合理补偿。"该条款说明财政部认为应尊重社会资本参加评审的时间精力费用的投入，真正体现了政府和社会资本平等合作的精神，政府方应对未选中的社会资本方的前期投入给予补偿。

第一节　资格预审

一、目的

资格预审是PPP项目采购中特有的程序，是PPP项目采购的前置程序，只有通过资格预审才有权进入政府采购程序。根据规定，无论PPP项目采用哪一种采购方式，资格预审都是必经的前置程序。资格预审程序的目的是验证项目能否获得社会资本响应和实现充分竞争。根据财政部《关于印发政府和社会资本合作模式操作指南（试行）的通知》（财金〔2014〕113 号），项目实施机构应根据项目需要准备资格预审文件，发布资格预审公告，邀请社会资本和与其合作的金融机构参与资格预审，并将资格预审评审报告提交财政部门（政府和社会资本合作中心）备案。

二、实现条件

根据财政部《关于印发〈政府采购竞争性磋商采购方式管理暂行办法〉的通知》（财库〔2014〕214 号），只有 3 家以上社会资本通过资格预审的，项目实施机构才可以继续开展采购文件准备工作。但财政部《关于政府采购竞争性磋商采购方式管理暂行办法有关问题的补充通知》（财库〔2015〕124 号）修正了上述规定，其规定："采用竞争性磋商采购方式采购的政府购买服务项目（含政府和社会资本合作项目），在采购过程中符合要求的供应商（社会资本）只有 2 家的，竞争性磋商采购活动可以继续进行。采购过程中符合要求的供应商（社会资本）只有 1 家的，采购人（项目实施机构）或者采购代理机构应当终止竞争性磋商采购活动，发布项目终止公告并说明原因，重新开展采购活动。"

三、公告

资格预审公告应在省级以上人民政府财政部门指定的媒体上发布。提交资格预审申请文件的时间自公告发布之日起不得少于 15 个工作日。资格预审公告应包括项目授权主体、项目实施机构和项目名称、采购需求、对社会资本的资格要求、是否允许联合体参与采购活动、拟确定参与竞争的合格社会资本的家数和确定方法，以及社会资本提交资格预审申请文件的时间和地点。以下是济青高铁的资格预审公告：

案例 4.1 济青高铁（潍坊段）政府与社会资本合作项目（PPP）资格预审公告①

依据 2015 年 4 月 2 日潍坊市人民政府市长办公会会议确定事项，根据《中华人民共和国政府采购法》《政府和社会资本合作项目政府采购管理办法》及相

① 案例来源于山东招标网：http://www.sdztb.cn/newshow1.asp? id = 230798&l = 1.，最后访问日期：2016 年 10 月 8 日。

关规定,山东法正招标代理有限公司受潍坊市财政局的委托,就济青高铁(潍坊段)政府与社会资本合作项目(PPP)进行资格预审,现发布公告如下:

一、项目名称及编号:济青高铁(潍坊段)政府与社会资本合作项目(PPP)(ZFCG-2015-090)

二、项目授权主体:潍坊市人民政府

三、项目实施机构:潍坊市财政局

四、项目概况

1. 建设内容:协调组织济青高铁(潍坊段)沿线市区的征地和拆迁以及资金的筹集、拨付和监管。该项目预计总投资43亿元。

2. 建设周期:整个项目建设拟在2015年内完成。

3. 合作模式:

(1)运作模式:本项目采用PPP合作模式,按照拆迁(征地)—运营—移交方式运作。由本次政府采购甄选的社会资本与政府指定机构合资成立项目公司(SPV),政府方负责沿线的征地、拆迁工作和资金使用监管工作,社会资本负责征地拆迁补偿资金的筹集以及项目的运营管理。

SPV成立后,由SPV统一入股到省济青高铁公司,按照持股比例获取济青高铁的运营收益。

(2)项目期限和回购方式:项目期限不少于10年,自合作之日起至少5年后进入回购期。社会资本股权优先由政府指定机构按成本价回购。

(3)投资收益:合作期内社会资本投资收益率不高于8%/年,按实际投资额计算。收益来源为济青高铁的运营收益,运营收益不足以支付投资收益的缺口由政府安排运营补贴弥补。

(4)保障措施:对于济青高铁项目的政府运营补贴等支出由财政列入年度预算以及中长期财政规划。

五、申请人资格要求

1. 本次资格预审要求申请人具备的资格条件包括:

(1)申请人是已建立现代企业制度的境内外企业法人,要求具有较强的投资能力、融资能力、财务管理能力;

(2)本级政府所属融资平台公司及其他控股国有企业不能作为项目的申请人,但可以作为SPV的合作者,其持股比例不得高于30%;

(3)申请人应同时满足《中华人民共和国政府采购法》第22条规定的条件;

(4)申请人注册资本(以实际认缴资本为准)5千万元人民币及以上,总资产5亿元人民币及以上,基准日为2014年12月31日;

(5)申请人财务状况良好,最近连续三年(如申请人成立不足三年,应自成立之日起)每年均为盈利,且年度财务报告应当经具有法定资格的中介机构审计并出具标准无保留意见,没有处于财产被接管、冻结、破产或其他不良状态、无重大不良资产或不良投资项目;

(6)商业信誉良好,在经济活动中无重大违法违规行为,近三年内(如申请人成立不足三年,应自成立之日起)财务会计资料无虚假记载、银行和税务信用评价系统中无不良记录,未被潍坊市禁止进入潍坊市政府采购市场。

2. 本项目接受联合体参与竞标,原则上不超过2家。联合体形式参加资格预审的,联合体各方需签署联合体协议;联合体各方均需满足上述(1)~(6)条款规定的条件;联合体各方不得再以自己的名义单独参与本项目,也不得组成新的联合体或参加其他联合体参与本项目;联合体牵头人须向项目实施机构提交有联合体成员法定代表人签署的授权书。

六、合格投资人确定方法

资格预审由采购人组织专家,对申请人提交的申请文件进行审核,满足以上资格要求的社会资本,原则上通过资格预审。合格社会资本达到三家或三家以上,可进入竞争性磋商阶段,符合条件的可确定为合作的社会资本。

七、资格预审报名

1. 资格预审报名需提交资料:

(1)《营业执照》《组织机构代码证》的复印件(加盖公章);

(2) 提交经有资质单位审计的年度财务报告复印件(加盖公章)(包括:审计报告、资产负债表、现金流量表、利润表和财务情况说明书);

(3)法定代表人证明书和法人授权委托书的原件,法定代表人和委托代理人第二代身份证的复印件。若投标人代表为法定代表人,则不须提供法人授权委托书;

(4)联合体申请人应提供联合体协议原件及复印件、联合体各方营业执照副本复印件(加盖公章)、联合体牵头人出具的法人代表授权委托书原件、授权代表身份证原件及复印件。

注:资格预审报名资料复印件及打印件一式两份,用A4纸复印装订成册,并每页加盖单位公章,否则不接受报名。报名资料原件统一在递交资格预审文

件申请书时一并提交审核，资格审查结束后退回。

2. 资格预审报名地点：潍坊市公共资源交易中心窗口（高新区东方路3396号潍坊市政务服务中心三楼南侧）。

3. 资格预审报名时间：2015年4月13日—4月22日（9:00—11:30，13:00—17:00），法定节假日除外。

八、资格预审申请文件的递交

1. 申请单位根据资格预审公告编制资格预审申请文件（资格预审申请文件须对合作模式做出响应，提出预期投资总额）；递交资格预审申请文件截止时间为2015年5月5日上午9:30。

2. 递交资格预审申请文件地点为：潍坊市高新区东方路3396号潍坊市政务服务中心三楼南侧。

3. 逾期送达或者未送达指定地点的资格预审申请文件，不予接收。

九、发布公告的媒介

本次资格预审公告同时在中国政府采购网、山东省政府采购网、潍坊市政府采购网、潍坊市公共资源交易中心网等媒体上发布。

十、联系方式

代理机构联系人：张晓龙、姜东华；联系电话：0536－8080707、8066712；邮箱：wffzzb@163.com。

2015年4月10日

第二节　公开招标

公开招标，是指招标人以招标公告的方式邀请不特定的法人或者其他组织投标。

一、适用范围

财政部《关于印发〈政府和社会资本合作模式操作指南（试行）〉的通知》（财金〔2014〕113号）文规定，公开招标主要适用于采购需求中核心边界条件和技术经济参数明确、完整、符合国家法律法规及政府采购政策，且采购过程中不作更改的项目。

根据法律和行政法规，建设工程项目可分为强制招标和自愿招标。强制招标是法律、行政法规规定必须采取招投标方式进行采购的。最高人民法院《关于审理建设工程施工合同纠纷案件适用法律问题的解释》规定，建设工程必须进行招标而未招标或者中标无效的，建设工程施工合同应认定为无效。

（一）有关强制招标的规定

1.《招投标法》第3条规定，在中华人民共和国境内进行下列工程建设项目，包括项目的勘察、设计、施工、监理以及与工程建设有关的重要设备、材料等的采购，必须进行招标：(1)大型基础设施、公用事业等关系社会公共利益、公众安全的项目；(2)全部或者部分使用国有资金投资或者国家融资的项目；(3)使用国际组织或者外国政府贷款、援助资金的项目。但法律、行政法规另有规定的除外。

2. 依《工程建设项目招标范围和规模标准规定》，项目勘察、设计、施工、监理以及与工程建设有关的重要设备、材料等的采购，达到下列标准之一的，必须进行招标：(1)施工单项合同估算价的200万元人民币以上的；(2)重要设备、材料等货物采购，单项合同估算价在100万元人民币以上的；(3)勘察、设计、监理等服务的采购，单项合同估算价在50万元人民币以上的；(4)单项合同估算价低于第(1)、(2)、(3)项规定的标准，但项目总投资额在3000万元人民币以上的。

3. 此外，根据《工程建设项目招标范围和规模标准规定》，省、自治区、直辖市人民政府根据实际情况，可以规定本地区必须进行招标的具体范围的规模标准。

（二）可以不进行招投标的特殊规定

符合法律规定的邀请招标等非招标方式的，也不需要以招投标选择社会投资人。此外，以下情况可以不进行招投标：

1.《招标投标法》第66条规定："涉及国家安全、国家秘密、抢险救灾或者属于利用扶贫资金实行以工代赈、需要使用农民工等特殊情况，不适宜进行招标的项目，按照国家有关规定可以不进行招标。"

2.《招标投标法实施条例》第9条规定："除招标投标法第六十六条规定的可以不进行招标的特殊情况外，有下列情形之一的，可以不进行招标：(1)需要采用不可替代的专利或者专有技术；(2)采购人依法能够自行建设、生产或者提供；(3)已通过招标方式选定的特许经营项目投资人依法能够自行建设、生产或者提供；(4)需要向原中标人采购工程、货物或者服务，否则将影响施工或者功能配套要求；(5)国家规定的其他特殊情形。”

二、适用程序

(一)发布招标公告

招标人采用公开招标方式的，应当发布招标公告。依法必须进行招标的项目的招标公告，应当通过国家指定的报刊、信息网络或者其他媒介发布。招标公告应当载明招标人的名称和地址、招标项目的性质、数量、实施地点和时间以及获取招标文件的办法等事项。

技术复杂或者无法精确拟定技术规格的项目，招标人可以分两阶段进行招标。第一阶段，投标人按照招标公告或者投标邀请书的要求提交不带报价的技术建议，招标人根据投标人提交的技术建议确定技术标准和要求，编制招标文件。第二阶段，招标人向在第一阶段提交技术建议的投标人提供招标文件，投标人按照招标文件的要求提交包括最终技术方案和投标报价的投标文件。

(二)资格预审与资格后审

根据招投标相关法规，资格预审是指招标人在发布招标公告前通过发布资格预审公告而对潜在投标人进行资格审查，资格预审公告应当在国务院发展改革部门依法指定的媒介发布。资格预审公告中指定的提交资格预审申请文件时间最低不得少于5日。未通过资格预审的申请人不具有投标资格。资格后审是指招标人在招标公告或者投标邀请书中，要求潜在投标人提供有关资质证明文件和业绩情况，并于开标后由评标委员会按照招标文件规定的标准和方法对投标人的资格进行审查。

资格后审内置于招投标流程中，适用于未在招投标程序之前设置资格预审阶段的程序，根据 PPP 政策法规，PPP 项目的资格预审程序已置于招投标程序之前，因此无须在招投标程序中重复进行资格后审。

(三)招标文件的编制和修改

招标人应当根据招标项目的特点和需要编制招标文件，招标文件应当使用国务院发展改革部门会同有关行政监督部门制定的标准文本。招标文件应当包括招标项目的技术要求、对投标人资格审查的标准、投标报价要求和评标标准等所有实质性要求和条件以及拟签订合同的主要条款。国家对招标项目的技术、标准有规定的,招标人应当按照其规定在招标文件中提出相应要求。招标项目需要划分标段、确定工期的,招标人应当合理划分标段、确定工期,并在招标文件中载明。

招标文件应当载明投标有效期,投标有效期从提交投标文件的截止之日起算。招标文件可以要求投标人缴纳投标保证金,但投标保证金不得超过招标项目估算价的 2%,财政部《关于印发政府和社会资本合作模式操作指南(试行)的通知》(财金〔2014〕113 号)第 18 条规定:社会资本应以非现金形式缴纳保证金。投标人撤回投标文件的,投标保证金应当返还,投标人撤销投标文件的,投标保证金可以不予返还。招标人可以编制标底,但一个招标项目只能有一个标底,且标底必须保密。招标人可以设置最高投标限价,但不得规定最低投标限价。招标人可以组织潜在投标人踏勘项目现场,但是不得单独组织个别投标人踏勘。

已发布的招标文件(包括资格预审文件)可以澄清或者修改,澄清或者修改的内容可能影响资格预审申请文件或者投标文件编制的,招标人应当在提交资格预审申请文件截止时间至少 3 日前,或者投标截止时间至少 15 日前,以书面形式通知所有获取资格预审文件或者招标文件的潜在投标人;不足 3 日或者 15 日的,招标人应当顺延提交资格预审申请文件或者投标文件的截止时间。

(四)投标

投标是指法人或者其他组织响应招标、参加投标竞争的活动。当招标项目为科研项目时,个人也可以作为投标人。投标人应当符合法律规定的资格。《政府采购法》第 22 条规定:"供应商参加政府采购活动应当具备下列条件:(1)具有独立承担民事责任的能力;(2)具有良好的商业信誉和健全的财务会计制度;(3)具有履行合同所必需的设备和专业技术能力;(4)有依法缴纳税收和社会保障资金的良好记录;(5)参加政府采购活动前三年内,在经营活动中没有重大违法记录;(6)法律、行政法规规定的其他条件。"其中,重大违法记录是指是指供应商因违法经营受到刑事处罚或者责令停产停业、吊销许可证或者执照、较大数额罚款等行政处罚。

以下人员不得或不得同时作为投标人：与招标人存在利害关系可能影响招标公正性的法人、其他组织或者个人，不得参加投标；单位负责人为同一人或者存在控股、管理关系的不同单位，不得参加同一标段投标或者未划分标段的同一招标项目投标。

投标人应当按照招标文件的要求编制投标文件。投标文件应当对招标文件提出的实质性要求和条件做出响应。招标项目属于建设施工的，投标文件的内容应当包括拟派出的项目负责人与主要技术人员的简历、业绩和拟用于完成招标项目的机械设备等。投标人拟在中标后将中标项目的部分非主体、非关键性工作进行分包的，应当在投标文件中载明。投标人应当在规定时间将投标文件送达至投标地点，逾期招标人不得接受。

以下情况投标无效：一是以联合体身份参加投标的，资格预审后联合体增减、更换成员的，投标无效；二是联合体各方在同一招标项目中以自己名义单独投标或者参加其他联合体投标的，相关投标均无效；三是逾期送达或者不按照招标文件要求密封的投标文件的，投标无效；四是投标人发生合并、分立、破产等重大变化，不再具备资格预审文件、招标文件规定的资格条件或者其投标影响招标公正性的，投标无效；五是投标人与招标人或其他投标人串通投标的，投标无效；六是投标人在投标中存在严重弄虚作假作为的，投标无效。

两个以上法人或者其他组织可以组成一个联合体，以一个投标人的身份共同投标。联合体的资质等级判断采取就低不就高的原则。联合体中标的，联合体各方应当共同与招标人签订合同，就中标项目向招标人承担连带责任。

（五）开标

开标是指由投标人或者其推选的代表检查投标文件的密封情况，或由招标人委托的公证机构检查并公证，经确认无误后，由工作人员当众拆封，宣读投标人名称、投标价格和投标文件的其他主要内容的活动。开标应当在招标文件确定的提交投标文件截止时间的同一时间公开进行，开标地点应当为招标文件中预先确定的地点。招标项目设有标底的，招标人应当在开标时公布。

（六）评标

评标由招标人依法组建的评标委员会负责。依法必须进行招标的项目，其评标委员会由招标人的代表和有关技术、经济等方面的专家组成，成员人数为五人以上单数，其中技术、经济等方面的专家不得少于成员总数的2/3。

评标委员会应当按照招标文件确定的评标标准和方法，对投标文件进行评审和比较；设有标底的，应当参考标底，但标底只能作为评标的参考，不得以投标报价是否接近标底作为中标条件，也不得以投标报价超过标底上下浮动范围作为否决投标的条件。评标委员会对投标文件存在疑问的，可以要求投标人作出必要澄清、说明，但不得接受投标人主动提出的澄清、说明。评标委员会完成评标后，应当向招标人提出书面评标报告，并推荐不超过3个的合格的中标候选人，并标明排序。

出现以下情况，评标委员会应当否决投标人的投标：(1)投标文件未经投标单位盖章和单位负责人签字；(2)投标联合体没有提交共同投标协议；(3)投标人不符合国家或者招标文件规定的资格条件；(4)同一投标人提交两个以上不同的投标文件或者投标报价，但招标文件要求提交备选投标的除外；(5)投标报价低于成本或者高于招标文件设定的最高投标限价；(6)投标文件没有对招标文件的实质性要求和条件作出响应；(7)投标人有串通投标、弄虚作假、行贿等违法行为。

(七)中标

依法必须进行招标的项目，招标人应当自收到评标报告之日起3日内公示中标候选人，公示期不得少于3日；招标人还应当自确定中标人之日起15日内，向有关行政监督部门提交招标投标情况的书面报告。投标人或者其他利害关系人对依法必须进行招标的项目的评标结果有异议的，应当在中标候选人公示期间提出。招标人应当自收到异议之日起3日内做出答复；做出答复前，应当暂停招标投标活动。

国有资金占控股或者主导地位的依法必须进行招标的项目，招标人应当确定排名第一的中标候选人为中标人。中标人确定后，招标人应当向中标人发出中标通知书，并同时将中标结果通知所有未中标的投标人。

招标人根据评标委员会提出的书面评标报告和推荐的中标候选人确定中标人。招标人也可以授权评标委员会直接确定中标人。中标人的投标应当符合下列条件之一：(1)能够最大限度地满足招标文件中规定的各项综合评价标准；(2)能够满足招标文件的实质性要求，并且经评审的投标价格最低；但是投标价格低于成本的除外。招标文件要求中标人提交履约保证金的，中标人应当提交，履约保证金不得超过中标合同金额的10%，无固定资产投资或投资额不大的服务型合作项目，履约保证金的数额不得超过平均6个月的服务收入额。财政部《关于印发〈政府和社会资本合作模式操作指南（试行）〉的通知》（财金〔2014〕113号）第18条规定，社会资本应以非现金形式缴纳保证金。

根据《招标投法》的相关规定，以下情况中标无效：招标代理机构泄密或恶意串通；招标人泄露招标情况或标底；招标人在确定中标前与投标人进行实质性谈判；招标人违法确定中标人；投标人串标或行贿；投标人弄虚作假，骗取中标。《房屋建筑和市政基础设施工程施工招标投标管理办法》（建设部第89号令）第50条规定，有权宣布中标无效的是县级以上地方人民政府建设行政主管部门。

（八）签约

在确定中标人前，招标人不得与投标人就投标价格、投标方案等实质性内容进行谈判。招标人和中标人应当自中标通知书发出之日起30日内，按照招标文件和中标人的投标文件订立书面合同。招标人和中标人不得再行订立背离合同实质性内容的其他协议。

中标人应当按照合同约定履行义务，完成中标项目。中标人不得向他人转让中标项目，也不得将中标项目肢解后分别向他人转让，但中标项目的部分非主体、非关键性工作分包的除外，中标人应与接受分包的人一起向招标人就分包项目承担连带责任。

（九）重新招标

根据《招投标法》以及相关法规的规定，出现以下情况时招标人必须重新招标：一是投标人少于3个的，不得开标，招标人应当重新招标；二是通过资格预审的申请人少于3个的，应当重新招标；三是招标人编制的资格预审文件、招标文件的内容违反法律、行政法规的强制性规定，违反公开、公平、公正和诚实信用原则，影响资格预审结果或者潜在投标人投标的，依法必须进行招标的项目的招标人应当在修改资格预审文件或者招标文件后重新招标；四是评标委员会经评审，认为所有投标都不符合招标文件要求的，可以否决所有投标。依法必须进行招标的项目的所有投标被否决的，招标人应当依照本法重新招标。

出现以下情况时，招标人可以重新招标也可以按照评标委员会提出的中标候选人名单排序依次确定其他中标候选人为中标人：中标候选人放弃中标，因不可抗力不能履行合同，不按照招标文件要求提交履约保证金，被查实存在影响中标结果的违法行为等。

三、“两招并一招”

“两招并一招”是指已经采用招投标方式选择PPP项目社会投资人的，若该投资人与项目施工方为同一主体，则项目施工方无须另行组织招标，也就是实践中出现的“投资人+施工总承包人”合并招标的情况。“两招并一招”的招标方式的法律渊源为《招标投标法实施条例》第9条，有关“已通过招标方式选定的特许经营项目投资人依法能够自行建设、生产或者提供，可以不进行招标采购”的特殊规定。该模式有利于吸引具有一定资金实力的承包商参与PPP项目投资，积极主动地提升工程建设质量与效率，也有利于优化PPP项目组织流程，提高项目组织效率。此外，新出台的《关于在公共服务领域深入推进政府和社会资本合作工作的通知》（财金〔2016〕90号）第9条指出：“对于涉及工程建设、设备采购或服务外包的PPP项目，已经依据政府采购法选定社会资本合作方的，合作方依法能够自行建设、生产或者提供服务的，按照《招标投标法实施条例》第9条规定，合作方可以不再进行招标。”该条款并未将“两招并一招”的范围限制在采用招投标方式选择投资人时，表明财政部认为无论采招投标，还是采竞争性磋商等《政府采购法》规定的竞争性程序的，都可以采用“两招并一招”的方式。对此，发改委有不同的见解，新出台的《传统基础设施领域实施政府和社会资本合作项目工作导则》（发改投资〔2016〕2231号）第13条指出：“拟由社会资本方自行承担工程项目勘察、设计、施工、监理以及与工程建设有关的重要设备、材料等采购的，必须按照《招标投标法》的规定，通过招标方式选择社会资本方。”该条款明确指出，能够采用“两招并一招”的方式的，必须是通过招标方式选择的社会资本方，可视为对《关于在公共服务领域深入推进政府和社会资本合作工作的通知》中有关通过政府采购法选定的投资人可适用“两招并一招”的规定明确否定。鉴于此，我们建议，若社会资本方有意采用“两招并一招”的方式，则应做好与政府方的沟通工作，尽量通过招标方式取得项目，以防止法律风险。

第三节 邀请招标

邀请招标，是指招标人以投标邀请书的方式邀请特定的法人或者其他组织投标。

邀请招标有两种情形：一是法律明确规定的可以采取邀请招标方式的；二是法律授权国务院和省级人民政府决定的邀请招标的。

一、法律明确规定的邀请招标

《政府采购法》第 29 条规定："符合下列情形之一的货物或者服务，可以依照本法采用邀请招标方式采购：(一)具有特殊性，只能从有限范围的供应商处采购的；(二)采用公开招标方式的费用占政府采购项目总价值的比例过大的。"《招标投标法实施条例》第 8 条规定："国有资金占控股或者主导地位的依法必须进行招标的项目，应当公开招标；但有下列情形之一的，可以邀请招标：(一)技术复杂、有特殊要求或者受自然环境限制，只有少量潜在投标人可供选择；(二)采用公开招标方式的费用占项目合同金额的比例过大。"

二、法律授权国务院和省级人民政府决定的邀请招标

《招投标法》第 11 条规定："国务院发展计划部门确定的国家重点项目和省、自治区、直辖市人民政府确定的地方重点项目不适宜公开招标的，经国务院发展计划部门或者省、自治区、直辖市人民政府批准，可以进行邀请招标。"

第四节　竞争性磋商

项目招标通常存在公开竞争性招标和协商招标两种方式，公开招标具有公开、透明的优点，但可能忽略项目差异性，对于项目规模较大、技术要求较高、潜在投标人较少的 PPP 项目，公开竞争性招标往往不一定能够降低成本、提高效率。因此，除了政府采购法规定的四种采购方式外，财政部结合 PPP 项目特点，首次引入竞争性磋商的方法，作为政府方遴选社会资本合作伙伴的新型采购方式。竞争性磋商采购方式是指采购人、政府采购代理机构通过组建竞争性评审小组(以下简称评审小组)与符合条件的供应商就采购货物、工程和服务事宜进行磋商，供应商按照磋商文件的要求提交响应文件和报价，采购人从评审小组推荐的候选供应商名单中确定成交供应商的采购方式。竞争性磋商是非招标采购方式，其引入了两阶段采购模式，目标在于实现公平交易，将政府采购制度功能聚焦到"物有所值"基本目标上来。

一、适用范围

《政府采购竞争性磋商采购方式管理暂行办法》第3条规定，竞争性磋商方式适用于:(一)政府购买服务项目;(二)技术复杂或者性质特殊，不能确定详细规格或者具体要求的;(三)因艺术品采购、专利、专有技术或者服务的时间、数量事先不能确定等原因不能事先计算出价格总额的;(四)市场竞争不充分的科研项目，以及需要扶持的科技成果转化项目;(五)按照招标投标法及其实施条例必须进行招标的工程建设项目以外的工程建设项目。

二、适用程序

(一)报批

达到公开招标数额标准的货物、服务采购项目，符合竞争性磋商适用条件，拟采用竞争性磋商采购方式的，采购人应当在采购活动开始前，报经主管预算单位同意后，依法向设区的市、自治州以上人民政府财政部门申请批准。采购人与主管预算单位为同一主体的，则仅须向设区的市、自治州以上人民政府财政部门申请批准。

(二)邀请供应商

采购人、采购代理机构可通过公开发布竞争性磋商公告的形式，也可通过从省级以上财政部门建立的供应商库中随机抽取或者采购人和评审专家分别书面推荐的方式，邀请不少于3家符合相应资格条件的供应商参与竞争性磋商采购活动。

采取采购人和评审专家书面推荐方式选择供应商的，采购人和评审专家应当各自出具书面推荐意见。采购人推荐供应商的比例不得高于推荐供应商总数的50%。

采公告方式的，采购人、采购代理机构应当在省级以上人民政府财政部门指定的政府采购信息发布媒体发布竞争性磋商公告。竞争性磋商公告应当包括以下主要内容:(1)采购人、采购代理机构的名称、地点和联系方法;(2)采购项目的名称、数量、简要规格描述或项目基本概况介绍;(3)采购项目的预算;(4)供应商资格条件;(5)获取磋商文件的时间、地点、方式及磋商文件售价;(6)响应文件提交的截止时间、开启时间及地点；(7)采购项目联系人姓名和电话。

(三)采购文件获取与修改

供应商得知竞争性磋商公告后，可以规定时间、地点以规定的方式购买磋商文件。

磋商文件应当包括供应商资格条件、采购邀请、采购方式、采购预算、采购需求、政府采购政策要求、评审程序、评审方法、评审标准、价格构成或者报价要求、响应文件编制要求、保证金缴纳数额和形式以及不予退还保证金的情形、磋商过程中可能实质性变动的内容、响应文件提交的截止时间、开启时间及地点以及合同草案条款等。

采购人应给予供应商足够的准备响应文件时间，从磋商文件发出之日起至供应商提交首次响应文件截止之日止不得少于 10 日。

提交首次响应文件截止之日前，采购人、采购代理机构或者评审小组可以对已发出的磋商文件进行必要的澄清或者修改，澄清或者修改的内容作为磋商文件的组成部分。澄清或者修改的内容可能影响响应文件编制的，采购人、采购代理机构应当在提交首次响应文件截止时间至少 5 日前，以书面形式通知所有获取磋商文件的供应商；不足 5 日的，采购人、采购代理机构应当顺延提交首次响应文件截止时间。

(四)提交响应文件并缴纳保证金

供应商应当按照磋商文件的要求编制响应文件，并对其提交的响应文件的真实性、合法性承担法律责任。供应商应当在磋商文件要求的截止时间前，将响应文件密封送达指定地点。在截止时间后送达的响应文件为无效文件，采购人、采购代理机构或者评审小组应当拒收。供应商在提交响应文件截止时间前，可以对所提交的响应文件进行补充、修改或者撤回，并书面通知采购人、采购代理机构。

采购人、采购代理机构可以要求供应商在提交响应文件截止时间之前缴纳磋商保证金。磋商保证金应当采用支票、汇票、本票或者金融机构、担保机构出具的保函等非现金形式缴纳。磋商保证金数额应当不超过采购项目预算的 2%。供应商未按照磋商文件要求提交磋商保证金的，响应无效。

（五）响应文件评审

采购人应组成由采购人代表和评审专家共3人以上单数构成的评审小组，其中评审专家人数不得少于评审小组成员总数的2/3。采购人代表不得以评审专家身份参加本部门或本单位采购项目的评审。采购代理机构人员不得参加本机构代理的采购项目的评审。技术复杂、专业性强的采购项目，评审专家中应当包含1名法律专家。评审小组所有成员应当集中与单一供应商分别进行磋商，并给予所有参加磋商的供应商平等的磋商机会。

已进行资格预审的，评审小组在评审阶段不再对社会资本资格进行审查。允许进行资格后审的，由评审小组在响应文件评审环节对社会资本进行资格审查。项目实施机构可以视项目的具体情况，组织对符合条件的社会资本的资格条件进行考察核实。

评审小组对响应文件进行两阶段评审：第一阶段是确定最终采购需求方案。评审小组可以与社会资本进行多轮谈判，谈判过程中可实质性修订采购文件的技术、服务要求以及合同草案条款，但不得修订采购文件中规定的不可谈判核心条件。对于实质性变动的内容，须经项目实施机构确认，并通知所有参与谈判的社会资本。评审结束后，评审小组应当要求所有实质性响应的供应商在规定时间内提交最后报价，提交最后报价的供应商不得少于3家。市场竞争不充分的科研项目，以及需要扶持的科技成果转化项目，提交最后报价的供应商可以是2家。

第二阶段是综合评分。最终采购需求方案确定后，由评审小组对社会资本提交的最终响应文件进行综合评分，编写评审报告并向项目实施机构提交候选社会资本的排序名单。具体程序按照《政府采购货物和服务招标投标管理办法》及有关规定执行。

综合评分法是竞争性磋商区分于竞争性谈判的关键点，竞争性谈判是采“最低价成交”原则，而竞争性磋商的评价标准除了价格还有质量、技术条件等其他因素；PPP项目采竞争性磋商是为了在需求完整、明确的基础上实现合理报价和公平交易，并避免竞争性谈判最低价成交可能导致的恶性竞争，将政府采购制度功能聚焦到“物有所值”的价值目标上来，达到“质量、价格、效率”的统一。

虽然综合评分法的评价不完全受制于价格因素，但是财政部对评分标准做出了如下限制性规定：综合评分法货物项目的价格分值占总分值的比重（权值）

为 30% 至 60%，服务项目的价格分值占总分值的比重(权值)为 10% 至 30%。综合评分法中的价格分统一采用低价优先法计算，即满足磋商文件要求且最后报价最低的供应商的价格为磋商基准价，其价格分为满分。

(六)编制评审报告

评审小组应当根据综合评分情况，按照评审得分由高到低顺序推荐 3 名以上成交候选供应商，并编写评审报告。市场竞争不充分的科研项目，以及需要扶持的科技成果转化项目，可以推荐 2 名成交候选供应商。评审报告应当由评审小组全体人员签字认可。

评审报告应当包括以下主要内容：(1)邀请供应商参加采购活动的具体方式和相关情况；(2)响应文件开启日期和地点；(3)获取磋商文件的供应商名单和评审小组成员名单；(4)评审情况记录和说明，包括对供应商的资格审查情况、供应商响应文件评审情况、磋商情况、报价情况等；(5)提出的成交候选供应商的排序名单及理由。

评审小组成员对评审报告有异议的，评审小组按照少数服从多数的原则推荐成交候选供应商，采购程序继续进行。

(七)确定中标人

PPP 项目采购评审结束后，项目实施机构应当成立专门的采购结果确认谈判工作组，负责采购结果确认前的谈判和最终的采购结果确认工作。采购结果确认谈判工作组成员及数量由项目实施机构确定，但至少应当包括财政预算管理部门、行业主管部门代表以及财务、法律等方面的专家。涉及价格管理、环境保护的 PPP 项目，谈判工作组还应当包括价格管理、环境保护行政执法机关代表。评审小组成员可以作为采购结果确认谈判工作组成员参与采购结果确认谈判。

采购结果确认谈判工作组应当按照评审报告推荐的候选社会资本排名，依次与候选社会资本及与其合作的金融机构就项目合同中可变的细节问题进行项目合同签署前的确认谈判，率先达成一致的候选社会资本即为预中标、成交社会资本。确认谈判不得涉及项目合同中不可谈判的核心条款，不得与排序在前但已终止谈判的社会资本进行重复谈判。

（八）公示评审结果

项目实施机构应当在预中标、成交社会资本确定后10个工作日内，与预中标、成交社会资本签署确认谈判备忘录，并将预中标、成交结果和根据采购文件、响应文件及有关补遗文件和确认谈判备忘录拟定的项目合同文本在省级以上人民政府财政部门指定的政府采购信息发布媒体上进行公示，公示期不得少于5个工作日。项目合同文本应当将预中标、成交社会资本响应文件中的重要承诺和技术文件等作为附件。项目合同文本涉及国家秘密、商业秘密的内容可以不公示。

项目实施机构应当在公示期满无异议后2个工作日内，将中标、成交结果在省级以上人民政府财政部门指定的政府采购信息发布媒体上进行公告，同时发出中标、成交通知书。

（九）签订PPP合同

项目实施机构应当在中标、成交通知书发出后30日内，与中标、成交社会资本签订经本级人民政府审核同意的PPP项目合同。采购人不得向成交供应商提出超出磋商文件以外的任何要求作为签订合同的条件，不得与成交供应商订立背离磋商文件确定实质性条件的合同文本。

项目实施机构应当在PPP项目合同签订之日起2个工作日内，将PPP项目合同在省级以上人民政府财政部门指定的政府采购信息发布媒体上公告，但PPP项目合同中涉及国家秘密、商业秘密的内容除外。

采购人或者采购代理机构应当在采购活动结束后及时退还供应商的磋商保证金。未成交供应商的磋商保证金应当在成交通知书发出后5个工作日内退还，成交供应商的磋商保证金应当在采购合同签订后5个工作日内退还。有下列情形之一的，磋商保证金不予退还：(1)供应商在提交响应文件截止时间后撤回响应文件的；(2)供应商在响应文件中提供虚假材料的；(3)除因不可抗力或磋商文件认可的情形以外，成交供应商不与采购人签订合同的；(4)供应商与采购人、其他供应商或者采购代理机构恶意串通的；(5)磋商文件规定的其他情形。

（十）终止采购活动和重新磋商

出现以下情况，可终止采购活动：因情况变化，不再符合规定的竞争性磋商采购方式适用情形的；出现影响采购公正的违法、违规行为的；在采购过程中符合要求的供应商或者报价未超过采购预算的供应商不足法定数量的。

出现以下情况的，可重新组织竞争性磋商：一是资格性检查认定错误、分值汇总计算错误、分项评分超出评分标准范围、客观分评分不一致、经评审小组一致认定评分畸高或畸低的情形的；二是采购人、采购代理机构发现评审小组未按照磋商文件规定的评审标准进行评审的；三是成交供应商拒绝签订政府采购合同的，采购人未确定其他供应商作为成交供应商的。采购人组织重新评审的应同时书面报告本级财政部门。

第五节　竞争性谈判

竞争性谈判，是指采购人或者采购代理机构直接邀请 3 家以上供应商就采购事宜进行谈判的方式。竞争性谈判采购方式的特点是：一是可以缩短准备期，能使采购项目更快地发挥作用。二是减少工作量，省去了大量的开标、投标工作，有利于提高工作效率、减少采购成本。三是供求双方能够进行更为灵活的谈判。四是有利于对民族工业进行保护。五是能够激励供应商自觉将高科技应用到采购产品中，同时又能降低采购风险。竞争性谈判与竞争性磋商的区别在于，前者是价低者中标，而后者采综合评分法，价低者未必可直接中标。

一、适用范围

《政府采购法》第 30 条规定："符合下列情形之一的货物或者服务，可以依照本法采用竞争性谈判方式采购：（1）招标后没有供应商投标或者没有合格标的或者重新招标未能成立的；（2）技术复杂或者性质特殊，不能确定详细规格或者具体要求的；（3）采用招标所需时间不能满足用户紧急需要的；（4）不能事先计算出价格总额的。"

二、适用程序

《政府采购法》第 38 条规定：采用竞争性谈判方式采购的，应当遵循下列程序：

（1）成立谈判小组。谈判小组由采购人的代表和有关专家共三人以上的单数组成，其中专家的人数不得少于成员总数的2/3。

（2）制定谈判文件。谈判文件应当明确谈判程序、谈判内容、合同草案的条款以及评定成交的标准等事项。

（3）确定邀请参加谈判的供应商名单。谈判小组从符合相应资格条件的供应商名单中确定不少于三家的供应商参加谈判，并向其提供谈判文件。

（4）谈判。谈判小组所有成员集中与单一供应商分别进行谈判。在谈判中，谈判的任何一方不得透露与谈判有关的其他供应商的技术资料、价格和其他信息。谈判文件有实质性变动的，谈判小组应当以书面形式通知所有参加谈判的供应商。

（5）确定成交供应商。谈判结束后，谈判小组应当要求所有参加谈判的供应商在规定时间内进行最后报价，采购人从谈判小组提出的成交候选人中根据符合采购需求、质量和服务相等且报价最低的原则确定成交供应商，并将结果通知所有参加谈判的未成交的供应商。

第六节　单一来源采购

一、适用范围

《政府采购法》第31条规定："符合下列情形之一的货物或者服务，可以依照本法采用单一来源方式采购：（1）只能从唯一供应商处采购的；（2）发生了不可预见的紧急情况不能从其他供应商处采购的；（3）必须保证原有采购项目一致性或者服务配套的要求，需要继续从原供应商处添购，且添购资金总额不超过原合同采购金额百分之十的。"

二、适用程序

《政府采购法》第27条规定："采购人采购货物或者服务应当采用公开招标方式的，其具体数额标准，属于中央预算的政府采购项目，由国务院规定；属于地方预算的政府采购项目，由省、自治区、直辖市人民政府规定；因特殊情况需要采用公开招标以外的采购方式的，应当在采购活动开始前获得设区的市、自治州以上人民政府采购监督管理部门的批准。"

《政府采购法实施条例》第 38 条规定："达到公开招标数额标准，符合政府采购法第三十一条第一项规定情形，只能从唯一供应商处采购的，采购人应当将采购项目信息和唯一供应商名称在省级以上人民政府财政部门指定的媒体上公示，公示期不得少于 5 个工作日。"

第七节　采购和签约阶段注意事项

一、履行适当的程序

一个充分竞争的采购程序是 PPP 项目成功实施的基础和保障，对于政府而言，通过招标代理机构或实施机构无瑕疵地实施采购程序是至关重要的，程序的瑕疵可能导致中标无效。

由于 PPP 项目的复杂性，竞争性磋商程序更有利于选择适当的社会投资人承接项目，因此财政部新设了竞争性磋商程序。尽管根据《招标投标法》等法律法规，工程项目的施工方或投资方必须经过招投标选择，但目前实务中普遍认可的是，在 PPP 社会投资人的选择过程中，竞争性磋商程序可以替代招投标程序。

此外，关于采用"两招并一招"方式的问题，正如前文所述，财政部与发改委的观点不一，建议有意采用"两招并一招"方式的社会资本方尽量通过招标方式取得项目，以防前期程序被推翻而造成损失。

无论是哪一种程序，均需严格遵守法律法规规定的采购程序，一旦程序上出现瑕疵，可能导致中标无效，或者前期程序被推翻重来。

当然，对于社会投资人而言，挖掘自身竞争力确保在竞争性程序中脱颖而出是成功获得 PPP 项目的关键。为了增强竞争力，社会投资人可以选择合作伙伴组成联合体投标，例如施工单位与金融机构、运营机构组成联合体投标，可以增强社会资本的融资和运营能力，尤其是多数中国的建筑商缺乏项目运营经验和投融资经验。但是联合体成员数量不宜过多，一般 2 家 ~4 家足矣，过多的合作方可能降低决策效率、增加沟通成本。

二、关注融资的可实现性

在合同谈判过程中，除了 PPP 项目的核心条款外，社会资本方应关注融资的可获得性。项目融资几乎是所有 PPP 项目必须面临的问题，因为 PPP 项目成本投入高，社会资本很难以直接投资形式满足项目资金需求。在国外，PPP 项目洽谈阶段，融资方案是必须考虑的问题，社会投资人往往直接引入银行等融资方与其捆绑作为共同投资人，或者聘请财务顾问全权把握项目交易方案，使其能够基本符合金融机构的融资条件。① 但是我国情况比较特殊，有的社会投资人在交易方案、交易架构和交易合同的细节设计上不考虑项目融资问题，后因融资无法实现而导致前期工作前功尽弃。因此，有的施工单位与金融机构共同组成联合体参与 PPP 项目投标，这种方式可以提高融资的可获得性。即使是单独投标，也应当与金融机构提前沟通，了解项目获得融资的可能性和前提条件，在项目谈判时落实这些融资条件，尽量避免后期的融资风险。

三、落实资源配置条件

资源配置是 PPP 项目落地的关键，适当的资源是社会资本方成功运作 PPP 项目的保障。《关于开展政府和社会资本合作的指导意见》(发改投资〔2014〕2724 号)指出，依法依规为准经营性、非经营性项目配置土地、物业、广告等经营资源，为稳定投资回报、吸引社会投资创造条件。然而，法律法规有诸多关于收费权、特许经营、土地、广告等的规定，PPP 资源配置须符合这些法律法规的规定。

(一)收费权

将公共产品或公共服务的收费权通过特许经营方式授予社会资本方，是经营性项目的主要模式。然而，法律法规对于各类型项目的收费问题多有特殊规定，社会资本方和政府在缔约和设计交易模式时均应注意此类问题。

例如，高速公路项目，《收费公路管理条例》(2004 年第 417 号国务院令)第 18 条规定了可收费的公路的条件："建设收费公路，应当符合下列技术等级和规模：(一)高速公路连续里程 30 公里以上。但是，城市市区至本地机场的高速公路除外。(二)一级公路连续里程 50 公里以上。(三)二车道的独立桥梁、隧道，长度 800 米以上；四车道的独立桥梁、隧道，长度 500 米以上。技术等级为二级以下(含二级)的公路不得收费。但是，在国家确定的中西部省、自治区、直辖市建设的二级公路，其连续里程 60 公里以上的，经依法批准，可以收取车辆通

① ［加］耶斯考比：《公共部门与私营企业合作模式：政策与融资原则》，中国社会科学出版社 2012 年版，第 150 ~ 155 页。

行费。”

第 12 条对收费站的设置做出了明确规定：“收费公路收费站的设置，由省、自治区、直辖市人民政府按照下列规定审查批准：（一）高速公路以及其他封闭式的收费公路，除两端出入口外，不得在主线上设置收费站。但是，省、自治区、直辖市之间确需设置收费站的除外。（二）非封闭式的收费公路的同一主线上，相邻收费站的间距不得少于 50 公里。”

第 14 条规定了收费期限：“收费公路的收费期限，由省、自治区、直辖市人民政府按照下列标准审查批准：（一）政府还贷公路的收费期限，按照用收费偿还贷款、偿还有偿集资款的原则确定，最长不得超过 15 年。国家确定的中西部省、自治区、直辖市的政府还贷公路收费期限，最长不得超过 20 年。（二）经营性公路的收费期限，按照收回投资并有合理回报的原则确定，最长不得超过 25 年。国家确定的中西部省、自治区、直辖市的经营性公路收费期限，最长不得超过 30 年。”

如果项目交易架构违反相关法律法规规定，可能影响整个项目的运营，如笔者曾遇到一个不符合收费条件的项目，却设计成了 BOT 交易结构。

（二）土地配置

尽管发改委 2014 年 2724 号文中明确规定可将土地资源配置给社会资本方，但是却存在法律上的障碍。《物权法》第 137 条规定：“设立建设用地使用权，可以采取出让或者划拨等方式。工业、商业、旅游、娱乐和商品住宅等经营性用地以及同一土地有两个以上意向用地者的，应当采取招标、拍卖等公开竞价的方式出让。严格限制以划拨方式设立建设用地使用权。采取划拨方式的，应当遵守法律、行政法规关于土地用途的规定。”因此，如果社会资本方希望通过土地开发获取利润，根据法律的规定，必须采用招拍挂的模式，然而一旦采取公开招标，则 PPP 社会资本方未必能够获取土地，即使获取，成本也非常高。

目前，可直接配置土地的项目只有城市轨道交通项目和铁路项目。国发 2014 年 60 号文规定：鼓励按照“多式衔接、立体开发、功能融合、节约集约”的原则，对城市轨道交通站点周边、车辆段上盖进行土地综合开发，吸引社会资本参与城市轨道交通建设。明确城市轨道交通项目站点周边上盖物业可进行土地综合开发，不少地方针对此条制定了实施细则，明确了操作方法。

国务院办公厅《关于支持铁路建设实施土地综合开发的意见》(国办发〔2014〕37 号)指出:按照新型城镇化要求,在保障铁路运输功能和运营安全的前提下,坚持"多式衔接、立体开发、功能融合、节约集约"的原则,对铁路站场及毗邻地区特定范围内的土地实施综合开发利用。通过市场方式供应土地,一体设计、统一联建方式开发利用土地,促进铁路站场及相关设施用地布局协调、交通设施无缝衔接、地上地下空间充分利用、铁路运输功能和城市综合服务功能大幅提高,形成铁路建设和城镇及相关产业发展的良性互动机制,促进铁路和城镇化可持续发展。此文件明确了铁路站场可进行土地综合开发,但据笔者了解,实务中铁路站场开发率并不高,实践中仍然存在诸多障碍。

此外,新出台的《传统基础设施领域实施政府和社会资本合作项目工作导则》(发改投资〔2016〕2231 号)第 13 条指出:"各地要积极创造条件,采用多种方式保障 PPP 项目建设用地。如果项目建设用地涉及土地招拍挂,鼓励相关工作与社会资本方招标、评标等工作同时开展。"该条款表明,土地的招拍挂可以与社会资本方招标同时进行,以保证土地供给、节约成本,这对社会资本方而言无疑是一大利好。

(三)经营权配置

一些经营性或准经营性项目会将广告、服务设施等经营权配置给社会资本方,当然有的项目考虑到此类经营权不易量化,所以将其保留于政府手中。安庆外环路项目开创了无收费权的公路 PPP 先例,在这个案例中,咨询公司就未将经营权赋予社会资本方。当然,对于赋予经营权的项目,仍应关注是否存在法律障碍。以广告经营权为例:

《广告法》第 46 条规定:"发布医疗、药品、医疗器械、农药、兽药和保健食品广告,以及法律、行政法规规定应当进行审查的其他广告,应当在发布前由有关部门(以下称广告审查机关)对广告内容进行审查;未经审查,不得发布。"

根据《户外广告登记管理规定》第 3 条的规定,户外广告发布单位发布户外广告应当依照本规定向工商行政管理机关申请登记,接受工商行政管理机关的监督管理。

此外,发布户外广告还应遵守有关地方性法规的规定。《深圳市户外广告管理办法》第 27 条规定:"户外广告发布人申请户外广告登记的,应当具备下列条件:(1)依法取得与申请事项相符的主体资格;(2)户外广告所推销的商品和服务符合其经营范围或者业务范围；(3)具有相应户外广告媒介的使用权；(4)已获得城管部门批准设置；(5)户外广告内容符合法律、法规规定；(6)法律、法规规定的其他条件。”

根据《北京市户外广告设置规范》第9条的规定：落地式广告设施100平方米以上的设置间距应当大于800米；30平方米至100平方米的设置间距应当大于400米；5平方米至30平方米的设置间距应当大于200米；5平方米以下的设置间距应当大于100米。

总之，发布广告不仅仅是广告主与发布者同意即可实施的活动，而且需要接受行政监督和审查。所以在PPP项目中仅仅约定可以配置广告是不够的，还应当明确广告的形式、内容、设置、投放、时间、行政审查等具体事项，否则可能导致广告经营权预期收益无法实现。

第五章
项目执行与移交

PPP 项目合同签署之后,项目进入执行阶段。首先应按照合同约定组成项目公司,由项目公司负责项目的建设、运营等事宜。在项目合同执行和管理过程中,项目实施机构应重点关注合同的执行和变更、监督管理、违约责任和争议解决等工作。

第一节 项目执行

项目公司是针对项目组织实施而设立的特殊目的公司(Special Purpose Vehicle,SPV)。项目公司通常以有限责任公司的组织形式,既具有灵活性,又能隔离保护股东。截至目前,没有法律法规规定 PPP 项目应该组建项目公司。但是我们认为设置项目公司,一方面是有利于项目本身的有效组织和运行,另一方面也有利于开展无追索权或有限追索权的项目融资。实务中,绝大多数 PPP 项目都是设置项目公司运作。据悉,发改委呼吁下一步 PPP 立法时应要求所有 PPP 项目采用项目公司形式运作。

如果采项目公司形式运作,社会资本应当按照合同约定的时间设立项目公司,并完成注册资金的认缴和实缴工作,项目实施机构和财政部门(政府和社会资本合作中心)应监督社会资本按照采购文件和项目合同约定,按时足额出资设立项目公司。

一、项目公司

(一)政府参股

根据法规和政策文件的规定,政府既可以指定相关机构依法参股项目公司,同时作为项目公司的股东和监督者，也可以不参股项目公司，仅以行政监管人的身份出现。但实务中，政府通常会授权企业或事业单位代表政府参股项目公司。根据《关于组织开展第三批政府和社会资本合作示范项目申报筛选工作的通知》（财金函〔2016〕47 号）的评审标准，国有企业和融资平台公司作为政府方签署 PPP 项目合同的，不列为备选项目。

政府参股项目公司的，其持股比例是否有限制？财政部《PPP 项目合同指南（试行）》（财金〔2014〕156 号）规定，政府在项目公司中的持股比例应当低于 50% 且不具有实际控制力及管理权。但是合同指南仅具有示范性作用，不是强制性要求，具体要结合各地方的规定。如果地方性文件中存在类似强制性要求，如《浙江省财政厅关于推广运用政府和社会资本合作模式的实施意见》明确指出“政府在项目公司中的持股比例应当低于 50%”，则社会投资人应当遵守。实践中，政府和社会投资人对该 50% 的出资“红线”多能形成心照不宣的默契，大都能够主动遵守。笔者认为政府出资不应高于该额度，因为政府出资的目的在于过程监督，而不是形成对 PPP 项目的控制权或者盈利，如果政府成为项目公司控制人，则无法充分发挥社会资本方的管理优势，激发其提升管理效率、降低成本的动力，不符合公私合作的基本精神。

（二）项目资本金

有关项目公司注册资本金是否存在强制性要求？目前除公司法外，尚无法律规定直接对项目公司注册资本金提出要求，但是国务院对固定资产投资项目资本金存在强制性规定。虽然固定资产投资项目资本金与公司注册资本金并非同一法律概念，但 PPP 项目一般会涉及固定资产投资，且一个 PPP 项目即对应一个项目公司，因此 PPP 项目固定资产投资金额一般大体上等于 PPP 项目公司的资本金。根据《关于调整和完善固定资产投资项目资本金制度的通知》（国发〔2015〕51 号），铁路、公路、城市轨道交通等项目，最低资本金比例为 20%，保障性住房和普通商品住房项目的最低资本金比例为 20%，其他房地产开发项目的最低资本金比例为 25%。各地对不同行业建设项目资本金也存在一些特殊规定。

一个 PPP 项目动辄上百亿元，法定最低资本金往往需高达几十亿元，然而多数项目公司在前期成立时往往缺乏资金，尤其是作为社会投资人的施工单位更难满足该巨额资金需求；建议确定一个满足法律要求的较低的注册资本金，其他资本金引入金融机构增资扩股，这既能满足法律法规对项目资本金的要求，又能减轻社会投资人的负担，还能降低项目公司的资产负债率，提高其后期融资能力。

（三）公司治理

项目公司组织结构是PPP合同中的重要条款。项目公司治理结构中通常包括股东会、董事会和监事会（监事），各股东应在PPP合同中商议确定各自在公司治理结构中的角色与权限，提前签订《项目公司章程》作为PPP合同附件，避免将来出现争议。项目公司成立后，应严格执行公司章程，妥善处理各方利益关系，推动项目建设和运营的顺利开展。

二、后续融资

一个PPP项目涉及的资金少则几亿元，多则几十亿元、几百亿元，项目公司成立初期即完成所有融资的情况极为少见。而且，PPP项目周期较长，重大项目进展过程中往往可能遇见一些不可预见的情况。例如，金融环境发生变化、项目建设资金出现重大缺口、运营出现困难等，项目实际需要资金与预算资金可能出现出入，项目出现进一步融资需求。通常情况下，PPP合作协议可以将融资义务交给社会资本方或项目公司。

但是作为社会投资人而言，笔者不建议其承担融资义务，因为这将加大投资风险，实践中多数PPP项目融资义务是由项目公司承担。无论如何，与传统建造模式相比，PPP项目将政府从债务中解救出来，融资义务不再由政府或其授权主体单独承担。根据财政部113号文，财政部门（政府和社会资本合作中心）和项目实施机构应做好监督管理工作，防止企业债务向政府转移。

社会投资人在投标PPP项目时通常需要出具履约保函。根据财政部113号文，社会资本或项目公司未按照项目合同约定完成融资的，政府可提取履约保函直至终止项目合同；遇系统性金融风险或不可抗力时，政府、社会资本或项目公司可根据项目合同约定协商修订合同中相关融资条款。

然而，金融机构对项目公司融资的前提是项目资产本身具有优越性、项目交易结构合理、回款保障充分，因此在项目筹备阶段和PPP合同签订阶段，社会投资人均应充分考虑后期融资问题，一些PPP项目因为在前期对融资问题不够重视，直接导致后期融资陷入困境。建议在项目前期邀请金融机构深度介入，或者聘请财务顾问确保项目交易安排符合将来融资要求。国外通常的做法是将 PPP 项目合同草案交金融机构审阅，由其出具一份意向书，表明提供融资的基本意愿，列出融资条件和承诺程度。尽管该意向书没有法律约束力，因为其尚未通过内部信用批准程序，但是比起国内通常使用的《合作框架》协议而言更有可操作性，因为该意向书是在银行了解项目合同草案的基础上提出的，而且列出了详细的信贷审批条件，建议我国社会资本方也借鉴这种做法。

三、政府监管

PPP 项目往往涉及重大社会公共利益，政府监管是 PPP 项目能够顺利进行的保障。此前我国广泛推行的特许经营制度，以及相应的 BT、BOT、TOT 等建造模式，因为重融资、轻监管的倾向而广受业内人士诟病。国办发 42 号文推崇全生命周期的绩效评价与监管等，是本轮 PPP 政策中的一大亮点。社会投资人须自觉遵守政府依法开展的各项监督管理。

通常政府会就某一重大项目出具《项目监管规定》，在此之前一般会征求社会投资人的意见，社会投资人在审核此类文件时应当注意政府监督的界限，那些应由项目公司内部处理和决策的事务不应受到政府的过多干预，政府监督应集中于公共利益的保护方面。

（一）监管对象与目标

财政部《关于印发〈政府和社会资本合作模式操作指南（试行）〉的通知》（财金〔2014〕113 号文）第 30 条规定："政府相关职能部门应根据国家相关法律法规对项目履行行政监管职责，重点关注公共产品和服务质量、价格和收费机制、安全生产、环境保护和劳动者权益等。社会资本或项目公司对政府职能部门的行政监管处理决定不服的，可依法申请行政复议或提起行政诉讼。"据此，政府部门的监管对象应当是与公共利益密切相关的工程质量、安全生产、环境保护、劳动者权益维护、收费机制等，目标是保护社会公共利益。当然，如果政府同时参股项目公司，也可以在项目公司中依据股权比例行使股东、董事权利。但是绝不可以以监管者身份在微观公司治理中越权行使权利。实务中，一些地方政府的监管规定已经超越正常的监管界限。

（二）监管机制

政府介入重大项目的传统方式是监督检查和审批备案，PPP 合同中通常会规定政府的现场检查权和重要文件审批、备案权。此外,PPP 项目中政府介入项目管理的方式还有绩效管理、临时接管、中期评估、信息公开等。

1. 知情权

PPP 项目合同通常会规定项目公司有义务定期向府提供项目建设的报告和信息,以便政府了解项目进展,主要表现为政府在建设期有权审阅项目计划和进度报告,有对分包选择的知情权,此外运营期政府也应了解运营情况。

2. 检查权

为了保证建设项目的质量,PPP 项目合同会规定政府在特定情形和一定条件下,有权进入项目现场检查和测试;政府行使检查权不应影响项目的正常实施,须遵守一定的条件,如遵守安全保卫规定,需履行通知义务并符合维护监督的目的,不应对项目造成不必要的干扰。

3. 介入权

为了确保项目的正常运行,PPP 项目通常赋予政府在紧急情况下的介入权,这种介入权可能在两种情形下出现。一是项目公司违约或预期违约。例如,项目公司明确表示中止合作、不履行合同规定的义务等,此时政府有权介入,通常合同会约定政府先通知项目公司补救,期满未履行补救义务则正式介入。介入方式包括指定第三方代项目公司履行义务,履行费用由项目公司承担,并可在政府应支付的费用中扣减。如果政府介入仍无法补救项目公司违约,政府有权解约。

二是项目出现紧急情况。例如,出现危及人身健康或安全、财产安全、环境安全的风险,介入项目以解除或行使政府方的法定责任等。介入通常要履行合同约定的程序,如提前通知介入计划、方式、程度等,费用由政府方承担。

4. 绩效管理

从工商管理学上来看,绩效管理是指各级管理者和员工为了达到组织目标共同参与的绩效计划制定、绩效辅导沟通、绩效考核评价、绩效结果应用、绩效目标提升的持续循环过程。绩效评价是指运用一定的评价方法、量化指标及评价标准,对中央部门为实现其职能所确定的绩效目标的实现程度及为实现这一目标所安排预算的执行结果所进行的综合性评价。

《关于在公共服务领域推广政府和社会资本合作模式的指导意见》(国办发〔2015〕42 号)提出了由绩效目标、绩效跟踪、绩效评价构成 PPP 项目全生命周期的绩效管理机制,“建立政府、公众共同参与的综合性评价体系,建立事前设定绩效目标、事中进行绩效跟踪、事后进行绩效评价的全生命周期绩效管理机制,将政府付费、使用者付费与绩效评价挂钩，并将绩效评价结果作为调价的重要依据，确保实现公共利益最大化。依法充分披露项目实施相关信息，切实保障公众知情权，接受社会监督”。

《关于政府向社会力量购买服务的指导意见》（国办发〔2013〕96 号）指出应“加强政府向社会力量购买服务的绩效管理，严格绩效评价机制。建立健全由购买主体、服务对象及第三方组成的综合性评审机制，对购买服务项目数量、质量和资金使用绩效等进行考核评价。评价结果向社会公布，并作为以后年度编制政府向社会力量购买服务预算和选择政府购买服务承接主体的重要参考依据”。

地方性法规对于绩效管理也有规定，如《浙江省财政厅关于推广运用政府和社会资本合作模式的实施意见》（浙财金〔2015〕5 号）规定：政府有支付义务的，应按合同约定和绩效指标向社会资本或项目公司支付费用，并执行约定的奖励条款或惩处措施……各地要建立健全由政府、服务使用者共同参与的综合评价体系，组织开展对项目的绩效目标实现程度、运营管理、资金使用、公共服务质量、公众满意度等综合绩效评价工作，必要时可委托专业机构参与。绩效评价结果要依法对外公开，接受社会监督，并作为价格和收费标准、财政补贴等调整的参考依据。

据此，凡涉及政府付费的准经营或非经营性 PPP 项目，均应将绩效评价作为支付的依据。政府应在 PPP 项目全过程中开展绩效管理，首先是设定绩效目标，其次是跟踪绩效情况，最后是根据绩效评价结果支付费用。绩效考评结果还应当公布并接受社会监督。按绩效考评结果付费，即按可用性付费是维护社会公共利益的有力措施，有利于激励社会投资人提高工程质量、降低成本。但绩效考评机制也可能成为一把“双刃剑”，模糊不清或缺乏科学性、公正性的考评机制既可能被政府利用作为拒绝履约的武器，也可能成为社会资本推脱责任的依据。因此，笔者建议将绩效考评文件作为合同文件组成部分，在签约时明确绩效考评的原则、标准、方法，以便双方遵照执行。

5. 信息公开

《关于在公共服务领域推广政府和社会资本合作模式的指导意见》（国办发〔2015〕42 号）提出了 PPP 项目公开透明的原则，“实行阳光化运作，依法充分披露政府和社会资本合作项目重要信息，保障公众知情权，对参与各方形成有效监督和约束”。

根据财政部、发改委关于 PPP 项目的政策规定，PPP 项目在立项、选择社会投资人、合同签署、合同履行、绩效评价等各个环节都涉及信息披露,接受各方监督。项目公司应当注意严格按照政策文件规定,履行各种披露手续,接受公众对PPP项目的监督。

6. 中期评估

《关于开展政府和社会资本合作的指导意见》(发改投资〔2014〕2724号)第29条确立了PPP项目中期评估机制:项目实施机构应每3~5年对项目进行中期评估,重点分析项目运行状况和项目合同的合规性、适应性和合理性;及时评估已发现问题的风险,制定应对措施,并报财政部门(政府和社会资本合作中心)备案。中期评估是政府监督管理PPP项目的有效手段,有效的中期评估可以纠正PPP项目运行过程中的缺陷,制止违法违规行为。

7. 临时接管

《关于在公共服务领域推广政府和社会资本合作模式的指导意见》(国办发〔2015〕42号)规定:社会资本或项目公司违反项目合同约定,威胁公共产品和服务持续稳定安全供给,或危及国家安全和重大公共利益的,政府有权临时接管项目,直至启动项目提前终止程序。政府可指定合格机构实施临时接管。临时接管项目所产生的一切费用,将根据项目合同约定,由违约方单独承担或由各责任方分担。社会资本或项目公司应承担的临时接管费用,可以从其应获终止补偿中扣减。

此外,临时接管也可以适用于社会资本方因不可抗力无法继续履行合同的情形。《关于开展政府和社会资本合作的指导意见》(发改投资〔2014〕2724号)规定:政府和社会资本合作过程中,如遇不可抗力或违约事件导致项目提前终止时,项目实施机构要及时做好接管,保障项目设施持续运行,保证公共利益不受侵害。

第二节 项目移交

一、退出机制

退出是社会投资人回收投资、获得回报的重要通道,退出机制的畅通与否决定着PPP项目的成败。国务院2014年11月16日颁布的《关于创新重点领域投融资机制鼓励社会投资的指导意见》(国发〔2014〕60号)规定:“健全退出机制。政府要与投资者明确PPP项目的退出路径,保障项目持续稳定运行。项目合作结束后，政府应组织做好接管工作，妥善处理投资回收、资产处理等事宜。”《关于开展政府和社会资本合作的指导意见》(发改投资〔2014〕2724 号)规定：政府和社会资本合作期满后，要按照合同约定的移交形式、移交内容和移交标准，及时组织开展项目验收、资产交割等工作，妥善做好项目移交。依托各类产权、股权交易市场，为社会资本提供多元化、规范化、市场化的退出渠道。

目前的市场上 PPP 项目退出渠道主要是股权回购，即由政府方(政府委托的企业)回购社会投资人在项目公司的股权，回购完成后第三方将百分之百持有项目公司股权。新出台的《政府和社会资本合作项目财政管理暂行办法》(财金〔2016〕92 号)的第 35 条规定：“政府与社会资本合资设立项目公司的，应按照《公司法》等法律规定以及 PPP 项目合同约定规范运作，不得在股东协议中约定由政府股东或政府指定的其他机构对社会资本方股东的股权进行回购安排。”该条款实际上否定了早期一些非规范 PPP 模式，最为典型的是加长期限的 BT，建议采取较为妥当的方法，即与政府签订补充协议，修改之前约定的合作模式中不合规部分。当然，对于“不得在股东协议中约定由政府股东或政府指定的其他机构对社会资本方股东的股权进行回购安排”可以采取不同的解释。如果严格按照字面意义解释，则任何政府出资机构的“回购”或政府指定的其他机构的“远期股权受让”均不合规，如此一来，很多 PPP 协议都将受到影响，这就意味着社会资本的退出方式只有公司解散清算或者将股权转让给其他投资人。但如果采取“目的解释”，我们认为政府指定第三方或政府指定的出资主体，按照股权评估价值受让社会投资人的股权，是不违反“政府不得保底”的红线的，因为如果社会投资人经营不善，股权评估价值可能低于投资价值，这也体现了风险自担的原则，有利于激励投资人提升管理效益，而政府回购股权也有利于政府继续运营项目公司，为社会提供公共产品。

对于特许经营项目，退出通常不成为问题，项目合作期满后社会投资人退出 PPP 项目。但作为社会投资人的施工企业或金融机构，往往抱着快进快出的心态，在 3 年 ~5 年内退出，这种方式就可能违反财政部有关政府不得以回购方式变相融资的规定，是典型的假 PPP 项目。财政部《关于进一步做好政府和社会资本合作项目示范工作的通知》(财金〔2015〕57 号)规定：“严禁通过保底承诺、回购安排、明股实债等方式进行变相融资，将项目包装成 PPP 项目。”

有的政府为了规避此规定，将非项目公司股东的第三方(如上级政府的下属企业)作为股权受让方，该方式虽然表面上合规，但是本质没有变化。PPP 项目是政府与社会资本的长期合作，当然如果合同未限制社会资本的退出时间，社会资本方有权将项目转让给其他第三方，承继其作为社会资本方的权利和义务。但是股权转让（并购）往往未必是最具经济利益的退出方式，社会资本方也可以考虑资产证券化、上市退出等方式。本书第十章将详解 PPP 项目退出问题。

二、项目移交

PPP 项目合作期满，或者特许经营期满，或项目出现提前终止情形，项目将进入移交阶段，项目公司将建成的项目交由政府接管。项目正式移交之前，首先应进行项目资产评估和项目性能测试，资产评估是确定补偿标准的依据，而性能测试决定着社会投资人或项目公司是否能够顺利实现移交。项目移交阶段往往是最容易发生争议的阶段之一。

（一）评估与性能测试

财政部《关于印发〈政府和社会资本合作模式操作指南（试行）〉的通知》（财金〔2014〕113 号）第 33 条规定："项目实施机构或政府指定的其他机构应组建项目移交工作组，根据项目合同约定与社会资本或项目公司确认移交情形和补偿方式，制订资产评估和性能测试方案。项目移交工作组应委托具有相关资质的资产评估机构，按照项目合同约定的评估方式，对移交资产进行资产评估，作为确定补偿金额的依据。项目移交工作组应严格按照性能测试方案和移交标准对移交资产进行性能测试。性能测试结果不达标的，移交工作组应要求社会资本或项目公司进行恢复性修理、更新重置或提取移交维修保函。"

（二）移交范围

通常而言，在项目合作期满后，项目公司和社会资本方除了应当无偿向政府方移交全部的项目设施和项目资产外，还应当将全部与项目有关的权利、所有权和利益移交给政府方。这些资产及权利通常包括下列几个部分：

1. 无任何权利限制的全部资产。即项目资产上不应当存在债务，也未被设置抵押、留置、质押等权利限制。

2. 项目范围内的全部设施。通常包括项目建设和运营中的各种建筑物、构筑物、道路及配套设施等。

3. 与运营相关的必要资产和设施。如机械、材料、库存设施以及相关备品备件等。

4. 项目建设运营过程中产生的以及项目运营必不可少的各种资料。通常包括设计图纸，工程验收资料，运营维护资料，运营管理程序、方法、手册等。

5. 所有未到期的保险合同。

对于尚未履行完毕的各种合同，应当由项目公司与合同（劳动合同除外）相对人结清已履行部分的权利、义务后，终止合同。待移交完成之后，再由新的项目运营主体与该合同相对人另行协商签订相应合同。

（三）移交程序

通常而言，项目移交需要经过项目评估、性能测试、移交前大修后于移交日进行。一般项目公司与政府方会约定一个移交过渡期，通常约定为移交日之前的 6 个月或 12 个月，进入移交过渡期之前（通常约定移交日 12 个月前或 24 个月前），应由项目公司或社会资本方与政府方共同成立移交委员会，以便统筹项目评估、性能测试以及移交前大修的进行。一般而言，移交委员会由社会资本方与政府方各派相同人数代表组成，应当定期会谈，必要时经双方同意可随时会谈。移交委员会负责编制具体的移交方案，并统筹项目评估、性能测试、移交前大修中的各项事务，如确定各项程序的具体时间、明确具体的移交范围（确认项目移交资产清单）、准备并主持移交仪式等。

项目评估与性能测试在前文已有叙述，在此不赘述。

通常而言，经过多年运营的项目，评估的结果很可能是项目的建筑及其他各项设施达不到移交的标准，此时项目公司需要自行负担费用进行必要的维修和更新，即移交前大修，以保证项目的建筑、设施在移交日之前达到移交标准。如果项目公司不能进行移交前大修的，此项工作也可由政府方完成，但费用仍由项目公司承担。经过移交前大修后，项目公司应当保证项目的建筑、设施等得到了良好地维护，处于良好运营状态，符合项目移交的标准。此外，项目公司通常需要在一定期限（通常为 6 个月或 12 个月）内承担缺陷责任，即在上述期限内，如果项目建筑或设施因材料或设计缺陷或运营期内项目公司的任何管理不善而出现任何非正常的缺陷或损坏，项目公司应修复该缺陷或损坏，或承担其费用。

除保证项目建筑和设施外的良好状态外，项目公司还应当保证项目相关的各项资产、设施、资料、知识产权及其他权益等无瑕疵，不存在任何形式的权利限制。对于项目建设运营过程中的各种未履行完毕的合同（除劳动合同外），应当与相对人结清已履行部分的权利义务并终止合同，保证不存在未结清的权利义务。

(四)项目交接

《关于印发〈政府和社会资本合作模式操作指南(试行)〉的通知》(财金〔2014〕113号)第34条规定："社会资本或项目公司应将满足性能测试要求的项目资产、知识产权和技术法律文件，连同资产清单移交项目实施机构或政府指定的其他机构，办妥法律过户和管理权移交手续。社会资本或项目公司应配合做好项目运营平稳过渡相关工作。"

《关于印发〈政府和社会资本合作模式操作指南(试行)〉的通知》(财金〔2014〕113号)第32条规定："项目移交时，项目实施机构或政府指定的其他机构代表政府收回项目合同约定的项目资产。项目合同中应明确约定移交形式、补偿方式、移交内容和移交标准。移交形式包括期满终止移交和提前终止移交；补偿方式包括无偿移交和有偿移交；移交内容包括项目资产、人员、文档和知识产权等；移交标准包括设备完好率和最短可使用年限等指标。采用有偿移交的，项目合同中应明确约定补偿方案；没有约定或约定不明的，项目实施机构应按照'恢复相同经济地位'原则拟定补偿方案，报政府审核同意后实施。"

有的地方政府还规定，项目移交完成后，还应对项目进行最后的绩效评价，如《浙江省财政厅关于推广运用政府和社会资本合作模式的实施意见》(浙财金〔2015〕5号)规定：项目移交完成后，财政部门应会同有关部门组织对项目产出、成本效益、监管成效、可持续性、政府和社会资本合作模式应用等进行绩效评价，并按相关规定公开评价结果。评价结果作为政府开展政府和社会资本合作管理工作的决策参考依据。

第三编　融资与监管

PPP 项目融资与传统建设工程项目融资不同，传统项目融资通常是由政府信用做担保，由地方融资平台作为融资主体，带资建设的项目通常是以建筑企业作为融资主体。而国外 PPP 项目通常采项目融资（project finance）方式。所谓项目融资是指为特定项目的建设、收购以及债务重组进行的融资活动。按照 FASB（美国财会标准手册）的定义，项目融资是指对需要大规模资金的项目而采取的金融活动。借款人原则上将项目本身拥有的资金及其收益作为还款资金来源，而且将其项目资产作为抵押条件来处理。该项目投资主体的一般性信用能力不作为重要因素。这是因为项目主体要么是不具有其他资产的企业，要么对项目主体的所有者（母体企业）不能直接追究责任。自然资源、能源和基础设施是项目融资的三个主要支柱。在国际上，项目融资是一个年代非常久远的概念，其全盛时期是在 19 世纪铁路建设融资的繁荣时期，那时债券持有人除了铁路本身及其收入外没有其他任何担保。①

项目融资是与企业融资（corporate finance）相对应的概念。企业融资又叫传统融资，是指根据借款方资产负债表中资产价值、盈利记录决定是否对其融资，并以企业所有现金流作为还款担保的融资方式。与企业融资相比，项目融资具有以下优势：一是项目融资杠杆率较高，其杠杆率往往可以达到 79% ~90%，而企业融资则更多受到其资产负债率约束；二是项目融资是有限追索权或无追索权融资，债权人对借款人抵押资产以外资产没有追索权或仅有有限追索权，项目融资不会追索至其股东，或只能对股东根据其担保内容进行有限追索，而企业融资往往以企业全部资产、项目作为还款保障；三是项目融资依靠项目的未来现金流还本付息，而不依靠企业的资产价值和历史财务记录；四是项目融资是靠各种项目合同作为贷款主要保证，一旦合同未履行，项目公司资产价值极低，贷款方风险较大，因此贷款方往往对项目公司活动进行严格控制，以确保项目合同得到严格履行；五是项目融资往往有特定期限，须在企业生命周期结束前完全偿付。② 因此，项目融资与传统企业融资方式不同，金融机构的投资策略、关注重点也完全不同。

与普通项目融资相比，PPP 项目存在周期长、投入成本高、参与主体多、社会

---

① 参见［英］达霖·格里姆赛、［澳］莫文·K. 刘易斯：《PPP 革命——公共服务中的政府和社会资本合作》，中国人民大学出版社 2016 年版，第 68 页。

② 参见［加］耶斯考比：《公共部门与私营企业合作模式：政策与融资原则》，中国社会科学出版社 2012 年版，第 139 ~140 页。

投资人承担风险较大的特点。我国PPP项目经验尚不够丰富,金融机构对PPP项目较为陌生,目前只有少数金融机构试水PPP项目,不少金融机构尚未涉足PPP项目融资活动。

国外PPP项目融资的主要形式有银行贷款和项目债券,而项目债券往往是由保险机构和养老基金购买的。国外债券市场比较发达,项目债券适合规模较大(2.5亿美元以上)的项目。由于购买者较多,而且辅以信用保险作为担保,因此债券成本比银行贷款更低。当然,债券更适合在项目中后期使用;银行贷款适合用于项目早期,因为项目早期不确定因素较多,变化较大,不是标准项目,不适合债券投资者。①

我国可参与PPP融资的金融主体有银行、信托机构、基金、保险机构等。据笔者了解,目前基金、银行是PPP融资的主力军,信托机构投资PPP也有落地案例,保险机构开始探索PPP投资。虽然每个机构对PPP项目融资的条件在细节上各不相同,但总体思路有共通之处。本章将针对PPP项目各种主要融资方式,结合最新案例,探讨金融机构介入PPP项目的路径、监管要求、风控要点。

① 参见[加]耶斯考比:《公共部门与私营企业合作模式:政策与融资原则》,中国社会科学出版社2012年版,第169~170页。

第六章
银 行

由于 PPP 这种新的合作方式在一定程度上很好地化解了地方债务、解决了地方政府融资渠道转型的问题，使得国家推广 PPP 业务的决心非常坚定。在各部委的共同推动下，PPP 项目的发展十分迅速，并且也希望“金主”银行能够简化融资手续，尽快投入到 PPP 项目建设中来。

但对于出资方银行来说，面对新的事物，要设计出与之相适应的金融产品则需要较长时间。PPP 项目牵扯主体较多，操作流程复杂，银行资金如何介入、怎样在现有的银行贷款体制构架 PPP 融资模块是银行需要考虑的问题。另外，PPP 项目融资往往数额较大、期限较长，如何防控其中的风险则更是银行考虑的重中之重。因此，PPP 项目的发展前景固然良好，但银行也在看好 PPP 广阔发展空间的同时，秉持着积极审慎的态度参与其中。

第一节　银行投资基础设施的传统模式

一、对中标企业的贷款

在 PPP 出现之前，地方的基础设施建设往往由大型企业通过招投标获得。中标企业根据自身财务状况，寻求银行资金合作。

可以说，之前银行资金支持基础设施项目建设的主要途径就是针对企业发放项目贷款。贷款的发放主要基于银行与该企业的银企合作关系。在考虑是否发放贷款时，银行主要从两个维度来把握。(1)企业的情况。该企业的股东背景、所属行业、企业的经营情况、市场地位、财务状况、外部融资情况等均是银行考察的重点。在完全符合银行信贷要求的前提下，银行才会继续与企业就某个项目进行合作。(2)项目的情况。银行会从项目的所在地区、建设内容、审批进度、项目预算、预计收益等多个方面重点考察项目情况,对项目的风险与收益进行细致评估,再综合考虑融资企业自身的情况,确定是否给予企业项目贷款。

除项目贷款外,企业也可以通过中长期流动资金贷款、保理融资等方式获得银行的资金支持,但这都同样基于银行对该企业的肯定,也就是说,主要取决于企业自身的信用。

二、对地方政府的贷款

银行通过地方政府融资平台对地方政府发放贷款是基础设施投资的主流传统模式。对银行而言,这种模式最大的优点就是风险可控、操作简单。地方政府出具还款承诺函或对贷款进行担保,可以完全覆盖贷款的风险敞口。但由于银行贷款计入地方政府性债务,这种模式产生的最大风险是放松了地方政府的预算约束,导致政府性债务大大增加。根据审计署的审计结果,截至2010年年底,地方政府负有偿还义务的债务达到6.71万亿元;2013年6月底,地方政府负有偿还义务的债务上升至10.88万亿元;2015年,全国人大将当年的地方政府性债务限额锁定为16万亿元。当前,地方政府性债务风险已经成为触发区域性、系统性风险和危机金融稳定的重大诱因。2014年,国务院出台《关于加强地方政府性债务管理的意见》(国发〔2014〕43号),剥离融资平台公司政府融资职能,规定地方政府举债只能采取发行政府债券方式。至此,银行通过地方政府融资平台对地方政府的贷款的融资模式彻底退出历史舞台。

第二节　银行投资PPP项目的新路径

银行资金进入PPP项目,一般会通过两种途径:一种为PPP项目公司的股东提供资本金方面的资金支持,另一种为PPP项目公司主体发放贷款。

一、形式

银行投资PPP项目的路径主要有两种:一种是债权形式的银行项目贷款,也就是直接为项目公司发放项目贷款;另一种是非银模式,也就是通过信托公司等渠道将资金投入到项目公司的股权层面,即为项目公司的股东提供资金支持。二者除权利性质不同以外,对融资者来说,最主要的是价格不同,股权融资的价格一般要比债权融资高三个百分点，甚至更高。

（一）银行项目贷款

其实，在笔者看来，银行对待 PPP 项目的态度是很积极的，但同时又不是盲目推崇的，这表现在银行在资金发放的审批程序上丝毫不会因为是 PPP 项目而有所放松。从风险防范角度来看，PPP 项目与纯 BOT、BOO、BT、TOT 项目等并无太大的区别。由于准经营和非经营性项目占据较大比重，银行在审核 PPP 项目时十分关注地方政府的履约能力，通常年 GDP 在千亿元以上、一般财政预算收入在 100 亿元以上的地级市较容易获得融资，当然有些银行可放松标准。

抛却 PPP 项目的特殊主体身份，给予 PPP 项目贷款和给予传统企业项目贷款并无本质区别。如前所述，在综合考虑 PPP 项目中的 SPV 以及项目整体情况后，银行会给予其项目贷款融资。但在考虑 SPV 时，因为其特殊性质，所以该企业并无财务状况、经营状况等可供银行进行了解和把握；因此，对其股东尤其是私人资本部分的考察会是银行考察的重中之重。尽管 PPP 名义上是政府与社会资本合作，然而目前纯民营企业仍然较难获得融资，由于 PPP 项目合作周期长、风险大，市场上 PPP 项目多为国有建筑企业参与。

针对资金需求较大的 PPP 项目，还会出现不同银行间组成的银团贷款，或同一银行不同分行间组成行内联合贷款。

（二）非银模式

非银模式是指银行在各种因素的影响下，选择非信贷的模式来对 PPP 项目融资进行支持，包括通过成立信托计划、资管计划等通过信托公司、证券公司等渠道进行出资，还包括通过成立产业基金或针对某项目的项目基金的模式进行出资。

《商业银行理财业务监督管理办法（征求意见稿）》显示，监管层对银行理财资金服务实体经济持肯定和鼓励的态度。虽然对商业银行的投资渠道进行了一定限制，但是商业银行通过信托、证券、基金等通道参与项目投资仍然是被允许的。

简单来说，就是银行利用自身理财池的资金通过信托公司成立信托计划，以信托计划的名义投入到 PPP 项目中来，这种情况下的融资被称为股权融资。与前面所述的银行项目贷款所属的债权融资性质截然不同。该信托计划会作为

PPP 项目中 SPV 的 LP,按约定获得固定收益回报,不承担项目风险。通常银行在采用此种方式时,会在之前就敲定回购协议。回购协议会明确该信托计划在约定时间退出时由谁负责回购该部分股权,并由谁负责兜底也就是承担回购的担保责任。资管计划的介入与之相似,都是银行资金的一种渠道转换。

还有一种股权融资模式就是成立基金,该基金可以是就某一行业设立而成的产业基金,也可以是针对某一 PPP 项目设立的母基金,供其项目分期使用。投资基金的投资者可以是机构,也可以是个人,银行资金也可以通过渠道转换参与到 PPP 项目公司的股权中。但这种模式对银行来说,由于其后期的资金监管较为复杂和困难,所以通过行内审批的难度较大。

随着 PPP 在我国的不断完善,随着不同模式、不同情况的 PPP 项目的出现,不排除还有其他种类的融资形式出现在 PPP 项目中。笔者上述的几种融资模式均是目前较为常见的针对项目类的融资方式。这些融资方式可能是单独出现,也有可能是以组合方式出现。例如,某个 PPP 项目在资本金的部分,可以以股权融资,再以 PPP 项目申请债权融资,在满足银行审批条件下也是可以成立的,"股加债"模式是目前较为流行的 PPP 融资模式。

二、银行投资 PPP 项目的合规要求

目前,PPP 项目市场风生水起,很是热闹,但银行却未因此而大开贷款的方便之门。其主要原因在于风险控制仍是银行在投资 PPP 项目时考虑的主要因素。

首先,银行会综合考察项目的情况。发改委、财政部分别发布了其推行 PPP 项目的指导文件以及多个示范项目,其中对于 PPP 项目的遴选及审批程序规定在细节上各有侧重及不同。目前,PPP 项目审批权限并不集中在一个部门,仍是发改委、财政部以及相应行业主管部门的多头审批,且各部门的审批权限范围、审批标准等尚不明确。银行在为相应 PPP 项目提供融资服务前,会逐项确认该项目是否已取得所必需的政府部门审批、授权并确保其已分别符合不同审批机构的要求,规避有可能产生的法律风险。通常列入中央部委库和省库的 PPP 项目较容易获得融资,因其审核条件较严,有的银行将列入省库作为融资条件之一。

在确保上述条件落实的情况下,银行还会综合考虑项目的收费机制、市场风险、政府的补贴机制、项目的盈利性、经营风险等。必须要提的是,项目的地点也是银行考虑的一大因素。因为有的 PPP 项目的回报机制可能为政府付费或是可行性缺口补助，那么政府的信用就是银行要考虑的重点了，因为这涉及最终贷款到期后是否能够按约定拿回本金并获取收益。另外，银行比较倾向于给予其所在地政府或者企业贷款，如若涉及异地贷款，则会慎之又慎。因为如果项目在异地，那么对于贷款的前期调查和贷后监控均会面临较大的困难。相对来说，北上广深等一线城市的 PPP 项目更易获得银行的青睐，对于经济较不发达的地区，银行则会谨慎介入，避免政府扯皮现象的发生。

其次，银行会考察项目公司的情况。在 PPP 模式下，除直接为项目公司的股东提供贷款外，银行贷款发放对象一般是项目公司。所以在考察项目公司的情况时，银行一是考察项目公司法人主体设立的合法合规性、组织结构的合理完整性，二是考察社会资本对项目公司进行管理、运营的能力。银行在考虑是否给予 PPP 项目以资金支持时，无论是给予项目公司以项目贷款还是以股权方式介入 PPP 项目公司，最主要考虑的就是项目的完工风险。PPP 项目一般周期较长，项目本身能否按照既定的技术标准设计完成施工进度，都存在不确定性。而避免完工风险的关键在于参与工程的社会资本的资质。因此，银行对社会资本本身股东、行业状况、经营状况、财务状况、已有融资情况、对外担保情况等也会做详尽的调查，尤其是社会资本本身在该行业的资质、资历都会影响到银行对于项目完工风险的判断。

最后，银行会考虑最终的还款来源。与传统的 BOT 项目或政府平台融资中政府承担最终还款的兜底责任不同，在 PPP 项目中，政府不再为银行债权的实现提供保障。PPP 项目中，融资主体的还款来源方式有三种，即使用者付费、政府付费、使用者付费与政府补贴相结合。政府与社会资本是平等主体关系，收益共享，风险共担。PPP 项目就如同一般项目，能否按照项目规划的进度实现预期的盈利缺乏保障。所以银行在考虑项目收益的同时，可能会要求融资主体提供相应的担保措施，以防范可能发生的还款风险。在实际操作过程中，银行会争取 PPP 合同项下的应收账款质押（包括使用者付费和政府付费），结合借款人、担保人、项目自身等相关利益方的有效资产的足额抵押，并要求地方政府、借款人及其股东承诺不将该项目形成的资产和相关权益向第三方抵（质）押等。

三、监管要求

PPP 项目融资与其他项目融资一样，会受到各个有关部门的监管。《中华人民共和国商业银行法》第四章“贷款和其他业务的基本规则”中明确了银行贷款的一般规则。如对商业银行资产负债比例的要求、对商业银行提供贷款的审查要素要求等。

银监会2009年发布的《项目融资业务指引》规定了对金融机构开展项目融资业务的一般要求，包括对贷款人的风险识别、风险评估、担保措施要求、贷后监控要求等。其中第15条规定，贷款人应当根据项目的实际进度和资金需求，按照合同约定的条件发放贷款资金。贷款发放前，贷款人应当确认与拟发放贷款同比例的项目资本金足额到位，并与贷款配套使用。在实际操作中，银行对PPP项目的资本金融资基本遵循最高不超过50%的比例要求。

中国银监会、国家发展和改革委员会《关于银行业支持重点领域重大工程建设的指导意见》（银监发〔2015〕43号）中，则指出要积极开展信贷创新，积极创新担保方式，如利用收费权、特许经营权、预期收益等进行抵质押贷款，探索创新融资模式，如大型成套设备金融租赁、资产证券化等。同时，该意见也提出了相应的要求。（1）确保项目建设合规性。贷款发放与支付前，确保项目已正式取得投资、环保、土地、规划、安全生产等主管部门的审批（核准）文件，确保项目资本金足额到位并与贷款配套使用，确保项目实施进度与已投资额相匹配。（2）切实落实还款保障条件。按照自主经营、自担风险、自负盈亏、自我约束的商业化原则自主审贷，全面、深入评估项目风险，严格把关。审慎预测项目的未来收益和现金流，以其作为未来还款的主要保障，不得要求地方政府对重大工程项目融资承担还款责任，或提供任何形式的显性和隐性担保。（3）做好贷中贷后管理工作。严格按照贷款合同约定发放和使用贷款，坚持专款专用，防止贷款挪用。确定专门项目收入账户，加强对项目收入账户的监测和管理。定期对借款人和项目发起人的履约情况及信用状况、项目的建设和运营情况、宏观经济变化和市场波动情况、贷款担保的变动情况等进行监测分析，完善贷款质量监控制度，并对可能影响贷款安全的不利情形及时采取针对性措施。（4）推进风险管理体系建设。密切关注经济金融形势变化，加强风险监测和预警；全面了解客户和项目信息，强化项目全周期风险管理；合理运用担保以及项目收费权、合同收益权、保险权益转让等方式，完善风险缓释机制。防范外部风险与银行内生性风险的传染，防范银行机构表内风险与表外风险的传导。该指导意见更大程度上是要求银行为解决PPP融资难题做出改变。

第三节　银行资金投资 PPP 项目案例

案例 6.1　北京地铁 4 号线 PPP 项目

北京地铁 4 号线是北京市首条采用 PPP 方式建设运营的地铁线路。北京市政府引入香港地铁公司丰富的地铁运营经验，地方政府节约了财政支出，社会资本获得了稳定回报，双方的合作非常成功，同时，也使得北京地铁 4 号线成为成功 PPP 项目的典型。社会资本和政府合作提供公共服务，既保证了项目的公益性，也照顾了社会资本的盈利性。而银行在 SPV 的组建过程中提供了项目贷款，期限长，利率低。由于整个项目有良好的客流量保证，利润稳定，银行贷款的安全性也比较高。

（一）项目概况①

北京地铁 4 号线是北京市轨道交通路网中的主干线之一，南起丰台区南四环公益西桥，途经西城区，北至海淀区安河桥北，线路全长 28.2 公里，车站总数 24 座。4 号线工程概算总投资 153 亿元，于 2004 年 8 月正式开工，2009 年 9 月 28 日通车试运营，目前日均客流量已超过 100 万人次。

北京地铁 4 号线是我国城市轨道交通领域的首个 PPP 项目，该项目由北京市基础设施投资有限公司（以下简称京投公司）具体实施。2011 年，北京金准咨询有限责任公司和天津理工大学按国家发改委和北京市发改委要求，组成课题组对项目实施效果进行了专题评价研究。评价认为，北京地铁 4 号线项目顺应国家投资体制改革方向，在我国城市轨道交通领域首次探索和实施市场化 PPP 融资模式，有效缓解了当时北京市政府投资压力，实现了北京市轨道交通行业投资和运营主体多元化突破，形成同业激励的格局，促进了技术进步和管理水平、服务水平提升。从实际情况分析，4 号线应用 PPP 模式进行投资建设已取得阶段性成功，项目实施效果良好。

---

① 案例来源于自国家发展和改革委员会 PPP 项目专栏内的“PPP 项目案例”——北京地铁 4 号线项目，载 http://tzs.ndrc.gov.cn/zttp/PPPxmk/，最后访问日期：2016 年 10 月 1 日；《北京地铁 4 号线背后的 PPP 故事》，网址：http://www.chinacem.com.cn/ppp-nljs/2015-02/182562.html.，最后访问日期：2016 年 10 月 1 日。

(二)运作模式

4 号线工程投资建设分为 A、B 两个相对独立的部分:A 部分为洞体、车站等土建工程,投资额约为 107 亿元,约占项目总投资的 70%,由北京市政府国有独资企业京投公司成立的全资子公司 4 号线公司负责;B 部分为车辆、信号等设备部分,投资额约为 46 亿元,约占项目总投资的 30%,由 PPP 项目公司北京京港地铁有限公司(以下简称京港地铁)负责。京港地铁由京投公司、香港地铁公司和首创集团按 2∶49∶49 的出资比例组建。

北京地铁 4 号线 PPP 模式如图 6.1 所示:

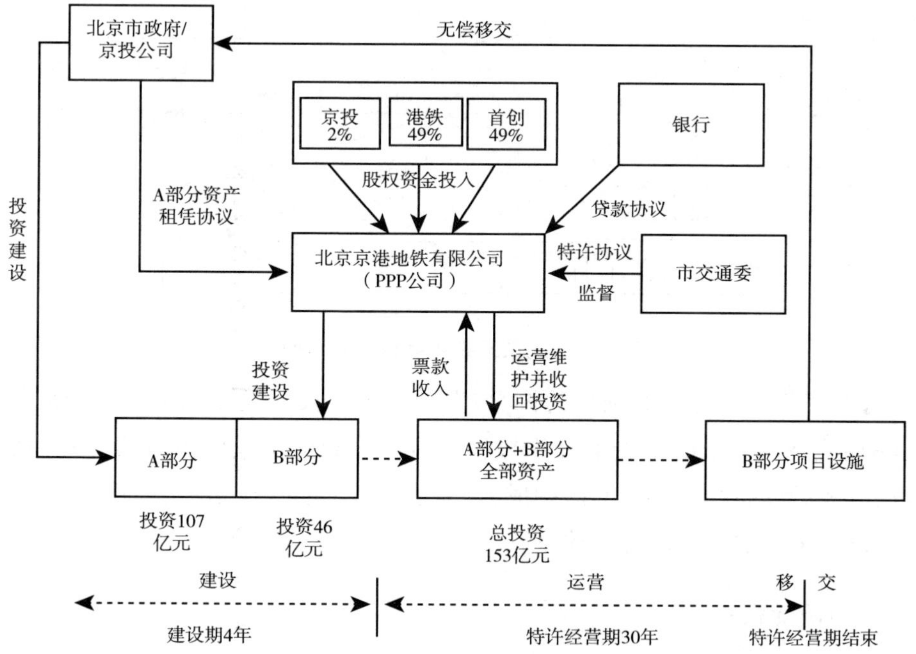

图 6.1　北京地铁 4 号线 PPP 模式

4 号线项目竣工验收后,京港地铁通过租赁取得 4 号线公司的 A 部分资产的使用权。京港地铁负责 4 号线的运营管理、全部设施(包括 A 和 B 两部分)的维护和除洞体外的资产更新以及站内的商业经营,通过地铁票款收入及站内商业经营收入回收投资并获得合理投资收益。30 年特许经营期结束后,京港地铁将 B 部分项目设施完好、无偿地移交给市政府指定部门,将 A 部分项目设施归还给 4 号线公司。

4 号线 PPP 项目实施过程大致可分为两个阶段，第一阶段为由北京市发改委主导的实施方案编制和审批阶段，第二阶段为由北京市交通委主导的投资人竞争性谈判比选阶段。

经市政府批准，北京市交通委与京港地铁于 2006 年 4 月 12 日正式签署了《特许经营协议》。

4 号线 PPP 项目的参与方较多，项目合同结构如图 6.2 所示：

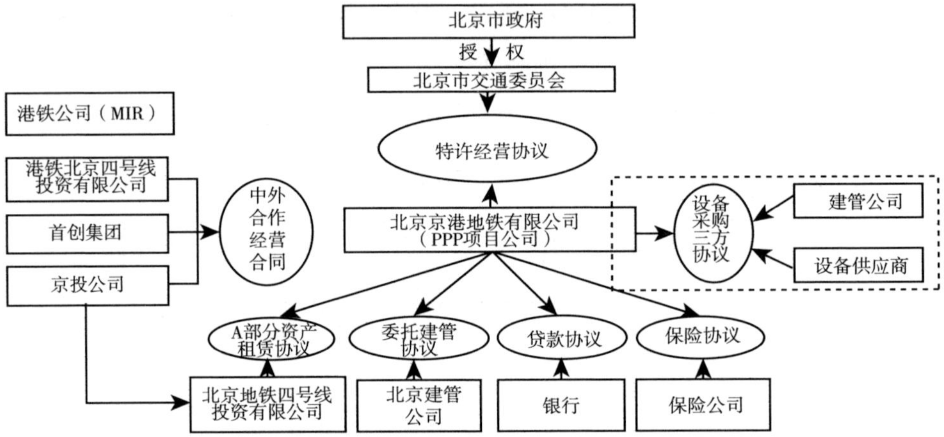

图 6.2　北京地铁 4 号线合同结构

特许经营协议是 PPP 项目的核心，为 PPP 项目投资建设和运营管理提供了明确的依据和坚实的法律保障。4 号线项目特许经营协议由主协议、16 个附件协议，以及后续的补充协议共同构成，涵盖了投资、建设、试运营、运营、移交各个阶段，形成了一个完整的合同体系。

（三）融资模式

B 部分总投资共计 46 亿元，由项目公司负责筹集，其中股权投资约 15 亿元，由港铁公司、首创集团和京投公司分别按投资比例出资。其余 31 亿元由京港地铁公司向国家开发银行贷款融资，期限 25 年，执行基准利率。建设期贷款属于项目融资贷款，京港公司以拥有的资产（包括动产、不动产、特许经营收入或收益权等）抵押或质押。①

① 参见《北京地铁 4 号线背后的 PPP 故事》，载 http://www.chinacem.com.cn/ppp-nljs/2015-02/182562.html.，最后访问日期：2016 年 10 月 1 日。

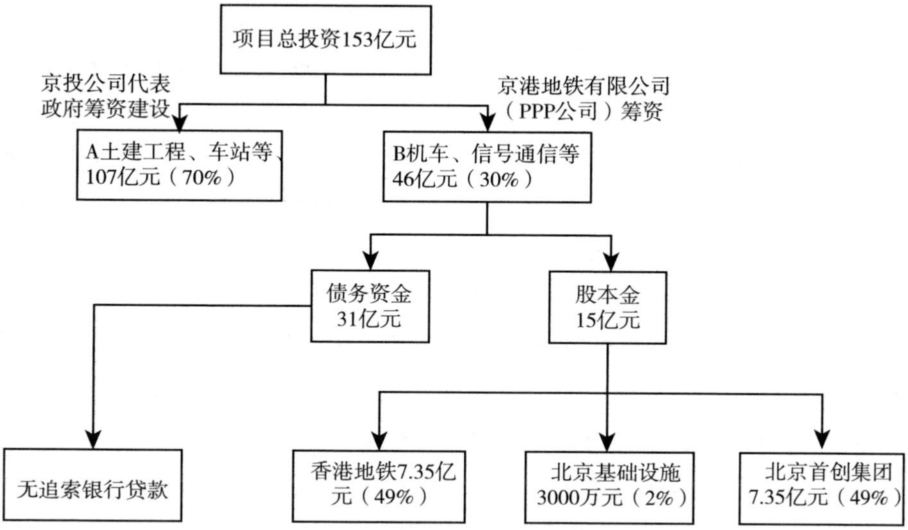

图 6.3　北京地铁 4 号线合同结构

（四）融资模式分析

北京地铁 4 号线之所以成为成功的 PPP 项目案例，在于该 PPP 模式案例在操作中，合作各方都进行了精心的策划和磋商，在一些关键问题的处理上，亮点颇多，值得借鉴。

一是建立有力的政策保障体系。北京地铁 4 号线 PPP 项目的成功实施，得益于政府方的积极协调，为项目推进提供了全方位保障。在整个项目实施过程中，政府由以往的领导者转变成了全程参与者和全力保障者，并为项目配套出台了《关于本市深化城市基础设施投融资体制改革的实施意见》等相关政策。为推动项目有效实施，政府成立了由市政府副秘书长牵头的招商领导小组；发改委主导完成了 4 号线 PPP 项目实施方案；交通委主导谈判；京投公司在这一过程中负责具体操作和研究。

二是以分割投资方式解决投资回报低的难题。① 轨道交通投资与其他行业投资相比，投资规模大，并且由于其具有公共事业性质，投资回报低甚至亏损。这也是 PPP 项目社会资本介入的一大障碍。为了解决投资回报低的问题，4 号

① 参见《北京地铁 4 号线背后的 PPP 故事》，载 http://www.chinacem.com.cn/ppp-nljs/2015-02/182562.html.，最后访问日期：2016 年 10 月 1 日。

线投资被分割为 A 和 B 两个部分，其中关于征地拆迁、洞体结构等土建工程这些投资金额大的部分由政府平台公司予以投资，这部分投资为无收益的纯粹公共支出。对于与运营有关的车辆、信号、自动售检票系统等机电设备投资则采用 PPP 模式，该部分资产需要良好的运营才可以发挥其效益。该部分投资金额相对较小，且可以产生稳定的现金流，使 B 部分投资具有较好的投资回报。通过这种分割投资的方式，北京市将 4 号线有经济效益的资产和业务单独分割出来，引入社会资本，成功地解决了轨道交通的投资回报低的问题。

三是 PPP 项目公司的架构设计实现了各方的制约和平衡。本次 PPP 项目由港铁公司、首创集团和京投公司共同成立 PPP 项目公司——北京京港地铁有限公司，拥有股份比例分别为 49%、49% 和 2%。港铁公司是由香港政府控制的上市公司，是世界城市轨道领域最优秀的公司之一，其三十多年的香港地铁开发和运营经验是其中标 4 号线投资的重要因素。首创集团是北京市国资委所属的特大型国有集团公司，主要投资于房地产、金融服务和基础设施三大领域，在投资 4 号线以前，参与了地铁 13 号线和 5 号线的投资建设。京投公司是北京市基础设施投融资平台，代表北京市政府参与 4 号线的投资，也代表政府对 4 号线运营的情况进行监督管理，同时平衡中外企业在项目公司的权益。①

PPP 项目公司设立 5 名董事，其中京投公司委派 1 名，首创委派 2 名，港铁委派 2 名，京投公司委派的董事担任董事长。一旦港铁和首创发生意见分歧需要投票决定时，京投可以从中协调，且京投的一票至关重要。从股权结构和董事会设计上，政府和社会资本均可以对项目公司运营产生重大影响，体现了制约和平衡，有利于项目公司的健康运营。

四是构建合理的收益分配机制以及有效的风险分担机制，平衡各方利益。北京地铁 4 号线 PPP 项目中政府方和社会投资人的顺畅合作，得益于项目具有合理的收益分配机制以及有效的风险分担机制。该项目通过票价机制和客流机制的巧妙设计，在社会投资人的经济利益和政府方的公共利益之间找到了有效平衡点，在为社会投资人带来合理预期收益的同时，提高了北京市轨道交通领域的管理和服务效率。

4 号线运营票价实行政府定价管理，实际平均人次票价不能完全反映地铁

① 参见《北京地铁 4 号线背后的 PPP 故事》，载 http://www.chinacem.com.cn/ppp-nljs/2015-02/182562.html.，最后访问日期：2016 年 10 月 1 日。

线路本身的运行成本和合理收益等财务特征。因此,项目采用“测算票价”作为确定投资方运营收入的依据,同时建立了测算票价的调整机制。在该 PPP 项目磋商过程中,北京市尚未调整公共交通工具票价,所以 4 号线与北京其他轨道交通线路一样,计划实行全程 2 元的低票价制。为了保证京港公司投资的盈利性,政府测算出一个合理票价,对该合理票价与实际票价之间的差额进行补偿。这种使用者付费和政府补充付费相结合的方式,解决了低票价带来的有限现金流和低回报问题,取得了 PPP 模式带来的良好效果。这种方式也保证了项目公司的盈利性,为其项目贷款的还款来源提供了充分保障。以测算票价为基础,特许经营协议中约定了相应的票价差额补偿和收益分享机制,构建了票价风险的分担机制。如果实际票价收入水平低于测算票价收入水平,市政府需要就其差额给予特许经营公司补偿。如果实际票价收入水平高于测算票价收入水平,特许经营公司应将其差额的 70% 返还给市政府。

客流机制的设计也颇为巧妙。票款是 4 号线实现盈利的主要收入来源,由于采用政府定价,客流量成为影响项目收益的主要因素。客流量既受特许公司服务质量的影响,也受市政府城市规划等因素的影响,因此,需要建立一种风险共担、收益共享的客流机制。4 号线项目的客流机制为:当客流量连续三年低于预测客流的 80%,特许经营公司可申请补偿,或者放弃项目;当客流量超过预测客流时,政府分享超出预测客流量 10% 以内票款收入的 50%、超出客流量 10% 以上的票款收入的 60%。4 号线项目的客流机制充分考虑了市场因素和政策因素,其共担客流风险、共享客流收益的机制符合轨道交通行业特点和 PPP 模式要求。

五是通过资产租赁费平衡项目公司收益。① 在方案设计上,北京市政府担心项目公司收益过高,而作为合作方港铁公司也担心 4 号线投入后客流量不足,所以双方设计了一个调节项目公司投资回报的平衡机制。也就是说,项目公司与北京市平台公司签署了资产租赁协议,即项目公司租用 A 部分资产,租金水平与客流量相关联,在客流量高的时候,租金水平高,当 4 号线客流量低的时候,租金予以减免。上述方式有效平衡了项目公司收益,既避免社会资本投资回报过高,又对社会资本的投资回报起到了一定的保障作用。

---

① 参见《北京地铁 4 号线背后的 PPP 故事》,载 http://www.chinacem.com.cn/ppp-nljs/2015-02/182562.html.,最后访问日期:2016 年 10 月 1 日。

六是提前触发回购机制保障社会资本投资安全。在方案设计上,为保障社会资本港铁公司的投资安全,特意安排了一个提前回购机制。特许经营期限是30年,但是如果开通后客流量持续3年低于认可的预测客流的一定比例,导致特许公司无法维持正常经营,北京市政府将根据《特许协议》的规定按市场公允价格回购B部分项目资产,但特许公司应自行承担前3年的经营亏损。该方案考虑了最为极端的情形,即客流量与可行性研究预测差距较大的情况下造成项目公司无法正常经营,社会资本可以通过要求政府回购的方式提前退出,使社会资本的投资安全得到了一定程度的保障。

七是建立完备的PPP项目监管体系。北京地铁4号线PPP项目的持续运转,得益于项目具有相对完备的监管体系。清晰确定政府与市场的边界、详细设计相应监管机制是PPP模式下做好政府监管工作的关键。4号线项目中,政府的监督主要体现在文件、计划、申请的审批,建设、试运营的验收、备案,运营过程和服务质量的监督检查三个方面,既体现了不同阶段的控制,同时也体现了事前、事中、事后的全过程控制。4号线的监管体系在监管范围上,包括投资、建设、运营的全过程;在监督时序上,包括事前监管、事中监管和事后监管;在监管标准上,结合具体内容,遵守了"能量化的尽量量化,不能量化的尽量细化"的原则。

4号线的合作方案从磋商至最终敲定签署正式协议,前后历时4年多,可见过程之艰辛。然而正是这样艰苦不懈的努力,北京地铁4号线才能在PPP领域取得成功,成为轨道交通PPP融资的典范。国家发改委也将北京地铁4号线项目整理发布在其官网的PPP项目专栏内,相信该案例对以后的轨道交通方面的PPP项目都会具有很好的借鉴意义。

第七章
信　托

第一节　政信合作项目传统交易模式

基础设施信托业务是信托公司的传统优势领域,具有广泛的市场空间和巨大的需求潜力。基础设施信托业务(又称政信合作)是指信托公司设立基础设施信托,将受托资金投资于交通运输、能源设施、市政建设等项目,以政府财政陆续到位的后续资金、所投项目公司阶段性还款以及项目预期收益形成的分红作为本金偿还保证,①其实质是各级政府、地方融资平台与信托公司在基础设施、民生工程等领域开展的合作业务。自2009年中央政府出台经济刺激计划以来,随着宏观经济金融形势变化和监管政策调整,政信合作业务经历了快速发展膨胀、逐步清理整顿、业务萎缩、再度抬头发展、再次规范清理等反复过程,在不同发展时期,政信合作业务模式侧重略有不同。综合来看,主要包括以下几种模式。

一、信托贷款模式

信托公司将信托资金以贷款形式投向信托文件中约定的基础设施项目,并到期回收信托贷款本息。以贷款形式对信托资金加以运用,是较为常用的信托投资手段。贷款类信托产品的优点在于其操作手法的常规性、对普通大众而言的易理解性,以及产品模式的易复制性。

① 参见宋耀、秦正云:《关于信托公司开展基础设施信托业务的思考》,载《上海金融》2009年第10期。

二、股权投资模式

信托公司运用信托资金以股权投资方式，与项目主办方联合发起设立项目公司或对已有项目公司增资扩股，充实融资主体的资本金，以吸引和带动其他债务性资金的流入。信托资金以资本金的形式注入，增加了项目公司所有者权益，有利于降低项目公司的财务杠杆。在项目运行期间，信托公司通过派驻股东、参与经营决策等方式介入项目公司的日常运营。

三、财产权信托模式

政府部门或公用事业法人以特定的财产或财产权作为信托财产，委托信托公司作为受托人设立财产权信托，信托财产包括股权、应收账款债权、公路/桥梁收费权、公共设施门票收费权等可证券化的资产。政府部门或公用事业法人因设立信托取得信托受益权，为提高信托产品的信用等级，可以进行信托受益权的分层设计。[①] 信托公司接受政府部门或公用事业法人的委托，通过向投资者转让其持有的信托受益权进行融资，投资者交付转让价款后成为信托的受益人。

四、产业基金模式

基础设施产业基金，是由信托公司通过集合信托计划方式发行信托单位，设立基础设施产业基金，以产业基金的形式对基础设施项目进行股权、债权或权益投资，或采用混合融资的方式进行组合投资。在实际运作过程中，信托公司负责产业投资基金的运作，信托公司本着"利益共享、风险共担"的原则向投资者提供主动管理服务，或委托投资顾问共同管理信托资产，并由独立的第三方机构保管信托资产。

五、权益投资模式

权益类投资模式主要包括"应收账款转让"和"买入返售应收账款收益权"

① 利用应收账款债权设立财产权信托模式的代表项目包括：(1) ××信托·A市城投公司应收账款流动化信托项目；(2) ××信托·B市某区应收账款流动化信托项目；(3) ××信托·江苏某市城市建设应收账款流动化信托项目，(4) ××信托·D市城投公司应收账款流动化信托项目等。

两种方式。[①] 应收账款转让模式是指以信托募集资金受让融资方的应收账款，到期后融资方的债务人直接向信托计划履行偿债义务，应收账款转让模式实质上是一种债权转让行为。而买入返售应收账款收益权模式的交易结构为：信托资金用于向项目建设方（融资方）受让其基于与政府签订建设项目协议而享有的应收账款收益权。信托资金用于项目建设，信托到期后由项目建设方溢价回购，该类项目通常要求提供应收账款质押并由其融资方的关联方采用连带保证等方式为融资方到期回购提供担保。

在2014年9月，国务院印发《关于加强地方政府性债务管理的意见》（国发〔2014〕43号，以下简称43号文），文中要求地方融资平台剥离政府融资职能，同时不得新增政府债务。由于传统政信合作项目交易模式大多都是以平台公司作为交易方而开展的，这一条款对传统政信合作操作模式产生了较大的影响。在2015年5月，为妥善解决融资平台在建项目后续融资问题，国务院办公厅转发财政部、人民银行、银监会《关于妥善解决地方政府融资平台公司在建项目后续融资问题的意见》（国办发〔2015〕40号，以下简称国办40号文）。该文针对在建项目的存量融资要求如下，对2014年12月31日前已签订借款合同并已放款但合同尚未到期的在建项目，银行业金融机构要继续按照合同约定发放贷款；对2014年12月31日前已签订借款合同且合同到期的，如果项目自身运营收入不足以还本付息，银行业金融机构可重新修订借款合同。此外，针对在建项目的增量融资，意见要求，对于已签合同贷款额不能满足需要且适应PPP模式的在建项目，优先采取PPP模式。此外，国办40号文指出，对于已签合同贷款额不能满足需要且不宜转为PPP模式且符合相关条件的，纳入政府预算管理，由地方政府按法律要求和有关规定发行政府债券解决。可以说国办40号文对地方政府

① 上述两类应收账款类信托项目在交易结构、融资性质、履行程序、适用范围和面临风险等方面存在差异，主要包括：(1)融资性质方面。应收账款转让实质上是一种债权转让行为；而买入返售应收账款收益权实质上是一种质押融资方式。(2)程序方面。应收账款转让需履行通知程序，告知应收账款的债务人债权已转让的事实，从而使转让行为对债务人发生效力；买入返售应收账款收益权需履行质押登记公示程序——在中国人民银行应收账款质押登记系统中对应收账款质押进行公示登记。(3)适用范围方面。一般情况下，应收账款转让要求已经形成的原债权债务关系中债务数额和债务人数量具有确定性；而买入返售应收账款收益权通常适用于债务数额和债务人数量相对不确定的项目。(4)风险不同。应收账款转让模式下，受让人需要承担债务人违约风险、债务人基于原债权人违约的抗辩风险等；而在买入返售应收账款收益权模式下受让人不需要直接承担上述风险。

融资平台的融资限制予以一定程度的放宽，在目前这段政策缓冲期，信托公司的政信合作项目主要通过贷款、权益投资（含应收账款转让、股权投资附回购）等模式开展（各种模式的对比分析详见表7.1）。

表7.1　近年政信合作项目交易模式对比分析

交易结构	应收账款转让附回购	应收账款流动化	贷款	股权转让附回购
合规性分析	1. 须符合银监发〔2013〕10号文关于平台融资的条件要求； 2. 所受让的应收账款应当是已形成的存量政府债务； 3. 当融资主体未履行回购债权义务，由政府直接向信托公司偿还债务时，并未新增地方政府债务。	1. 须符合银监发〔2013〕10号文关于平台融资的条件要求； 2. 所受让的应收账款应当是已形成的存量政府债务； 3. 信托到期后由政府直接向信托公司偿还债务，并未新增地方政府债务。	须同时符合国办40号文、银监发〔2013〕10号文及财预〔2012〕463号文的监管要求。	股权转让附回购实质上属于融资，因此仍须同时符合国办发40号文、银监发〔2013〕10号文及财预〔2012〕463号文的监管要求。
绑定政府信用效果	★★★★ 应收账款是第一风控要素，通过绑定应收账款，进而要求政府直接承担偿还债务责任，有效绑定政府。	★★★★ 应收账款是第一风控要素，通过绑定应收账款，进而要求政府直接承担偿还债务责任，有效绑定政府。	★ 政府不是直接债务人，也不能为融资平台提供保证，其提供支持的承诺并无法律效力，无法有效绑定政府信用。	★★★ 绑定政府效果取决于股权回购方是政府（或政府部门）还是融资主体。如股权回购方是政府，则政府直接承担回购责任，绑定效果较好。
适用范围	适用广泛，属于主流交易结构。	适用广泛，属于主流交易结构。	主要适用于融资主体已整改为一般公司类，且自身具有稳定经营现金流的融资平台公司。	适用较少，受限于国有股权转让、处置须履行一定审批手续。
项目特点	1. 交易结构要点：信托公司受让融资平台对政府的应收账款债权，信托到期后，首先由融资平台回购应收账款，若未回购，则由政府直接偿还债务。 2. 绑定政府信用措施：政府将应收账款的还款列入财政预算，并通过人大决议；政府与融资平台、信托公司签署三方债权确认协议，确认政府债务。 3. 缺点：由于所有风控措施及绑定政府信用都集中在应收账款基础资产上，对应收账款要求较高，且应收账款日益稀有，市场竞争激烈。	交易结构要点：融资平台将其对政府的应收账款委托给信托公司设立财产权信托，并对信托受益权进行分层，通过向合格投资人发售优先级和中间级信托受益权实现应收账款的流动化。该模式属于准资产证券化模式，与应收账款转让附回购模式有异曲同工之妙。此外，其通过结构化模式实现属地发行或关联方认购，增强了保障效果。	1. 交易结构要点：信托公司直接向融资平台发放专项资金贷款。 2. 绑定政府信用措施：政府承诺为其还款提供支持。 3. 缺点：政府不是直接债务人，也不能为融资平台提供保证，其提供支持的承诺并无强制法律效力，无法有效绑定政府信用。	1. 交易结构要点：信托公司与政府/融资平台签署股权转让协议，受让融资平台股权，信托到期后，由政府回购股权。 2. 绑定政府信用措施：政府作为信托公司的直接交易方，是承担法律责任的直接法律主体，权利义务责任约定比较明确；若转让的是融资平台持有的子公司的股权，则绑定政府效果很差。其绑定政府效果取决于股权回购方是政府（或政府部门）还是融资主体。 3. 缺点：法律风险在于国有股权转让需要履行一系列的审批手续，程序复杂，须保证股权转让的有效性。商业风险在于股权价值如何评估，项目出险后，股权无法处置；若受让融资平台持有的是其子公司股权，则绑定政府效果很差。

第二节　信托资金投资基础设施的新路径

长期以来，政信合作业务因为有政府信用背书，深受投资者青睐，成为信托公司重要业务领域之一。但随着中央政府严格规范地方政府债务管理、系统清理整顿地方融资平台，政信合作业务规模不断萎缩。尤其是去年 43 号文下发后，融资平台的融资功能被剥离，政信合作传统模式遭受严重冲击。[①] 同时，43 号文鼓励政府在基础设施建设和公共服务事业发展中采用 PPP 模式，国务院、财政部、发改委和地方政府先后发布多项政策文件，搭建了 PPP 项目的制度框架，PPP 项目实践亦风生水起。信托公司为应对政策限制，开始积极探索参与 PPP 项目，寻求新的业务模式和利润增长点。

一、背景介绍

在当前宏观经济进入新常态、财政收支矛盾突出、社会资本充裕但难以进入公共领域的背景下，2013 年 11 月，十八届三中全会提出，建立透明规范的城市建设投融资机制，允许社会资本通过特许经营等方式参与城市基础设施投资和运营，并明确由财政部牵头推动，从而开启了推广运用 PPP 的新纪元。目前，PPP 模式在国内处于初创和探索的阶段，从 2013 年年底酝酿到 2014 年进行全国性布局，到 2015 年全面进入“试水期”，政府也开始认识到 PPP 模式在基础设施建设等领域的重要现实价值，在国家政策及法律法规层面给予了很大力度的支持（见表 7.2）。

截至目前，社会资本与地方政府合作主要有两种路径：一是财政部的政府采购模式（以下简称财政部模式）；二是发改委的特许经营模式（以下简称发改委模式）。

① 中国信托业协会的数据亦显示，2015 年一季度，信托资金投向基建领域的比例仅为 20.75%，而在政信合作业务火爆的 2010 年，这一比例达 40.16%。

表 7.2　十八届三中全会以来 PPP 发展的政策背景一览

时间	发布主体	主要内容
2014 年		
5 月 20 日	发改委	国务院批转发展改革委《关于 2014 年深化经济体制改革重点任务意见的通知》，提出建立政府和社会资本合作机制。
4 月、10 月	国务院常务会议	对 PPP 模式进行了积极推广。
5 月 21 日	发改委	国家发改委公布 80 个领域鼓励社会投资的项目。
5 月 25 日	财政部	财政部成立 PPP 工作领导小组，之后又成立 PPP 中心。
8 月 31 日	全国人大常委会	通过修改预算法的决定，要求建立跨年度预算平衡机制，实行中长期财政规划预算，为实施长周期的 PPP 项目铺平了道路。该预算法已于 2015 年 1 月 1 日正式生效。
9 月 24 日	财政部	发布《关于推广运用政府和社会资本合作模式有关问题的通知》。
10 月 2 日	国务院	发布《关于加强地方政府性债务管理的意见》。
10 月 28 日	财政部	发布《地方政府存量债务纳入预算管理清理甄别办法》，预算法的修订和中期财政规划，为 PPP 模式推广铺平了道路。
11 月 16 日	国务院	国务院《关于创新重点领域投融资机制鼓励社会投资的指导意见》提出，鼓励社会资本投资运营农业和水利工程，推进市政基础设施投资运营市场化，改革完善交通投融资机制，鼓励社会资本加强能源设施投资，推进信息和民用空间基础设施投资主体多元化，鼓励社会资本加大社会事业投资力度，建立健全政府和社会资本合作（PPP）机制，创新融资方式拓宽融资渠道。
12 月 4 日	财政部	《政府和社会资本合作模式操作指南（试行）》、30 个 PPP 示范项目清单即《关于政府和社会资本合作示范项目实施有关问题的通知》。
	发改委	《关于开展政府和社会资本合作的指导意见》提出，政府要通过特许经营、购买服务、股权合作等方式，与社会资本建立利益共享、风险分担及长期合作关系。随后公布《政府和社会资本合作项目通用合同指南》（2014 年版）。
12 月 31 日	财政部	发布《政府和社会资本合作项目政府采购管理办法》

续表

时间	发布主体	主要内容
2015 年		
1 月 19 日	发改委	起草《基础设施和公用事业特许经营管理办法》。
4 月 21 日	国务院常务会议	审议通过了《基础设施和公用事业特许经营管理办法》。这一系列的法律条文,在形式上规范了 PPP 模式的论证审批、操作流程、合同管理、项目实施等具体流程,为 PPP 模式的规模化推广奠定了基础。
3 月 5 日	政府工作报告	提出要在基础设施等领域积极推广 PPP 模式;财政部年度预算报告亦提出要开展 PPP 示范项目建设,释放社会投资潜力。
3 月 17 日	国家发改委和国家开发银行	对外发布了《关于推进开发性金融支持政府和社会资本合作有关工作的通知》,规定符合条件的 PPP 项目,贷款期限最长可达 30 年,贷款利率可适当优惠等。
4 月 21 日	国务院常务会议	通过《基础设施和公用事业特许经营管理办法》,提出在基础设施和公用事业领域开展特许经营,境内外法人均可参与投资运营基础设施并获得收益。
4 月 21 日	财政部、国土资源部、住房城乡建设部、中国人民银行、国家税务总局、银监会等部门	《关于运用政府和社会资本合作模式推进公共租赁住房投资建设和运营管理的通知》提出,运用政府和社会资本合作模式(PPP),推进公共租赁住房投资建设和运营管理。
5 月 13 日	国务院常务会议	将在医疗、养老、交通等领域推广政府和社会资本合作模式(PPP),以竞争择优选择包括民营和国有企业在内的社会资本,扩大公共产品和服务供给,并依据绩效评价给予合理回报。
5 月 19 日	国务院办公厅	发布《关于在公共服务领域推广政府和社会资本合作模式指导意见》,提出围绕增加公共产品和公共服务供给,在能源、交通运输、水利、环境保护、农业、林业、科技、保障性安居工程、医疗、卫生、养老、教育、文化等公共服务领域,广泛采用政府和社会资本合作模式。

二、信托投资 PPP 项目的监管文件要求

从适用范围来看,PPP 模式适用于投资规模较大、需求长期稳定、价格调整机制灵活、市场化程度较高的基础设施及公共服务类项目。虽然目前监管部门尚未针对信托公司参与 PPP 项目出台专项监管文件,但作为逐步剥离融资平台

公司政府融资功能、加快建立市场化多样化地方政府举债融资机制、化解地方债务风险的重要举措，PPP 模式取代政信合作信托的趋势日渐显现。信托投资 PPP 项目应当符合监管部门关于剥离政府信用（将隐性政府信用转化为企业信用或项目信用）、适度控制地方政府性债务规模并加强规范管理的监管导向和相关政策，①特别是信托投资基础设施 PPP 项目或与融资平台合作时，防止“新瓶装老酒”“换汤不换药”。

表 7.3　信托投资 PPP 项目法规一览

法规名称	时间
国务院《关于加强地方政府融资平台公司管理有关问题的通知》（国发〔2010〕19 号）	2010 年 6 月 10 日
《关于贯彻国务院〈关于加强地方政府融资平台公司管理有关问题的通知〉相关事项的通知》（财预〔2010〕412 号）	2010 年 7 月 30 日
财政部《关于规范地方各级政府部门举债和担保承诺行为的通知》（财预〔2010〕437 号）	2010 年 9 月 2 日
国家发展改革委办公厅《关于进一步规范地方政府投融资平台公司发行债券行为有关问题的通知》（发改办财金〔2010〕2881 号）	2010 年 11 月 20 日
中国银监会《关于加强融资平台贷款风险管理的指导意见》（银监发〔2010〕110 号）	2010 年 12 月 16 日
中国银监会《关于切实做好 2011 年地方政府融资平台贷款风险监管工作的通知》（银监发〔2011〕34 号）	2011 年 3 月 31 日
银监会办公厅《关于地方融资平台贷款监管有关问题的说明通知》（银监办发〔2011〕191 号）	2011 年 6 月 17 日
中国银监会《关于加强 2012 年地方政府融资平台贷款风险监管的指导意见》（银监发〔2012〕12 号）	2012 年 3 月 13 日

① 2015 年 8 月，中国银监会和发改委联合发布的《关于银行业支持重点领域重大工程建设的指导意见》（银监发〔2015〕43 号）要求，对于粮食水利、重大交通、油气及矿产资源保障、信息电网油气等重大网络、健康养老服务、生态环保、清洁能源、新兴产业等重点领域重点工程，信托公司等非银行金融机构要发挥业务优势和创新优势，提供专业化金融服务。

续表

法规名称	时间
国家发展改革委办公厅《关于进一步强化企业债券风险防范管理有关问题的通知》(发改办财金〔2012〕3451号)	2012年12月11日
《关于制止地方政府违法违规融资行为的通知》(财预〔2012〕463号)	2012年12月24日
《关于加强2013年地方政府融资平台贷款风险监管的指导意见》(银监发〔2013〕10号)	2013年4月9日
《关于银行业支持重点领域重大工程建设的指导意见》(银监发〔2013〕43号)	2015年8月10日

考虑到监管部门对地方政府性债务治理及政信合作的监管要求一脉相承,并逐步细化、完善,下文将重点对财政部、发改委、人民银行、银监会联合发布的《关于制止地方政府违法违规融资行为的通知》(财预〔2012〕463号)(以下简称四部委《通知》)主要内容进行解读,信托投资PPP项目具体操作时应当对此予以关注,以便防范政策性风险和合规性风险。

在融资模式方面,除法律和国务院另有规定外,不得以BT方式举借政府性债务。四部委《通知》规定:"除法律和国务院另有规定外,地方各级政府及所属机关事业单位、社会团体等不得以委托单位建设并承担逐年回购(BT)责任等方式举借政府性债务。对符合法律或国务院规定可以举借政府性债务的公共租赁住房、公路等项目,确需采取代建制建设并由财政性资金逐年回购(BT)的,必须根据项目建设规划、偿债能力等,合理确定建设规模,落实分年资金偿还计划"。理解此条的关键在于"法律和国务院另有规定"具体包括哪些例外情况,结合国务院《关于加强地方政府融资平台公司管理有关问题的通知》(国发〔2010〕19号)(以下简称国发19号文)和《关于贯彻国务院关于加强地方政府融资平台公司管理有关问题的通知相关事项的通知》(财预〔2010〕412号)(以下简称财政部412号文)等相关规定,"法律和国务院另有规定"至少包括以下几项。

表 7.4　法律与国务院关于 BT 方式融资的其他规定

规范性文件	法条内容
《中华人民共和国公路法》	第 21 条规定“筹集公路建设资金，除各级人民政府的财政拨款，包括依法征税筹集的公路建设专项资金转为的财政拨款外，可以依法向国内外金融机构或者外国政府贷款……公路建设资金还可以采取符合法律或者国务院规定的其他方式筹集”。
国办发〔2011〕45 号	国务院办公厅《关于保障性安居工程建设和管理的指导意见》（国办发〔2011〕45 号）：第 2 条规定：“政府投资的公共租赁住房项目可以委托企业代建，市县人民政府逐年回购。”
建保〔2012〕91 号	《关于鼓励民间资本参与保障性安居工程建设有关问题的通知》（建保〔2012〕91 号）第 1 条第（2）款规定：“接受政府委托代建廉租住房和公共租赁住房，建成后由政府按合同约定回购。”但需要注意的是，此种代建的主体应当是民间资本。
国发〔2004〕20 号	国务院《关于投资体制改革的决定》（国发〔2004〕20 号）第：3 条第（5）款规定“对非经营性政府投资项目加快推行‘代建制’，即通过招标等方式，选择专业化的项目管理单位负责建设实施，严格控制项目投资、质量和工期，竣工验收后移交给使用单位”，即对非经营性政府投资项目政府可以采用“代建制”形式。非经营性项目是指不以盈利为目的的各类房屋建筑、市政基础设施和其他建筑物，包括社会公益事业项目（如教育项目、医疗卫生保健项目）、环境保护与环境污染治理项目、某些公用基础设施项目（如市政项目）等。

在融资渠道方面，信托公司不得直接或间接向政府融资平台承担的需要财政性资金偿还债务的公益性项目提供融资。四部委《通知》规定，“符合条件的融资平台公司因承担公共租赁住房、公路等公益性项目建设举借需要财政性资金偿还的债务，除法律和国务院另有规定外，不得向非金融机构和个人借款，不得通过金融机构中的财务公司、信托公司、基金公司、金融租赁公司、保险公司等直接或间接融资”。将上述规定进行拆分，可分为几个关键词句，“符合条件的融资平台公司”“公益性项目”“需要财政性资金偿还”和“除法律和国务院另有规定”是判断信托公司是否可以向融资平台公司提供融资的关键。

1.“符合条件的融资平台公司”。“符合条件”是指符合法律、国务院的规定，可以通过融资平台公司举借债务建设，但需要财政资金予以偿还的公益性项目。具体条件应当是银监会《关于加强 2012 年地方政府融资平台贷款风险监管的指导意见》（以下简称 12 号文）中对于“仍按平台管理类平台公司”新增贷款的投向和条件。①

2.“公益性项目”。关于公益性项目，财政部发布的《地方政府融资平台公司公益性项目债务核算暂行办法》（财会〔2010〕22 号）规定：“公益性项目是指为社会公共利益服务、不以盈利为目的的投资项目，如市政建设、公共交通等基础设施项目，以及公共卫生、基础科研、义务教育、保障性安居工程等基本建设项目。”财政部 412 号文中对“公益性项目”和“公益性资产”②予以界定。其中，“公益性项目”是指“为社会公共利益服务、不以盈利为目的，且不能或不宜通过市场化方式运作的政府投资项目，如市政道路、公共交通等基础设施项目，以及公共卫生、基础科研、义务教育、保障性安居工程等基本建设项目”。根据上述定义且结合四部委《通知》的出台背景及目的，公益性项目应不限于四部委《通知》中所列明的公共租赁住房、公路项目。公益性项目需要同时满足三个条件，三者缺一不可：(1)为社会公共利益服务；(2)不以盈利为目的；(3)不能或不宜通过市场化方式运作。假设某项目是为社会公共利益服务且不以盈利为目的，若该项目可以通过市场化方式运作，则其不属于公益性项目。例如，煤气、地铁、轻轨、污水处理项目、自来水项目、收费高速公路项目等经营性基础设施和准经营性基础设施。反之，则该项目应属于公益性项目。

3.“需要财政性资金偿还的债务”。根据国发 19 号文和财政部 412 号文（见表 7.5），财政性资金包括一般预算资金、政府性基金预算收入、国有资本经

① 由于银监会《关于加强 2012 年地方政府融资平台贷款风险监管的指导》（银监发〔2012〕12 号，以下简称 12 号文）已经明确提出不得向退出类平台发放保障性住房和其他公益性项目贷款，那么能够通过平台公司举借债务进行公益性项目建设的主体必须是“符合新增贷款投向和条件的未退出平台（仍按平台管理类平台）”。因此，此处的“符合条件的融资平台公司”应当理解为是符合 12 号文所要求的新增贷款投向和条件的仍按平台管理类平台公司。12 号文所规定的新增平台贷款的 5 个前提条件：一是公司治理完善；二是现金流全覆盖；三是抵押担保符合现行规定且存量贷款已在抵押担保、贷款期限、还款方式等方面整改合格；四是借款人资产负债率低于 80%；五是平台存量贷款中需要财政偿还的部分已纳入地方财政预算管理并已落实预算资金来源。12 号文所规定的新增平台贷款的投向包括：一是符合《公路法》的收费公路；二是经国务院审批或核准的且资本金已到位的项目；三是土地储备和保障性住房；四是农发行支持且符合中央政策要求的农田水利建设；五是工程进度达到 60% 以上且现金流达到全覆盖的在建项目。

② “公益性资产”是指“为社会公共利益服务，且依据有关法律法规规定不能或不宜变现的资产，如学校、医院、公园、广场、党政机关及经费补助事业单位办公楼等，以及市政道路、水利设施、非收费管网设施等不能带来经营性收入的基础设施等”。

营预算收入、预算外收入等财政性资金；上述财政性资金暂不包括已注入融资平台公司的土地使用权出让收入、因承担政府公益性项目建设获得的土地使用权出让收入返还、车辆通行费等专项收费收入，这些收入被财政部 412 号文纳入了融资平台公司的自身收益。

表 7.5　三个文件对需要财政性资金偿还的债务的规定

国发 19 号文	财政部 412 号文	银监办发 191 号文
国发 19 号文明确了对融资平台公司的存量债务进行分类处置和清理的原则与要求。	财政部 412 号文明确了何为“主要依靠财政性资金偿还的债务”和“主要依靠自身收益偿还的债务”。	银监会办公厅《关于印发地方政府融资平台贷款监管有关问题的说明通知》（银监办发〔2011〕191 号）
债务经清理核实后按以下三个原则进行分类： (1)融资平台公司因承担公益性项目建设举借、主要依靠财政性资金偿还的债务；(2)融资平台公司因承担公益性项目建设举借、项目本身有稳定经营性收入并主要依靠自身收益偿还的债务；(3)融资平台公司因承担非公益性项目建设举借的债务。”	可计入融资平台自有现金流的还贷资金来源包括：(1)借款人自身经营性收入；(2)已明确归属于借款人的专项规费收入；(3)借款人拥有所有权和使用权的自有资产可变现价值。	“主要依靠财政性资金偿还的债务”是指融资平台公司因承担公益性项目融资任务举借，根据协议约定、项目性质或相关政策规定确定，偿债资金 70% 以上（含 70%）来源于一般预算资金、政府性基金预算收入、国有资本经营预算收入、预算外收入等财政性资金的债务。
	不得计入融资平台自有现金流包括：(1)地方政府提供的信用承诺；(2)没有合法土地使用权证的土地预期出让收入（专业土地储备机构除外）(3)一般预算资金、政府性资金预算收入、国有资本经营预算收入、预算外收入等财政性资金承诺。	财政性资金暂不包括已注入融资平台公司的土地使用权出让收入、因承担政府公益性项目建设获得的土地使用权出让收入返还、车辆通行费等专项收费收入。
融资平台公司因承担公益性项目建设举借、项目本身有稳定经营性收入并主要依靠自身收益偿还的债务。	“承担有稳定经营性收入的公益性项目融资任务并主要依靠自身收益偿还债务”是指融资平台公司因承担公益性项目融资任务举借，且偿债资金 70% 以上（含 70%）来源于公司自身收益，融资平台公司自身收益除项目本身经营性收益外，还包括已注入融资平台公司的土地的出让金收入和车辆通行费等其他经营性收入。	其中，已明确归属于借款人的合法专项规费收入，除车辆通行费外，还可以包括具有法律约束力的差额补足协议所形成的补差收入，具有质押权的取暖费、排污费、垃圾处理费等稳定有效的收入。

4.“除法律和国务院另有规定外，不得通过金融机构中的财务公司、信托公司、基金公司、金融租赁公司、保险公司等直接或间接融资”。目前，尚无“法律和国务院另有规定”直接规定融资平台因建设需财政资金偿还的公益性项目可以通过财务公司、信托公司、基金公司、金融租赁公司、保险公司等直接或间接融资。在现有政策环境下，如果项目的交易主体是符合新增贷款投向和条件的、仍按平台管理的平台公司(未退出平台)，承担公益性项目建设，且还款来源是财政性资金而非自身收益，则不得通过信托公司直接或间接融资。

规范地方政府的土地注资和融资行为。目前，各地平台公司负担的偿债压力和融资压力巨大，资金问题成为城市基础设施建设的主要障碍。为了增强平台公司的再融资能力，各地政府都在设法为平台公司注入新的资产，培育其自身造血功能。地方政府普遍存在采用国有土地使用权作价出资或者以入股或划拨的形式将土地资产注入融资平台公司，并将相关土地增值收益用于平衡城市基础设施建设投资①。

(1)四部委《通知》第3条首次明确规定，政府将土地注入融资平台公司必须经过法定的出让或划拨程序，并明确规定政府不得将储备土地作为资产注入融资平台公司，不得承诺将储备土地预期出让收入作为融资平台公司偿债资金来源。文件发布后，地方政府将不能采用国有土地使用权作价出资或者以入股的形式将土地资产注入政府融资平台公司，以划拨方式注入也受到严格限制。

(2)四部委《通知》第4条规定，地方各级政府必须严格按照有关规定规范土地储备机构管理和土地融资行为，不得授权融资平台公司承担土地储备职能和进行土地储备融资，不得将土地储备贷款用于城市建设以及其他与土地储备业务无关的项目。

① 用土地增值收益平衡城市基础设施建设投资，总的来说可以分为两类：一类是政府将土地储备的职能直接赋予平台公司，用土地储备收益来平衡城市建设的资金缺口；另一类是由平台公司受土地储备中心委托，代理进行土地一级开发，同时政府明确该地块实现的土地增值收益定向用于城市基础设施建设项目的投资平衡，平台公司本身无土地储备职能，相当于土地储备中心的土地一级开发代建单位。

表7.6 有关地方政府注资的规定

规范性文件	法条内容
国务院《关于加强地方政府融资平台公司管理有关问题的通知》	今后地方政府确需设立融资平台公司的，必须严格按照有关法律法规办理、足额注入资本金，学校、医院、公园等公益性资产不得作为资本注入融资平台，《关于贯彻〈国务院关于加强地方政府融资平台公司管理有关问题的通知〉相关事项的通知》对公益性资产的解释为“是指为社会公共利益服务，且依据有关法律法规规定不能或不宜变现的资产，如学校、医院、公园、广场、党政机关及经费补助事业单位办公楼等，以及市政道路、水利设施、非收费管网设施等不能带来经营性收入的基础设施等”。
国家发展改革委办公厅《关于进一步强化企业债券风险防范管理有关问题的通知》（发改办财金〔2012〕3451号）	“（一）注入资产必须为经营性资产，政府办公场所、公园、学校等纯公益性资产不得注入城投公司；（二）注入资产必须经具有证券从业资格的资产评估机构评估，由有关主管部门办理相关权属转移登记及变更工商登记；（三）作为企业注册资本注入的土地资产除经评估外，必须取得土地使用权证，属于划拨、变更土地使用权人的，应证明原土地使用证已经注销。”
国土资源部、财政部、人民银行、银监会《关于加强土地储备与融资管理的通知》（国土资发〔2012〕162号）	第5条“规范土地储备融资”中规定，“列入名录的土地储备机构可以向银行业金融机构贷款”，“名录内土地储备机构所属的储备土地，具有合法的土地使用证，方可用于储备抵押贷款”，“本《通知》下发前名录以外的机构（含融资平台公司）名下的储备土地，应严格按照《通知》的要求逐步规范管理”，“土地储备融资资金应按照专款专用、封闭管理的原则严格监管。纳入储备的土地不得用于为土地储备机构以外的机构融资担保”。

制止地方政府违规担保承诺行为。禁止地方政府违规提供承诺担保的规范由来已久（见表7.7），在之前法律及规范性文件的基础上，四部委《通知》进一步明确了地方政府违规担保的方式：（1）不得出具担保函、承诺函、安慰函等直接或变相担保协议；（2）不得以机关事业单位及社会团体的国有资产为其他单位或企业融资进行抵押或质押；（3）不得为其他单位或企业融资承诺承担偿债责任；（4）不得为其他单位或企业的回购（BT）协议提供担保；（5）不得从事其他违法违规担保承诺行为。

与之前不同的是，四部委《通知》强调“不得为其他单位或企业的回购（BT）协议提供担保”。[①] 这是对于本《通知》第2条的强化，也就是说，对于该文件出

① 在政信合作业务中，地方政府以财政收入为政信合作提供信用背书在一定程度上增强了投资者对产品偿还本息的信心。但地方政府承诺或担保的真实效用远不如投资者所想象的那么大。首先，按照《担保法》，地方政府不能提供保证担保，也不能为融资平台公司融资行为提供担保。地方政府可以为除涉及融资平台公司以外的融资行为提供抵押、质押、留置和定金等担保行为。地方政府违法违规提供的担保是无效的，但仍须为担保行为承担一定责任。其次，政信合作中地方政府担保行为多体现为财政机关出具承诺函、地方人大将信托本息偿付列入财政预算等。目前，法律法规并未对承诺函做出明确规定。承诺函并不必然构成保证。承诺函只有在具备保证合同的内容时才构成保证担保，否则就仅被认定为道义上的安慰函。

台前签订生效的 BT 协议，以及该文件中所指的公共租赁房、公路等公益性项目后续仍可签订的 BT 协议，均是遵循市场化的运作手段，不得将其纳入预算进行偿债担保。因此，该文件出台后，原依赖政府隐性担保获取各类融资的方式不再适用。

表 7.7　有关地方政府担保行为的规定

规范性文件	主要内容
《担保法》	《担保法》第 8 条规定"国家机关不得为保证人，但经国务院批准为使用外国政府或者国际经济组织贷款进行转贷的除外"，第 9 条规定"学校、幼儿园、医院等以公益为目的的事业单位、社会团体不得为保证人"。
财政部《关于规范地方财政担保行为的通知》（财金〔2005〕7 号）	要求地方财政严格遵守有关法律规定，停止对《担保法》规定之外的贷款或者其他债务承担担保责任。
《关于加强宏观调控、整顿和规范各类打捆贷款的通知》（银监发〔2006〕27 号）	严禁各级地方政府和政府部门对《担保法》规定之外的贷款和其他债务提供任何形式的担保或变相担保。各级地方政府和政府部门不得以向银行和项目单位提供担保和承诺函等形式作为项目贷款的信用支持。
国 19 号文	第 4 条明确要求"坚决制止地方政府的违规担保承诺行为"。也就是说，地方政府在出资范围内对融资平台公司承担有限责任，实现融资平台公司债务风险内部化。要严格执行《中华人民共和国担保法》等有关法律法规规定，除法律和国务院另有规定外，地方各级政府及其所属部门、机构和主要依靠财政拨款的经费补助事业单位，均不得以财政性收入、行政事业等单位的国有资产，或其他任何直接、间接形式为融资平台公司融资行为提供担保。
财政部 412 号文	"直接、间接形式为融资平台公司提供担保"包括但不限于下列各种形式：为融资平台公司融资行为出具担保函；承诺在融资平台公司偿债出现困难时，给予流动性支持，提供临时性偿债资金；承诺当融资平台公司不能偿付债务时，承担部分偿债责任；承诺将融资平台公司的偿债资金安排纳入政府预算。
《财政部关于规范地方各级政府部门举债和担保承诺行为的通知》	地方各级国家机关以及学校等以公益为目的的事业单位、社会团体要严格执行上述法律规定，不得出具担保函、承诺函、安慰函等直接或变相担保协议，不得以机关事业单位及社会团体的国有资产为其他单位和企业融资进行抵押或质押，不得为其他单位或企业融资承诺承担偿债责任，不得在预算安排之外与其他单位或企业签订回购（BT）协议，不得从事其他违法违规担保承诺行为。

三、信托投资 PPP 项目的优势与劣势

（一）优势分析（strength）

信托公司深入、广泛地通过 PPP 模式与地方政府在基础设施建设等领域开展合作，有利于发挥 PPP 模式动员社会资本投入公共服务领域的联通作用，从而结合双方优势，激发市场主体活力，提高公共服务的质量和效率。信托公司参与 PPP 模式运作有其自身优势，主要包括以下几方面：

1. 制度优势

《信托法》为信托投资基础设施领域提供了法律依据，信托直接介入实业领域投资的优势是其他金融机构不可比拟的。信托公司应当充分发挥能够直接涉足实业投融资领域的独特优势，因地制宜，整合资源，积极参与地方经济建设和重点项目的建设，与其他金融机构和理财产品形成差异化特色。

2. 投资方式多元化

信托具有灵活性，可以充分满足基础设施项目的多样性融资需求。根据基础设施项目的不同，信托公司发挥其在金融市场“多面手”的角色，灵活采取多种方式募集资金引入社会资本，并通过设计创新交易结构和安排方式（如第三方委托管理、共同投资）与专业运营机构等产业资本合作参与 PPP 项目实施为项目公司提供完备的金融解决方案。在发挥自身资本优势的同时，信托公司还可以根据市场需要，按照信托目的、信托财产的种类或者对信托财产管理方式的不同设置不同信托业务品种；使得信托公司不仅可以按照传统的借贷方式向基础设施建设项目提供资金，而且可以通过直接项目投资、收购、参股等多种方式参加项目建设，收益除了利息收入外，还可以通过分红、股权转让、项目收费、租金等方式获得。这些灵活的方式是传统的融资手段所不具备的，非常符合基础设施项目本身多样性的特点。如信托公司可借助长期从事信贷资产证券化所积累的经验，以优质 PPP 项目未来稳定的现金流为基础，设计出相关的资产证券化产品，为 PPP 项目公司融通资金。

3. 资金来源广

信托产品是基础设施项目吸纳社会资金最为便捷的渠道。通过信托产品集合社会资金的优势，为社会资金与城市基础设施项目提供投融资渠道，可以建立良性互动的资金供求机制，发挥信托的杠杆撬动的引导作用，把各方面资金导向

基础设施建设领域,同时对增加居民财产性收入具有一定意义。

4. 结构设计灵活

信托产品设计非常灵活,收益权可以分割、分层、转让,信托投资方式多样。多样化的结构设计满足了受益人、政府、项目公司、信托公司等各方的各种利益需求。

5. 其他因素

一是信托公司在与地方政府的长期合作中,积累了经验、人脉和项目储备,建立了较为紧密的政商关系,专业能力也得到提升。所以从专业性、规范性、融资能力等方面考量,信托公司通过 PPP 模式与地方政府合作具有一定优势。二是信托公司可以凭借其丰富的投融资经验优化 PPP 项目的识别、准备、实施过程和项目的后期经营管理。

(二)劣势分析(weakness)

传统政信合作项目多属债务类项目,交易结构简单、还款来源明确、收益固定、期限较短,且有政府信用背书。而 PPP 项目存在周期长、融资成本低、收益低等业务特征,与传统的信托融资业务契合度低,尚未找到合适的盈利模式。实践中,信托公司参与 PPP 项目呼声很高,但落地者寥寥可数,主要以信托公司自有资金参与为主。此外,PPP 项目区别于传统政府融资项目,整个运作结构较为复杂,涉及较长的审批流程和协调环节,法律保障体系不健全,各类项目规划推进进度差别很大。① 在此背景下,与其他金融机构相比,信托公司参与 PPP 项目存在以下劣势。

1. 资金劣势

信托资金具有单个计划体量有限、期限短和成本高(要求高信托收益)等显著特征。而 PPP 项目多属大型公益性基础设施建设和公共服务领域,建设周期长、资金需求大、未来收益低,二者对接在资金期限、成本、收益等方面不匹配。相较而言,其他金融机构有一定优势。例如,保险公司在资金的匹配度上(能够接受期限长、低收益)比信托产品更适合;商业银行在客户积累和资金端上比信托更适合;券商则通过前期承销城投债,与当地融资平台建立了比较深入的合作

① 比如供水、供热、污水处理、垃圾处理等领域,PPP 实践操作较多,因而市场和操作模式都比较成熟;但像医疗养老、旅游、文化产业,实践不多,合作和运营模式还需要不断探索。

基础，能够利用 PPP 项目收益发行专项资管计划，具有包括项目收益债、公司债等的承销资质，提供的金融产品服务种类比信托更为多样。而信托资金成本较高，信托若以股权形式参与，必然是追求高回报，这在一定程度上与政府建设相关项目的初衷相左；信托若以债务形式参与，则难以匹敌低成本的银行贷款。在 PPP 模式下，信托公司既需要解决低成本的资金来源问题，同时还要考虑项目运作周期以及信托计划的退出问题。

2. 管理能力有待提高

与传统政信合作业务不同，PPP 项目融资政府不再提供担保，各个环节的不确定性增加，无形中增加了项目运营和经营管理风险，对信托公司的风险识别能力和风险处置能力提出了更高要求。与银行、保险和券商等金融机构相比，信托公司在风险管控体系制度、组织和人才队伍建设等方面投入相对不足。此外，PPP 项目实施的前期沟通环节多、涉及政府部门广、合同复杂，信托公司参与 PPP 项目不是一次性交易，而是长期合作，这也对信托公司的尽职调查和后期管理提出了更高要求；信托公司需要全面系统收集、消化、分析各种情况，并判断其中的风险，以设计交易结构并进行决策。

基于上述对信托投资 PPP 项目的优、劣势分析，结合目前政信合作项目发展的大趋势即期限拉长、融资成本降低，建议信托公司与其他金融机构协同合作开展 PPP 项目。

四、信托参与 PPP 项目的方式

在 PPP 项目中，信托具有资金募集优势和嵌入方式的灵活性，但劣势也很明显，包括信托自有资金体量有限、信托业务期限一般较短、资金成本较高、具有“短、平、快”的传统业务操作惯性。结合市场案例及相关研究成果，在现有制度框架下，根据信托公司是否直接参与项目公司及项目运营，其介入方式主要包括两类。一是信托公司以社会资本形式控股或参股 PPP 项目公司，直接参与项目的建设运营（以下简称投资类），通过项目分红收回投资，其主要形式是发行产品期限较长的股权或债权信托计划，资金来源主要是银行、保险等机构资金。二是信托公司作为资金方为 PPP 项目中的参与方（如作为 PPP 项目公司股东的社会资本或 PPP 项目公司）提供融资服务（以下简称融资类），融资方式可以采取信托贷款、委托贷款、附带回购承诺的股权投资、收益权转让与回购、有限合伙型基金等方式或采取财产权信托、资产证券化等方式。

（一）信托公司作为社会资本直接参与 PPP 项目

从实际项目开展情况来看，信托公司作为社会资本直接参与 PPP 项目分为两种形式：一是信托公司单独投资成为项目公司的唯一股东；二是信托公司与其他合作方组成联合体，共同参与 PPP 项目。虽然在法规政策层面并未禁止信托公司单独作为社会资本直接参与 PPP 项目，但考虑到 PPP 项目中，政府引进社会资本的一个重要因素是看中社会资本在建设、运营 PPP 项目方面的实践操作经验，且政府希望引进具有实践操作经验的行业公司作为社会资本。因此，由于信托公司本身并不具备运营 PPP 项目的实践经验，信托公司单独作为社会资本直接参与 PPP 项目较少，多为与有项目操作经验的其他合作方组成联合体的方式共同参与。

1. 信托公司单独投资 PPP 项目

2015 年 7 月 6 日，A 信托公司"B 市世园会 PPP 项目投资集合资金信托计划"正式成立，这是国内首单真正由信托公司主动管理及操作运营的 PPP 项目。目标项目 B 市世园会建设运营期限长达 15 年，未来收益主要为园区的经营收入，具有不确定性，因此 B 市市政府将支付一定的财政补贴以弥补缺口实现社会资本的合理回报。

本项目对后续有意愿开展此类业务的信托公司产生示范效应。（1）信托公司单独投资 PPP 项目需要较强的资源整合能力。① 基础设施项目需要的资金投入量大，项目建设运营期限长，而回报率相对有限，对于有意于涉足 PPP 领域的信托公司来说，需要具备一定的资源整合能力。如具备与政府方面稳固的合作关系，相应的项目开发及运营能力，综合运用股权、债权、夹层等工具进行融资的能力，寻找大体量、低成本、期限长的资金予以匹配的能力等。（2）兼顾公益性、盈利性及后续合作空间。信托公司在参与 PPP 项目的过程中需要关注的关键

---

① 公开资料显示，××信托为以社会资本受托人的身份参与此单 PPP 项目已做足了准备。一方面，充分运用信托投资方式的灵活性，提供多种类的产品设计方案，除传统的贷款等直接融资工具外，还可采用股权投资、夹层融资、资产证券化、收益权转让等方式为唐山市 PPP 项目提供建设资金及运营管理工作，提供了一揽子解决方案。另一方面，充分发挥所属××集团综合产业优势，除提供项目建设资金外，××信托还可利用所属××集团的旅游、医疗健康、商业地产等资源为园艺博览会项目提供专业化的咨询、管理服务，有利于提高该项目运营效率及盈利能力。

点主要包括：项目最好为公益性质，因为纳入地方政府预算管理的概率大，可以通过人大决议、财政局证明等方式将其确认为政府性债务；保障性住房、公路、水利、土地储备等公益性项目形成的应收账款比较可靠，盈利性相对可观和稳定；注意发掘潜在机会，利用后续合作空间，围绕地方基础设施建设开展全面深入的合作。(3)关注由 PPP 项目衍生而来的资产证券化机会。除直接参与 PPP 投资外，由于 PPP 项目具有稳定的现金流和必要的政府补贴机制，信托公司也可尝试以上述资产为标的进行资产证券化，具体可以分为 PPP 项目公司资产证券化和地方政府存量资产证券化。

案例 7.1 信托公司单独作为社会资本直接参与 PPP 项目①
——A 信托公司—B 市世园会项目

2015 年 7 月 6 日，A 信托公司“B 市世园会 PPP 项目投资集合资金信托计划”正式成立，目标项目是“B 市世界园艺博览会基础设施及配套项目”，这意味着 A 信托公司参与的 PPP 项目正式落地，这一项目也成为信托行业首单成功落地的严格按照财政部《政府和社会资本合作操作指引》实施采购的 PPP 项目。项目基本情况如下：

1. 项目交易结构。A 信托公司作为受托人募集资金成立“B 市世园会 PPP 项目投资集合资金信托计划”，并与 B 市市政府出资机构共同设立项目公司—B 市世园投资管理有限公司，负责 B 市世园会基础设施项目建设和运营。其中，A 信托公司持股 60%，B 市市政府（C 投资公司、世园管理公司）持股 40%。据了解，该信托计划预期社会资本投资回报率为 8%。

2. 目标项目情况。B 市世界园艺博览会基础设施及配套项目是国内采用政府和社会资本合作（PPP）模式建设和举办的最高级别专业性国际博览会，特许经营期为 15 年，预计该项目总投资 33.67 亿元。其中，代表政府的 C 投资公司、世园管理公司应投入项目公司的注册资本为 4.05 亿元，A 信托公司通过信托计划出资 6.08 亿元，剩余资金投入通过银行贷款来解决。按照相关规划，经 B 市市人民政府批准，政府与社会资本共同组建项目公司，对项目融资、建设、运营维护管理和资产管理全过程负责，政府依据相关法律法规在融资、建设、运营过程中给予相关支持和财政补贴。

① 案例来源于本书作者参与实际操作的项目。

2. 信托公司联合参与 PPP 项目

信托公司通常并不具备基础设施设计、建设、运营、维护的能力，在社会资本层面需要合作方参与，这将与政府方形成三方合作的框架，即信托公司、合作方及政府方。公开资料显示，2014 年 9 月，A 信托公司联合中建一局集团第二建筑有限公司，与 B 市某区新城管委会签订《某区新城政府购买服务合作框架协议》，以股权投资形式参与某区新城基础设施建设 PPP 项目。

该项目为典型的金融资本主导的 PPP 模式，由产业资本进行施工建设。信托公司多选择与对项目感兴趣的承建工程方组成联合体的方式参与 PPP 项目的投标。联合体的优点在于信托公司有资金的优势，承建工程方有技术和专业的优势，对于 PPP 项目建设的推进有利。但是在联合体内部，需要平衡双方的利益关系，承建工程方一方面作为联合体成员投资项目公司的股东，另一方面作为 PPP 项目的工程承建方，其两种身份之间存在一定的利益冲突，而信托公司作为联合体的一方参与人，如何合理地保护自身利益，需要特别注意。

案例 7.2　信托公司联合承建方参与 PPP 项目①
——A 信托公司—B 市某区新城项目

2014 年 9 月，中建一局集团第二建筑有限公司与 A 信托公司、B 市某区新城管委会签订了 PPP 模式《某区新城政府购买服务合作框架协议》。政府以特许权协议为基础，将部分政府责任以特许经营权方式转移给由政府、A 信托公司、中建一局注资成立的项目公司，并与项目公司建立起“利益共享、风险共担、全程合作”的共同体关系，通过三方合作，实现共赢。项目基本情况如下：

1. 项目公司。A 信托公司与 B 市某区新城管委会、中建一局共同注资成立项目公司（注册资本 10 亿元）负责辖区河道治理、土地平整、环境绿化等在内的综合型片区建设项目，管委会授予项目公司特许经营权及合理定价权，并在项目运营过程中给予一定补贴，但不对项目公司的债务进行兜底。A 信托公司以股权投资形式进入，成为项目公司的绝对大股东，在项目建设安排等方面具有决定权。中建一局取得 B 市某区区域内的安置房建设、电力、供热、道路、桥梁等基础设施建设项目的施工总承包权。

① 案例来源于本书作者参与实际操作的项目。

2. 信托退出方式。营运到期向管委会移交或信托存续期间向中建一局进行股权转让。

案例 7.3 信托公司联合承建方参与 PPP 项目①——A 信托公司—某市度假区生态湿地项目建设

2015 年,A 信托公司拟发起设立集合资金信托计划,A 信托公司以信托资金 450 万元与承建方 E 公司共同出资成立项目公司(注册资本 500 万元),占股 90%,并以信托资金向项目公司发放股东借款,股东借款资金用于某市度假区生态湿地项目建设。

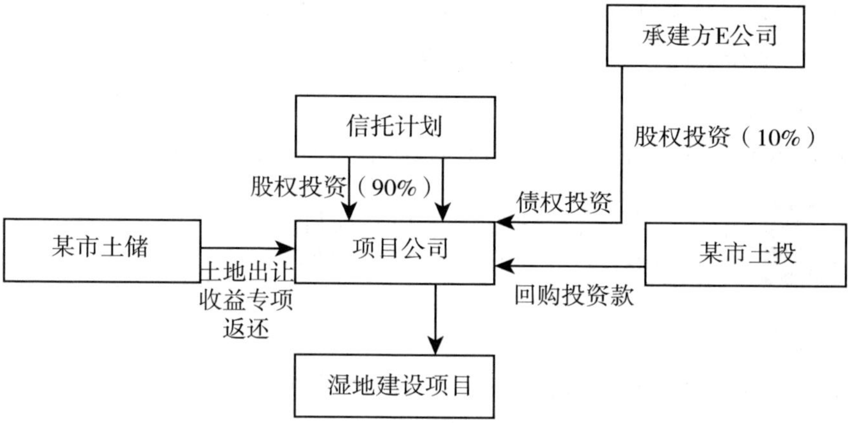

图 7.1 某市度假区生态湿地项目融资模式

1. 项目运作模式。A 信托公司、E 公司、某市土地矿产储备中心、某市某区人民政府、某市开发建设管理委员会、某市土地开发投资经营有限责任公司(以下简称某市土投)签订某市度假区生态湿地项目合作协议书。项目公司承建某市度假区生态湿地项目,E 公司为项目管理人,执行本项目开发建设,负责项目施工及建设中所涉及的安全、质量、进度与文明施工等工作,确保及时、顺利通过竣工验收。信托计划及 E 公司自有资金提供项目资金,按照合同约定条款每月向项目公司支付项目投资及建设工程进度款。通过竣工验收形成对本项目的收款权后,某市土投承诺购进该项目投资款及投资回报,并按时支付回购款。

① 案例来源于本书作者参与实际操作的项目。

2. 信托收益及退出方式。信托计划存续期间,项目公司按季度向A信托公司支付各类债权利息,依据各年利润留存情况向A信托公司分配股权分红。信托计划到期,A、B、C类债权以某市土投支付回购款形式退出。

3. 信托公司通过产业投资基金参与PPP项目

为加强对地方政府融资平台公司及其债务的规范管理,中央自2010年起发布了一系列文件加强对地方融资平台的监管。尤其是新预算法和43号文出台,使得地方政府的传统融资渠道(贷款、信托和债券)全面受限,产业投资基金由于其灵活的形式和汇集资本的功能,成为地方政府在43号文框架下引入社会资本参与PPP、实现基础建设融资的新选择。

PPP模式下的产业投资基金本质上是一种融资媒介,一般通过股权投资形式吸引社会资本介入项目公司,参与基建类项目的建设和运营,政府授予项目公司一定期限的特许权经营权。在各地不断涌现的PPP产业投资基金中,根据基金发起人的不同而分成两模式。一是由政府层面出资成立引导基金,再以此吸引金融机构资金,合作成立产业基金母基金。目前已经有多个地方政府出台相关政策设立地方政府PPP引导基金(见表7.8),调动社会资源积极参与PPP项目。

二是由金融机构单独或者联合地方国企、有项目建设和运营经验的实业公司发起成立有限合伙基金对接项目。前者可以称为政府主导型PPP产业基金,后者则可称为市场主导型PPP产业基金。

案例7.4　信托公司发起设立的市场化PPP产业基金[①]
——A信托公司—中国城市轨道交通PPP产业基金

2015年5月26日,A信托公司发起设立中国城市轨道交通PPP产业基金,其他发起人包括B银行、C控股集团有限公司、D建工集团股份有限公司。基金总规模为人民币1000亿元,分期发行,首期规模人民币240亿元,期限为5+3年。基金管理公司组织形式为有限责任公司,注册资本为人民币1000万元(暂定),A信托公司作为最大发起人,出资占比为34%,C集团(含关联机构)和D建工(含关联机构)分别占33%,三方利益共享,责任共担。基金主要投资于纳入PPP项目库及政府统一采购的轨道交通与城市基础设施建设

① 案例来源于本书作者参与实际操作的项目。

项目，地域上主要考虑省会城市及有一定条件的地级市。本项目项下各方职责如下：

1. A 信托公司负责向轨交基金推荐符合其投向、偏好的投资项目并设计轨道交通项目的整体投融资方案，并同时享有轨交基金投资的优先选择权。

2. B 集团负责向轨道交通基金推荐符合其轨道交通基金投向、偏好的投资项目，同时如轨道交通基金所投的项目涉及周边物业开发，绿地集团将享有优先选择权。

3. C 建工集团一方面向轨道交通基金推荐符合其轨道交通基金投向、偏好的投资项目；同时享有所投项目的施工总承包资格的优先选择权。

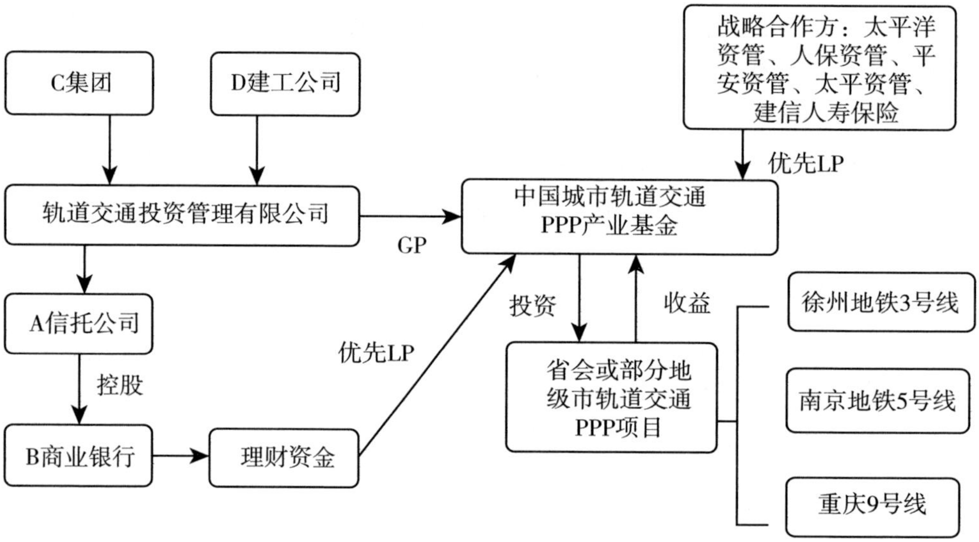

图 7.2　中国城市轨道交通 PPP 产业基金运作模式

本项目项下，参与人的资源优势、资金特点、公司实力都各异，基金形式组合在一起，形成实体，有助于发挥各自禀赋优势，具备了投资轨交 PPP 项目的综合能力。

表 7.8　各地方政府 PPP 融资支持基金政策概览

	地方部门规章	相关内容
河南	《河南省 PPP 开发性基金设立方案》	1. 河南省 PPP 开发基金,基金规模 50 亿元,基金出资人由省豫资公司、金融机构和其他社会资本组成。 2. 基金的投资模式:PPP 开发基金通过“资本支持”与“技术援助”两种形式对河南省 PPP 项目给予支持。其中资本支持方式占财政安排资金的 90%,并吸引金融机构共同参与,放大财政资金倍数;技术援助方式包括项目前期费用补贴和示范项目奖励,占财政安排资金的 10% 。 3. 基金的投资期限:5 ~7 年。 4. 杠杆比例为 1:5。
山东	《山东省 PPP 发展基金设立运作实施方案》	1. 山东省 PPP 发展基金总规模 800 亿元,首期规模 200 亿元,其中引导基金出资 20 亿元。政府引导基金出资共 80 亿元,由省财政、山东省经济开发投资公司和市县财政共同出资。吸引社会资本出资 720 亿元,争取撬动银行、保险、信托、争取、投资等金融和社会资本共同参股。 2. 基金的投资模式:山东经投作为政府引导基金出资人代表,负责管理政府引导基金及组织发起设立 PPP 发展基金。引导基金作为母基金,既可以参股方式支持设立市场化运作的子基金,由专业投资机构对 PPP 项目以股权、债权或股权债权组合等方式进行投资;也可由山东经投作为主发起人设立子基金,对纳入省级推广或示范的重点 PPP 项目进行直接投资。 3. 基金的投资期限:基金存续期限一般不超过 10 年,确须延长存续期时,须报省引导基金决策委员会批准。 4. 杠杆比例为 1:10。
江苏	《江苏省 PPP 融资支持基金实施办法(试行)》	1. 江苏省财政厅发起设立“江苏省 PPP 融资支持基金”,基金规模 100 亿元,每一个子基金规模为 20 亿元。基金出资人由财政出资人(省财政厅、部分市县财政局)和其他出资人(银行、保险、信托、其他社会资本)构成。 2. 基金的投资模式:基金可以股权、债权等方式投入 PPP 项目。采取股权方式投资的,每个项目股权投入的基金不超过注册资本金 50%,最多不超过 4 亿元;采取债权投入的,每一个项目不超过子基金规模的 20% 。 3. 基金的投资期限:基金所投资具体项目期限不超过 5 年。实行股权投资的,到期优先由项目的社会资本方回购;社会资本方不回购的,由市县政府方回购,并写入项目的 PPP 合作协议中。 4. 杠杆比例为 1:10。 【实践情况】经过公开进行江苏省 PPP 融资支持基金管理机构项目采购流程,最终确认江苏银行、交通银行、上海浦发银行、建设银行和农业银行 5 家金融机构共认购 90 亿元(各家分别认购 18 亿元)作为基金出资人参与到江苏省 PPP 融资支持基金中,回报为同期贷款基准利率的 0.9 ~1.1 倍。 可以看到,虽然在本项目资格预审结果公告中,江苏省国际信托有限责任公司、紫金信托有限责任公司、方正东亚信托有限责任公司、交银国际信托有限公司均作为合格的投标人参与到本项目中,但最终入围的 5 家银行的报价均在同期贷款基准利率的 0.9 ~1.1 倍,远低于信托项目的平均收益率,可见信托公司在价格方面相较于银行没有竞争力。

续表

	地方部门规章	相关内容
云南	《云南省政府和社会资本合作融资支持基金设立方案》	1. 云南省建立了"云南省PPP融资支持基金",第一期定为人民币50亿元以上。其中,省财政厅筹集2亿元,向金融机构和社会资本募集48亿元以上。根据PPP项目情况逐年增加,并按行业类别设立子基金。 2. 基金的投资模式:(1)阶段性持股。PPP项目政府方暂时没有足够资本金投资项目公司股权时,PPP融资支持基金可以出资认购合同约定的政府方持有股权份额,且与项目社会资本方出资按比例同步到位。到期优先由项目的社会资本方回购,项目社会资本方不回购的,由其他社会资本或同级政府方回购,并写入项目的PPP合作协议中。(2)垫付可行性缺口补助。当PPP项目政府方因不确定因素及预算年度问题导致无法及时支付约定的项目可行性缺口补助时,可由基金承诺先行垫付补助资金,地方政府财政预算资金到位后偿还。(3)短期借款。合作银行由于特殊原因暂时不能发放已承诺的贷款时,基金可在银行授信批复限额内为PPP项目提供短期的资金支持,并约定在银行资金到位后由项目公司按期归还。 3. 基金的投资期限:暂定10年,到期后如仍有项目未退出,经出资人同意可延长。 4. 杠杆比例:未明确。
宁波	《宁波市PPP投资基金实施方案》(预告稿)	1. 宁波市政府建立"宁波市PPP投资基金",基金规模人民币250亿元以上,其中市财政出资50亿元,社会资本出资200亿元以上。社会资本出资人包括银行、保险、信托等金融机构及其他社会资本。 2. 基金的投资模式:基金主要以股权方式投资于PPP项目,市场化运作,专业化管理。投资退出一般有项目清算、股权转让和资产证券化等方式,应遵循市场化原则,相关资产核算应以市场评估价为基础。 3. 基金的投资期限:基金设立年限为15年,到期后如仍有项目未退出,可按项目实施期限延长,无须政府承诺回购。 4. 杠杆比例为1:4。

(二)信托公司作为资金方间接参与PPP项目

《关于印发政府和社会资本合作模式操作指南(试行)的通知》(财金〔2014〕113号)明确规定,"项目融资由社会资本或项目公司负责。社会资本或项目公司应及时开展融资方案设计、机构接洽、合同签订和融资交割等工作。财政部门(政府和社会资本合作中心)和项目实施机构应做好监督管理工作,防止企业债务向政府转移"。因此,信托公司可以作为资金方以提供项目融资的形式参与PPP项目,融资对象可以是项目公司或社会资本,融资方式可以采取项目贷款、信托贷款、"明股实债"、有限合伙基金、项目收益债和资产证券化等形式。

1. 信托公司为项目公司融资

融资业务在信托传统业务中占比较大,信托公司已建立了一整套与之相匹配的风险控制体系。项目公司为社会资本单独出资或与政府合资成立,一般已获得了政府给予的土地使用权以及水电气费、车辆通行费等专项收费权。信托可为项目公司直接融资，此时可以要求项目公司就已获取的上述资源进行抵(质)押担保，并在信托层面设计为开放式，允许投资者申购赎回，以弥补信托期限较短的缺陷，与项目公司项目建设的长期性相匹配；或者以短期封闭型信托计划形式介入，还款来源依赖于项目公司获得的政府补贴等现金流。信托公司参与项目的运行阶段可以是项目前期准备阶段，也可以是工程建设阶段或后期项目运营等项目存在资金缺口的阶段。

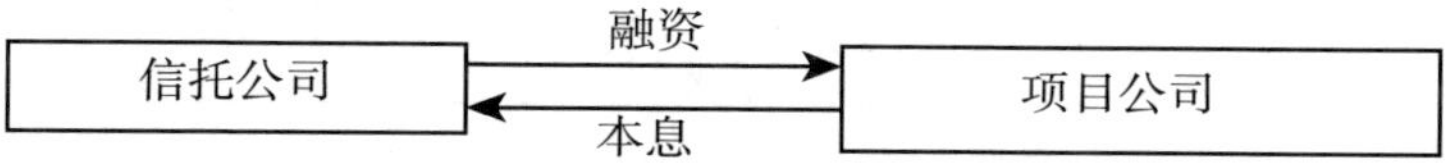

图 7.3　信托公司为项目公司融资模式

考虑到信托公司具备丰富的项目融资实践经验和成熟系统的操作规程，为项目公司融资简单易行，但存在融资成本较低、还款来源不足、抵(质)押物处置不易以及由此产生的流动性压力等问题。

2. 信托公司向社会资本融资

信托公司作为资金方向社会资本融资又分为两种方式。一是直接向社会资本配资。信托公司募集资金，作为社会资本参与项目公司设立，并与项目公司的其他社会资本约定信托到期通过其他社会资本溢价回购股权方式退出。期间可参与项目公司管理，重在监督，不应享有决策权(存在被认定为投资业务、不支持回购兜底的风险)，所得项目公司分红可以冲抵其他社会资本的回购责任。

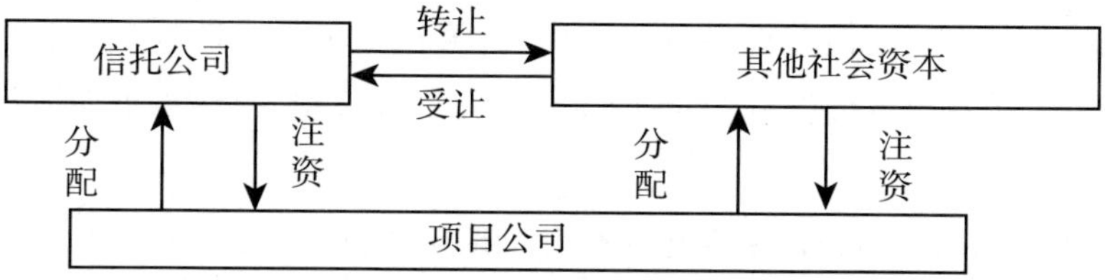

图 7.4　信托公司直接向社会资本配资模式

二是通过基金向社会资本配资。① 信托公司募集资金，与其他具有管理经

① 该参与方式本质上也是融资，但比向社会资本直接融资更有优势，可以掌握更多项目建设及政府补贴等信息，对承担回购义务的其他社会资本的回购能力形成动态监控，同时可以培养PPP项目操控经验；通过基金向社会资本配资还可以补充管理协调能力不足的缺陷，起到增大杠杆、分散风险(采取分层基金设计)的作用。不足之处在于收益赖于其他社会资本回购，传统融资类业务风险犹存，且收益不高。因部分项目公司与政府在《特许经营权协议》或《项目合作合同》中明确约定不得进行股权变更，采取该种配资方式参与应提前予以注意，避免退出障碍。

验或协调优势的主体合作，成立投资基金（合伙企业），由投资基金单独出资或与政府合资成立项目公司。信托期满通过向投资基金其他合伙人溢价转让合伙企业份额，或通过投资基金向项目公司其他社会主体溢价转让股权，以获得合伙分红方式退出。

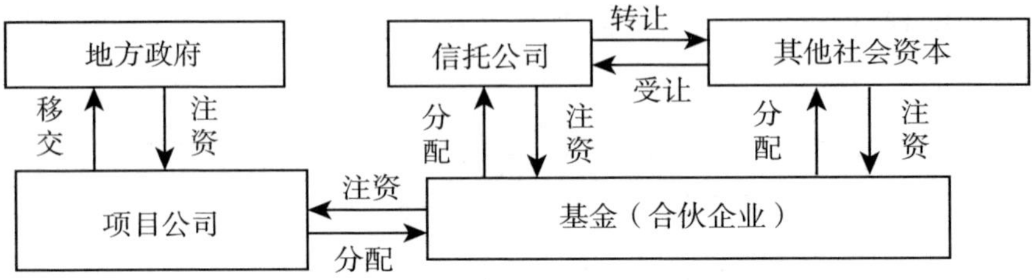

图 7.5　信托公司通过基金向社会资本配资模式

五、信托投资 PPP 项目的风险分析

信托公司介入 PPP 项目的方式不同，其面临的业务风险也有所不同。从业务逻辑来看，信托公司在权衡是否为项目公司及其股东提供融资服务时，通常会对项目进行尽职调查和分析，因此，投资类和融资类项目风险之间存在关联和交叉。

（一）投资类项目风险

与银行贷款、信用债券等融资方式相比，信托资金具有期限短、成本高、体量小等特性，信托公司直接以社会资本形式投资项目公司，存在以下业务风险点。

1. PPP 项目收益风险

从 PPP 适用范围来看，主要用于燃气、供电、供水、供热、污水及垃圾处理等市政设施，公路、铁路、机场、城市轨道交通等交通设施，医疗、旅游、教育培训、健康养老等公共服务项目，上述项目具有资金消耗大、建设周期长、项目收益低等特征。根据监管部门的规定，社会资本参与 PPP 项目的投资回报的最主要来源为项目自身收益，特定情况下政府将予以适当补贴。信托公司在开展此类项目时，须审慎考虑项目未来收益能否满足信托收益率的要求。

2. 期限错配风险

正如前文所述，PPP 项目一般期限较长，而信托计划期限相对较短，如何设置信托计划期限，使其与 PPP 项目期限相匹配，是需要特别予以重视的问题。

3. 政府信用风险

考虑到 PPP 项目本身政策性导向很强，而 PPP 项目期限较长，很有可能在项目存续期内发生政府领导换届情况，再加上当前反腐形势严峻、反腐力度较大，需要特别关注政府信用风险。

4. 项目建设运营风险

考虑到 PPP 项目建设周期长、涉及领域广、复杂程度高，不同行业的技术标准和管理要求差异大，专业性强。在项目建设期及运营期内，由于政策变迁、市场变化、技术变革、地方财政恶化等因素，可能出现工程延期、总成本增加、预期收益偏差、财政补贴无法到位等影响项目现金流及收益的情况。信托公司作为直接或间接投资方，须承担项目在建设和运营过程中存在的各类风险。

（二）融资类项目风险

融资类项目需要全面分析融资主体的财务状况和偿债能力、融资担保方式及担保能力等，此处不再赘述。

需要特别说明的有两点。一是从监管政策导向来看，PPP 项目融资不同于传统政信合作项目，融资主体与地方政府完全独立，进而实现企业信用与地方政府信用隔离；在此模式下，缺乏有效绑定政府信用的途径，PPP 项目融资的实质是企业（项目）自身信用融资，融资主体（项目）资质和信用是此类项目的主要风险来源和保障。二是在为社会资本提供融资服务时，需要注意财政部模式与发改委模式的细微差别。财政部于去年 12 月发布的《关于印发〈政府和社会资本合作模式操作指南（试行）〉的通知》（财金〔2014〕113 号）中，明确社会资本是指已建立现代企业制度的境内外企业法人，排除了本级政府所属融资平台公司及其他控股国有企业；发改委模式对融资平台无明确限制。

（三）共性风险

1. 资金准入风险

资金准入风险是指监管部门和具体项目对信托资金参与 PPP 项目进行了限制。在财政部模式下，《政府和社会资本合作项目政府采购管理办法》对信托资金参与无明确限制。但在发改委模式下，须关注 PPP 项目发改委立项批复中载明的项目融资方式，若发改委立项批复中明确项目资本金之外的其他资金是通过银行贷款解决的，则信托资金难以通过此模式参与 PPP 项目。

2. 行政诉讼风险

行政诉讼风险是指在发生地方政府不履行或拒绝履行合同约定义务等违约情形时，地方政府倾向于通过行政诉讼途径解决纠纷争议。虽然从司法实践来看，多数法院在类似案例中均认定上述合同为民事合同，地方政府作为平等的民事主体应承担违约责任，但部分地方政府的上述做法和根深蒂固的行政管理观念有待进一步转变，从而为 PPP 项目提供良好的外部环境。同时，信托公司作为社会资本参与 PPP 项目，与地方政府作为平等市场主体开展项目合作，需要尽快完善 PPP 操作层面的制度和法规，明确政府权利义务边界，特别是针对政府违约的惩罚措施，使社会资本能够依法获得相应的救济。

3. 交易对手和合作伙伴风险

从具体业务来看，信托公司的优势在于募集资金、财务监管和资本运作，弱势在于项目建设及运营。而 PPP 业务的成败关键在于市场化操作，选择交易方和合作伙伴至关重要。无论采用何种介入方式，信托公司均需要权衡考量地方政府、融资平台和其他合作伙伴(项目承建方)的基本情况，从而做出正确选择，降低业务风险。

4. 政策风险

当前，PPP 模式的相关政策和细则已经陆续出台，从现有政策文件来看，呈现发文部门多、文件多、领域多的“三多”特征，而且中央与地方、不同部门之间的政策存在差异，给项目落地带来不利影响。此外，PPP 业务与财政体制改革、地方投融资平台改革、政府融资体制改革、城镇化改革等领域息息相关，上述领域的政策对 PPP 项目操作及运营可能产生辐射或分流效应，增加不确定性风险。

第八章
基　金

第一节　基金概念

一、基金的基本概念

从广义上来看,基金是指为了某种投资目的而设立的具有一定数量的资金。投资基金种类很多,从募集方式是否具有公开性角度,投资基金可分为公募基金和私募基金。私募投资基金是以非公开方式向投资者募集资金设立的投资基金,公募基金是指向不特定投资者公开发行受益凭证的证券投资基金。从投资对象上,投资基金可分为证券投资基金、股权直接投资基金、产业投资基金。从投资目标企业的成熟度上,投资基金可分为创业风险投资基金、成长型基金、并购基金、夹层基金、Pre-IPO 投资基金等。

创投基金主要投资于技术创新项目和科技型初创企业,创业企业的发展存在财务、市场、营运以及技术等诸多方面的不确定性,因此创投基金具有很大的风险,但一旦投资成功利润也非常丰厚。

成长型基金投资于从初创期发展至成长期的企业,其经营项目已从研发阶段过渡到市场推广阶段并产生一定的收益,成长型基金具有可控的风险和可观的回报,也是中国私募股权投资中比例最大的部分。

并购基金通常投资于相对成熟的企业,主要专注于并购目标企业,通过收购目标企业股权获得对目标企业的控制权,然后对其进行一定的重组改造提升企业价值,必要的时候可以更换企业管理层,成功之后持有一定期间后再出售。

夹层基金的目标主要是已经完成初步股权融资的企业。它是一种兼有债权投资和股权投资双重性质的投资方式,其实质是一种附有权益认购权的无担保长期债权，投资人可依据事先约定的期限或条件，以事先约定的价格购买被投资公司的股权，或者将债权转换成股权。夹层投资的风险和收益低于股权投资，高于优先债权。夹层基金的操作模式风险相对较小，回报率也低一些。

Pre-IPO 投资基金主要投资于企业上市前阶段，或者预期企业近期上市的企业规模与盈利已达到可上市水平的企业，其退出方式一般为上市后从公开资本市场上出售股票。Pre-IPO 基金具有风险小、回收快的优点，并且在企业股票受到投资者追崇的情况下，可以获得较高的投资回报。

PIPE 是 Private Investment in Public Equity 的缩写，它是指投资于已上市公司股份的私募股权投资，是一种以市场价格的一定折价率购买上市公司股份以扩大公司资本的投资方式。

二、PPP 基金

基金投资 PPP 项目通常采取私募股权基金、产业基金或者政府性基金的形式。根据 2006 年发改委出台的《产业投资基金管理暂行办法》，产业投资基金是指一种对未上市企业进行股权投资和提供经营管理服务的利益共享、风险共担的集合投资制度。也就是说，通过向多数投资者发行基金份额设立基金公司，由基金公司自任基金管理人或另行委托基金管理人管理基金资产，委托基金托管人托管基金资产，从事创业投资、企业重组投资和基础设施投资等实业投资。根据财政部 2015 年出台的《政府投资基金暂行管理办法》，政府投资基金是指由各级政府通过预算安排，以单独出资或与社会资本共同出资设立，采用股权投资等市场化方式，引导社会各类资本投资经济社会发展的重点领域和薄弱环节，支持相关产业和领域发展的资金。政府出资是指财政部门通过一般公共预算、政府性基金预算、国有资本经营预算等安排的资金。私募股权投资基金是指通过非公开方式，面向少数投资者募集资金而设立的从事非上市公司股权投资的基金，其销售和赎回都是通过基金管理人与投资者私下协商进行的。其从大型机构投资者和资金充裕的个人手中以非公开方式募集资金，然后寻求投资于未上市企业股权的机会，最后通过积极管理与退出，来获得整个基金的投资回报。按照证监会的监管规定，“私募”之“私”是指面向 200 人以下的募资，PPP 项目资金需求往往达几十亿元，因此纯粹的私募难以承担 PPP 融资之“重任”。实务中通常是企业注册成为私募基金管理人，取得私募基金牌照，然后引入金融机构资金对 PPP 项目进行融资。从这个意义上看，私募基金与产业基金有交叉之处。

因为目前 PPP 项目刚刚推广，证券化程度非常低，而且 PPP 项目投资数额巨大，往往适合采取向机构投资者非公开募集的方式。一些私募股权投资机构将 PPP 投资作为重要投资领域，采取股债结合的形式投资 PPP 项目。此外，还有一些传统施工单位，以产融结合为目的，设立子公司登记成为私募股权投资基金，以股加债形式投资本企业施工项目。①

第二节　基金投资 PPP 项目现状

一、优势

有一种观点认为，私募股权基金不适合介入 PPP 项目，因为私募股权基金资金成本较高，而 PPP 项目收益率偏低，有的私募股权基金成本近 10%，而 PPP 项目遵循"非暴利"原则，利润率仅为 8% 左右，可能产生成本收益倒挂的问题。

笔者持不同观点。一方面，成本问题可以通过投资模式创新解决，例如一些基金通过与施工单位签订固定总价合同严格控制施工成本，并力争与地方政府开展 PPP、Pre-IPO 等一揽子投资服务，获取丰富的回报；还有一些施工单位则成立产业基金，通过"投资——施工"产融结合的模式提高整体利润率。

另一方面，私募股权基金与其他融资渠道相比，具有三个独特优势。一是可以直接进行股权投资，满足我国法律对项目资本金比例的强制要求，②目前法律对商业银行、保险机构、证券公司等金融机构的直接股权投资存在诸多限制性规定，③基金是重要的直接股权投资工具，有助于帮助社会投资人满足项目法定资

① 本章部分内容来自于笔者曾发表的一篇文章，黄华珍：《私募股权基金在 PPP 项目中的应用研究》，载《建筑经济》2016 年第 4 期。

② 例如，公路项目法定最低资本金要求是项目投资的 25%（最新政策降至 20%），而一条 200 公里的高速公路造价往往高达 200 亿元，资本金要求为 50 亿元左右，这是作为社会投资人的施工单位难以承受的。

③ 例如《商业银行法》规定商业银行不得向非自用不动产或向非银行金融机构和企业投资；银监会要求信托公司持有被投资企业股权不得超过 5 年；保险机构直接股权投资仅限于金融机构和与保险业务密切相关的医疗、汽车、养老企业，从事其他股权投资必须借助信托、基金等通道进行间接投资；证券公司仅可通过直投子公司设立直投基金形式进行股权投资。

本金要求。二是可以降低项目公司及其股东的资产负债率。我国目前项目融资①尚不发达，银行很难基于项目自身现金流对项目进行贷款，大都要求股东担保或提供土地等抵押物，加大了项目公司股东的资产负债率；而以股权形式融资有机会不列入资产负债表，可以减轻项目公司股东出表负担，同时也优化了项目融资结构，避免了过高资产负债率对项目公司再融资的影响。三是有利于通过结构化设计和灵活的内部管理机制引入社保资金、②保险资金等长期优质资本，满足 PPP 项目的长期、大量资金需求，同时也满足了资金方长期、稳定投资回报需求。四是有利于优化公司治理结构，培养项目专业人才，促进项目建设运营的顺利进行，国外经验表明缺乏资金方的项目公司资本结构安排将加大项目失败风险。③

此外，PPP 基金还有其他好处。一是解决新建项目融资问题。2014 年国发 43 号文终结了地方融资平台为地方政府输血的地位，PPP 成为新建项目融资的新形式，PPP 基金具有资金量大、合作方式灵活的优势，能够匹配基础设施融资的特点。二是解决存量项目融资问题，对于已到回购期的 BT 类项目，产业基金介入项目后，政府通过授予特许经营权，政府的补贴或支付期限可以延长到十年甚至更长，大大减轻地方政府的短期偿债压力。三是解决城投公司资产负债约束问题。过去绝大多数基建类项目都由地方城投公司负责融资、建设和运营，城投公司直接融资会造成资产负债表膨胀，提高城投公司的资产负债率，从而影响企业的银行贷款和债券发行。城投公司通过发起设立产业投资基金，以基金的形式筹集资金，可以实现表外化的融资，降低城投公司的资产负债率。

二、投资现状

2015 年 5 月 19 日，《国务院办公厅转发财政部、发展改革委、人民银行〈关于在公共服务领域推广政府和社会资本合作模式指导意见〉的通知》（国办发

① 项目融资是指以项目资产为担保提供无追索权或有限追索权的融资方式，国外发达的项目融资通常以项目未来现金流和信用保险作为担保，不要求股东担保。

② 2008 年 4 月，国家放开社保基金投资经改委批准的产业基金和在发改委备案的股权投资基金，但投资比例不得超过总资产的 10%。

③ 我国学者对国外众多 PPP 项目研究后发现，项目公司股东中仅有承包商或运营商，缺乏金融机构，容易产生融资困难，导致项目失败。参见胡一石等：《PPP 项目公司资本结构的影响因素分析》，载《工程管理学报》2015 年 2 月。

〔2015〕42 号），特别指出中央财政出资引导设立中国政府和社会资本合作融资支持基金，作为社会资本方参与项目，提高项目融资的可获得性。

产业基金可以放大杠杆率，尤其是母子基金的形式，对地方政府而言，可以起到“四两拔千斤”的作用，是非常有吸引力的融资渠道。近一年来，地方政府纷纷成立产业引导基金，通过财政补贴、项目入库奖励以及资本金支持等多种方式支持 PPP 项目的发展，有报道称产业基金已经成为 PPP 项目的主要融资方式。据报道，除中央级 PPP 基金外，不少省级政府成立了 PPP 政府投资基金，还有一些金融机构与大型中央企业或上市公司成立 PPP 基金，投资于 PPP 项目，可以说 PPP 基金呈现出遍地开花的局势。

为了规范政府性基金的运作，2015 年 11 月 12 日，财政部专门出台了《政府投资基金暂行管理办法》，从政府投资基金的设立、运作和风险控制、预算管理等方面进行规范，以促进政府投资基金持续健康运行。财政部还发布了《关于财政资金注资政府投资基金支持产业发展的指导意见》（财建〔2015〕1062 号），明确了政府性基金的指导思想、总体要求、基本原则、投放标的，进一步强化了政府出资义务的履行责任。

当然，也有研究者担心，PPP 基金因具有政府回购或差额补足的内容，最终本质上仍是政府性债务，会成为地方政府潜在财务负担，成为另外一个“影子银行”。此外，基金多引入银行理财资金，理财资金期限较短，而 PPP 项目长达几十年，存在期限错配风险。

第三节　基金投资 PPP 项目的介入方式

一、契约型、合伙型或公司型——基金介入 PPP 项目的组织形式

从组织形式上看，基金可分为公司型基金、合伙型基金、契约型基金。目前有限合伙型、有限责任公司型是 PPP 基金的主要形式，而契约型基金正在受到基金界尤其是众筹平台的热捧。

契约型基金是指基金管理公司作为委托人，通过与受托人签订“信托契约”的形式发行受益凭证募集资金，并投资于项目的基金。契约型基金最主要的优势在于：能够以简单的形式和低廉的成本吸纳多数投资者的资金，其仅以一纸契约约束投资人、委托人和受托人，无须设立企业实体，且决策效率高，退出机制灵活，投资者人数可以突破公司和合伙企业的 50 人上限，扩展至 200 人。此外，契

约型基金对管理费通常采包干形式，超过费用上限的部分由管理者自行承担，而且以契约型基金的方式可以避免公司型基金双重征税的问题。但契约型基金缺乏企业实体，不是我国法律意义上的商事主体，在对外签约、股东工商登记、基金财产与管理人财产的隔离等方面存在一定困难。当然，实践中存在变通操作方式，如委托基金管理人对外签订合同、以托管方式确保基金财产的独立性等。但是，目前契约型基金投资企业股权无法直接进行股东工商登记的问题仍未彻底解决，以基金管理人代为登记股东的变通做法可能被认定为股权代持，最重要的是 PPP 基金具有很强的公私合作色彩，地方政府委派的有限合伙人往往希望参与基金管理决策，而契约型基金的排他性管理权无法实现共管目的。笔者认为 PPP 基金涉及金额大、投资期限长，适合机构投资者，契约型基金在投资人数方面的优势并不突出；从稳健的角度来看，PPP 基金暂时不宜使用此种形式。

合伙型基金具有管理形式、出资形式、分配机制灵活的优势。其出资形式多元，可以劳务、技术出资；分配机制灵活，可自由约定利润分配方式，即使在单个项目盈利、其他项目亏损的情况下，也可以分配利润，而且分配时点不受限制，分配顺序还可以采结构化设计。而且我国对合伙企业的“先分后税”原则，即在合伙企业层面无须缴纳税收，投资者仅就投资所得缴纳税收，由此避免双重征税，使得合伙型基金具有税收上的优势。但是依《合伙企业法》第 3 条规定，国有独资公司、国有企业、上市公司以及公益性的事业单位、社会团体不得成为普通合伙人。所以国企担任普通合伙人存在法律障碍，而且管理存在一定难度。实践中，PPP 基金往往采取区域基金、母子基金（有限合伙）的形式设立，首先针对特定地区的系列项目与当地政府达成合作意向，设立母基金，再针对具体项目设置子基金投资管理，基金公司作为基金管理人收取固定管理费。

对于投资人而言，基金的组织形式直接影响其收益，通常税收和收益分配是组织形式选择的最重要考量因素。尽管法律允许合伙型基金“先分后税”，但根据项目地税收法规，有些情况下公司型基金税负反而更轻。在税负相当的情况下，有限合伙型企业的结构化设计和灵活的利润分配方式更容易受到投资人的青睐。与此同时，合伙企业 GP 的无限责任和结构化设计虽然有利于激励基金管理人提高投资能力，但对 GP 管理能力提出了更高要求。若投资人更重视风险隔离，试图避免普通合伙人被穿透而承担无限责任的风险，公司制也是替代性选择方案。当然，从实务来看，目前 PPP 基金多采有限合伙的组织形式。

二、社会投资人或财务投资人——基金介入 PPP 项目的角色

有一种观点认为，基金只能以社会投资人身份介入 PPP 项目，需要参加 PPP 项目政府采购程序，中标后方能投资项目。笔者认为这是一种误解，基金既可以社会投资人身份，也可以财务投资人身份参与 PPP 项目。所谓 PPP 项目社会投资人，是指与政府方就基础设施和公共服务领域开展长期合作，承担设计、建设、运营、维护基础设施的大部分工作，并通过“使用者付费”及必要的“政府付费”获得合理投资回报的企业。① 所谓财务投资人，是指仅为 PPP 项目提供融资，不承担项目设计、建设、运营、维护等工作的金融机构。财务投资人是金融机构介入基础设施和公共产品建设项目的传统形式，而社会投资人则是本轮 PPP 热潮中金融机构介入项目的新形式。其实，两种方式各有优劣。

以社会投资人身份介入项目，既有利于基金强化对项目的掌控力，加强全面风险管理，提升项目运营效率，一些基金与大中型建筑企业捆绑合作，采取 EPC 总包形式锁定建设运营费用；也有利于基金与地方政府开展深度合作，达成一揽子金融服务协议，提升整体利润率。然而也存在如下挑战：一是要求基金具有较高的建设项目管理能力，根据国际惯例，即使是固定总价合同也存在调价情形，PPP 项目合作期限长达几十年，作为社会投资人的金融机构必须协调解决其间出现的各种问题与障碍；二是必须遵守法律法规关于 PPP 社会投资人的规定，如只有通过竞争性政府采购程序才能成为正式社会投资人，项目合作期限一般不得低于 10 年，不得以回购、保底承诺等方式变相融资（排除 BT 运作方式）；三是项目前期谈判时间长、成本高，一项研究表明 PPP 项目前期谈判成本比普通项目高出几十个百分点。②

在社会投资人的政府采购程序中，基金既可以选择单独投标，通过竞争性磋商程序中标成为社会投资人，再通过招投标程序选择总承包人；也可以选择与施工单位成立联合体投标，通过“二招并一招”的形式成为社会投资人，同时施工单位一并成为总承包人。后者有利于增加中标概率，但基金必须与施工单位就项目向招标人承担连带责任，加重了双方责任，这就要求双方具有良好的合作关

① 该定义来源于财政部 76 号文。

② 参见柯永建、王守清编著：《特许经营项目融资（PPP）风险分担管理》，清华大学出版社 2011 年版，第 112 页。

系。实践中，两种模式均有操作先例，例如济青高铁是采第一种模式。

基金以财务投资人身份介入项目的优势在于总体风险比社会投资人低。因为作为财务投资人不仅无须参加竞争性采购程序，也无须就项目整体承担责任和遵守禁退期①的规定，所以前期成本低、承担责任较轻、退出容易，风险相对较小。而劣势在于缺乏对项目风险和项目资源的整体掌控力，无法分享由项目管理效率与能力提升所带来的超额收益，难以从源头上控制项目风险。目前多数金融机构仍对 PPP 项目采取观望态度，基金介入 PPP 项目也较为谨慎，通常选择风险较小的财务投资人角色。

笔者认为政府应着力引导 PPP 基金成为社会投资人。因为目前 PPP 投资的主要难点是优质项目资源匮乏，金融机构关注挑选好项目而不是培育好项目，而 PPP 基金作为人才和资金聚集器，可以培育并为市场输送项目管理所需的法律、工程、金融等专业人才，在为项目筹集大量建设资金的同时，还能提高项目管理效能，培育优质的投资项目。

三、股权或债权——基金介入 PPP 项目的媒介

无论是以社会投资人还是以财务投资人的身份介入 PPP 项目，基金均面临着选择股权直接投资还是债权间接投资方式的问题。众所周知，债权投资风险较小、收益率较低，而股权投资收益不确定性较大、一旦投资成功收益率较高。由于 PPP 项目收益率本身不高（8% 左右），所以股权投资所应具备的高风险、高回报特质并不明显。实践中，股权投资往往是应对法律法规关于建设项目资本金要求的无奈之举，一些机构采取小股大债、明股实债的形式介入项目。一些项目股权投资额度无法达到法定最低资本金要求，便以委托贷款等形式充抵资本金；一些项目股权投资仍然沿袭政府兜底的传统思路，要求政府指定企业溢价回购。财政部今年颁发的财金 57 号文件指出，严禁通过保底承诺、回购安排、明股实债等方式进行变相融资，将项目包装成 PPP 项目。这一规定无疑加大了社会投资人股权投资风险。尽管有的金融机构绑定作为社会投资人的施工单位，以对赌形式将投资风险转嫁至施工单位，但在施工单位不具有成功运作 PPP 项目经验的情况下，投资失败的风险仍然无法规避。

尽管如此，笔者仍然推崇股权投资的路径，因为股权投资不仅是解决法定资

① 在有的项目中，政府要求社会投资人在特定期限内不得退出项目，尤其是建设期。

本金要求的权宜之计，也是 PPP 项目成功推进的保障，是 PPP 项目管理效能提升的途径。有学者在对 PPP 项目资本结构做实证研究时发现项目公司股权结构是影响项目实施效率的重要因素，由投资方、施工方、运营方等各利益相关方共同组成的项目公司更能应对阶段性风险、提升价值。① 然而，“风险大、利润薄”的问题是当前股权投资的重大障碍，笔者认为解决办法在于突破股债投资的传统路径，创新股债结合的新型投资方式，下面介绍几种。

（一）夹层融资

夹层融资起源于欧美国家，特指收益介于优先级银行贷款和劣后级原始股东之间的中间级融资，多使用于管理层收购中。夹层融资是一种非常灵活的融资方式，作为股本与债务之间的缓冲。从资金费用角度来看，夹层融资的融资费用低于股权融资，如可以采取债权的固定利率方式，对股权人体现出债权的优点；从权益角度来看，夹层融资的权益低于优先债权，所以对于优先债权人来讲，可以体现出股权的优点。夹层融资最大的特点是灵活性，通过融合不同的债权及股权特征，可以产生无数的组合，满足投资者及借款者的各种需求。典型的夹层融资中，资金提供者可以选择将融资金额的一部分转换为融资方的股权，如期权、认股证、转股权或股权投资参与权等权力，从而有机会通过资本升值而获利，所以夹层资本的收益通常包含现金收益和股权收益两部分。

在我国，夹层融资泛指收益介于股权和债权之间的融资形式，近年来多运用于地产基金中，应对地产项目银行贷款率收缩的问题。操作方式为地产基金以股加债的形式在“四证”齐全之前投入地产项目，债权部分规定固定收益率，股权部分享有超额收益率，在约定项目预售率达成时或约定期限届满时以原始股东回购形式退出。地产夹层融资收益率较高，通常可达 20% ~30% 。PPP 基金夹层融资可参照上述方式，但是地产项目收益预期较为稳定且计算方法简单，而基建项目收益须借助财务模型测算并辅助全程风险控制实现，而且收益率偏低，适合低成本资金。

（二）可转换债

可转换债是债权人在一定时期可以按一定比例或价格将其转换为一定数量

① 盛和太等：《PPP 项目公司的股权结构及其在某养老项目中的应用》，载《工程管理学报》2011 年 8 月。

股权的债权。其既与普通债权一样可以在期限届满后以约定的利率还本付息，也可以按约定的条件将其转换成股权，转换后债权人成为公司股东，参与经营决策和利润分配。

当基金对项目投资信心不足时，可使用可转债模式；操作方式为基金向项目公司提供债权融资时，于委托贷款合同中约定，1～2 年后如果项目经营状况良好、收益达到一定水平，基金可将部分债权资金直接转换为股权投资。这样既能够在运营状况不良时保证收益，降低风险，又可以在运营状况良好时获得一定的资本升值收益。

（三）优先股

优先股是指股份持有人优先于普通股股东分配公司利润和剩余财产，但参与公司决策管理等权利受到限制。我国《公司法》贯彻同股同权、同股同利原则，并不承认优先股的概念。但是根据 2013 年国务院颁发的《关于开展优先股试点的指导意见》、2014 年证监会颁布的《优先股试点管理办法》，上市公司和非上市公司可以发行优先股。法规对"未上市公众公司"有专门认定标准，①项目公司只有经证监会认定为未上市公众公司才可以发行优先股。此外，《公司法》规定有限责任公司可以不按出资比例分配利润，因此基金可在投资合同中约定较高的利润分配比例，在实质上享受优先股待遇。

股权投资可以于两个时点介入：一是在项目公司成立以先以原始股东的身份介入，二是在项目公司成立之后以股权受让或增资扩股形式介入。若作为社会投资人，基金只能作为项目公司原始股东，因为根据法规，PPP 项目社会投资人必须按 PPP 协议的约定成立项目公司。作为财务投资人，基金可以选择介入时点。当以原始股东身份介入时，应在 PPP 项目筹备阶段提前介入，与政府、社会投资人共同在 PPP 协议中明确其在项目公司中的一席之地。如果涉及国有资产，则股权受让方式应遵守法律法规关于国有资产交易的特殊规定，包括评估、审计、场内招拍挂交易等，程序更为复杂，成本也较高，所以建议选择增资扩股形式。

① 根据《非上市公众公司监督管理办法》（中国证券监督管理委员会令第 96 号），非上市公众公司是指有下列情形之一且其股票未在证券交易所上市交易的股份有限公司：（一）股票向特定对象发行或者转让导致股东累计超过 200 人；（二）股票公开转让。

第四节　基金投资 PPP 项目的模式与案例分析

基金投资 PPP 具有多种形式，从组织架构上来看，可以分为平层基金和结构化基金。平层基金是指各 LP 不分优先、劣后，权利义务对等；结构化基金 LP 分为优先、劣后，劣后级 LP 分红、退出晚于优先级。结构化设计也是一种增信方式，有的金融机构只投资具有结构化设计的 PPP 基金。尽管财政部 2015 年 57 号文再次重申 PPP 项目不得以名股实债、回购等方式变相融资，但实务中一般认为政府在基金层面提供增信并不违反 57 号文精神。实际上，基金引入的资金多为金融机构资金，特别是银行的理财资金，股权回购、债权担保通常是金融机构融资的前提条件，当然 PPP 项目还可以提供收费权质押、土地抵押等其他增信条件。从主导主体上来看，可分为政府引导基金、金融机构主导基金和企业主导基金，下文将以此为线索详解 PPP 基金投资模式。

一、政府引导基金

政府引导基金是由政府出资成立引导基金，再以此吸引金融机构资金，合作成立 PPP 产业基金，投资于 PPP 项目。截至目前，中央和地方政府先后成立了多支 PPP 政府引导基金，例如 500 亿元额度的中央引导示范性 PPP 基金，财政部与十大金融机构成立的 1800 亿元额度的中国政企合作投资基金股份公司。此外，山西、山东、江苏、河南等省级政府相继成立 PPP 政府引导基金。中央和省级 PPP 基金多投资入部库和省库的 PPP 项目。

（一）单层基金

此种模式下的 PPP 政府引导基金不设子基金，一般由政府（通常是财政部门）发起，政府委托政府出资平台与银行、保险等金融机构以及其他出资人共同出资，政府作为劣后级出资人，金融机构与其他出资人作为优先级出资人，股权投资到期优先由项目社会资本方或政府方回购。

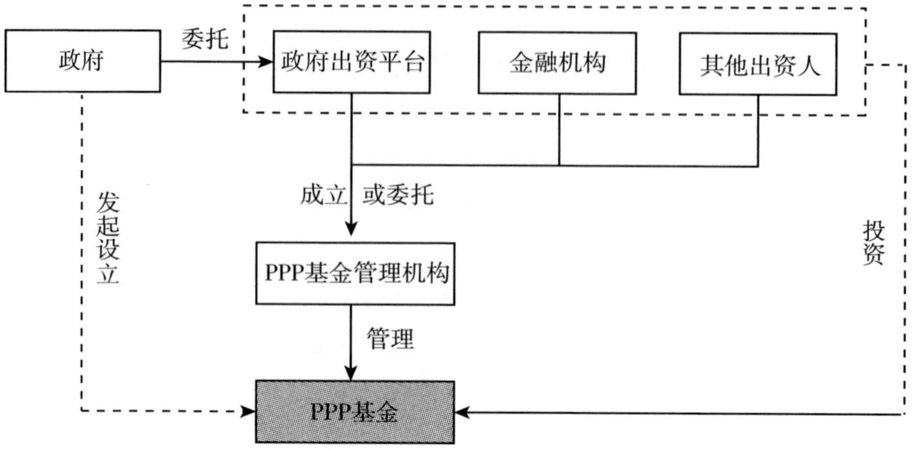

图 8.1 PPP 单层基金结构①

案例 8.1 四川省 PPP 投资引导基金②

四川省 PPP 投资引导基金，由四川省财政厅履行政府出资人职责，四川发展控股有限责任公司作为 PPP 基金的受托管理机构，首期规模 100 亿元，预计 3～5年规模达到 300 亿元，是四川省首支 PPP 项目产业基金。根据《四川省 PPP 投资引导基金管理办法》，其财政出资及基金管理公司出资作为劣后级，社会募集资金不低于总额的 80%。基金采取托管制度，成立由 5 名或 7 名委员组成的投资决策委员会，负责项目投资、管理、退出的相关决策，其中，社会资本出资方占有 2～4 个席位。以股权投资的，对单个项目投资不超过 2 亿元，持有单个项目公司股份不超过项目公司注册资本金的 50%；以债权投资的，对单个项目投入不超过项目总投资额的 30%，最多不超过 2 亿元。同时，基金对项目运作规范、内控制度健全、治理结构完善、风险防控有效、产出绩效明显，项目短期融资困难的项目公司提供融资担保，作为对项目的增信措施。股权投资退出，股权投资优先由项目社会资本方回购；债权投资退出，由项目公司按照协议约定实现到期债务清偿和债权退出。投资收益，先按出资人约定的基础收益进行分配，超额部分根据现行法律法规和协议约定分配；财政出资收益的 30% 用于奖励基金管

① 参见程建兵：《PPP 引导基金运作模式简析》，载《济邦周刊》第 286 期。

② 案例来源于《四川省 PPP 投资引导基金管理办法》（川府发〔2015〕49 号）。

理公司，财政出资收益的其他部分根据出资人的分层结构分类让渡。投资损失，先由基金管理公司以其出资额为限承担损失，之后由其余劣后级出资人以其出资额为限承担风险，剩余部分由其他出资人根据现行法律法规和协议约定分担。

（二）母子基金

此种模式下的省级 PPP 政府引导基金不直接投资 PPP 项目，而是作为母基金，通过小比例投资多个由当地政府（市、县级政府）发起成立的 PPP 子基金，起到引导 PPP 项目投向的作用。一般省政府只出资其中一小部分，其他出资主要来自于银行、保险、信托等金融机构。财政出资人为劣后级，社会资本出资人为优先级，股权投资到期优先由项目社会资本方或政府方回购。

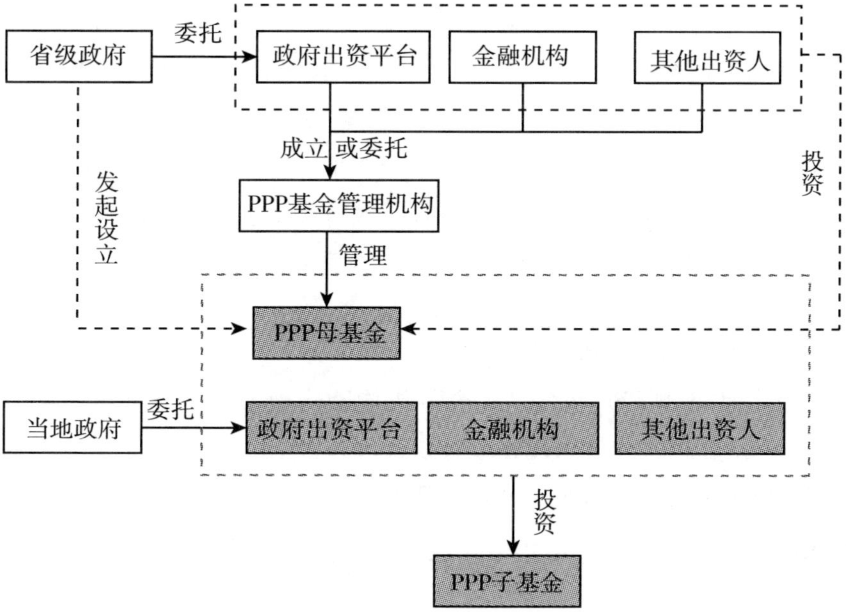

图 8.2　PPP 母子基金结构①

案例 8.2　江苏省 PPP 融资支持基金②

如江苏省 PPP 融资支持基金，根据其管理办法，其母基金规模为 100 亿元，

① 参见程建兵：《PPP 引导基金运作模式简析》，载《济邦周刊》第 286 期。

② 案例来源于《江苏省 PPP 融资支持基金实施办法（试行）》（苏财规〔2015〕19 号）。

财政出资占 10%，每个子基金为 20 亿元，其他出资人作为优先级，财政出资人作为劣后级。母基金成立投资决策管理委员会，由各出资方相关负责人 7 人以上单数组成，负责重大事项决策；子基金设立项目审定委员会，由各出资方相关负责人 5 人以上单数组成，负责子基金具体项目投资的审定。以股权投资的，每一个项目投入的基金不超过注册资本金的 50%，最多不超过 4 亿元，且与社会资本方出资按比例同步到位；以债权投资的，每一个项目不超过子基金规模的 20%。股权投资的，到期优先由项目的社会资本方回购，社会资本方不回购的，由市县政府方回购，并写入项目的 PPP 合作协议中；债权投资的，由借款主体项目公司按期归还。投资收益采取固定收益加浮动收益的办法按年分配，子基金每年所得收益，首先用于分配优先级出资人约定的固定收益，为同期人民币贷款基准利率 0.9 ~ 1.3 倍（按公开竞价方式确定）；收益超过所有出资人的固定收益的剩余部分，作为浮动收益分配，优先级与劣后级出资人分别按 30% 与 70% 的比例分配。如果子基金年度收益不足以分配优先级出资人的固定收益部分，由省财政予以补足。对于投资损失，首先由基金管理机构承担 10%（不超过子基金管理费的 2 倍），其次由省财政、市县财政以子基金的出资金额承担，项目的剩余损失由其他出资人在出资金额内按比例分担。

二、金融机构主导型 PPP 基金

金融机构主导型 PPP 基金是由金融机构联合地方国企发起成立的有限合伙基金，一般由金融机构作为优先级有限合伙人，地方国企或平台公司做次级有限合伙人，金融机构指定的股权投资管理人做普通合伙人。

案例 8.3 兴业厦门城市产业发展投资基金①

2015 年 2 月兴业基金管理有限公司与厦门市轨道交通集团签署了厦门城市发展产业基金合作框架协议，基金总规模达 100 亿元，投资于厦门轨道交通工程等项目。该基金采用 PPP 模式，由兴业基金全资子公司兴业财富资产管理有

---

① 案例来源于 http://www.cib-fund.com.cn/contents/2015/2/3 - 92d21998f93f4dff96b2c2aa5dca9f18.html.，最后访问日期：2016 年 8 月 1 日；吴志武：《产业投资基金参与 PPP 要点全解析》，载鹏元研究 http://www.pyrating.cn/n/10016976.，最后访问日期：2016 年 10 月 1 日。

限公司通过设立专项资管计划，与厦门市政府共同出资成立“兴业厦门城市产业发展投资基金”有限合伙企业。兴业财富和厦门轨道交通集团各出资70%和30%，分别担任优先级有限合伙人和劣后级有限合伙人，厦门轨道交通集团按协议定期支付收益给优先级有限合伙人，并负责在基金到期时对优先级合伙人持有的权益进行回购，厦门市政府提供财政贴息保障。①

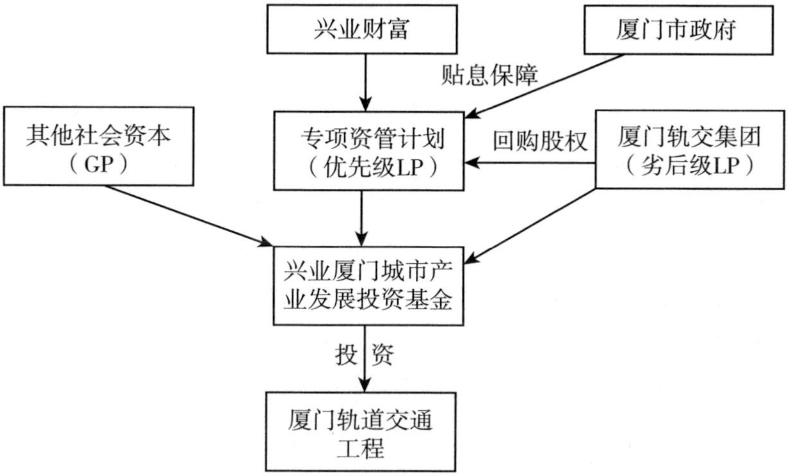

图8.3　兴业厦门城市产业发展投资基金运作②

三、企业主导型PPP基金

企业主导型基金是由有建设运营能力的社会资本发起成立的产业投资基金，该社会资本在与政府达成框架协议后，通过联合银行等金融机构成立有限合伙基金，对接项目。通常由社会资本与金融机构合资成立产业基金管理公司担任普通合伙人（GP），金融机构作为优先级有限合伙人，社会资本作为劣后级有限合伙人，成立有限合伙形式的产业投资基金，以股权的形式投资项目公司。当然，实务中基金结构存在多种形态，例如GP可以是社会资本与地方政府联合成立的公司，也可能是社会资本自身，也可能是社会资本与银行成立双GP。

这类有运营能力的社会资本发起成立产业投资基金，可以通过加杠杆的形式

① 载http://www.cib-fund.com.cn/contents/2015/2/3－92d21998f93f4dff96b2c2aa5dca9f18.html.，最后访问日期：2016年8月1日。

② 吴志武：《产业投资基金参与PPP要点全解析》，载鹏元研究http://www.pyrating.cn/n/10016976.，最后访问日期：2016年10月1日。

提高 ROE。全球范围看建筑业的毛利率是 3%，净利率是 1% ~2%，而且对投入资本要求很高，通过成立产业投资基金参与基建项目。若企业出资 10%，可以放大 9 倍杠杆，除去付给优先级有限合伙人的成本后，放大杠杆的过程也有很大利润，再加上建筑总包的利润，也能实现在营业收入一定的情况下提高净值产收益率。

案例 8.4 某大型央企施工单位私募股权基金①

自 2014 年年底 PPP 热掀起以来，已经出现不少私募股权投资基金投资 PPP 项目的实例。有的私募基金采混合战略，将 PPP 项目与 PE\Pre-IPO 等项目打包投资，赚取综合投资收益率。有的建筑企业采产融结合的战略，成立私募股权基金，通过基金募资，带动施工单元从事 PPP 项目投融资建设。例如，笔者曾为大型央企施工单位从事基金法律服务，以其中一种模式为例（交易架构大致如图 8.4 所示）。首先，施工企业成立私募股权基金公司，由该公司与省（市）级政府共同成立母基金管理公司，该母基金主要从事省（市）内投资；其次，针对具体 PPP 项目，成立子基金，子基金由地方政府、金融机构与该私募股权基金下属私募股权基金公司共同出资成立，以股加债形式投资于具体 PPP 项目。

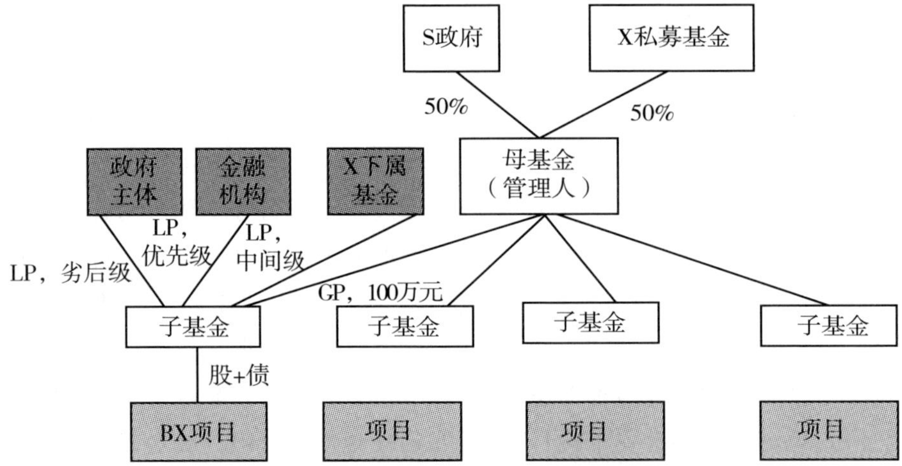

图 8.4　某私募股权基金投资 PPP 项目交易结构

PPP 基金投资涉及诸多疑难法律问题。在该架构设计过程中，我们曾就一

① 案例来源于本书作者参与实际操作的项目。

些疑难复杂问题展开过讨论，例如可否不设子基金，直接以母基金投资PPP项目（以下简称直投模式）。直投模式的优势在于避免新设子基金的手续繁累，但缺陷在于管理难度增加，尤其是当不同金融机构拟投资不同PPP项目，而各项目起始期间、收益率、风险均各不相同时，直投模式将难以统筹不同金融机构的需求。因此，在多个PPP项目的情形下，以母子基金形式更具优势，当然，若项目周期确定、融资主体和金额确定则可采直投模式。当然，基金投资架构设计过程中还面临着诸多法律问题，如股东借款可否被认定为资本金、车购税如何用于还款、政府与企业在基金管理架构中的权限分配等。

第五节　监管规定

一、政府性基金

（一）《政府投资基金暂行管理办法》

2015年11月12日，财政部发布《政府投资基金暂行管理办法》，对政府投资基金的设立、投资、运作和风险控制、预算管理等方面进行了规范。《政府投资基金暂行管理办法》涉及的重要内容有下列几个方面。

一是明确设立政府投资基金的设立领域。根据《政府投资基金暂行管理办法》，各级财政部门一般应在以下领域设立投资基金：支持创新创业、支持中小企业发展、支持产业转型升级和发展、支持基础设施和公共服务领域。

二是划定政府投资基金的业务禁区。根据《政府投资基金暂行管理办法》，政府投资基金在运作过程中不得从事以下业务：（1）从事融资担保以外的担保、抵押、委托贷款等业务；（2）投资二级市场股票、期货、房地产、证券投资基金、评级AAA以下的企业债、信托产品、非保本型理财产品、保险计划及其他金融衍生品；（3）向任何第三方提供赞助、捐赠（经批准的公益性捐赠除外）；（4）吸收或变相吸收存款，或向第三方提供贷款和资金拆借；（5）进行承担无限连带责任的对外投资；（6）发行信托或集合理财产品募集资金。

三是强化市场化运作，科学决策、共担风险。根据《政府投资基金暂行管理办法》，投资基金各出资方应当按照"利益共享、风险共担"的原则，投资基金的亏损应由出资方共同承担，政府应以出资额为限承担有限责任。政府可适当让利，但不得向其他出资人承诺投资本金不受损失，不得承诺最低收益。

四是允许政府出资适时退出、提前退出。根据《政府投资基金暂行管理办法》，政府投资基金中的政府出资部分一般应在投资基金存续期满后退出，存续期未满如达到预期目标，可通过股权回购机制等方式适时退出。政府的出资无须其他出资人同意即可提前退出的情形应预先约定在投资基金章程中，该等情形有：(1)投资基金方案确认后超过一年，未按规定程序和时间要求完成设立手续的；(2)政府出资拨付投资基金账户一年以上，基金未开展投资业务的；(3)基金投资领域和方向不符合政策目标的；(4)基金未按章程约定投资的。

(二)《关于财政资金注资政府投资基金支持产业发展的指导意见》

2015年12月25日，财政部就财政资金注资设立政府投资基金支持产业发展发布《关于财政资金注资政府投资基金支持产业发展的指导意见》，根据该指导意见，政府投资基金应合理运用、聚焦支持于重点产业，合理控制政府投资基金规模，不得在同一行业或领域重复设立基金。

(三)地方性规定

例如，《江苏省PPP融资支持基金实施办法(试行)》：(1)限定基金投资期限、明确回购主体：基金所投资具体项目期限不超过5年(包括回购期)。实行股权投资的，到期优先由项目的社会资本方回购，社会资本方不回购的，由市县政府方回购，并写入项目的PPP合作协议中。(2)回报机制财务优先与劣后的结构：财政出资人作为劣后级。如子基金年度收益不足以分配优先级出资人的固定收益部分，由省财政予以补足。(3)规定了投资决策管理委员会的组成人员和人数：由省财政厅、出资5000万元以上的市县财政局、其他出资人单位相关负责人等7人以上单数组成。(4)细化投资项目失败风险承担的顺序和比例：如投资项目失败，首先由基金管理机构承担10%的损失(最多不超过子基金管理费的2倍)，其次由省财政、市县财政以子基金的出资金额承担风险，项目的剩余损失由其他出资人在出资金额内按比例承担。

又如，《山东省政府和社会资本合作(PPP)发展基金实施办法》：(1)严格限定基金的投资范围：PPP发展基金的投资范围限于山东境内，投资重点为纳入省级PPP项目库且通过财政承受能力论证的PPP项目。(2)稳定回报权与投资决策权相分离：优先级社会出资人按约定取得稳定合理回报，但不直接参与基金投资的项目决策。基金管理机构(GP)依据合伙协议或公司章程，按照市场规则负责子基金投资项目决策和投后管理。

二、私募股权投资基金

私募基金监管法律体系分为法律、规章与自律监管规则,法律层面主要有《中华人民共和国证券投资基金法》《中华人民共和国证券法》《中华人民共和国公司法》《中华人民共和国合伙企业法》《中华人民共和国信托法》;规章层面主要有《私募投资基金监督管理暂行办法》;自律监管规则层面主要有 1 个公告、3 个办法、10 个解答,1 个公告指《关于进一步规范私募基金管理人登记若干事项的公告》(中基协发〔2016〕4 号),3 个办法指《私募投资基金管理人登记和基金备案办法(试行)》(中基协发〔2014〕1 号)、《私募投资基金信息披露管理办法》(2016 年 2 月 4 日)《私募投资基金募集行为管理办法》(2016 年 4 月 15 日),10 个解答指《私募基金登记备案相关问题解答》(一)至(十)。此外自律监管规则还包括 9 个指引和 28 项制度安排,限于本书篇幅,在此不再展开叙述。上述法律法规等规范性文件,形成了私募基金募集、投资、管理、退出全方位的监管体系。

2012 年 12 月 28 日公布、2013 年 6 月 1 日正式施行的《中华人民共和国证券投资基金法》,首次将非公开募集基金纳入监管范围,明确规定非公开募集基金应当向合格投资者募集,合格投资者累计不得超过 200 人。对非公开募集基金的监管采取登记备案制,非公开募集基金募集完毕,基金管理人应当向基金行业协会备案。

《私募投资基金监督管理暂行办法》确立了私募监管的登记备案、合格投资者认定、资金募集、投资运作、行业自律的规范。合格投资者为净资产不低于 1000 万元的单位、金融资产不低于 300 万元或者最近三年个人年均收入不低于 50 万元的个人。各类私募基金管理人应当根据基金业协会的规定,向基金业协会申请登记,报送信息。

根据《关于进一步规范私募基金管理人登记若干事项的公告》的规定,私募基金管理人应当依法及时备案私募基金。私募基金管理人应当通过私募基金登记备案系统及时履行私募基金管理人及其管理的私募基金的季度、年度和重大事项信息报送更新等信息报送义务。自 2016 年 2 月 5 日起,新申请私募基金管理人登记、已登记的私募基金管理人发生部分重大事项变更,须通过私募基金登记备案系统提交中国律师事务所出具的法律意见书;中国律师事务所依照《私募基金管理人登记法律意见书指引》指引出具《私募基金管理人登记法律意见书》,经办执业律师及律师事务所应在充分尽职调查的基础上,就 13 项内容逐项发表法律意见，并就对私募基金管理人登记申请是否符合中国基金业协会的相关要求发表整体结论性意见。《私募基金登记备案相关问题解答》第（一）至第（十）则为中国证券投资基金业协会针对私募基金管理人及私募基金产品登记备案时所遇到问题的有针对性的解答，鉴于本书篇幅，在此不再赘述。

表 8.1 相关规范性文件重点内容概览

序号	发文单位	文号	文件名	重点内容
1	全国人大常委会		《中华人民共和国证券投资基金法》	将非公募基金纳入监管范围，对非公开募集基金的投资者、基金管理人的登记、推介限制、合同条款，以及非公开募集基金的备案等做出明确严格的规定。
2	中国证券监督管理委员会	中国证券监督管理委员会令第 105 号	《私募投资基金监督管理暂行办法》	要求各类私募基金管理人均应当向基金业协会申请登记；各类私募基金募集完毕，均应当向基金业协会办理备案手续。基金业协会的登记备案，不构成对私募基金管理人投资能力、持续合规情况的认可；不作为对基金财产安全的保证。私募基金不强制托管，如果基金合同有明确约定，基金可以不进行托管。私募基金的管理人可以由基金份额持有人担任。
3	中国证券投资基金业协会	中基协发〔2014〕1 号	《私募投资基金管理人登记和基金备案办法（试行）》	明确私募投资基金管理人登记和私募基金备案的程序，规定了私募投资基金管理人登记、基金备案、从业人员管理、信息报送、自律管理等方面的要求，对私募投资基金业务活动进行自律管理。
4	中国基金业协会	中基协发〔2016〕4 号	《关于进一步规范私募基金管理人登记若干事项的公告》	取消私募基金管理人登记证明、加强信息报送、提交法律意见书。

中国基金业协会于 2016 年 4 月 15 日发布的《私募投资基金募集行为管理办法》，已自 2016 年 7 月 15 日起实施，明确了私募基金产品的募集程序和要求，并制定了募集专用账户、冷静期及回访确认等新的监管事项，确立了详细的募集程序以及各个操作环节的具体要求。该办法从私募基金募集环节的募集主体、募集程序、账户监督、信息披露、合格投资者确认、风险揭示、冷静期、回访确认、

募集机构和人员法律责任等九个方面进行了明确规定,构建了一整套行业标准和业务规范,堪称为史上最严私募新规。

因此,若采取设立私募股权基金的方式投资 PPP 项目,私募股权基金应向基金业协会履行登记手续,该基金的管理人应为在中国证券投资基金业协会备案的基金管理人,并由其办理基金产品的备案手续。私募基金的设立、募集需要符合私募基金监管法律体系各项规范性法律文件的要求。鉴于本书篇幅,有关私募基金登记备案等流程及相关要求,在此不再一一详述。

第九章
保　　险

第一节　保险资金投资基础设施的传统模式

基础设施投资风险小、收益稳定，拥有政府信用背书，是保险投资的传统领域。近年来，从发行数量和规模来看，基础设施债权计划都呈上升趋势，这与保险可投资金总量的不断上升、保险投资更加活跃的大背景有关。但是 2015 年基础设施债权计划发行数量和金额呈现双降趋势，这是财政体制改革后地方政府基础设施建设减缓的阶段性反映，从长期来看，基础设施仍然是保险资金投资的重点领域。2013 年保险资产投资基础设施债权投资计划 49 只，规模 1985.6 亿元，占当年总投资规模的 2.58%；2014 年保险资产投资基础设施债权投资计划 96 只，规模 2161.19 亿元，占当年总投资规模的2.31%；2015 年注册基础设施债权投资计划 42 只，规模 1027.45 亿元，占总规模的 0.92%。

根据《保险资金投资不动产暂行办法》第 2 条的规定，保险资金投资的不动产，是指土地、建筑物及其他附着于土地上的定着物。保险资金可以投资基础设施类不动产、非基础设施类不动产及不动产相关金融产品。保险资金投资基础设施类不动产，遵照《保险资金间接投资基础设施项目试点管理办法》及有关规定。因此，保险资金只能以间接投资方式投资基础设施。所谓间接投资，是指委托人将其保险资金委托给受托人，由受托人按委托人意愿以自己的名义设立投资计划，投资基础设施项目，为受益人的利益或者特定目的进行管理或者处分的

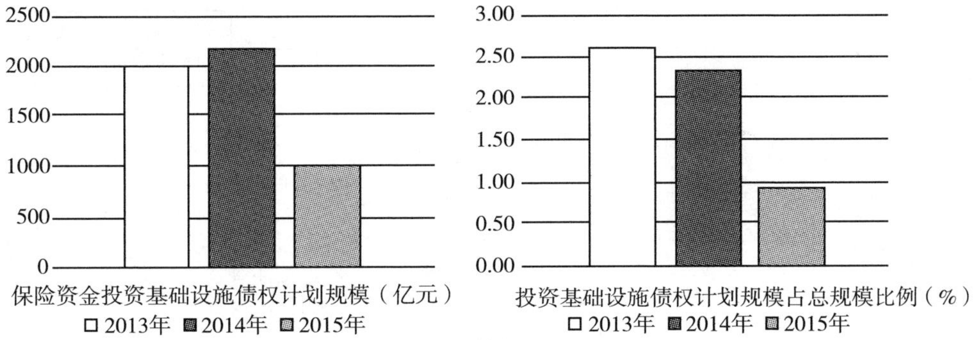

图 9.1　保险资金投资基础设施债权计划趋势

行为。投资计划是指各方当事人以合同形式约定各自权利义务关系，确定投资份额、金额、币种、期限、资金用途、收益支付和受益权转让等内容的金融工具。投资计划包括保险资管债权计划、保险资管股权计划、信托计划、券商资管计划、产业基金产品等，但实务中最常用的是保险资管债权计划和股权计划，尤其是以债权计划居多。

案例 9.1　“太平洋—中建某局”基础设施债权投资计划①

该计划投资于郑州郑新快速通道、郑州 G107 立交、新郑 G107 连接线、郑州郑新立交和洛阳 G310 公路 5 个省级重点建设项目，投资期限为 7 年，投资规模为 20 亿。投资收益为 5% ~6%，固定利率，投资计划利息按季支付，分四次等额还本。债权投资计划存续期内，投资计划年管理费为 15BP。增信方式为 B 类增级，由母公司（央企上市公司）提供无条件不可撤销连带责任保证担保，产品信用评级为 AAA。

① 案例来源于本书作者参与实际操作的项目。

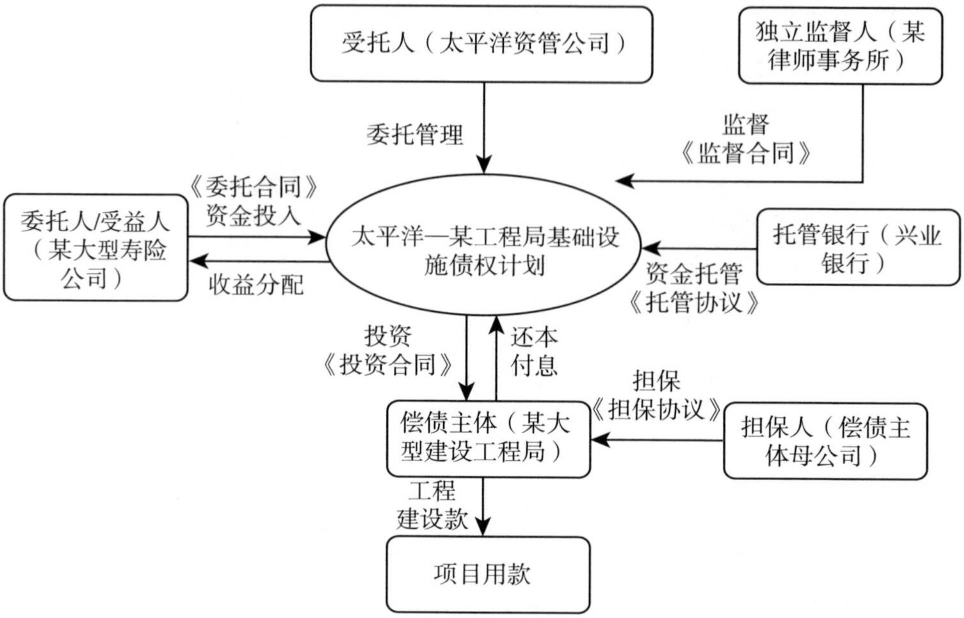

图 9.2　某保险公司联合某建设公司发行基础设施债权计划结构

案例 9.2　“人保资产—中国铁建”基础设施股权投资计划①

该项目投资于“一带一路”经济带国内段涉及的西部九省、东部五省、中部二省区域铁路、公路等国家级或省级重点基础设施项目，投资期限为 5 年，目标发售规模为 50 亿元，其中委托人认购 10 亿元。项目的预期收益为：LP 固定收益 7% ~8%，受益人预期收益（X ~0.4）%；投资期满一次性反本，按季度分红。由 GP 的母公司（央企上市公司）出具承诺函为项目增信，承诺 5 年投资期满回购 LP 投资本金，并对投资收益承担差额补足义务。

① 案例来源于本书作者参与实际操作的项目。

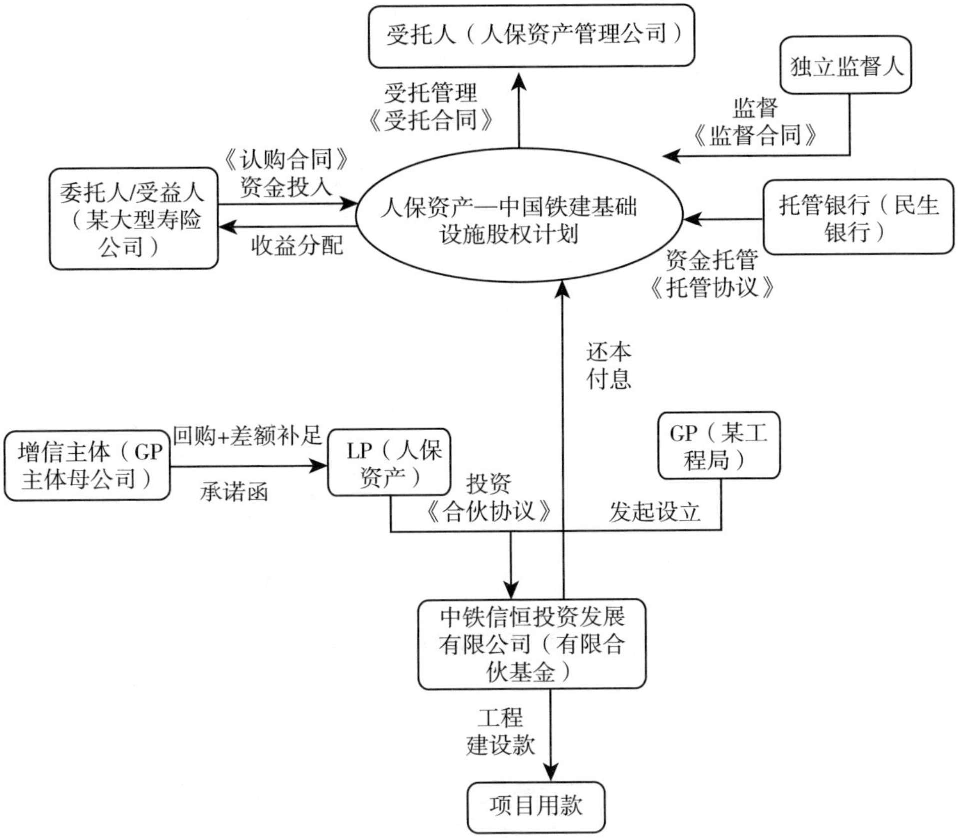

图 9.3　某保险公司联合某建设公司发行基础设施股权计划结构

第二节　保险资金投资 PPP 项目的新路径

2015 年,我国保险资金投资基础设施总额增速同比下降,债权计划投资规模也有所下滑,这与同期全国基础设施投资增速放缓不无关系,也与国家对地方政府性债务严格管控相关(见图 9.4、图 9.5、图 9.6)。

自 2014 年底国务院在基础设施和公共服务领域推行 PPP 模式以来,基础设施供给模式已发生重大变革。根据财政部网站数据,截至 2016 年 6 月末,我国入库 PPP 项目达到 9285 个,总投资额 10.6 万亿元,已落地项目 619 个,投资额 1 万多亿元。

然而,保险资金参与 PPP 项目尚处于探索起步阶段。一方面,部分从业人士认为 PPP 投资相对较大、责任较重；另一方面，项目方认为险资比较依赖 AAA 企业增信，资金成本较高，融资优势不明显。资金端的谨慎与项目端的期望，一定程度上共同造成了险资投资 PPP 落地较难的局面。

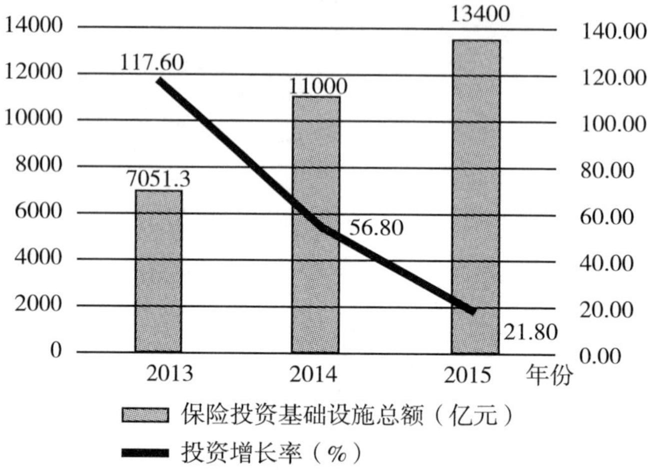

图 9.4　保险资金投资基础设施变化①

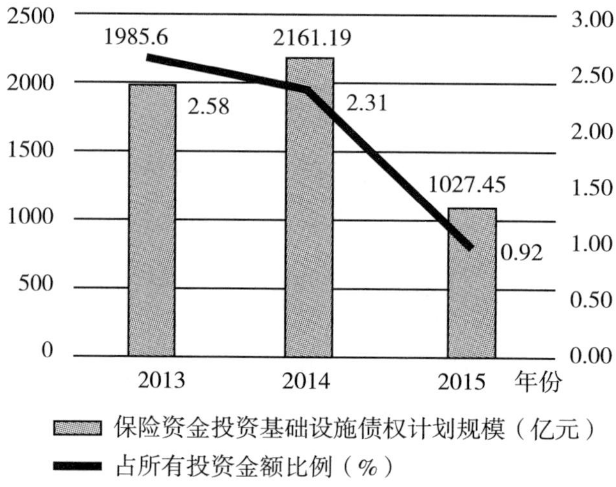

图 9.5　保险资金投资基础设施债权计划变化②

① 资料来源于国家统计局、保监会网站：《中国保险业年鉴》（2013、2014）。
② 资料来源于国家统计局、保监会网站：《中国保险业年鉴》（2013、2014）。

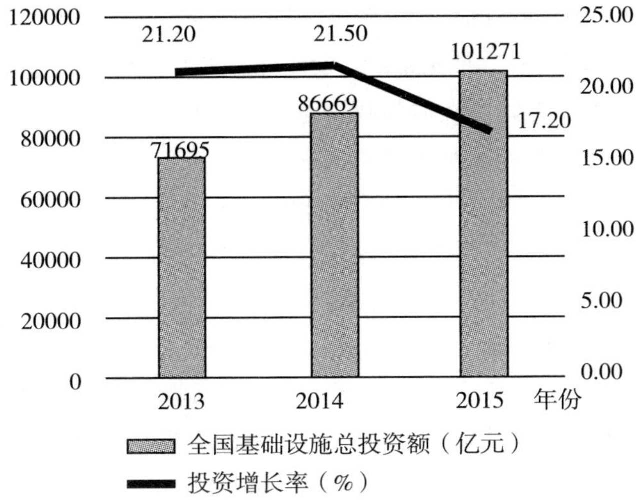

图 9.6　全国基础设施投资变化①

政府与社会资本合作(PPP)是公共服务供给机制的重大创新,政府采取竞争性方式择优选择具有投资、运营管理能力的社会资本,与社会资本在基础设施和公共服务领域建立利益共享、风险共担的长期平等合作关系,负责价格和质量监督;社会资本承担投资、建设、运营、维护等大部分职责,通过使用者付费或政府付费获得"合理"回报。

2014 年国发 43 号文终结了地方融资平台为地方政府融资输血的身份,2015 年预算法改革更将地方政府债务纳入全口径预算管理。在经济下行的背景下,要"稳增长",政府须大力创新融资方式,积极推广 PPP 模式。可见,从这个角度来看,PPP 模式本质上是一种新型融资方式。

实际上,险资与 PPP 项目具有天然匹配性。一是险资(尤其是寿险和养老险)在投资期限上具有其他机构无法比拟的优势。PPP 投资期长达几十年,银行可释放的中长期贷款空间有限,其他机构亦面临期限错配的风险,但险资投资期限可长达 10 ~ 30 年。二是险资风险偏好较低,PPP 属于以政府信用为背书的政企合作项目,在经济下行、企业违约率提升的宏观背景下,与其他投资相比更为安全。三是险资与追求高利润率的私募基金等资金不同,要求相对适中、稳健的资本回报率,与 PPP 项目防止暴利原则恰好吻合。四是险资不同于银行多采固

① 资料来源于国家统计局,载国家统计局官网 http://www.stats.gov.cn/,最后访问日期:2016 年 10 月 1 日。

定利息方式，而 PPP 项目中政府预算多采固息方式，避免了利息波动风险。此外，险资投资 PPP 还具有其他附加利益，例如可销售建筑工程保险，优化政企关系，在大病保险、农业保险等领域与政府建立合作关系。

2016 年 7 月 3 日，保监会修订并颁布了《保险资金间接投资基础设施管理办法》，进一步明确规定险资可以投资 PPP 项目，在可投项目标的、项目增信等方面进一步放宽了 PPP 项目投资。据悉，保监会大力支持险资投资 PPP 项目，鼓励保险公司先行先试，而且正在酝酿制定险资投资 PPP 的监管办法。

笔者大胆预判，在基础设施供给模式转为 PPP 模式后，在资产荒背景下缓解资产负债匹配压力的驱动下，在保险监管新政进一步鼓励 PPP 投资的形势下，旧有以担保为核心的债权投资增信模式可能会发生变化，险资投资 PPP 项目具有广阔的前景。

下文将重点分析监管新政背景下保险资金投资 PPP 项目的介入方式、风控要点，并对保险投资监管提出若干建议。

一、险资应对策略：大胆尝试，小心前进

PPP 是公共产品供给服务的改革，有助于提升公共产品供给的质量和效率，适度规模的 PPP 项目和良好的组织运行有助于充分发挥基础设施供给对经济发展的溢出效应。

其实，PPP 并不神秘，也不可怕，但复杂程度相对较高。与传统建筑工程项目相比，PPP 项目主要有以下特点。

一是政府与社会资本职责分工不同。传统项目中政府往往是“运动员”，承担融资、运营和建设前期工作；而 PPP 项目中，融投资、建设、运营、维护等大部分工作交由社会资本，政府是承担“监督者”和必要时候的“付费者”角色。

二是风险负担不同。职责不同导致了风险负担不同，为保障社会资本的合理回报率，PPP 项目投资期限达到几十年，不可知因素较多，社会资本须承担全部商业和市场风险。但是，适当的合同条件设置完全可以控制项目风险。

三是融资方式不同。传统建设工程项目是以企业信用或政府信用作为信用基础，符合条件的施工单位出具担保或政府出具承诺函即被金融机构认可；而真正的 PPP 项目主要看项目信用，以项目现金流作为信用基础，股东以出资额为

限承担有限责任，又被称为“有限追索权”的项目融资。

四是运作程序不同。传统政府采购项目按照政府采购法、招投标法等法律法规运作；而 PPP 项目在进入竞争性程序之前，须履行“物有所值评价”和“财政承受能力论证”，制定 PPP 项目实施方案报市级人民政府批准，政府付费或补贴项目还需履行人大预算决议程序，这就导致 PPP 项目准备阶段时间较长，往往长达 3 ~ 6 个月。此外，PPP 项目边界条件往往不清晰，需政企双方对合作条件进行深入、长期的谈判、磋商。国外统计数据显示，一个 PPP 项目前期程序成本比非 PPP 项目往往高出 10%。

因此，笔者认为对待本轮 PPP 热潮，险资应该“大胆尝试”，同时“小心前进”。“大胆尝试”意味着险资积极参与分享 PPP 盛宴，而“小心前进”意味着在风险可控的前提下以适当的方式参与。

二、如何筛选 PPP 项目

PPP 项目良莠不齐，个别地方政府几乎将所有当前和未来的基建项目都纳入 PPP 库中。如果项目选择不慎，很可能成为接盘侠。因此，筛选 PPP 项目是投资成功的前提。笔者认为可从政府信用、项目现金流、施工单位信用、项目合法合规性四方面入手。

（一）政府信用

PPP 项目分经营性项目、准经营性项目和非经营性项目。经营性项目是指自身产生的现金流足以覆盖项目成本和收益的项目，例如地下管廊、综合开发的城市轨道交通、污水处理、部分高速公路项目。准经营性项目是指除项目自身产生的现金流外，还需要政府补贴的项目，例如体育馆、欠发达地区高速公路项目。非经营性项目是指自身并无收益，需政府全额付费的项目，例如公立医院、公立学校、图书馆、监狱项目。

政府付费“非经营项目”和政府补贴“准经营项目”都须地方财政投入，因此地方政府的财政实力是衡量 PPP 项目能否成功运行的重要指标。即使是纯用户付费的“经营性项目”，由于 PPP 项目多为涉及国计民生的大型基建工程，地方政府的关注和隐性信用背书也至关重要。

地方财政实力可通过近年 GDP、一般公共预算收入衡量，当然地方债务是更为重要的指标，然而数据通常不可得，特别是隐性债务无从知晓。

考察政府实力后，更为重要的是要求政府将财政支出列入当年财政预算和中期财政规划，根据《预算法》等相关规定，必须由地方人大出具决议方为有效。

此外，还须关注当地财政承受能力，财金〔2015〕21号文指出，每一年度全部PPP项目需要从预算中安排的支出责任，占一般公共预算支出比例应当不超过10%。

（二）项目经济强度

评判经营性项目和准经营性项目必须考虑项目自身经济强度，深入评价项目端往往不是金融机构的强项，个别机构几乎不看项目自身经济强度，偏重主体信用，这就人为限缩了可投项目标的。其实，水务、管廊、部分高速公路、综合开发模式运作的轨道交通等项目是非常优质的经营性项目，多数情况下其自身现金流足以覆盖全部投资成本和收益。

较为复杂的是准经营性项目。一种是政府支付不足，须利用项目经营收入弥补的。例如，笔者操作过一个旅游产业园项目，政府支付仅涉及80%建设成本，其余建设成本、运营成本、融资成本和利润需靠商业风情街运营收入补足，此时须对项目经营前景做专业分析。

另一种是政府补贴不足，主要靠项目自身收入弥补的。例如，多数经济强度不高的高速公路项目，政府仅承担《工程可行性研究报告》中最低流量保障，但其测算可能较为宽松，因此对该路收费市场前景的判断至关重要，此外合同中项目唯一性、调价等条款的具体规定也十分重要。

若经评价认为存在风险敞口，建议考虑通过差额补足等增信途径加以弥补。无论如何，与传统基建投资不同，PPP项目投资要求投资机构中存在了解项目端的专业人士。

（三）企业资信

在施工单位信用方面，施工方最好为大中型建筑商，其施工管理较为成熟，容易控制建设风险。

根据笔者的从业经验，有些大型建筑商对某些项目类型也很缺乏运营经验，尤其是体育场等特殊设施的运营，因此具体项目中还须进行深入尽职调查，通过组建联合体、引入经验丰富的合作方避免运作经验的不足。

当然，如果施工单位为私企或地方国有建筑商，则须考虑其相应施工资质等级、过往业绩等情况，并结合地方政府信用情况，综合判断其是否具有控制建设运营风险的实力。

（四）项目合法合规性

当前直接规范 PPP 的法律依据效力层级不高，主要是各部委自 2014 年开始发布的一系列规范性文件。PPP 项目在运作过程中还受到政府采购法、招投标法、预算法、价格法等法律及相关法规的约束。任何环节的违法违规均可能造成 PPP 项目被推翻重来或合作中止，因此投资 PPP 项目应注意项目的合法合规性。

例如，就参与主体而言，财金〔2014〕113 号文、国发〔2015〕42 号文、财金函〔2015〕47 号文、发改〔2014〕2724 号文对于什么主体能够代表政府出资、什么主体能够作为社会资本方有明确规定，突破其规定的交易架构将来可能被认定为违规。

再如，PPP 项目操作程序应符合法律法规规定，依照立项入库、物有所值评价、财政承受能力论证、审批等程序，通过法律法规规定的竞争性方式选择社会资本。如，实务中对于竞争性磋商能否适用“二招并一招”的规定实践中存在争议，有的政府采从严解释，有的政府则从宽解释。如果采购程序上出现合规瑕疵，则中标结果将被推翻，后果十分严重。

又如，财金〔2015〕57 号文规定，对合作期限、BT 模式、保底承诺、回购等问题做出了明确规定。

此外，PPP 项目还须遵守各地方政府出台的 PPP 规范文件。尽管此类文件效力层级不高，但程序瑕疵却可能引发争议，甚至影响项目的顺利落地和推进。

最后，上述四要素的判断还可以结合 PPP 入库情况。如果项目入了财政部库或发改委库，通常条件比较优越，因为中央库的审核条件较严，如果项目入了省库，也是条件较好的项目。

三、PPP 项目投资模式

目前保险资金投资 PPP 项目的案例非常少，参照其他金融机构投资 PPP 项目的模式，笔者认为保险资金可采取间接投资或直接投资的方式介入 PPP 项目（见图 9.7）。间接投资是指不直接投资于 PPP 项目公司，而是以向施工单位进行债权融资，或与施工单位成立企业基金，或认购政府基金等形式间接投资 PPP 项目。而直接投资是指直接对 PPP 项目公司进行股权、债权或股债结合的融资。下面将详解各种模式，供各保险机构参考。

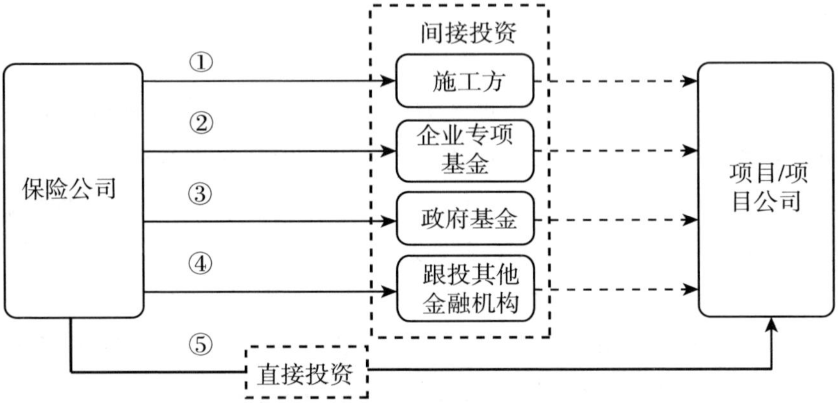

图 9.7 保险资金投资 PPP 项目模式

（一）间接投资模式

1. 向施工单位提供债权融资，由施工单位提供担保

该模式是险资投资基础设施的传统方式。例如，太平洋与中建某局成立的投资于河南省五条市政路的债权计划，增信方式是偿债主体母公司提供连带责任担保。其优点在于施工单位可自行决定资金的使用方式，缺点在于仍然是基于股东信用的融资，未体现出 PPP 模式的特征。施工单位出于降低资产负债率的考虑，往往不愿意提供担保，即使能够提供担保也会选择银行这一低成本资金，因此传统模式难以为继。

2. 与施工单位成立专项企业基金，由施工单位或项目端提供增信

该模式是指险资与施工单位（实业资本）共同成立产业基金投资于 PPP 项目，该模式的优点在于可以放大杠杆率，同时避免金融机构直接投资 PPP 项目的风险，促进 PPP 项目落地。该模式已成为金融机构介入 PPP 项目的主要方式之一，但险资介入不多。

该模式与传统基础设施股权计划有相似之处，区别在于交易结构更为复杂多样，增信方式更为灵活。传统股权计划仍然依赖 AAA 级企业增信，如人保资产与中铁某局成立的投资于其承接的国家或省级重点项目的股权计划，工程局

做GP，人保认购有限合伙企业的LP份额，工程局母公司提供差额补足和回购承诺。笔者认为，在利率下行的新经济背景下，传统股权计划模式增信方式过于机械，吸引力不足，有必要做出转型。企业基金模式存在多种形态，笔者在实务中接触到的有以下几种。

一是金融机构主导型。例如，兴业基金与厦门市轨道交通集团共同成立厦门城市发展产业基金投资于当地PPP项目，兴业基金下属公司担任GP，兴业基金担任优先级LP，轨道交通集团担任次级LP，并对优先级承担差额补足和回购义务。

二是金融机构与实业资本共同主导型。例如，某建设公司与银行系基金公司共同成立GP管理人，建设公司任劣后LP，并承担差额补足和回购义务。

三是实业资本主导型。例如，中交建下属基金公司与政府共同成立GP，政府做中间级LP，基金公司做劣后级LP，增信方式来源于PPP项目自身现金流。

3. 认购地方政府PPP引导基金LP份额，由地方政府出具增信

继2015年以来，中央和地方政府先后成立了多支PPP政府引导基金，如500亿元额度的中央引导示范性PPP基金，财政部与十大金融机构成立了1800亿元额度的中国政企合作投资基金股份公司（中国人寿（集团）公司为发起人之一）。此外，山西、山东、江苏、河南等省级政府相继成立PPP政府引导基金，中央和省级PPP基金多投资入部库和省库的PPP项目。

政府引导基金多采取单层基金或母子基金形式（见图9.8）。单层基金形式是指省级政府、金融机构或社会资本共同成立基金，直接投资PPP项目，如河南省与四川省。母子基金形式是指省级母基金设立子基金，引入市、县级政府财政资金和金融机构资金。两者相比，母子基金的形式放大了杠杆率，且在项目管理方面更为灵活。

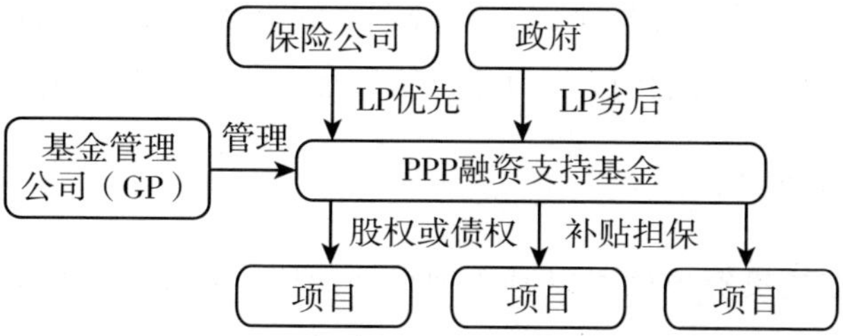

图9.8　地方政府PPP引导基金单层基金模式

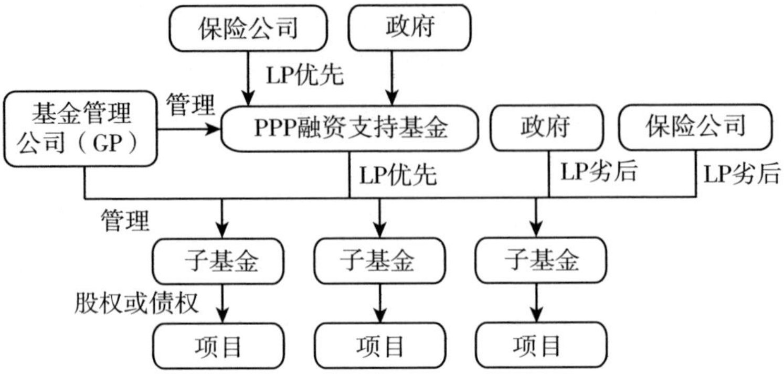

图 9.9　地方政府 PPP 引导基金母子基金模式

政府引导基金多由地方政府作为劣后级资金方，金融机构作为优先级，并采“固定 + 浮动”的收益回报方式，由地方政府对金融机构的固定收益承担差额补足义务。对于金融机构的股权投资，政府基金通常要求首先由社会资本承担回购义务，其次由市县级政府承担补充回购义务。政府引导基金与企业基金相比，具有政府财政增信的优势，笔者认为是优质投资标的。但各地政府基金的具体规定不同，投资政府基金须因地制宜。

4. 跟投银行等金融机构，借助其他金融机构信用

保险资金还可以考虑跟投大型银行的形式。因为大型银行介入 PPP 项目较早，形成了较为完善的项目识别、筛选、审批机制，险资跟投银行可以避免在项目筛选、前期工作上的过多投入，当然，前提是确认合作银行项目筛选标准符合险资投资要求。此外，银行有坏账准备机制，对 PPP 项目风险承受能力较高，一些项目的增信条件银行可接受，但险资未必能够接受，因此险资可借助银行的信用加强项目增信。对于银行而言，PPP 项目期限长，银行存在期限错配风险，也愿意引入保险资金作为优先级资金，共同完成项目投资。此外，险资还可以考虑与信托机构合作，替换信托资金以二次融资方式介入；也可以考虑与产业基金合作，投资其筛选的大型项目，以节约项目筛选成本、降低投资风险。

（二）直接投资模式

通过基金方式投资虽然可以避免项目搜索成本和筛选、谈判风险，但基金端本身存在运营成本，会削减投资收益，而且若各方对项目投资和基金管理存在分歧，还可能出现效率问题；而直接投资于项目公司则可以避免此类风险。目前也

有不少金融机构采取此方式,如五矿与中建一局二公司成立联合体中标沈抚新城项目。直投模式要求险资擅长项目筛选、熟悉项目运作,对其投资能力要求较高。直投模式下存在如下多种介入方式。

1. 财务投资人或社会资本方

不少人认为险资只能以社会资本方身份投资PPP项目公司,这也是一些保险机构对PPP投资望而却步的原因,因为社会资本方责任重、风险大。其实,金融机构参与PPP项目有两种方式,一种是作为社会资本方,另一种是作为财务投资人,也就是融资方。

社会资本方是本轮PPP热兴起后金融机构投资基建项目的新形式,是指与政府在基础设施和公共服务领域开展长期合作,承担融资、设计、建设、运营等大部分工作,并通过“使用者付费”及必要的“政府付费”获得合理投资回报的参与方。

以社会投资人身份投资的优势在于,在资产荒的背景下可以提前锁定项目。但需承担社会资本方的风险,遵守政策法规关于PPP项目社会投资人的规定,例如,须通过竞争性程序中标才能成为社会资本方,须遵守法规关于合作期和退出方式的限制。

财务投资是金融机构参与建设项目的传统方式,其仅为PPP项目提供融资,不承担PPP项目设计、建设、运营、维护等工作,仅作为借款人提供全部或部分项目建设、运营资金。财务投资的优点在于风险小、责任轻、前期成本低、退出不受限制。

在项目锁定概率相同的情况下,笔者建议以财务投资的方式介入。笔者翻阅国外PPP融资资料发现,保险资金作为风险偏好更低、更为保守的资金,往往作为替换资金进入二次融资,即以购买债券等形式介入。因为PPP项目前期谈判成本高、不少项目终止于谈判阶段。在国外第一阶段融资主力是银行,因为银行可以为项目提供财务顾问服务,而且银行往往是以融资方的身份介入。财务投资并不排斥股权投资,并不会导致无法进行资本金融资的后果。

2. 单独投资或联合投资

在不得不采取社会资本方形式介入的情况下,险资仍须选择是单独作为社会资本方,还是与施工单位组成联合体投标。单独投资模式早有先例,例如邮储银行通过竞争性磋商程序中标济青高铁,然后再通过招投标程序选择社会资本方。该模式的弊端在于投资机构风险过重,须承担建设、运营风险;优点在于可以控制建设成本,提升整体利润率。笔者不建议险资单独投资PPP项目,因为利润提升的收益很可能无法弥补风险成本。

联合投标是指投资机构联合施工单位、运营单位等主体组成联合体，共同参与社会投资人的竞标，并共同成为社会投资人。此模式的案例非常多，例如上海建工与锐懿资产组成联合体中标温州瓯江口新区市政路 PPP 项目。联合投标模式有利于分散建设运营风险，而且增加中标机会。缺陷在于《招标投标法》第 31 条规定，“联合体中标的，联合体各方应当共同与招标人签订合同，就中标项目向招标人承担连带责任”，当然实务中也有应对措施。

3. 股权投资或债权投资

股权投资是指险资直接作为 PPP 项目公司的股东，债权投资是指为项目提供建设运营资金。根据相关规定，项目资本金高达总投资的 20% ~30%，由于施工单位垫资能力有限，资本金融资在市场上有很大需求。《保险资金间接投资基础设施管理办法》出台后，险资投资项目资本金的障碍已清除。

但股权投资风险较大，一是除非名股实债，否则无法取得固定收益；二是退出机制受限。险资的性质决定了其对投资安全性要求很高，然而 57 号文禁止政府保底承诺和回购，笔者建议可通过施工单位差额补足、承诺回购等形式达到明股实债的效果。

当然这又会走到传统基础设施偏重主体信用的老路上去。笔者认为在有限追索的项目融资形成气候之前，综合项目融资与股东信用融资的混合增信模式恐怕是较为现实的选择。

4. 项目信用融资或股东信用融资

除财务投资人和社会投资人身份不同外，保险资金介入 PPP 项目还须解决是项目信用融资还是股东信用融资的问题。在保险资金投资基础设施的传统模式中，股东增信是必备条件。例如，在前述案例一债权计划中，担保人为作为央企、上市公司的偿债主体的母公司；而在案例二股权计划中，回购和差额补足承诺函出具主体为作为央企、上市公司的某工程局的母公司。然而，PPP 项目是以项目融资作为其基本特征，即以项目本身现金流作为融资担保。目前一些银行已经转向项目融资模式，对于省会城市、较大的市以及一般公共预算收入在一定金额以上的市，若地方政府纳入财政预算并出具人大决议，则可不要求施工单位提供母公司担保。经济实力较强的城市的财政预算可以视为项目现金流的有力保障，保险公司可借鉴此模式。当然，更多的时候是项目融资与相关主体信用增级相结合的模式，例如符合条件的地方政府融资平台信用增级或施工单位信用增级。在我国,真正意义上的项目融资还不存在,项目再融资渠道有限,项目融资还不发达。笔者认为,保险公司可采取渐进方式投资 PPP 项目,目前可仍采取传统增级模式,适当考虑信用增级。

第三节　保险资金投资 PPP 项目监管规定

PPP 其实是供给方式的改革,但对于金融机构投资而言,仍须遵守目前法律法规有关基础设施投资、项目融资、不动产投资的相关规定。2016 年 7 月 3 日,保监会发布了《保险资金间接投资基础设施项目管理办法》(以下简称《新办法》),替代旧有的《保险资金间接投资基础设施项目试点管理办法》(以下简称《试点办法》),本部分将二者进行对比,指出新办法的修改之处。

一、对基础设施投资的监管要求

(一)对拟投资标的的要求

根据《试点办法》,保险资金可投基础设施范围仅限于交通、通信、能源、市政、环境保护等国家级重点基础设施项目,实务中省级重点项目也可以投资。所投基础设施应符合以下条件:(1)符合国家产业政策和有关政策;(2)具有国家有关部门认定最高级别资质的专业机构出具的可行性分析报告和评估报告;(3)具有或者预期具有稳定的现金流回报;(4)具备按期偿付本金和收益的能力,或者能够提供合法有效的担保;(5)已经投保相关保险;(6)项目管理人(以下简称项目方)控股股东或者主要控制人,为大型企业或者企业集团,且无不良信用记录;(7)项目方取得有关部门颁发的业务许可证;(8)中国保监会规定的其他条件。

《试点办法》对在建基础设施项目还规定了以下条件:(1)自筹资金不得低于项目总预算的 60%,且资金已经实际到位;(2)项目方资本金不得低于项目总预算的 30%,且资金已经实际到位。保监会明令禁止投资的范围有:(1)国家明令禁止或者限制投资的;(2)国家规定应当取得但尚未取得合法有效许可的;(3)主体不确定或者权属不明确等存在法律风险的;(4)项目方不具备法人资格的;(5)中国保监会规定的其他情形。

在《新办法》出台前,上述条件中,比较容易出问题的是:(1)有关保险的规定,一些建设项目在融资初期不会马上购买保险;(2)有关 30% 以上资本金的规定，国务院于 2015 年调整了资本金比例规定，根据《关于调整和完善固定资产投资项目资本金制度的通知》（国发〔2015〕51 号），（1）城市和交通基础设施项目：城市轨道交通项目由 25% 调整为 20%，港口、沿海及内河航运、机场项目由 30% 调整为 25%，铁路、公路项目由 25% 调整为 20%。（2）房地产开发项目：保障性住房和普通商品住房项目维持 20% 不变，其他项目由 30% 调整为 25%。（3）其他工业项目：玉米深加工项目由 30% 调整为 20%，化肥（钾肥除外）项目维持 25% 不变。（4）产能过剩行业项目：钢铁、电解铝项目维持 40% 不变，水泥项目维持 35% 不变，煤炭、电石、铁合金、烧碱、焦炭、黄磷、多晶硅项目维持 30% 不变。（5）电力等其他项目维持 20% 不变。如果维持保监监管规定 30% 以上资本金的要求，则意味着可投项目范围可能较狭窄。

《新办法》将可投项目范围拓展至一切基础设施项目，并删除《试点办法》有关项目资本金和自筹资金的强制性要求，拓宽了保险资金可投项目范围，使保险资金可提前介入项目资本金融资。

（二）对各投资参与主体的要求

保监会对各投资参与方也有要求，基础设施投资应具有以下结构：委托人（保险公司）委托受托人（保险资管公司、信托公司、产业基金等）投资，托管机构进行托管，独立监督人进行监督，项目受益人既可以是委托人也可以是其他主体（如图 9.10 所示）。

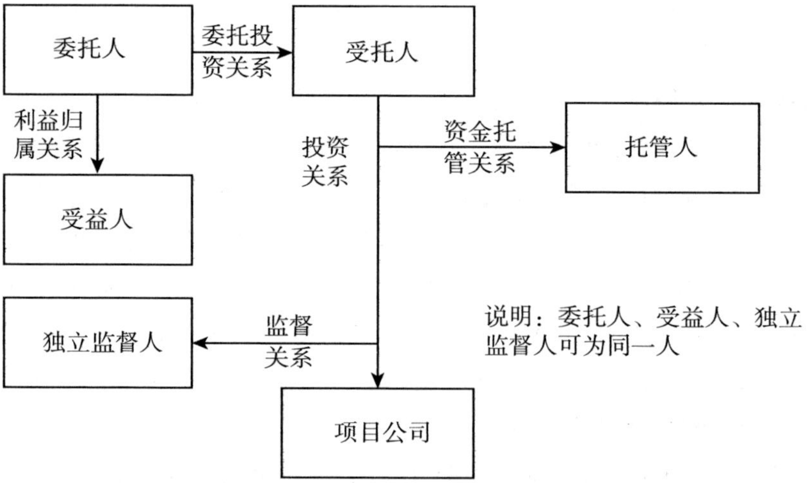

图 9.10　保险投资 PPP 项目主体结构

1. 委托人

不是所有的保险公司都可以成为基础设施投资项目的委托人。《试点办法》对委托人的要求是:(1)内部管理和风险控制制度符合《保险资金运用风险控制指引(试行)》规定,且执行规范;(2)建立了项目评估和风险监测制度;(3)引入了投资计划财产托管机制;(4)拥有一定数量的相关专业投资人员;(5)最近3年无重大投资违法违规记录;(6)偿付能力符合中国保监会有关规定;(7)风险管理符合本办法第九章的有关规定;(8)中国保监会规定的其他条件。保险机构委托保险资产管理公司等专业管理机构,代其履行委托人相关权利义务的,不受前款第(4)项限制。笔者认为其他条件较容易达成,最重要的是三年内无重大投资违法违规记录。

《新办法》对委托人的要求与旧办法无实质性差别,只是增加了一条即具有公司董事会或者董事会授权机构批准投资的决议。

2. 受托人

《试点办法》对受托人的要求是:(1)具有国家有关监管部门认定的最高级别资质;(2)具有完善的公司治理结构,信誉良好,管理科学;(3)具有完善的内部管理、风险控制、操作流程及内部稽核监控制度,且执行规范;(4)具有完善的基础设施项目评估、甄选及管理体系;(5)具有独立的外部审计制度及定期审计安排;(6)具有足够数量的基础设施项目投资管理人员,重要岗位人员专业经验丰富;(7)具有投资计划风险管理责任人,建立了风险责任认定及责任追究制度;(8)董事会和高级管理人员具备对业务人员和投资计划执行的有效监控制度;(9)最近2年连续盈利;(10)最近3年无到期未偿还债务、未发生到期不履约现象、无挪用受托财产等违法违规行为;(11)中国保监会规定的其他条件。而且受托人与托管人、独立监督人不得为同一人,且不得具有关联关系。

根据《试点办法》,信托公司作为受托人的,还应当满足:(1)注册资本金不低于12亿元人民币,且任何时候都维持不少于12亿元人民币的净资产;(2)具有从事基础设施项目投资的丰富经验;(3)原有存款性负债业务已经全部清理完毕,未发生新的存款性负债或者未办理以信托等方式变相负债的业务;(4)自营业务资产状况和流动性良好,符合有关监管要求;(5)完成重新登记3年以上;(6)中国保监会规定的其他审慎性条件。

根据《试点办法》,产业基金作为受托人的,还应当满足:(1)注册资本金不低于12亿元人民币,且任何时候都维持不少于12亿元人民币的净资产;(2)具有从事基础设施项目投资的丰富经验；(3)中国保监会规定的其他审慎性条件。

《新办法》删除了《试点办法》对受托人资质的要求，仅规定“受托人，是指根据投资计划约定，按照委托人意愿，为受益人利益，以自己的名义投资基础设施项目的信托公司、保险资产管理公司、产业投资基金管理公司或者其他专业管理机构”。受托人与托管人、独立监督人、融资主体不得为同一人，且受托人与独立监督人、融资主体不得具有关联关系。

3. 独立监督人

根据《试点办法》，能够担任独立监督人的主体为：(1)投资计划受益人；(2)最近一年国内评级在 AA 级以上的金融机构；(3)国家有关部门已经颁发相关业务许可证的专业机构；(4)中国保监会认可的其他机构。担任独立监督人的条件有：(1)具有相关领域内国家有关部门认定的最高级别资质；(2)具有良好的诚信和市场形象；(3)具有完善的内部管理、项目监控和操作制度，并且执行规范；(4)具备承担独立监督职责的专业知识及技能；(5)从事相关业务 3 年以上并有相关经验；(6)近 3 年未被主管部门或者监管部门处罚；(7)中国保监会规定的其他条件。实务中也有律师事务所作为监督人的实例。《新办法》对独立监督人的条件变化不大。

此外，对于托管人，新旧办法均要求取得托管资质；对于受益人，无特别资质要求，委托人也可以作为受益人。

(三)不同投资形式的要求

《试点办法》对各种投资形式的控制决策权、信用等级、担保等都有要求。

以债权方式投资的要求：应当取得担保，担保方式可以为保证、抵押、质押、留置和定金等。(1)提供保证担保的担保人，应当是国内信用评级机构最近一年评级在 AA 级或者相当于 AA 级以上的金融机构，也可是上年末净资产达到 200 亿元人民币以上的非金融机构；(2)提供抵押担保的，抵押担保的债权不能超过抵押物价值的 50%。

以股权方式投资的要求：(1)必须取得对所投资的项目的决策权；(2)必须取得项目方的至少一个董事席位；(3)确保具有可执行的股权退出机制。

以转让收益权、经营权及其他可行方式投资的则要求：(1)确保与受让权利相关的基础设施财产权属完整，且没有他项权利请求；(2)确保与受让权利相关的基础设施财产的所有权人承诺，对因该基础设施财产引发的债务承担无限连带赔偿责任;(3)取得最近一年国内信用评级在AA级或者相当于AA级以上的金融机构或者上年度末净资产在200亿元人民币以上的非金融企业提供的担保。

《新办法》取消了上述三条要求,仅要求受托人应当建立有效的风险控制体系,覆盖项目开发、项目评审、审批决策、风险监控等关键环节。受托人董事会负责定期审查和评价业务开展情况,并承担风险管理的最终责任;健全投资问责制度,建立风险责任人机制,切实发挥风险责任人对业务运作的监督作用,受托人向委托人、受益人和中国保监会提交相关报告,须由风险责任人签字确认;建立相应的净资本管理机制和风险准备金机制,确保满足抵御业务不可预期损失的需要,风险准备金从投资计划管理费收入中计提,计提比例不低于10%,主要用于赔偿受托人因违法违规、违反受托合同、未尽责履职等给投资计划财产造成的损失。不足以赔偿上述损失的,受托人应当使用其固有财产进行赔偿。

(四)基础设计债权计划信用增级要求

《试点办法》对基础设施债权计划的信用增级有明确规定,必须以规定的三类方式进行增级,而《新办法》删除了有关担保的增信措施。保监会表示随后将出台险资投资PPP的办法,旧有的增信机制可能会发生变化。

二、对非基础设施不动产的监管要求

(一)对拟投资标的的要求

《保险资金投资不动产暂行办法》第11条规定:“保险资金可以投资符合下列条件的不动产:(1)已经取得国有土地使用权证和建设用地规划许可证的项目;(2)已经取得国有土地使用权证、建设用地规划许可证、建设工程规划许可证、施工许可证的在建项目;(3)取得国有土地使用权证、建设用地规划许可证、建设工程规划许可证、施工许可证及预售许可证或者销售许可证的可转让项目;(4)取得产权证或者他项权证的项目;(5)符合条件的政府土地储备项目。保险资金投资的不动产,应当产权清晰,无权属争议,相应权证齐全合法有效;地处直辖市、省会城市或者计划单列市等具有明显区位优势的城市;管理权属相对集中,能够满足保险资产配置和风险控制要求。”

《保险资金投资不动产暂行办法》第13条规定:“保险资金可以采用股权方式投资第11条第1款第(1)项至第(4)项规定的不动产,采用债权方式投资第

11 条第 1 款第(1)项至第(5)项规定的不动产，采用物权方式投资第 11 条第 1 款第(3)、(4)项规定的不动产。保险资金采用债权、股权或者物权方式投资的不动产，仅限于商业不动产、办公不动产、与保险业务相关的养老、医疗、汽车服务等不动产及自用性不动产。保险资金投资医疗、汽车服务等不动产，不受第 11 条第 1 款第(2)项至第(5)项及区位的限制；投资养老不动产、购置自用性不动产，不受第 11 条第 1 款第(1)项至第(5)项及区位的限制；本款前述投资必须遵守专地专用原则，不得变相炒地卖地，不得利用投资养老和自用性不动产(项目公司)的名义，以商业房地产的方式，开发和销售住宅。投资养老、医疗、汽车服务等不动产，其配套建筑的投资额不得超过该项目投资总额的 30%。保险资金投资不动产，除政府土地储备项目外，可以采用债权转股权、债权转物权或者股权转物权等方式。投资方式发生变化的，应当按照本办法规定调整管理方式。保险资金以多种方式投资同一不动产的，应当分别遵守本办法规定。”

《保险资金投资不动产暂行办法》第 15 条规定：“保险资金投资不动产，应当合理安排持有不动产的方式、种类和期限。以债权、股权、物权方式投资的不动产，其剩余土地使用年限不得低于 15 年，且自投资协议签署之日起 5 年内不得转让。保险公司内部转让自用性不动产，或者委托投资机构以所持有的不动产为基础资产，发起设立或者发行不动产相关金融产品的除外。”

(二)对投资主体的要求

根据《保险资金投资不动产暂行办法》和《关于保险资金投资股权和不动产有关问题的通知》，对委托人有以下要求：(1)具有完善的公司治理、管理制度、决策流程和内控机制；(2)实行资产托管机制，资产运作规范透明；(3)资产管理部门拥有不少于 8 名具有不动产投资和相关经验的专业人员，其中具有 5 年以上相关经验的不少于 3 名，具有 3 年以上相关经验的不少于 3 名；(4)投资时上季度末偿付能力充足率不低于 120%；(5)净资产不低于 1 亿元人民币；(6)具有与所投资不动产及不动产相关金融产品匹配的资金，且来源充足稳定；(7)最近 3 年未发现重大违法违规行为；(8)中国保监会规定的其他审慎性条件。

对受托人有以下要求：(1)在中国境内依法注册登记，具有国家有关部门认可的业务资质；(2)具有完善的公司治理，市场信誉良好，管理科学高效，投资业绩稳定；(3)具有健全的操作流程、风险管理、内部控制及稽核制度，且执行有效；(4)注册资本不低于 1 亿元；(5)管理资产余额不低于 50 亿元，具有丰富的不动产投资管理和相关经验;(6)拥有不少于15名具有不动产投资和相关经验的专业人员,其中具有5年以上相关经验的不少于3名,具有3年以上相关经验的不少于4名;(7)接受中国保监会涉及保险资金投资的质询,并报告有关情况;(8)最近3年未发现重大违法违规行为;(9)中国保监会规定的其他审慎性条件。

(三)禁止行为

根据《保险资金投资不动产暂行办法》第16条规定,保险公司投资不动产,不得有下列行为:(1)提供无担保债权融资;(2)以所投资的不动产提供抵押担保;(3)投资开发或者销售商业住宅;(4)直接从事房地产开发建设(包括一级土地开发);(5)投资设立房地产开发公司,或者投资未上市房地产企业股权(项目公司除外),或者以投资股票方式控股房地产企业。已投资设立或者已控股房地产企业的,应当限期撤销或者转让退出;(6)运用借贷、发债、回购、拆借等方式筹措的资金投资不动产,中国保监会对发债另有规定的除外;(7)违反本办法规定的投资比例;(8)法律法规和中国保监会禁止的其他行为。

第四节　保险资金投资PPP项目的问题与案例

一、保险资金投资的主要问题与对策

尽管险资投资PPP项目具有较好的前景,但在目前的政策框架下,险资投资PPP项目仍然存在以下矛盾。针对这些矛盾,笔者尝试对保险资管业提出几点建议。

一是保险投资绝对安全性与PPP项目综合风险因素多之间的矛盾。保险与银行不同,不存在坏账准备,每一笔保险投资都要求绝对安全;但PPP项目合作期限长达几十年,风险因素较多,投资失败风险较高。这也是很多保险机构踌躇PPP投资的主要原因。降低投资风险,一方面要靠制定适当的投资策略,建立完善的项目筛选机制、合约风控机制,另一方面,保险资管业是否可以尝试建立风险准备、坏账准备等机制。

二是保险投资资产负债匹配性与PPP项目利润率较低之间的矛盾。目前负债端资金成本日益升高,个别中小保险机构面临较大的资产负债匹配压力,成本底线要求保险投资追求一定的收益率。然而,目前不少地方要求PPP项目融资成本为基准利益下调N个百分点,较银行而言,险资显然不具备成本优势,难以获取优质PPP项目。笔者认为成本优势的缺乏只能考虑借助期限等其他优势加以补足。

三是保险投资倚重主体信用与 PPP 项目倚重项目信用之间的矛盾。保险投资基础设施的传统模式是由 AAA 企业提供担保，但 PPP 项目中政府担保的路基本被堵死，而施工单位往往不愿意提供担保，如果沿袭旧有增信模式，则险资难以投资 PPP 项目。笔者建议根据 PPP 项目的特点建立混合增信模式，根据经营性、非经营性、准经营性项目区分不同增信方式。非经营性项目主要看政府信用；经营性项目，主要看项目信用；存在风险敞口的经营性项目、准经营性项目，可采取项目信用与主体信用相结合的评价方式。

四是保险股权投资风险权重的规定与 PPP 项目股权投资属性之间的矛盾。金融机构直接投资 PPP 项目的，尤其是以社会资本方身份介入的，多采股加债、明股实债形式。明股实债在银监会政策体系中能够被认定为债权投资，但在保险偿二代监管体系中被认定为股权因子，占用风险资本较多，这也是影响保险机构投资 PPP 项目的微观因素之一。对于有充足保障的股权投资，笔者建议监管机构可以考虑变更风险权重计算规则。

二、保险资金投资 PPP 项目案例

目前保险资金直接投资 PPP 项目的案例非常少，有的机构开始尝试间接投资。例如，中国人寿保险（集团）公司投资财政部 PPP 基金，有的保险公司开始尝试与国开行合作跟投其项目，有的保险公司拟认购省级 PPP 基金 LP 份额。广为人知的直投模式是北京地铁 16 号线。

北京地铁 16 号线 PPP 项目在传统 PPP 模式的基础上加入保险资金股权融资方式，采用“股权融资 + 特许经营”的复合型 PPP 模式引入社会资本。城市轨道交通建设投资资金规模大，投资期限长，因有政府主导和支持，收益相对稳定；而保险资金开展股权融资，具有资金量大、长期性和稳定性的优势。二者无论从资金规模、投资期限还是收益需求等方面都高度匹配。

案例 9.3 北京地铁 16 号线项目

1. 项目概况①

北京地铁 16 号线南起于丰台区宛平城站，北至海淀区北安河站。线路全长

① 案例来源于任宇航、肖靓：《北京地铁 16 号线融资创新》，载 http://www.chinacem.com.cn/ppp-alfx/2015-08/195354.html.，最后访问日期：2016 年 10 月 8 日。

49.8 千米，全部为地下线，设 29 座车站和 2 座车辆基地，总投资约 474 亿元。于 2013 年 3 月至 6 月陆续开工建设。北段（西苑至北安河）将于 2016 年年底开通，南段（宛平城至西苑）将于 2018 年年底开通。

北京地铁 16 号线股权投资计划总投资规模 120 亿元，专项用于北京地铁 16 号线投资有限责任公司股权增资，拟分为两期发行，目前已成功发行第一期投资计划，规模 70 亿元。交易对手为京投公司，其为北京市轨道交通投融资主体和政府出资人，治理结构清晰，运营模式规范，收入来源多元，财务状况稳健，内外部评级均为 AAA。投资计划采“10 + 10 年”模式，投资计划增资满 10 年，投资计划可单方面要求京投公司原值回购全部或部分该次增资对应股权；增资满 20 年，京投公司须无条件按原值进行全部回购。

基于保险资金追求长期、稳定投资回报的特性，为降低投资收益的波动风险、获得确定性投资回报，投资计划采取收益波动互换安排。也就是说，投资计划让渡所持股权的分红权、管理权及未来股权增值等股东权利于京投公司，投资计划保留知情权，并保留向目标公司派驻至少一名董事、一名监事的权利。京投公司每年向投资计划支付固定比率的股权权益让渡对价款，在投资计划存续期内保持不变。投资者预期可获得的年化收益率 7.05%。

2. 融资模式

北京地铁 16 号线采用复合型 PPP 模式，首次在轨道交通项目中引入保险股权投资，采用“股权融资 + 特许经营”的融资模式引入社会资本。从资本层面将 16 号线总投资按一定原则和比例分为 A、B 两部分，A 部分通过股权融资方式引入中再资产管理股份有限公司（以下简称中再资产）约 120 亿元保险股权投资，B 部分通过特许经营方式引入北京京港地铁有限公司（以下简称京港地铁）150 亿元，合计吸引社会资本达 270 亿元。

该方案根据不同社会投资人的利益诉求和风险偏好，分别采用差异化的融资结构和回报方式吸引多个社会投资人参与同一个项目。财务投资人倾向于获取长期稳定的投资回报，希望隔离项目建设、运营的等实质性风险，整体风险偏好较低；而地铁运营商愿意参与建设、运营，愿意承担建设、运营风险，相应地，地铁运营商对投资回报率的要求相对较高。

16 号线 A 部分投资由 16 号线公司（线路公司，京投公司下属全资子公司）负责，投资金额约为 324 亿元。其中，项目资本金约为 130 亿元，股权投资人通过保险股权投资计划或其他可行方式募集资金，参与 16 号线公司股权投资 120

亿元，占股约 80%，其余资本金由京投公司投入。

至于特许经营部分，京港地铁公司在建设期内负责 16 号线 B 部分工程的投资建设任务，并在 30 年的特许经营期内负责 16 号线的运营、管理以及全部设施（包括 A 和 B 两部分）的维护和除洞体外的资产更新改造和追加投资。在特许经营期结束后，京港地铁公司将项目设施完好、无偿移交给 16 号线公司或市政府指定部门。京港地铁公司通过特许经营期间的客运票款收入、授权范围内的非票务业务经营收入、政府补贴 3 种方式实现投资回收并获得合理投资收益。

对于 16 号线公司负责投资建设的 A 部分项目，在其竣工验收后，由京港地铁公司与 16 号线公司签订资产租赁协议，取得其资产使用权。

3. 融资模式分析

16 号线复合型 PPP 方案在以特许经营方式引入社会投资之外，还通过股权融资方式引入财务投资人。股权投资人将所持有的股权全部委托京投公司管理，股权投资人不参与 16 号线公司经营管理，同时股权投资人不得向第三方转让其所持有的 16 号线公司股权。股权投资期不超过 20 年，期末，京投公司按原值回购股权投资人所持 16 号线公司股权；股权投资期间，股权投资人以股权权益让渡对价款或其他名义获取股权投资收益。从股权结构看，投资计划是 16 号线项目公司绝对大股东，但实质上仅为财务投资人，股权投资人不承担建设和运营风险，投资回报率较低；特许经营者由于承担了开通风险、客流风险、票价风险、运营风险等，投资回报率较高。投资计划作为财务投资人通过合同条款的严格限定，安排了股权远期无条件回购的交易结构，将项目操作风险与运营风险转移给股权回购人，有效隔离项目实质风险；并通过收益波动互换安排为投资者提供长期稳定的较高的固定投资回报率以及每年分配收益的频度，充分满足了保险资金的投资偏好。

此种投资计划通过稳健灵活的产品设计，有效解决了保险资金深度参与市政基础设施投资时面临的几个突出难题。一是通过股债结合形式创新，有效平衡投资实质风险把控与投资收益水平的匹配问题；二是通过“10 + 10 年”的产品久期创新设置，灵活满足投融资方的不同需求，在久期与收益率方面进行部分交换，提高投融资双方对方案的认可度；三是通过适当安排，有效引入北京市政府财政支持，以最低成本引入外部资源提供信用支持；四是通过与交易对手之间的收益波动互换机制安排，解决股权投资项目回报周期长与保险资金对于即期收益要求之间的矛盾。

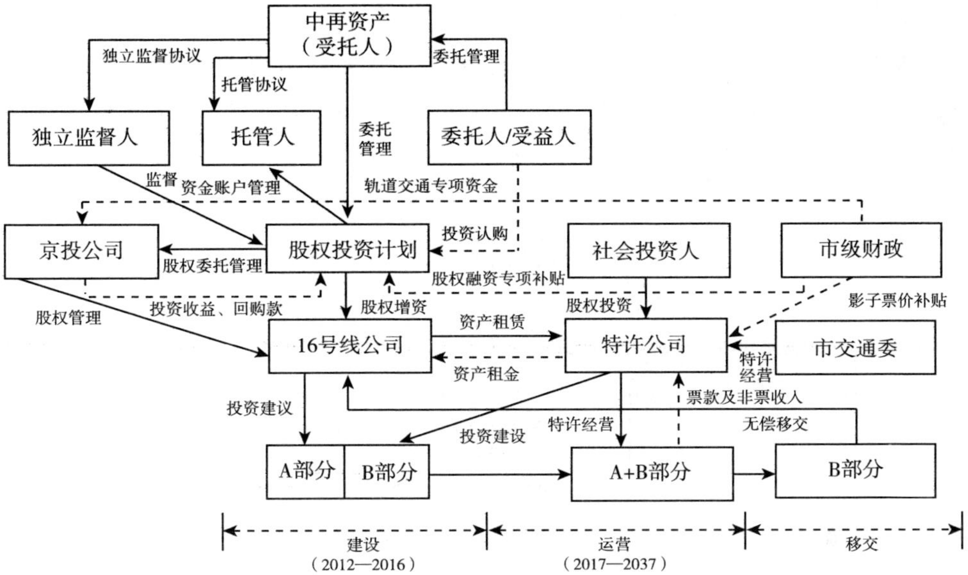

图 9.11　北京地铁 16 号线融资结构

案例 9.4　京沪高铁股权投资计划

1. 投资计划概况①

京沪高铁铁路股权投资计划（以下简称京沪计划）由平安资产管理有限责任公司（以下简称平安资产）作为牵头发起人和受托管理人，由平安资产管理有限责任公司、太平洋资产管理有限责任公司、泰康资产管理有限责任公司和太平资产管理有限公司共同发起设立，七家保险机构募集资金 160 亿元投资京沪高速铁路股份有限公司（以下简称京沪公司），目前持有该公司 13.91% 的股权。该计划成立于 2007 年，由平安人寿、太平洋人寿、泰康人寿、太平人寿、中国再保险公司、中意人寿、中国人民财产保险公司共同募集。其中，平安人寿持有 63 亿元，太平洋人寿持有 40 亿元，泰康人寿持有 30 亿元。

① 案例来源于中国保险监督管理委员会《关于平安——京沪高铁股权投资计划的审核意见》，载 http://www.circ.gov.cn/web/site0/tab5239/info74753.htm.，最后访问日期：2016 年 10 月 1 日；中国保险资产管理业协会、中国平安官网、北京青年报：《京沪高铁成国内唯一盈利高铁线路》2016 年 7 月 20 日。

(1)京沪高铁股份公司基本情况

根据国家发展改革委《关于审批新建京沪高速铁路可行性研究报告的请示》(发改交运〔2007〕1402号),京沪公司的总股本为1150亿元(沿线地方政府征地拆迁费用暂按230亿元入股)。目前,公司股东共有12家。公司实行董事会领导下的总经理负责制,董事会由19人组成,监事会由5人组成。

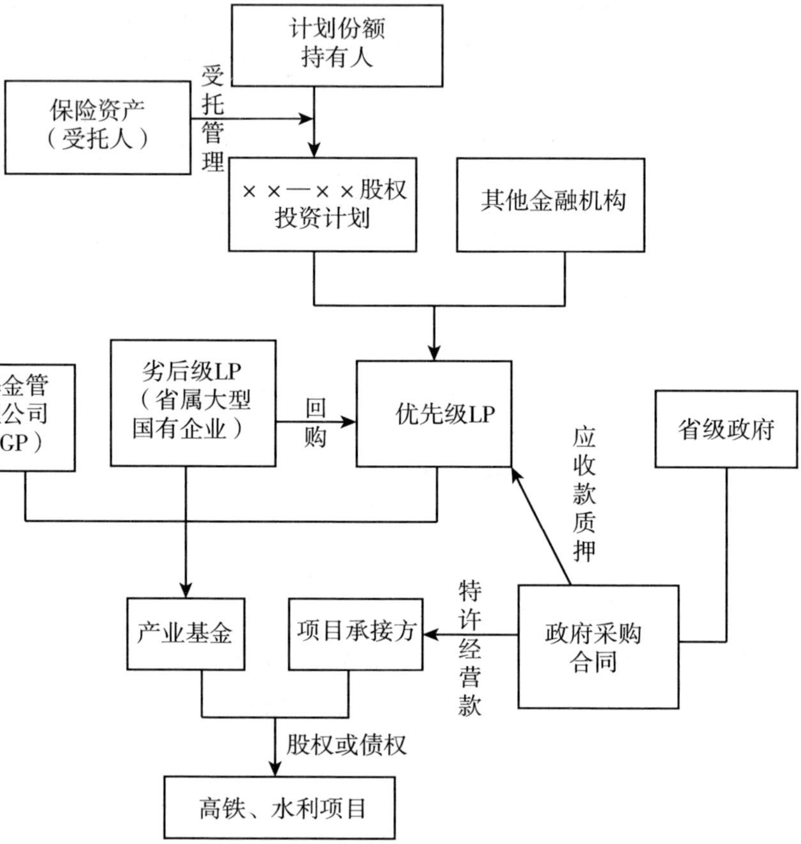

图9.12 京沪高铁股权投资计划交易结构①

(2)公司经营情况

京沪高铁于2011年6月30日正式开通运营,自开通以来公司经营业绩如表9.1所示。

① 参见中国保险资产管理业协会、中国平安官网、北京青年报:《京沪高铁成国内唯一盈利高铁线路》2016年7月20日。

表 9.1　京沪公司近 5 年经营业绩　　单位:亿元

项目	2011 年	2012 年	2013 年	2014 年	2015 年
总收入	63	149	183	200	234
净利润	-32	-37	-13	13	65.8

目前,京沪高铁项目作为连接北京和上海两大最发达经济圈的运输大通道具有非好的区位和资源优势,本投资项目基本达到了受益人当初的收益预期。截至 2015 年末,京沪公司净利润 65.91 亿元,是 5 年来国内仅有的盈利高铁线路。①

2. 京沪项目存在的主要问题

受行业传统和铁路改革滞后等因素影响,京沪项目管理不断取得进步,但还存在一定问题,主要体现在以下几方面。

(1)项目公司治理结构、经营体制存在问题

具有国有背景的铁路几乎都为国家铁路总公司所控制,企业体制僵化,尚未构建有效的现代企业制度,集中表现在重建设、重安全、轻管理、轻经营,而对合资铁路公司则管理过死、统得过严。京沪公司也不例外,自组建以来,虽然不断改进公司治理结构,但在战略规划、激励约束机制、规范透明管理、增强服务意识等方面尚待进一步提高,否则无法发挥企业自主经营的活力,无法增强市场竞争力。具体而言,京沪公司的经营中的许多重大事项,如人员编制、工资标准、机构设置、重大经营策略等均受国家铁路总公司总体规划的制约,导致有效的市场化机制和对高管人员的激励机制等无法建立。所以京沪公司非主营业务发展受到极大限制,京沪沿线诸多经济资源未能有效利用,各项试图采取的整合资源、提升服务、吸引客流等积极措施,如车站物业及商业开发、动车无线网络、沿线闲置土地开发、闲置数据通讯通道利用等,也都难以落实。总之,京沪公司的治理结构和经营体制存在重大问题。

(2)缺乏对非铁路方股东利益的保护

京沪公司与沿线路局有大量关联交易,这当然是因为铁路运营的特殊性,但这些关联交易管理极不规范,导致非铁路方股东利益受损。如京沪公司沿线 24 座车站的商业开发和广告,在关联股东和关联董事未按法律要求回避表决的情

① 参见中国保险资产管理业协会、中国平安官网、北京青年报:《京沪高铁成国内唯一盈利高铁线路》2016 年 7 月 20 日。

况下，以极低的价格（每年1.3亿元）承包给沿线铁路局经营。

（3）铁路运价由国家管控

铁路运价受到国家严格管控，在一定程度上增大了铁路企业的经营风险。如2014年的“营改增”试点，京沪公司被纳入其中，公司流转税比照营业税口径纳税增加，此项税收改革产生的新增成本无法转嫁，只能由京沪公司自行承担。可以预见，今后此类成本增加必然无法避免。

3. 投资京沪高铁的主要经验教训

京沪高铁是第一单保险资金以纯股权形式投资国家重大基础设施的项目，具有非常重大的示范意义和诸多经验教训，简单总结如下。

（1）重大意义

①为保险资金参与重大基础设施项目建设提供了范本

京沪高铁项目是保险资金首次采用纯股权方式投资建设具有国际影响的高速铁路项目，进一步拓宽了保险资金的投资渠道，促进了保险资金的保值增值，具有重大的借鉴意义。同时，也为保险资金以纯股权的方式投资国家基础设施项目以及对项目进行有效的投后管理提供了重要范本。此外，本项目以PPP模式实施，顺应了国家投融资体制改革的大方向，在规范地方政府举债行为的大背景下，将发挥显著的标杆示范作用。

②体现了保险资金回馈社会的功能

高速铁路是国家重点支持优先发展的行业。京沪高铁项目更是连接北京和上海两大经济圈的交通大动脉，途径四省四市，是串联沿线大城市和地区的关键。京沪高铁的贯通，无疑极大提升了沿线人流、物流、信息流的规模，为地方经济发展做出了举足轻重的贡献，社会意义极为显著。本投资计划的推出充分体现保险资管新政的政策精神，“深化金融创新，探索股债结合产品，输血地方经济，为重大基础设施、民生建设和重点工程提供长期的支持”，充分体现了保险资金服务社会、回馈社会的重要服务功能，凸显了保险业在现代金融体系建设中的重要地位。

③有助于提升保险资管创新能力

京沪高铁股权投资计划的成功实施，以实际案例回答了保险资金如何更好地以股权形式投资基础设施项目如何对已投资项目进行有效管理以及监管部门如何发挥监管和风控职能这些实践中的问题，促进了保险监管和资产公司的能力创新。

(2)经验教训

①股份回购协议不可或缺

据悉,京沪高铁计划受托人与铁路方签订了退股函,以控制投资风险。后来的实践证明,此次股份回购推动了京沪项目的整改,对京沪公司的规范化管理起到了非常巨大的作用。

②专业的投后管理团队必不可少

平安资产为加强对于京沪高铁项目的投后管理工作,专门组建京沪高铁投资管理办公室,并聘请了项目专业人员、法律专业人员等实时跟踪项目进程,以掌握项目公司管理动态和财务情况;从而及时发现铁路方违反合同、损害其他股东利益的行为,并提出专业性的应对策略,以此有效地维护了保险资金的重大利益。

③投资协议的细化及风险防控措施十分重要

就京沪高铁项目而言,其股份回购协议主要条款过于粗略,基本不具备可执行性,而若诉诸法律,又会陷入旷日持久的争议。因此,在股权投资中,股份回购协议应尽可能详细,并具备可操作性。如果部分条款未能细化,则在项目实施过程中极易出现问题,很可能产生法律纠纷或者导致协议难以执行。

④团结具有共同诉求的股东

京沪高铁项目的出资人除平安资产外,全国社保理事会和中银投资集团也为现金出资人,其与平安资产具有共同的利益诉求。为了增进股东间的联系,建立攻守同盟,平安资产京沪高铁计划管理办公室专门建立了工作协调机制,定期举行会议,团结其他现金出资股东。实践证明,这种股东间的战略联盟推动了铁路方的整改,使其更加重视小股东的诉求。

⑤取得监管部门的支持必不可少

对于京沪高铁项目实施过程中出现的问题,平安资产向保监会进行详细的定期报告,取得了保监会的重视、理解,并得到了其支持。在与铁路方发生争议时,保监会派出代表列席了保险机构与铁路方的主要谈判,保监会的重视和支持,无疑对解决京沪高铁存在的问题起到了巨大的作用。

第十章
退出机制

退出是衡量投资成败的最关键因素，退出渠道之不顺畅意味着 PPP 投资之失败。退出机制也是本轮 PPP 热潮中极具争议的一个问题。一种观点认为，PPP 项目退出机制不是问题，因为运营期满后社会投资人自然将项目移交政府、获取收益；另一种观点认为，退出渠道不畅是目前 PPP 项目无法落地的一个重要原因。笔者认为两种观点分别从不同的视角揭示了部分真相。通常情况下，社会投资人在运营期满后功成身退是最为理想的结果。然而，PPP 项目合作周期长达几十年、投资金额巨大、风险高。我国的现实情况是，多数施工单位不具备项目运营经验，施工单位的利润主要来源于建设期收益，大量资金沉淀于项目会使其背负沉重的经营负担；即使是资金雄厚的银行、信托、基金等金融机构囿于理财金、信托资金投资期限较短，也将面临期限错配问题；而作为长期资金的社保资金、养老资金、保险资金基于投资稳健的需求，不宜在项目早期作为社会投资人直接介入，因为项目前期失败的风险较大。因此，畅通的退出渠道、完善的退出机制是解决 PPP 项目“政府热、社会冷”症结的不二法门。①

退出机制的完善意味着作为财务投资人的银行、信托等金融机构能够在 3～5年短期时间内收回投资成本、获取收益，意味着短期资金与长期资金能够顺利衔接，意味着原始社会投资人在“禁退期”后能够通过股权转让获取收益。退出机制的健全将增加 PPP 项目投资流动性，增强 PPP 项目对社会投资人的吸引

① 本章核心内容来源于作者发表的一篇文章，参见黄华珍：《PPP 退出机制研究》，载《招标采购管理》2015 年第 11 期。

力。在严禁政府回购、政府兜底的新政下，如何创新开拓退出渠道是PPP模式深化发展必须解决的难题，本文在比较分析PPP项目各类退出途径的基础上，探索了资产证券化的具体操作方式，以期为推动我国PPP模式深入发展提供参考。

第一节　PPP项目退出方式

理论上，社会投资人投资PPP项目的退出方式有公开上市、股权转让、股权回购、清算、发行债券票据、资产证券化等。由于清算退出是最为不成功的退出方式，下文仅就上市、债券、股权转让等退出方式的利弊和适用前景做出分析。

一、股权回购

股权回购是我国建设项目传统的退出机制，指施工单位带资建设结束之后将其持有的项目公司股权转让给地方融资平台或政府指定的运营单位，以收回建设成本并取得收益。国办发〔2015〕42号文、财金〔2015〕57号文明令禁止政府回购后，将股权转让给地方融资平台的政府兜底方式已不具合法性。实践中的变通做法有两种：一种是要求政府指定企业回购，该种方式本质上还是政府兜底，只是将平台公司债务转化地方国有企业债务，政府方仍然承担了大部分风险；另一种方式是作为社会投资人的金融机构要求建设方或运营方回购或提供担保，这将增加施工单位的资产负债率，影响其扩大再生产能力。对于国外比较流行的兼并收购方式，由于我国股权交易市场尚不健全，股权转让渠道不畅，并购退出适用范围较小。因此，尽管股权回购与股权转让是我国PPP项目的主要退出方式，但其并非为最优途径。当然实务中，退而求其次，在上市、资产证券化等通路尚未畅通之前，回购仍然不失为一条可行的路径。

二、公开上市

公开上市是回报率最高的投资退出机制。公开上市退出，是指PPP项目公司首次面向非特定社会公众公开发行股票以获得大量资金，在满足项目公司的后续资金需求的同时，为投资者带来丰厚的回报。但是目前我国资本市场体系尚不成熟，A股公开上市时间长、门槛高、成本高，海外上市条件更高，一旦上市不成功项目公司前期成本支出将沉没，投资人以公开上市方式退出的先例实属凤毛麟角，因此上市退出暂时还不具有普适性。

三、发行债券

发行公司（企业）债是PPP项目公司“以债还贷”的理想途径，但法律法规对公司、企业发行债券存在较高要求。例如，公司净资产、盈利能力须达到一定要求，累计发债不得超过净资产的40%，固定资产项目累计发债不得超过总投资的20%。[①] PPP项目公司往往难以达到此要求，且债券发行额度也不足以满足其融资需求，更重要的是公司（企业）债仍然以投资者信用为背书，这将加大PPP项目社会投资人的财务负担。

项目收益债是一种债券品种的创新，其与项目投资者信用相隔离，偿债来源于项目本身收益，适合于PPP项目。依2015年出台的《项目收益债试点管理办法》，非公开发行的项目收益债券发行门槛大幅降低：一是审核方式采发改委注册制而非审批制；二是信用评级只需达到AA及以上；三是没有发行额度限制；四是直接以项目未来收益作为偿债来源。但是项目收益债仍然受以下限制：一是项目法定最低资本金需全额到位，且银行贷款意向函已出具；二是项目内部收益率应高于8%，财政补贴占项目收入的比例合计不得超过50%；三是原则上专款专用，不得用于置换项目资本金或以债还贷；[②]四是要求股东承担差额补偿义务，即当项目偿债资金专户的资金不足以偿还当期债务本息时，差额补偿人应补足投资者收益。如我国第一款项目收益债产品“14穗热电债”便是以广州环保投资集团作为第一差额补偿人，广日集团作为第二差额补

① 根据证监会2015年最新公布的《公司债券发行与交易管理办法》，发行公司债要满足：最近3年无债务违约或者迟延支付本息；最近3个会计年度实现的年均可分配利润不少于债券1年利息的1.5倍；债券信用评级达到AAA级等。同时《公司法》规定：股份有限公司的净资产额不低于人民币3000万元，有限责任公司的净资产额不低于人民币6000万元；累计债券余额总额不超过净资产额的40%；最近3年平均可分配利润足以支付公司债券一年的利息。《企业债券管理条例》和发改财金〔2004〕1134号文规定，企业债发行要求：净资产规模达到规定的要求；近3年没有违法和重大违规行为；近3个会计年度连续盈利；具有较强的到期偿债能力；企业发行债券余额未超过其净资产的40%，用于固定资产投资，累计发行额不得超过该项目总投资的20%等。

② 根据《项目收益债试点管理办法》，偿还已使用的超过项目融资安排约定规模的银行贷款除外。

偿人。因此,尽管项目收益债的发行条件并没有公司(企业)债高,但是仍然受到诸多限制,以债还贷的可能性非常小,且项目风险也并未与发行人、发行人股东完全隔离。

四、资产证券化

资产证券化(assertsecuritization)是指企业或金融机构将其能产生现金收益的资产加以组合,出售给特殊目的的载体(SPV),SPV 再发行以该基础资产产生的现金流为支持的证券产品,将该证券出售给投资者的过程。资产证券化具有资产支撑和风险隔离两个特性。资产支撑是指资产证券化的证券必须有特定的资产作为支撑,经营性和准经营性 PPP 项目投资周期长、现金流入长期稳定,天然适合作为资产证券化的基础资产;风险隔离是指发起人通过将支撑证券的资产出售给发行人的方式,使资产离开发起人资产负债表,从而实现"破产隔离",即基础资产转让后不再受到发起人的债务人的追索。[①] 资产证券化将债权这一原本没有流动性的资产转换成可以资本市场上发行并销售的证券,提高了资金利用效率,转移了聚集于发起人之上的风险。作为 PPP 项目社会投资人的施工单位和作为初始财务投资人的金融机构可以利用资产证券化工具退出 PPP 项目,转由更适合长期投资的保险、社保基金、养老基金等债券投资人持有项目资产,提高资金使用效率。尽管作为一种新兴融资方式,资产证券化也隐藏着一些风险和制度障碍,但这并不妨碍其成为适宜的 PPP 项目退出通道。

综上,在公开上市、公司(企业)债券门槛较高、股权交易市场机制不健全、股权回购弊端较多的情况,未来 PPP 项目融资方可以尝试使用资产证券化方式退出。

第二节　PPP 项目资产证券化操作实务

一、法律基础

随着国家一系列有关资产证券化的政策法规的出台,目前 PPP 项目资产证

① 参见[美]苏莱曼·贝格、莫拉德·乔德里:《资产证券化实务精解》,陈丽霞、林东译,机械工业出版社 2015 年版,第 23 页。

券化已不存在法律障碍，PPP项目资产证券化属于国家政策重点支持业务，中国银监会、国家发展和改革委员会《关于银行业支持重点领域重大工程建设的指导意见》（银监发〔2015〕43号）指出："扩大信贷资产证券化基础资产范围，加快信贷资产流转，盘活信贷存量"。2014年11月公布的《证券公司及基金管理公司子公司资产证券化业务管理规定》将"基础设施、商业物业等不动产财产或不动产收益权"列为资产证券化基础资产。目前东部地区已有不少PPP项目在试水ABS资产证券化。①

二、操作流程

PPP项目资产证券化的操作流程通常可分为四步。第一步是资产汇集，即PPP项目发起人选择可以作为证券化的基础资产进行汇集打包，形成"资产池"，PPP项目基础资产通常为基础设施或公共产品、服务的收费权或经营权。第二步是资产转移，即发起人设立并将基础资产转移至特殊目的机构（SPV），该SPV可以是信托计划、资管计划（SPT），也可以是公司或有限合伙企业（SPC），但由于目前特殊目的公司配套法律制度的缺失，国内通常以信托计划、券商或保险资管计划作为SPV。第三步是证券发行和销售，SPV在中介机构（一般为投资银行或证券公司）的帮助下发行债券，向债券投资者融资，债券销售回款在支付服务费后按约定价格返还发行人。这个过程中除了证券公司或投资银行的参与之外，还需要信用评级机构对资产进行信用评级，并可能涉及信用增级机构对债券进行信用增级。第四步是投后管理，由服务机构（通常是发起人）对资产池实施续存期间的管理和到期清偿结算工作，包括收取资产池的现金流、账户之间的资金划拨、税务和行政事务以及清算结算，清算财产在全部偿付债券本息后仍有剩余的将返还发起人。

① 参见赵婧、张莫：《中东部率先试水PPP资产证券化》，载《经济参考报》2015年8月18日。

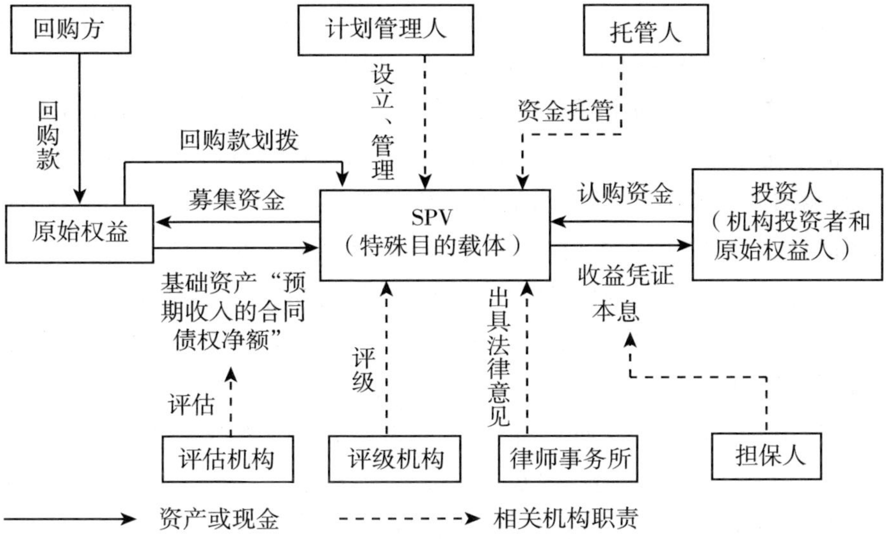

图 10.1　PPP 项目资产证券化示意①

三、核心问题与对策

尽管资产证券化具有诸多优势，但在我国实践中仍然存在各种问题。例如，发行制度成本较高，资产证券化产品期限较短，而发行流程较长，产品发出时多数入池资产已重新更换；收益率较低，目前证券化产品的优先档发行利率在 4%左右，明显低于 AAA 级企业债券；资产证券化产品换手率低、流动性差导致融资成本高等。这些问题都有待资产证券化市场环境和制度机制的进一步健全加以解决。

PPP 项目资产证券化特有的问题主要是信用风险的防范。虽然资产证券化破产隔离机制将资产从 PPP 项目公司中分离，然而一旦项目出现建设或运营问题，则很难保证产生稳定的现金流。尤其是目前 PPP 项目立法位阶比较低，一旦涉及收费权、经营权等方面的政策发生变化，很容易诱发项目现金流出现问题。笔者认为应从两方面解决：一方面应在交易开展前强化法律尽职调查，分析研究涉及应收账款的合同条款，确保基础合同不存在可能导致账款无法收回的根本性缺陷；另一方面要完善信用评级和增信机制，通过保证金、担保等措施提

① 参见张大威等：《地方政府融资平台资产证券化的风险及其防范机制研究》，载《武汉金融》2014 年第 6 期。

高债券的信用等级，并建立完善的预算管理、审计披露、跟踪评级等制度，以确保在现金流出现不利变动时迅速采取措施防止损失。

在信用增级方面，为了降低对抵押、担保、保证等传统对外部增信的依赖，突显资产证券化特有的依靠项目自身收益融资的优势，可以创新内部增级机制。例如，监测超额利差指标，当基础资产产生的现金总收益减去利息、服务费和违约坏账损失后的超额收益为负时，由发起人从事先设立的准备金账户或现金担保账户支付证券化本息收益，以督促发起人强化内部管理以获取超额收益；在债券内部使用结构化设计，当资产池出现违约时，首先由次优先级承担风险，优先级债券始终得到优先偿还；设置超额担保机制，即基础资产的总值超过债券的发行额度，超出部分没有利息收入，视为发起人对债券投资者提供的保障；设置加速清偿机制，即当发起人破产、基础资产违约率达到一定比例或超额利差下降至一定水平，本金将进入加速清偿阶段，以保证优先级证券的本金偿还。

第十一章
PPP 项目税务处理

据经济观察报 2016 年 7 月 31 日报道，近日财政部出台了推动 PPP 的一项重要政策即《关于支持政府和社会资本合作(PPP)模式的税收优惠政策的建议》(以下简称《建议》)，该《建议》已经进入征求意见阶段。据该报称，该《建议》主要针对 PPP 项目公司成立阶段和执行到期阶段资产交易转让两个环节进行税收优惠，涉及增值税、企业所得税等数个税种。

在“营改增”全面推行的当前，PPP 项目税务问题尤为突出，本章立足“营改增”大环境，从项目筹备与采购、项目建设、项目运营以及移交退出四个环节着重阐述 PPP 项目增值税、企业所得税处理及风险控制。

第一节　项目筹备与采购阶段税务处理

PPP 项目筹备，是指政府或社会投资人发起 PPP 项目，政府针对备选项目开展筛选工作，识别、确定 PPP 项目并对其进行立项的过程。该阶段由于各自主体尚未形成项目公司，所发生相关费用等经济交易事项仍为各自主体的会计核算事项，税务也不例外。

一、发起人的税务处理

中标成立项目公司前，因相关项目筹备而发生的费用为发起人费用，对于该费用发起人应作为相关费用列为支出。

2016 年 5 月 1 日全面推行“营改增”，对企业而言，此举打通了增值税的抵扣链条，有效助推企业税负下降。因此在项目筹备阶段应根据主体需要尽量取得增值税专用发票予以抵扣，增值税专用发票在所得税费用列为支出方面也是扣除之凭证，如不扣除，则在年度所得税汇算时需要按税法进行调增。

在大多数PPP模式中，通常社会资本通过获得一定期限的特许经营权，负责设计、建设、融资、运营等，因此在项目公司成立初期，不涉及流转税。但TOT协议除外，TOT中，项目公司会从政府手中有偿获得部分存量资产的特许经营权，而政府获得这部分对价收入，此时需要按转让无形资产缴纳增值税。

二、项目公司设立税务处理

PPP项目实施方案获批准之后，根据财政部相关规定，项目进入政府采购阶段。应在政府审核同意后，由项目实施机构与中选社会资本签署协议，为项目设立专门项目公司。

（一）非货币性资产出资的增值税处理

《公司法》第27条的规定，"股东可以用货币出资，也可以用实物、知识产权、土地使用权等可以用货币估价并可以依法转让的非货币财产作价出资"，投资人以货币出资的方式不必多言，但是非货币性出资的税务如何处理呢？

若以有形动产对外投资，根据《增值税暂行条例实施细则》的规定，将自产、委托加工或者购进的货物作为投资提供给其他单位，做视同销售处理，按同期同类货物的销售价格确定销售额，计征增值税。

若以无形资产、不动产投资入股，则根据财政部、国家税务总局《关于股权转让有关营业税问题的通知》（财税〔2002〕191号）第1条规定，"以无形资产、不动产投资入股，参与接受投资方利润分配，共同承担投资风险的行为，不征收营业税"。但是在全面推行营改增之后，对于此种情况是否征税的问题产生了争议。当前看来，多地税务局主张对此征税。

（二）非货币性资产出资的所得税处理

根据财政部、国家税务总局《关于非货币性资产投资企业所得税政策问题的通知》（财税〔2014〕116号）的规定，"企业以非货币性资产对外投资，应对非货币性资产进行评估并按评估后的公允价值扣除计税基础后的余额，计算确认非货币性资产转让所得"，"居民企业（以下简称企业）以非货币性资产对外投资确认的非货币性资产转让所得，可在不超过5年期限内，分期均匀计入相应年度的应纳税所得额,按规定计算缴纳企业所得税。”

企业应将股权投资合同或协议、对外投资的非货币性资产(明细)公允价值评估确认报告、非货币性资产(明细)计税基础的情况说明、被投资企业设立或变更的工商部门证明材料等资料留存备查,并单独准确核算税法与会计差异情况。

税收优惠政策:投资者不是慈善家,在项目投资中必然要获取相应的股息红利之回报。《企业所得税法》第 26 条第 2 项规定:“符合条件的居民企业之间的股息、红利等权益性投资收益,为免税收入。”《企业所得税法实施条例》进一步明确:“所称符合条件的居民企业之间的股息、红利等权益性投资收益,是指居民企业直接投资于其他居民企业取得的投资收益。其所称的股息、红利等权益性投资收益,不包括连续持有居民企业公开发行并上市流通的股票不足 12 个月取得的投资收益。”也就是说,企业持有上市公司股票不足 12 个月的分红要缴税,其他的分红都不需要缴税。

第二节　项目建设阶段税务处理

大多数的 PPP 项目都包括新建或改扩建内容,因此项目建设阶段包括设计和建设两部分内容。项目建设阶段的经济事项主要包括项目资源的取得、设计、建设等。

一、建设阶段增值税处理

(一)土地取得方面

增值税:PPP 项目的土地取得主要是政府的划拨与有偿出让,以出让为主。对于土地出让,根据财政部国家税务总局《关于全面推开营业税改征增值税试点的通知》(财税〔2016〕36 号)的规定,如若为房地产公司,该出让金可以在计算增值税进行抵扣,如若非房地产公司则不可以抵扣。

在企业所得税方面:项目公司有偿取得的土地使用权按照无形资产确认计量,并在特许期内进行摊销,该无形资产的摊销可在所得税前扣除;对于无偿取得项目用地,在会计上按照政府确认价格以无形资产确认计量,同时确认为营业外收入(政府补助)。

（二）项目设计费

对于项目公司而言，设计公司为其提供的 PPP 项目设计的费用，可开具增值税专用发票（一般项目公司为增值税一般纳税人）并进行增值税进项税额抵扣。设计公司为增值税一般纳税人的，可以自行开具增值税专用发票；设计公司为小规模纳税人的，可以向税务局申请代开增值税专用发票。该设计费用计入相应的固定资产，并进行折旧，在所得税前扣除。

（三）项目建设方面的增值税

通常的 PPP 协议需要成立项目公司，而项目公司往往不具备相应建筑资质，需要将建设项目总承包给符合资质条件的第三方。因此项目公司是否自己承揽建筑服务，就决定了项目公司就建设期收入应缴纳何种增值税。

若项目公司自建，从政府获得的回报中，有一部分就弥补了其建设成本、相应的融资费用，并有一部分利润。在会计上，项目公司按《企业会计准则第 15 号——建造合同》确认相关的收入和费用；在税收上，需要按“建筑服务业”缴纳增值税。

若项目公司本身不负责建设，而是发包给具有资质的第三方来建设，从政府获得的“可用性服务费”，在实际操作中，会留足相应的融资费用后，全额或接近全额转付给第三方。在会计上，不应确认建造收入，而是按照建造过程中支付的工程款来确认相应的金融资产或无形资产。但税收上，这部分“可用性服务费”究竟该如何缴纳流转税，就值得商榷。首先，项目公司不承揽建造服务，因此无法按“建筑服务业”缴纳流转税。其次，项目公司其实是一种投资行为，本应由第三方（承建方）缴纳“建筑服务业”增值税即可，而获得的“可用性服务费”是对其融资行为的补偿，因此若能按贷款协议来就利息部分缴税，对项目公司更为有利；但是在实际操作中，很难按贷款协议签订并执行。对于“可用性服务费”，政府的解释是“政府向乙方购买 PPP 项目的可用性而支付的费用，包括全部建设成本（包括建设期利息）、合理利润和运营期财务费用”。那么可以看作项目公司建成 PPP 项目后，将项目的使用权转让给政府，则按转让“无形资产”缴纳流转税。但是若第三方按 11% 缴纳增值税，则有可能造成项目公司进项倒挂的情形；若第三方按简易征收 3% 缴纳增值税，则又有可能造成项目公司“本金部分”多缴税金的情形。

因此笔者建议相关部门能针对 PPP 建设期的特殊情况，出台相应指导性政策，还原项目公司融资行为的本质，将“可用性服务费”分解为本金（建设资金）及利息，按“贷款服务”缴纳增值税。

（四）项目建设融资费用的增值税处理

可以说 PPP 与项目融资是相伴而生的，所有 PPP 项目无一例外地都需要融资。通常融资金额大，融资期限较长，融资产生的财务费用成本不可忽视。而根据财政部、国家税务总局《关于全面推开营业税改征增值税试点的通知》（财税〔2016〕36 号）之规定，对于利息支出不允许作为进项税额予以抵扣，资金提供方也不能开具增值税专用发票。

根据《营改增试点实施办法》的规定，纳税人接受贷款服务是不得抵扣进项税额的，同时，纳税人接受贷款服务向贷款方支付的与该笔贷款直接相关的投融资顾问费、手续费、咨询费等费用，其进项税额不得从销项税额中抵扣。

二、项目建设所得税处理

对于承接项目建筑工程业务的公司取得的建筑工程劳务收入，企业所得税法及其实施条例规定：企业受托加工制造大型机械设备、船舶、飞机，以及从事建筑、安装、装配工程业务或者提供其他劳务等，持续时间超过 12 个月的，按照纳税年度内完工进度或者完成的工作量确认收入的实现。国家税务总局《关于确认企业所得税收入若干问题的通知》（国税函〔2008〕875 号）进一步明确：企业在各个纳税期末，提供劳务交易的结果能够可靠估计的，应采用完工进度（完工百分比）法确认提供劳务收入。因此，一般在各个纳税期末确认应税收入。

企业应按照接受劳务方已收或应收的合同或协议价款确定劳务收入总额，根据纳税期末提供劳务收入总额乘以完工进度扣除以前纳税年度累计已确认提供劳务收入后的金额，确认为当期劳务收入；同时，按照提供劳务估计总成本乘以完工进度扣除以前纳税期间累计已确认劳务成本后的金额，结转为当期劳务成本。

对于建设方而言，税务处理则相对简单。对于购进的相关资产，分别予以确认为固定资产、金融资产等，按照会计准则之规定进行相应的确认、计量，并在折旧期、摊销期内进行相应的折旧或者摊销即可。

第三节　项目运营阶段税务处理

进入项目运营期间，项目公司按照协议对项目设施进行运营、维护。政府、贷款人、投资者和社会居民等都拥有对项目进行监督的权利，确保项目的运营和维护按协议进行。

一、增值税处理

（一）增值税基本规定

项目运营阶段因 PPP 项目运营的经营项目不同，其所依据的增值税计征品目也不同。运营阶段的流转税规定相对比较清晰，对于污水处理、再生水等环境保护行业具有增值税即征即退 70%、50% 的税收优惠政策。而对于某些行业例如河道维护、轨道交通等后期运营维护，需要根据其行业特性缴纳流转税。应特别注意的是运营过程中，对于兼营行为要分开进行会计核算，避免以高税率计征增值税。

至于 BLT（Build-Lease-Transfer，建设—租赁—移交）模式，实际借鉴了融资租赁的方式。公共部门出让项目建设权，由私人部门负责项目的融资和建设，在项目建成后租赁给公共部门，并由公共部门负责项目运营和维护，私人部门以政府付给的租金收入作为投资回报；租赁期结束后，项目所有权移交给公共部门。其项目期间收取的租赁费，虽具有融资租赁的实质，但是由于私人部门不一定具有融资租赁的资质，也无法签订融资租赁协议，因此无法按“融资租赁”缴纳流转税。而本身政府就拥有 PPP 项目的所有权，租赁的只可能是使用权，那么租赁和付费购买使用权，也只是文字上的区别，因此是按“不动产租赁”还是按相应的服务费缴纳增值税也是个问题。

（二）增值税税收优惠政策

结合当前 PPP 项目主营，主要涉及以下几个方面的增值税税收优惠政策。

（1）免征增值税

财政部、国家税务总局《关于资源综合利用及其他产品增值税政策的通知》(财税〔2008〕156 号)第 2 条规定,对污水处理劳务免征增值税。污水处理,是指将污水加工处理后符合 GB 18918—2002 有关规定的水质标准的业务。

财政部、国家税务总局《关于调整完善资源综合利用产品及劳务增值税政策的通知》(财税〔2011〕115 号)规定,对农林剩余物资源综合利用产品增值税政策进行调整完善,并增加部分资源综合利用产品及劳务适用增值税优惠政策,其中对垃圾处理、污泥处理处置劳务免征增值税。

(2)即征即退政策

财政部、国家税务总局《关于资源综合利用及其他产品增值税政策的通知》(财税〔2008〕156 号)第 3 条第 2 款规定,销售以垃圾为燃料生产的电力或者热力实行增值税即征即退的政策。

财政部、国家税务总局《关于调整完善资源综合利用产品及劳务增值税政策的通知》(财税〔2011〕115 号)规定,对销售下列自产货物实行增值税即征即退 100% 的政策:利用工业生产过程中产生的余热、余压生产的电力或热力;以餐厨垃圾、畜禽粪便、稻壳、花生壳、玉米芯、油茶壳、棉籽壳、三剩物、次小薪材、含油污水、有机废水、污水处理后产生的污泥、油田采油过程中产生的油污泥(浮渣),包括利用上述资源发酵产生的沼气为原料生产的电力、热力、燃料。

财政部、国家税务总局《关于资源综合利用及其他产品增值税政策的通知》(财税〔2008〕156 号)第 4 条规定,销售下列自产货物实现的增值税实行即征即退 50% 的政策:以煤矸石、煤泥、石煤、油母页岩为燃料生产的电力和热力。煤矸石、煤泥、石煤、油母页岩煤矸石、煤泥、石煤、油母页岩为燃料生产的电力和热力,煤矸石、煤泥、石煤、油母页岩用量占发电燃料的比重不低于 60% ;利用风力生产的电力。

二、所得税处理

对于 PPP 项目的运营,项目公司实现的利润要缴纳相应的企业所得税,除特殊规定外税率为 25% 。在该部分主要阐述两个问题:第一,特殊行业的税收优惠政策;第二,政府付费的税收界定。

(一)税收优惠之规定

根据《中华人民共和国企业所得税法》第 27 条第 2 款和第 3 款、《中华人民共和国企业所得税法实施条例》第87条、财政部国家税务总局《关于执行公共基础设施项目企业所得税优惠目录有关问题的通知》(财税〔2008〕46号)、国家税务总局《关于实施国家重点扶持的公共基础设施项目企业所得税优惠问题的通知》(国税发〔2009〕80号)、财政部国家税务总局《关于公共基础设施项目和环境保护节能节水项目企业所得税优惠政策问题的通知》(财税〔2012〕10号)的规定,“从事国家重点扶持的公共基础设施项目投资经营的所得”“从事符合条件的环境保护、节能节水项目的所得”可以免征、减征企业所得税。

实施条例据此明确,企业从事港口码头、机场、铁路、公路、城市公共交通、电力、水利等项目投资经营所得以及从符合条件的环境保护、节能节水项目的所得,自项目取得第一笔生产经营收入所属纳税年度起,给予“三免三减半”税收优惠。

《中华人民共和国企业所得税法》第34条规定,企业购置用于环境保护、节能节水、安全生产等专用设备的投资额,可以按一定比例实行税额抵免。《执行环境保护专用设备企业所得税优惠目录、节能节水专用设备企业所得税优惠目录和安全生产专用设备企业所得税优惠目录有关问题》(财税〔2008〕48号)第2条规定,专用设备投资额,是指购买专用设备发票价税合计价格,但不包括按有关规定退还的增值税税款以及设备运输、安装和调试等费用。

该专用设备的投资额的10%可以从企业当年的应纳税额中抵免;当年不足抵免的,可以在以后5个纳税年度结转抵免。

(二)关于政府付费的税收界定

对于项目公司而言,政府付费的性质究竟是什么?属于公司业务收入还是属于营业外收入中的政府补贴?如果是政府补贴,那么这是否属于财政性基金而能够作为不征税收入呢?

部分税务人士认为,该政府付费行为应认定为财政性基金,满足财政部、国家税务总局《关于财政性资金、行政事业性收费政府性基金有关企业所得税政策问题的通知》(财税〔2008〕151号)的规定。“企业取得的财政性基金、行政事业性收费、政府性基金在计算缴纳企业所得税时,应按以下规定处理。"①认为该项收入于项目公司为不征税收入,在计算应纳税所得额时扣除。大岳咨询总经理金永祥认为,财政补贴或者政府可行性缺口补贴是否缴税很重要,"也就是财政付费的钱,作为 PPP 的项目公司收入是否该上税。交税的话等于地方财政补贴中央财政了,现在好多 PPP 项目不好进行结构设计,就是因为这个原因"。② 但是在实务中,当地税务机关还是谨慎处理。

第四节　PPP 移交阶段税务处理

市场上 PPP 项目退出渠道主要是股权回购,即由政府方(政府委托的企业)回购社会投资人在项目公司的股权,回购完成后政府方将百分之百持有项目公司股权。

一、增值税处理

由于 PPP 项目中项目公司通常不拥有所有权,而拥有特许经营权,在一定的运营期间已经摊销完毕,因此在移交阶段无须缴纳流转税。

二、企业所得税处理

PPP 项目公司通过取得行政许可,并与政府签署特许经营协议后,取得特许

---

① 财政部、国家税务总局《关于财政性资金行政事业性收费政府性基金有关企业所得税政策问题的通知》(财税〔2008〕151 号)第 1 条规定:(1)企业取得的各类财政性资金,除属于国家投资和资金使用后要求归还本金的以外,均应计入企业当年收入总额。(2)对企业取得的由国务院财政、税务主管部门规定专项用途并经国务院批准的财政性资金,准予作为不征税收入,在计算应纳税所得额时从收入总额中减除。(3)纳入预算管理的事业单位、社会团体等组织按照核定的预算和经费报领关系收到的由财政部门或上级单位拨入的财政补助收入,准予作为不征税收入,在计算应纳税所得额时从收入总额中减除,但国务院和国务院财政、税务主管部门另有规定的除外。本条所称财政性资金,是指企业取得的来源于政府及其有关部门的财政补助、补贴、贷款贴息,以及其他各类财政专项资金,包括直接减免的增值税和即征即退、先征后退、先征后返的各种税收,但不包括企业按规定取得的出口退税款;所称国家投资,是指国家以投资者身份投入企业、并按有关规定相应增加企业实收资本(股本)的直接投资。

② 载 http://www.eeo.com.cn/2016/0731/290358.shtml.,最后访问日期:2016 年 10 月 1 日。

经营权。PPP 项目公司实质上不拥有设施的所有权，其无形资产的计税基础已在特许经营期限内摊销完毕，因此在移交环节无需进行所有权转移的税务处理。

根据《关于支持政府和社会资本合作（PPP）模式的税收优惠政策的建议》的规定，PPP 项目中的两个环节免税。一是免除 PPP 项目在项目公司成立阶段发生的有关资产转移所涉及的税收，二是免除 PPP 项目执行到期后发生的有关资产转移所涉及的税收。

第十二章
PPP 项目投后管理要点

项目公司(SP 公司)组建成立以后,PPP 项目需要在规定的时间、规定的质量标准和计划的投资范围内建设完成,并达到可使用状态,才能在后续的经营中获得现金流和利润。尤其对于政府采用可用性付费方式直接购买产品和服务的非经营性项目,项目的“可用”是付费的前提条件。于是对于采用 BOT、BOOT、BLOT、BOO、BLT、BTO、DBO、DBFO 等建设运营模式建设的 PPP 项目,建设阶段的管理将成为项目公司组建后的重要工作。

SPV 公司可以根据各股东方的工程建设管理经验采用如下模式管理:

1. EPC、DB 等工程总承包管理的模式;
2. 组建项目管理团队自管的模式;
3. 聘请项目管理公司代建(管理)的模式。

第一节　EPC、DB 等工程总承包模式的管控

一、采用 EPC、DB 等工程总承包建设模式的适用范围

由于 EPC、DB 等工程总承包建设模式要求总承包具有设计或施工资质。如果不进行二次招标,须按照《招标投标法实施条例》第 9 条第 2 款和第 3 款的规定,采购人必须具备与实施工程等级相应的设计或施工资质。也就是说,SPV 公司股东必须具备与实施工程等级相应的设计或施工资质。同时,社会资本方必须是通过招标选择的。

二、EPC 工程总承包建设模式的特点

1. 总承包商在约定范围内完成详细设计、采购和施工,合同价格总价包死;

2. 总承包商承担设计变更的责任（合同约定可以索赔的除外）；

3. 业主回避了价格、工程量变化的风险；

4. 对总承包人来说合同风险大、收益高，但考虑的风险报价也会较高；

5. 对业主而言，完成工程的价格相对确定，后期发生变更的情况较传统模式少；

6. 设计、采购与施工界面间较为协调，从传统的外部接口转变为内部接口，可以加快项目的进度，减少业主的协调工作量。

三、EPC 工程总承包建设模式的主要管控要点

（一）设计管理要点

（1）设计范围：业主根据项目需求的成熟程度，完成方案设计、初步设计或扩初设计，由承包商完成相应的初步设计或施工图设计。业主提供的设计成果文件（方案设计、初步设计或扩初设计）会放在 EPC 招标文件的"业主需求"中，业主提供的设计文件会向承包商表明工程建设的目标、功能要求、技术标准等；承包商在投标文件中提供的投标文件的设计深度需要达到确定关键技术方案和重要的设备选型的深度，还要在投标书中描述清楚中标后进行详细设计和详细设计报审程序的响应。

（2）设计文件检查和审批：业主有权对承包商编制的任何工程设计文件进行检查，承包商在业主批准或审核批准前不得将该图纸和文件用于实施工程中，不得更改合同规定不可更改的部分或由业主负责的数据、信息等。

（3）承包商的责任：对业主前期设计成果文件承担审核责任，业主对承包商设计文件的审批不解除承包商的责任，承包商对设计文件的错误及损失应自行承担。

（4）竣工文件编制：承包商应在获得工程验收证书前，提供竣工图纸、正式的操作维护手册和其他规定提交的手册。

（二）采购管理要点

（1）采购主体责任：承包商完成工程所需的一切物质，包括材料、设备和其他消耗品，除非合同另有规定；EPC 合同中对于业主的材料检查权、运至现场的设备和材料的所有权等应做出细化规定。

（2）采购过程监控：承包商应编制采购进度计划给业主，对关键设备给予特别关注；对关键设备承包商应采用驻场监制的方式控制质量和进度；业主有权对现场、制造地的设备材料进行检查。

（3）甲供材料：承包商对业主提供的材料和设备，应在 EPC 合同中约定各方的责任；承包商在接收此类材料前应检查数量和质量，发现不足或缺陷的应及时通知业主补足或更换。

（三）施工管理要点

（1）质量管理：派遣专职项目经理负责现场管理，业主有权对承建商建议的质量保证体系进行监督检查，承包商必须兑现质量保证义务的承诺。业主有权按合同条件对承包商的施工安装进行检查和试验；工程竣工后应达到规定的性能，保证各类指标符合“业主的要求”所定义的预期目的。

（2）进度管理：承包商应编制并提供给业主一份详细的总进度计划，并根据实际进度进行调整；严格实施合同总工期，否则承包商面临违约赔偿责任。

（3）HSE 的规定：承包商自费采取措施保证职员和工人的健康和安全；遵守一切安全规程；编制 HSE 管理手册，报业主备案。

（4）试运行管理：承包商应编制操作维护手册，执行竣工检验；分预运行、试运行、投料试车三个阶段执行；在工程通过性能试验并达到 EPC 合同性能的条件下，业主签发运行验收证书。

（四）分包管理要点

（1）管理规定：承包商不得将整体工程分包出去；承包商应为分包商的行为负责；承包商应提前将拟雇佣的分包商的情况通知业主审查备案，并告知分包商计划开始时间。

（2）分包商选择标准：类似项目业绩及经验、施工方案满足本项目要求、分包商管理人员素质良好、现场考察分包商的实力。

（3）过程监管：建立分包商的评估机制，具体规定对分包商的工程质量、生产安全的管控及出现问题时的处理等机制。

（五）试运行（试车）管理要点

（1）试运行程序：一般为预试运行、试运行、投料试运、性能保证试验。试运行一般由业主主持，承包商按合同条款规定提供各种支持，参与解决试运行期间出现的问题。

（2）试运行工作内容：正式投料试运行前，对工程的各工艺装置、辅助生产装置、公用工程系统等进行调试、管理清洗、耐火衬里烘干、模拟试车等。

（3）主要管理文件：包括试运行管理计划、EPC 承包商与业主工作接口、试运行操作规程、安全检查管理规定、项目验收管理规定等。

（六）EPC 工程总承包建设模式的合同管控要点

EPC 合同主要来源于 FIDIC 设计采购施工（EPC）合同条件（银皮书），1999 年国际咨询工程师联合会（FIDIC）出版了四份新的合同标准格式的第一版，其中包括 EPC/交钥匙项目合同条件（银皮书）。其主要管控要点如下：

（1）承包商职责：传统的承包合同中，承包商仅负责照图施工不承担设计责任，设计单位和施工单位往往存在不协调的情况。EPC 合同中要求承包商承担全部设计责任，如 EPC 合同中约定“包商应被视为，在基准日期前已仔细检查了业主要求（包括设计标准和计算书，如果有）。承包商应负责工程的设计，并在除下列业主应负责的部分外，对业主要求（包括设计标准和计算书）的正确性负责”。

（2）合同价款包干：目前国内传统的承包合同及 FIDIC 红皮书关于合同价款的约定基本都是单价合同模式，合同价款按实际量结算，EPC 是完全固定总价模式。合同价款调整的因素非常少，主要是业主需求及功能重大变更才导致合同价款调整。

（3）合同风险分配：与传统模式相比，把较多的风险不平衡地分配给了承包商，投标人将需要更多的与工程具体类型有关的现场水文、地下及其他条件的数据，以及更多的时间审查这些数据和评价此类风险。而传统承包模式这类风险基本由业主承担。

（4）业主管理权限的约定：与传统承包合同中业主（工程师）的管理范围相比较，EPC 承包商在设计及投资控制上有更多的自主权。

（5）计价方式的差异：传统承包合同模式中合同清单通常为国标清单，按照定额计价的方式，而 EPC 合同中通用采用纯市场价的竞价方式。

第二节　其他管理模式

一、组建项目管理团队自管的模式

采用组建项目管理团队的模式的适用范围：

1. SPV 公司有专业的技术力量，包括设计、技术、造价、合同等专业人员；

2. 对 SPV 公司中各方拟派的管理人员要有清晰的职责、权利义务划分。

二、聘请项目管理公司代建（管理）的模式

（一）聘请项目管理公司代建（管理）的模式的适用范围

1. SPV 公司中缺少专业的技术力量，难以自行组织项目管理团队；

2. SPV 公司为提高项目管理效率、专业性，愿意委托第三方的专业管理团队参与项目管理，并支付一定的管理费用。

（二）聘请项目管理公司代建（管理）的模式的工作范围

聘请项目管理公司，可以充分利用其专业性开展相关管理工作，涉及的工作范围包括但不限于以下工作：

1. 项目前期报批报建管理；
2. 项目设计需求管理；
3. 全过程造价咨询；
4. 勘察设计招投标代理；
5. 项目方案设计、初步设计、项目施工图设计及管理；
6. 施工监理招投标；
7. 项目施工阶段投资、进度、质量安全、合同管理；
8. 项目调试验收及投产管理；
9. 项目结算审计。

第三节　工程建设管理的管控要点

采用组建项目管理团队自管的模式或聘请项目管理公司代建(管理)的模式管理的,需要注意以下几个管控要点。

一、项目前期报批报建

(一)前期工作内容

包括但不限于建设用地规划许可证、建设工程规划许可证的办理,还有落实各项市政方案,消防、园林、交通、抗震手续的报批与办理,建设工程质量监督备案,建设工程安全监督备案,工程阶段性验收,竣工验收和各项市政工程验收等。

(二)前期工作重点

应协调处理好政府与主管部门之间及报批工作之间的关系,应重视市政方案、报装、验收、接用手续办理,应协调处理好与质量监督部门、安全监督部门等政府部门的关系。

(三)加强主管部门的沟通

前期涉及的主管部门通常包括交通部门、环保卫生部门、供水供电部门、公安部门、消防部门、主管审计部门等。

二、设计管理工作

(一)设计需求管理

设计需求管理是指通过与 SPV 公司进行充分沟通,全面充分地了解项目的使用需求后,通过设计文件的图纸形式将这种使用需求表达出来,并根据确定的功能需求提出合理的投资估算,为后续的设计提供技术支持和依据。

(二)项目方案设计阶段管理

方案设计阶段要抓好造价咨询顾问的服务工作,注重以下几点:

(1)对不同拟建方案进行投资价值工程分析,提供类似工程的技术经济指标参数和建议;

(2)根据项目的性质、规模、标准、功能定位编制项目的总投资估算,提出项目成本控制的初步目标建议;

(3)提供项目合同总体构架及发包合同模式的建议;

(4)根据项目成本控制的总目标和工程总进度计划编制项目资金流动表和招标采购计划。

(三)设计阶段管理重点

(1)以设计为重点,是有效控制工程造价的先决条件;

(2)优化设计方案,有效控制工程造价;

(3)在工程(经批准的)投资总额范围内,采取限额设计控制工程造价。

(四)设计质量控制

(1)初步设计阶段:侧重于考核工程设计所采用的技术方案是否符合总体方案的要求,以及是否达到项目决策阶段确定的质量标准;

(2)技术设计阶段:侧重于考核各专业设计是否符合预定的质量标准和要求;

(3)施工图设计阶段:应注意使用功能及质量要求是否得到满足;

(4)设计交底与图纸会审:为了了解工程特点和设计意图以及对关键工程部分的质量要求,同时也为了减少图纸的差错而将图纸中的质量隐患消灭于萌芽状态,要组织设计单位向施工单位进行图纸会审和设计交底。

三、项目投资管理工作

(一)投资管理理念

(1)建立“事前、事中、事后”控制相结合的理念;

(2)建立“动态的、全方位的、全过程的”控制理念;

(3)设立有效的控制环节与方法:在建立造价控制理念的基础上,设立正确有效的控制环节与方法是极为重要的。

（二）投资控制重点

（1）前期设计招标阶段及设计管理阶段的造价控制是项目造价控制的前提；

（2）工程承发包阶段的施工合同是项目造价控制的基础；

（3）施工阶段跟踪服务是项目达到造价控制目标的手段。

（三）施工和竣工结算阶段投资管理的重点

（1）作好各招标分项的界面划分；

（2）加强合同管理；

（3）重视设计变更管理；

（4）做好成本管理工作；

（5）做好支付管理工作；

（6）做好财务资金管理；

（7）特别注意索赔管理工作；

（8）做好竣工结算管理。

四、项目进度管理工作

（一）建立完善的计划保证体系

（1）采用科学的三级网络编制施工总控计划；

（2）进行前期手续和设计阶段的进度控制；

（3）做好各项招标采购的计划和执行工作；

（4）重视合同文件对于进度计划的保障作用；

（5）注重项目管理程序对进度控制的保障。

(二)项目进度控制程序图

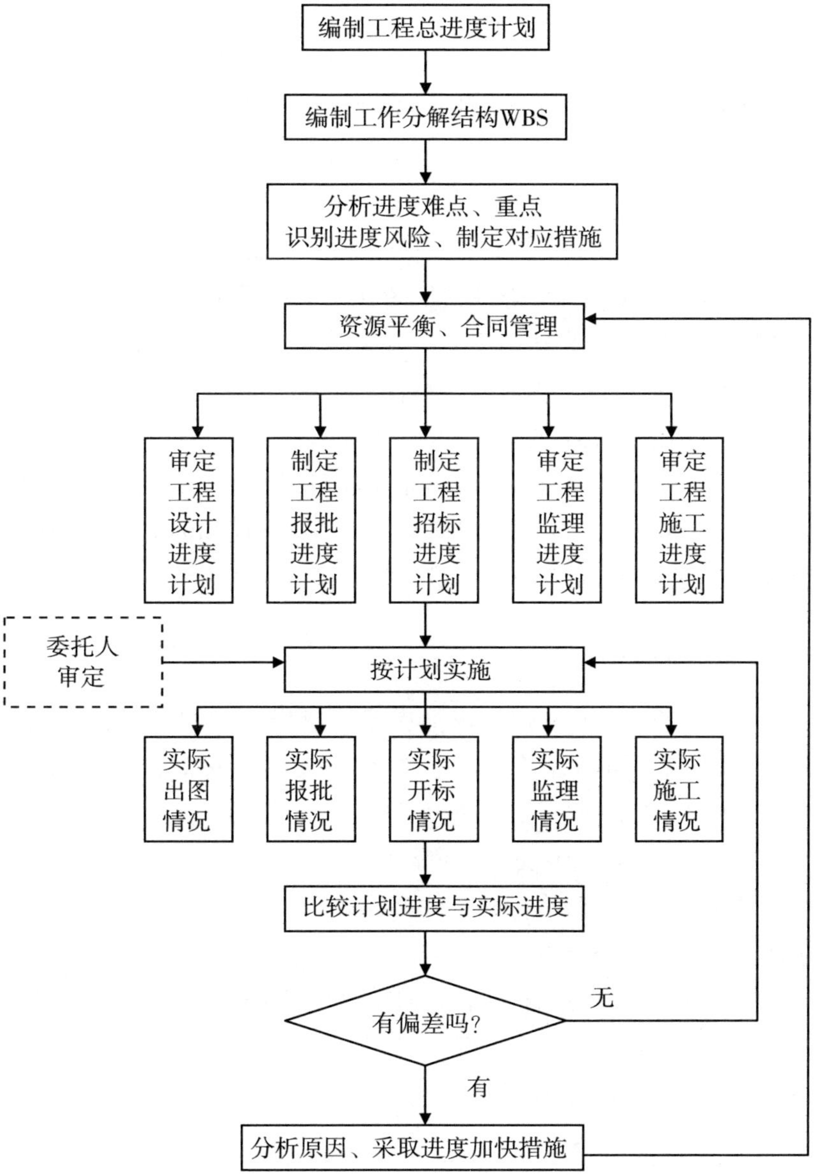

图 12.1　项目进度控制程序

五、项目质量管理工作

（一）质量管理原则

项目质量管理必须坚持五大原则：（1）坚持质量第一；（2）坚持以人为控制核心；（3）坚持预防为主；（4）坚持质量标准；（5）坚持全面控制。

（二）全面质量控制

开展全过程的质量控制，全过程指的就是工程质量产生、形成和实现的过程，包括勘察设计质量、原材料与成品半成品质量、施工质量、使用维护质量的综合反映。为了保证和提高工程质量，质量控制不能仅限于施工过程，而必须贯穿于从勘察设计直到使用维护的全过程，要把所有影响工程质量的环节和因素控制起来。开展全员的质量控制，工程质量是项目各方面、各部门、各环节工作质量的集中反映，质量控制必须把项目所有人员的积极性和创造性充分调动起来，做到人人关心质量控制、人人做好质量控制工作。

（三）质量控制内容

（1）以施工图纸、施工及验收技术规范和规程、工程质量验评标准等为依据，督促承包单位全面实现施工合同中约定的工程质量标准；

（2）对工程的人、机、料、法、环等因素进行全面的质量控制，督促承包单位的质量保证体系落实到位，并正常发挥作用；

（3）要求承包单位严格执行材料试验、设备检验及施工试验等制度，对承包单位的试验室进行考核与批准；

（4）严格要求承包单位执行预检、隐检、分项及分部工程的验收制度；

（5）以工序质量保证分项工程质量，以分项工程质量保证分部工程质量，以分部工程质量保证单位工程质量。

（四）质量控制程序

在施工阶段进行建筑产品生产的全过程中，项目管理和监理工程师要对产品施工生产进行全过程、全方位的监督、检查与控制，它不是对最终产品的检查、验收，而是对生产中各环节或中间产品进行的监督、检查与验收。其控制程序如全过程、全方位的中间质量控制程序图。

六、项目调试验收及投产管理

(一)程序要求

工程项目在最终竣工并移交业主前,都须经试运行阶段,包括制订试运行计划、确定编制操作维修手册、进行开车人员培训等事项。一般程序为预试运行、试运行、投料试运、性能保证试验。

(二)性能试验

为了证明竣工工程的生产达到 EPC 工程总承包项目的合同条件规定的保证指标,需要采取必要步骤,通过性能测试或生产考核验证竣工项目是否达到合同规定的保证值、工艺性能、经济指标。

(三)试运行组织程序

一般情况下,当工程实施接近竣工时,合同双方就会按照合同的规定分别设立试运行机构,有的项目可组织联合试运行小组,共同订立试运行实施总体计划,作为项目组整个工程试运行管理和安排的依据。

(四)成果记录

试运行监视和记录的运行参数以及性能试验结果,均由双方会签认可,作为工程正式验收的依据。

(五)试运行主要管理文件

包括试运行管理计划、承包商与业主的试运行工作接口划分、试运行操作规程、安全检查管理规定、项目验收管理规定等。

第四编　风险与合同

第十三章
PPP 项目合同体系

第一节 PPP 项目合同体系概览

合同是平等的当事人之间设立、变更、终止民事权利义务关系的约定。合同的内容只要合法,即在当事人之间产生等同于法律的约束力。我们知道,项目公司、承包方、运营方、融资方等均为平等的民事主体,而在政府与社会资本签订的 PPP 项目合同中,政府是否同属平等主体在过去存在争议。随着财政部《PPP 项目合同指南(试行)》(以下简称财政部合同指南)、发改委《政府和社会资本合作项目通用合同指南》(以下简称发改委合同指南)的公布,这一问题有了准确的答案。两份规范性文件均明确指出,PPP 从行为性质上属于政府向社会资本采购公共服务的民事法律行为,在法律关系上属于平等当事人之间的民事法律关系。这就意味着政府方也必须通过合同来约定并保障其权利义务。

除政府方外,PPP 合同的主要参与主体还包括:社会资本方,即与政府方签署 PPP 项目合同的社会资本或项目公司;项目公司,即实施 PPP 项目而专门成立的公司;融资方,即商业银行、出口信贷机构、多边金融机构以及非银行金融机构等;承包商和分包商,即负责项目建设与项目公司签订施工总(分)承包合同的主体;原料供应商,即确保原料的及时、充足、稳定供应的合同参与方;专业运营商,即承担项目部分的运营和维护事务地主体;保险公司,即对项目公司以及项目的承包商、分包商、供应商、运营商等可能面临的各类风险进行承保的保险人;专业机构,即提供投资、法律、技术、财务、保险代理等方面服务的专业机构。这些主体都属于平等的民事主体,在这些主体之间发生的与 PPP 相关的各种合同都属于 PPP 合同体系的组成部分。

其中，政府与社会资本间的 PPP 项目合同是整个合同体系的基础和核心，政府方与社会资本方的权利义务关系以及 PPP 项目的交易结构、风险分配机制等均通过 PPP 项目合同确定，并以此作为各方主张权利、履行义务的依据和项目在全生命周期内顺利实施的保障。一般来说，在项目初期阶段，项目公司尚未成立时，政府方会先与社会资本签订意向书、备忘录或者框架协议，以明确双方的合作意向，详细约定双方有关项目开发的关键权利义务。待项目公司成立后，由项目公司与政府方重新签署正式 PPP 项目合同，或者签署关于承继上述协议的补充合同。在 PPP 项目合同中通常也会对 PPP 项目合同生效后政府方与项目公司及其母公司之前就本项目所达成的协议是否会继续存续进行约定。

除项目合同外，项目公司的股东之间，项目公司与项目的融资方、承包商、专业运营商、原料供应商、产品或服务购买方、保险公司、专业机构等其他参与方之间，还会围绕 PPP 项目合作订立一系列合同来确立和调整彼此之间的权利义务关系，共同构成 PPP 项目的合同体系。

根据财政部《关于印发政府和社会资本合作模式操作指南的通知》（以下简称操作指南），PPP 项目合同体系主要包括项目合同、股东合同、融资合同、工程承包合同、运营服务合同、原料供应合同、产品采购合同和保险合同等（见图 13.1）。

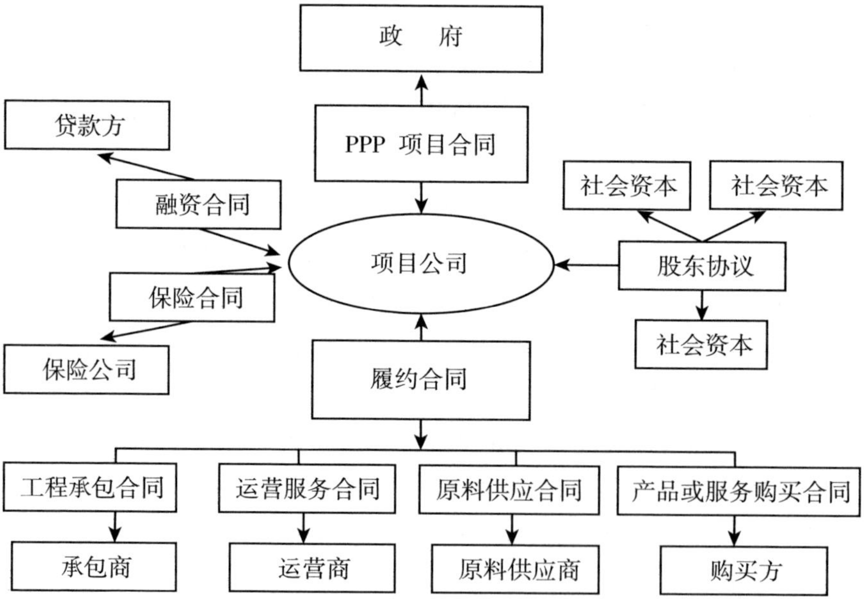

图 13.1　PPP 合同体系

在实践操作中,PPP 合同体系更为复杂多样,以下将进行分述:

一、PPP 项目合作协议

(一)PPP 项目协议

PPP 项目合同是政府方与社会资本方依法就 PPP 项目合作所订立的约定项目合作主要内容和双方基本权利义务的协议。其目的是在项目实施机构与社会资本之间合理分配项目风险,明确双方的权利义务关系,确保双方能够依据合同约定合理主张权利、妥善履行义务,确保项目在全生命周期内的顺利实施。

一般来说,在项目初期阶段,项目公司尚未成立时,政府方会先与社会资本签订意向书、备忘录或者框架协议,以明确双方的合作意向,详细约定双方有关项目开发的关键权利义务。待项目公司成立后,由项目公司与政府方重新签署正式 PPP 项目合同,或者签署关于承继上述协议的补充合同。在 PPP 项目合同中通常也会对 PPP 项目合同生效后政府方与项目公司及其母公司之前就本项目所达成的协议是否会继续存续进行约定。

项目合同的主要内容应包括:项目经营内容、范围及期限(如涉及投资的,应明确投资标的物的范围;涉及工程建设的,应明确项目建设内容;涉及提供服务的,应明确服务对象及内容等;同时明确政府为合作项目提供的主要条件或支持措施;明确项目合作期限及合作的起讫时间和重要节点);项目各个阶段不同资产的权属;土地使用权的获取方式及权限;责任与风险的分担;产品和服务标准;价格、收费标准、补贴及价格调整机制;违约责任和争议解决程序等关键内容。如有必要,可做出合作期间内的排他性约定,如对政府同类授权的限制等;也可以约定项目合同各方的履约担保事项,明确履约担保的类型、提供方式、提供时间、担保额度、兑取条件和退还等。对于合作周期较长的项目,可分阶段安排履约担保。

需要注意的是,项目合同、应报项目同级财政部门和法制机构备案。

(二)特许经营协议

涉及政府向社会资本主体授予特许经营权等特定权利的,应明确社会资本主体获得该项权利的方式和条件,是否需要缴纳费用,以及费用计算方法、支付时间、支付方式及程序等事项;并明确社会资本主体对政府授予权利的使用方式及限制性条款，如不得擅自转让、出租特许经营权等。

二、项目公司协议

（一）股东协议

股东协议由项目公司的股东签订，用以在股东之间建立长期的、有约束力的合约关系。在股东出资协议中，一般会明确出资比例和方式、利润分配方式、风险责任分担机制、项目的功能和绩效要求、退出安排及项目移交机制、争议解决程序以及公司章程重要条款等事项。

根据财政部合同指南，股东协议应包括以下条款：前提条件、项目公司的设立和融资、项目公司的经营范围、股东权利、履行PPP项目合同的股东承诺、股东的商业计划、股权转让、股东会、董事会、监事会组成及其职权范围、股息分配、违约、终止及终止后处理机制、不可抗力、适用法律和争议解决等。

有别于财政部合同指南，发改委合同指南则特别强调了项目公司的设立及其存续期间法人治理结构及经营管理机制等事项。要求股东出资协议明确：

（1）项目公司注册资金、住所、组织形式等的限制性要求。（2）项目公司股东结构、董事会、监事会及决策机制①安排。（3）项目公司股权、实际控制权、重要人事发生变化的处理方式。（4）如政府参股项目公司的，还应明确政府出资人代表、投资金额、股权比例、出资方式等；政府股份享有的分配权益，如是否享有与其他股东同等的权益，在利润分配顺序上是否予以优先安排等；政府股东代表在项目公司法人治理结构中的特殊安排，如在特定事项上是否拥有否决权等。②

我们认为，尽管两份合同指南侧重不同（前者侧重于项目，后者倾向于公司

---

① 对于决策机制，财政部合同指南特别指出：如果承包商作为项目公司股东，其双重身份可能导致股东之间的利益冲突，应当在协议中进行特别约定。例如，为防止承包商在工程承包事项上享有过多的控制权，其他股东可能会在股东协议中限制承包商在工程建设及索赔事项上的表决权；如果承包商参与项目的主要目的是承担项目的设计、施工等工作，并不愿长期持股，承包商会希望在股东协议中预先做出股权转让的相关安排；但是，如果融资方也是股东，融资方通常会要求限制承包商转让其所持有的项目公司股权的权利，如要求承包商至少要到工程缺陷责任期满后才可转让其所持有的项目公司股权。

② 需要特别注意的是，财政部合同指南规定“政府在项目公司中的持股比例应当低于50%且不具有实际控制力及管理权”，两者似乎有一定冲突。

自身)，但均为项目公司股东协议中必不可少的内容。从实际操作角度来说，在订立协议的过程中应当将两份合同指南所列事项均予以明确。

（二）公司章程

两份合同指南均未对项目公司章程的制定给予指引。可以说，合同指南仅仅提供了 PPP 项目所需法律文件中最为基础的内容，但仅仅依赖合同指南仍会有相当多的法律漏洞。就公司章程而言，有以下几点需要注意。

1. 许多公司股东（甚至部分律师）会认为需要特别约定的问题已经在股东协议中进行了约定，章程只需要按照工商登记要求，采用官方提供的基本模板即可。但实际上，在股东协议之外精心制定一份公司章程非常必要。首先，股东协议对后续加入股东不能自动形成约束力，而公司章程则可以；其次，股东协议只能约束股东自身，而不能约束公司行为，公司章程则不然；再次，公司章程还能够约束高管行为；最后，不同于股东协议，公司章程具有一定的公示效果，可在一定程度上对抗公司外部人。

2. 尽管我国公司法相对其他法律较为健全，但仍存在一些明显漏洞，其中有两点应当引起股东的注意。第一，公司法未明确将公司变更主营业务纳入特别决议事项，这意味着公司变更主营事项只需要得到半数以上有表决权出席股东的同意。而对任何投资人而言，变更主营业务实际上与投资另一项目无异，必须对风险进行全面评估。尤其对于其存在本身就有预防其他业务经营风险、专门从事某一项业务的项目公司，变更主营业务更是应当得到绝大多数股东同意。因此，我们建议项目公司应当至少在章程中明确变更主营业务需要获得 3/4 以上有表决权出席股东的同意。更进一步来说，由于许多特许经营权项目在进行资产证券化时无法实现真实的转让，风险隔离很大程度上依赖于项目公司经营范围的单纯性（这里的经营范围的单纯性不仅是业务类型的单纯性，甚至包括同类业务中具体经营项目的单纯性）。我们建议，对于那些可能利用资产证券化进行再融资的项目，应当在项目公司的公司章程中对经营范围变更的表决进行更严格的约定。第二，我国公司法未规定股东会召开定足数（股东会能够依法召开所需的最低出席比例），这意味着即便仅有少数股东出席股东会，只要股东会的召开在程序上没有瑕疵，其决议效力即得到法律认可。这可能给某些股东可乘之机，因此我们建议，项目公司应当在公司章程中明确股东大会召开的定足数，如规定有占股比例 2/3 以上股东出席时股东大会方能召开等。

3. 公司法与公司章程在很大程度上属于示范合同与特别约定的关系，章程制定的“自由度”较高，但在制定章程中应当注意两点。其一，尽管公司法中任意性规定的比例较多，但仍存在一定数量的强行性规定，违反这些规定的约定无效；其二，在制定章程的过程中，应当对公司法明确规定需要由公司章程进行选择的事项做出选择，如公司法第 16 条关于公司对外担保的规定。

4. 因 PPP 项目具有周期长的特点，对在公司设立之初掌握控制权的股东而言，为避免未来可能出现的控制权争夺，可以预设一些针对恶意争夺控制权的障碍，如在章程中约定董事任期内遭到解聘须说明理由并支付巨额赔偿等。

5. 在 PPP 项目中，虽然项目的直接实施主体和 PPP 项目合同的签署主体通常是社会资本设立的项目公司，但项目的实施仍主要依赖于社会资本自身的资金和技术实力。项目公司自身或其母公司的股权结构发生变化，可能会导致不合适的主体成为 PPP 项目的投资人或实际控制人，进而有可能会影响项目的实施。鉴于此，为了有效控制项目公司股权结构的变化，在 PPP 项目合同中一般会约定限制股权变更的条款。该条款通常包括股权变更的含义与范围以及股权变更的限制等内容，具体来说可以在章程中规定股权转让的锁定期，锁定期满后一般也要求受让方应具有履约资质（但关联公司转让、因股权质押发生的转让、政府方参股股权的转让不受限制）。

值得留意的是，财政部合同指南将股权变更限制放在了 PPP 项目合同中，对此我们并不赞同；股权转让的受让人可以合同相对性为抗辩，主张对所受让股权的善意取得。因此，我们建议将对项目公司股权转让的限制明确写入公司章程，以取得对抗第三人的公示效果。

（三）股权远期转让协议

股权远期转让协议有时也被称为对赌协议，法律性质类似于期权，在投资的角度看是一种估值调整机制，其既能够对融资的达成起促进作用，也能够激励（包括正向和反向）公司股东。它是指投资方（包括债权投资人与股权投资人）与目标公司股东在达成 PPP 项目融资协议时，对于项目公司未来不确定的情况进行一种安排，如果约定的情况出现，投资方可以要求项目公司股东对投资进行回购。

股权远期转让协议在签订时，一般对回购股份数量、回购条件、回购价格、回购方式进行约定。尽管我国法律对此无明文规定，但一般来说，只要回购条件与价格符合实际情况，无明显违背公平原则及诚实信用原则，股权远期转让协议在国内具备相当的可执行力。惟须注意的是，在签订股权远期转让协议时，当事人一方是投资人，另一方只能够是公司股东而不能是项目公司。

三、履约合同

（一）工程承包合同

项目公司一般只作为融资主体和项目管理者而存在，本身不一定具备自行设计、采购、建设项目的条件，因此可能会将部分或全部设计、采购、建设工作委托给工程承包商，签订工程承包合同。项目公司可以与单一承包商签订总承包合同，也可以分别与不同承包商签订合同。承包商的选择要遵循相关法律法规的规定。由于工程承包合同的履行情况往往直接影响 PPP 项目合同的履行，进而影响项目的贷款偿还和收益情况。因此，为了有效转移项目建设期间的风险，项目公司通常会与承包商签订一个固定价格、固定工期的“交钥匙”合同，将工程费用超支、工期延误、工程质量不合格等风险全部转移给承包商。此外，工程承包合同中通常还会包括履约担保和违约金条款，进一步督促承包商妥善履行合同义务。

（二）运营服务合同

根据 PPP 项目运营内容和项目公司管理能力的不同，项目公司有时会考虑将项目全部或部分的运营和维护事务外包给有经验的运营商，并与其签订运营服务合同。个案中，运营维护事务的外包可能需要事先取得政府的同意。但是，PPP 项目合同中约定的项目公司的运营和维护义务并不因项目公司将全部或部分运营维护事务分包给其他运营商实施而豁免或解除。

（三）原料供应合同

有些 PPP 项目在运营阶段对原料的需求量很大、原料成本在整个项目运营成本中占比较大，同时受价格波动、市场供给不足等影响，又无法保证能够随时在公开市场上以平稳价格获取，继而可能会影响整个项目的持续稳定运营，例如燃煤电厂项目中的煤炭。因此，为了防控原料供应风险，项目公司通常会与原料的主要供应商签订长期原料供应合同，并且约定一个相对稳定的原料价格。在原料供应合同中，一般会包括以下条款：交货地点和供货期限、供货要求和价格、质量标准和验收、结算和支付、合同双方的权利义务、违约责任、不可抗力、争议解决等。除上述一般性条款外，原料供应合同通常还会包括“照供不误”条款，即要求供应商以稳定的价格、稳定的质量品质为项目提供长期、稳定的原料。

（四）产品或服务购买合同

在 PPP 项目中，项目公司的主要投资收益来源于项目提供的产品或服务的销售收入，因此保证项目产品或服务有稳定的销售对象，对于项目公司而言十分重要。根据 PPP 项目付费机制的不同，项目产品或服务的购买者可能是政府，也可能是最终使用者。以政府付费的供电项目为例，政府的电力主管部门或国有电力公司通常会事先与项目公司签订电力购买协议，约定双方的购电和供电义务。此外，在一些产品购买合同中，还会包括“照付不议”条款；也就是说，项目公司与产品的购买者约定一个最低采购量，只要项目公司按照该最低采购量供应产品，不论购买者是否需要采购该产品均应按照该最低采购量支付相应价款。

四、融资合同

从广义上来讲，融资合同可能包括项目公司与贷款方签订的项目贷款合同、担保人就项目贷款与贷款方签订的担保合同、政府与贷款方和项目公司签订的直接介入协议等多个合同。其中，项目贷款合同是最主要的融资合同。在项目贷款合同中一般包括以下条款：陈述与保证、前提条件、偿还贷款、担保与保障、抵销、违约、适用法律与争议解决等。同时，出于贷款安全性的考虑，贷款方往往要求项目公司以其财产或其他权益作为抵押或质押，或由其母公司提供某种形式的担保，或由政府做出某种承诺，这些融资保障措施通常会在担保合同、直接介入协议①以及 PPP 项目合同中具体体现。

① 项目的提前终止可能会对融资方债权的实现造成严重影响，融资方通常希望在发生项目公司违约事件且项目公司无法在约定期限内补救时，可以自行或委托第三方在项目提前终止前对于项目进行补救。为了保障融资方的该项权利，融资方通常会要求在 PPP 项目合同中或者通过政府、项目公司与融资方签订的直接介入协议对融资方的介入权予以明确约定。

五、保险合同

由于 PPP 项目通常资金规模大、生命周期长，负责项目实施的项目公司及其他相关参与方通常需要对项目融资、建设、运营等不同阶段的不同类型的风险分别进行投保。通常可能涉及的保险种类包括货物运输险、建筑工程险、针对设计或其他专业服务的专业保障险、针对间接损失的保险、第三人责任险、政治风险保险等。

六、其他合同

在 PPP 项目中还可能会涉及其他的合同，如与专业中介机构签署的投资、法律、技术、财务、税务等方面的咨询服务合同。

第二节　PPP 项目合同核心条款案例解析

根据项目行业、付费机制、运作方式等具体情况的不同，PPP 项目合同可能会千差万别，但一般来讲会包括以下重要条款：引言、定义和解释；项目的范围和期限；投资规模；前提条件；项目的融资；项目用地；项目建设；项目运营；项目维护；股权变更限制；付费机制；履约担保；政府承诺；保险；守法义务及法律变更；不可抗力；政府方的监督和介入；违约、提前终止及终止后处理机制；项目移交；适用法律及争议解决；合同附件等。我们选取了上述条款中最为核心的十余项进行详细介绍。

一、定义条款

定义条款是对合同用语界定、解释的条款，包括项目、合同各方、项目地点、项目公司、各种费用、工作日、建设期等。有的合同在定义条款之前还会增加“引言”或“前言”条款，用以表述合同目的、背景等。定义条款须关注定义的准确性，不准确或错误的定义将直接影响双方当事人的权利义务。有的合同还将当事人权利义务放在第一章，此时要特别关注是否有缺项、漏项或错项存在。

二、项目范围条款

项目的范围条款是用以明确约定在项目合作期限内政府与项目公司的合作

范围和主要合作内容的条款，是 PPP 项目合同的核心条款。根据项目运作方式和具体情况的不同，政府与项目公司的合作范围可能包括设计、融资、建设、运营、维护等环节的一个方面或全部。在不同的运营方式下，可能存在不同的合作内容。例如，在 BOT 模式下，社会资本方通常承担建设、运营和移交的责任；在 DBO 模式下，社会资本方承担设计、建设和运营的职责。有的合同并不规定专门的项目范围条款，而是在定义中描述项目范围。

案例 13.1 某海绵城市 PPP 项目范围条款①

本合同项目范围：城市水系综合治理。(1) 某河综合治理：治理长度 5.06 公里，绿化面积 17 万 m^2，规划治理内容：疏浚防漏治理，河道拓宽、护砌及沿岸绿化；投资 6.4 亿元人民币。(2) 某渠综合治理：治理长度 7.6 公里；规划治理内容：河道清淤，两岸堤防填筑，沿岸铺设碎石小路；投资 1.49 亿元人民币。(3) 某渠(一支渠) 综合治理：治理长度 5.2 公里，绿化面积 24.5 万 m^2；规划治理内容：河道清淤，两岸堤防填筑，沿岸小路及绿化廊道；投资 1.17 亿元人民币……

【点评】

上述条款并未明确项目起始范围，可能引发争议，建议进一步描述项目起止点，也可附相关图纸说明。

案例 13.2 某公路 PPP 项目范围条款②

本项目实施范围包括 S101 合相路改建工程(二期)、S254 古毛路(宋疃至古饶段) 建市工程。项目采 BOT 方式实施。

【点评】

《收费公路管理条例》第 18 条规定：“建设收费公路，应当符合下列技术等级和规模：(1) 高速公路连续里程 30 公里以上。但是，城市市区至本地机场的高速公路除外。(2) 一级公路连续里程 50 公里以上……技术等级为二级以下(含二级) 的公路不得收费。”本项目范围分别为 25 公里和 6.9 公里的公路，在规模上不符合收费公路的条件，无法采 BOT 方式运作。

---

① 案例来源于本书作者参与实际操作的项目。

② 案例来源于本书作者参与实际操作的项目。

三、项目期限条款

根据项目运作方式和付费机制的不同，项目合作期限的规定方式也不同。常见的项目合作期限规定方式一般是自合同生效之日起的一个固定期限，有时也会分别设定独立的设计建设期间和运营期间，并规定运营期间为自项目开始运营之日起的一个固定期限。

项目合作期限应当根据项目的风险分配方案、运作方式、付费机制和具体情况进行选择，在选择时也应该考虑到政府所需要的公共产品或服务的供给期间、项目资产的经济生命周期以及重要的整修时点、项目资产的技术生命周期、项目的投资回收期、项目设计和建设期间的长短、财政承受能力、现行法律法规的限制（如土地采用租赁形式的，应当符合合同法关于租赁期限不得超过20年的规定）等。

由于PPP项目的实施周期通常较长，为了确保项目实施的灵活性，PPP项目合同中还可能包括关于延长项目合作期限的条款。

根据《关于进一步做好政府和社会资本合作项目示范工作的通知》（财金〔2015〕57号），政府和社会资本合作期限不低于10年。合作期限不低于10年也是中央级PPP库项目的准入条件之一。此外，根据《基础设施与公用事业特许经营管理办法》，特许经营协议中约定的特许经营期限根据行业特点、经营规模、经营方式等因素确定，但最长不得超过三十年。

案例13.3　某公路PPP项目期限条款①

本合同特许经营期限为15年，始于本协议缔结之日……

【点评】

特许经营协议缔结之后，社会资本方需完成备案手续、开工准备、建设等诸多工作，尤其是当项目涉及拆迁等复杂前期工作时，开工日期往往难以确定，有时须延至1～2年之久。因此以合同缔结之日作为始期可能会损害社会投资人的利益，建议准确定义特许经营期的起始点，推荐分别定义建设期和运营期。

四、特许经营权条款

本条款描述项目特许经营权内容、范围、期限、终止后处理等内容。关于特

① 案例来源于本书作者参与实际操作的项目。

许经营权，建议一定要根据项目具体模式写清特许经营范围，明确设计、建设、投融资、运营权限的分配以及地上广告等经营权、地下管廊等收费权的处理；明确经营权融资权限之取得，关注权力限制是否合理；明确经营期满后的处理。

案例 13.4 某公路 PPP 项目特许经营条款①

特许经营权条款约定：如未来乙方根据适用法律及 PPP 项目协议、本协议的规定拟利用本项目资产或项目设施开展经营性业务（包括广告经营权、道路冠名权等）的，必须事先报经甲方或事先书面同意；未来收益分享等有关事宜由甲乙双方届时协商确定，且乙方必须保证此等经营性业务不得影响本项目的实施，也不得有任何影响公共利益或公共安全的行为。

如本项目涉及设计优化、管线/管廊铺设等第三方实施机构之间有关事务的，则乙方应事先报经甲方同意，并有权向对应的实施主体收取相应的费用，该等收益可在政府和项目公司之间分享，具体收益分享机制等由甲乙双方届时协商确定。

【点评】

不少政府提供的合同版本均包含此条款，建议社会投资人按照项目自身情况严格审查，若广告经营收入、管廊收费等已纳入财务预算中，则建议修改此条款，明确社会投资人享有相关权利。

五、前提条件条款

前提条件，是指 PPP 项目合同的某些条款生效所必须满足的特定条件，常见的前提条件包括：完成融资交割——通常由项目公司负责满足（完成融资交割通常是指项目公司已为项目建设融资的目的签署并向融资方提交所有融资文件，并且融资文件要求的就本项目获得资金的所有前提条件得到满足或被豁免）；获得项目相关审批——由项目公司或政府方负责满足；保险已经生效——由项目公司负责满足；项目实施相关的其他主要合同已经签订——由项目公司负责满足。前提条件还可能包括如项目公司提交建设期履约保函等担保。

如果双方约定的上述任一前提条件在规定的时间内未满足，并且另一合同方也未同意豁免或延长期限，则该合同方有权终止项目合同。

① 案例来源于本书作者参与实际操作的项目。

案例 13.5　某科教园 PPP 项目前提条件条款①

甲方承诺:(a)在本协议生效日前已获得了签订本协议所必需的授权,有权签署本协议;(b)完成本协议第 5.1 条规定的前期工作;

第 5.1 条:(a)甲方负责项目场地的征地拆迁工作,包括但不限于涉及工程用地的征拆摸底调查、测算征拆投资、办理征拆审批及具体征拆、安置补偿等工作;(b) 在开工日或先于开工日,甲方负责完成项目建设所合理必需的、到达项目场地规划红线的道路、通水、通电等配套基础设施;(c) 在开工日或先于开工日,乙方负责完成的其他前期工作,包括规划选址、环境影响评价及报批、立项及可研报批、测勘、设计及审查、工程量清单控制价编制等。

【点评】

通常建设工程项目的立项、环评、初步设计、规划、征地拆迁、工作面移交等工作应由政府方完成,上述合同条款中将其作为社会投资人的前期工作,建议进一步明确政府方与社会资本方在前期工作上的职责分工。

六、项目融资条款

(一)融资方案

项目合同需要明确项目总投资的资金来源和到位计划,包括项目资本金比例及出资方式以及债务资金的规模、来源及融资条件。如有必要,可约定政府为债务融资提供的支持条件、各类资金的到位计划等。

(二)各方权利与义务

1. 项目公司的融资权利和义务:由于能否成功获得融资直接关系到项目能否实施,因此大多数 PPP 项目合同中会将完成融资交割作为项目公司的一项重要义务以及 PPP 项目合同全部生效的前提条件。

2. 融资方的权利和义务:融资方在提供融资时最为关注的核心权利包括融资方的主债权和担保债权、融资方的介入权。再融资的条件通常包括再融资应增加项目收益且不影响项目的实施、签署再融资协议前须经过政府的批准等。

① 案例来源于本书作者参与实际操作的项目。

3. 政府方的权利与义务：通常政府方对融资不承担义务，但如果政府为合作项目提供投资补助、基金注资、担保补贴、贷款贴息等支持，则应当在合同中明确具体方式及必要条件。如无法完成融资交割，政府方享有解除合同的请求权。

案例 13.6　某科教园 PPP 项目融资条款①

项目公司的注册资本金不少于壹亿元人民币（100,000,000），由乙方按照百分之九十的持股比例同步缴纳到位。

出于本项目融资的目的，乙方可根据国务院《关于创新重点领域投融资机制鼓励社会投资的指导意见》（国发〔2014〕60 号）的规定将本协议项下的预期收益等作为本项目的融资质押等担保，乙方设置该担保权益不应损害甲方的权利或利益；若未来项目公司不能顺利完成项目融资的，乙方应采取股东贷款、补充提供担保等方式以确保项目公司的融资足额到位。

【点评】

不少由政府方提供的 PPP 协议中，要求社会投资人以现金形式使注册资本金一次到位，此时社会投资人应高度关注该合同条款是否符合商务安排。通常为了减少资金压力，社会投资人会采取“股＋债”的形式融资，由金融机构以股权投资形式解决部分资金。

此外，不少协议要求社会投资人承担补充融资义务，当项目公司无法完成融资任务时，由社会投资人担保融资实现。我们认为尽管合同条款将融资义务转嫁给社会投资人，但现实情况是，社会投资人通常不会为单个项目承担过重的信用背书，融资责任之无法完成往往也是 PPP 项目失败的原因。因此，我们建议在 PPP 合同谈判过程中引入金融机构，提前判断项目是否具备融资条件，在交易结构设计之初便解决融资问题。另外取得融资可作为合同前提条件。

七、项目建设条款

绝大多数的 PPP 项目都包括新建或改扩建内容，因此项目建设是这类 PPP 项目合同的必备条款。有关项目建设的条款通常会包括设计和建设两部分内容。

---

① 案例来源于本书作者参与实际操作的项目。

（一）设计

1. 设计工作的分工：设计工作的分工视项目建设方式不同各有不同。在EPC 模式下，社会投资人应承担全部设计责任；在施工总承包模式下，社会投资人不承担设计责任，可行性研究报告、项目产出说明、初步设计和施工图设计均政府方完成。由于 PPP 项目通常由项目公司承担建设责任，因此，原则上初设和施工图由项目公司完成。但实践中也存在的折中情况，初步设计由政府负责，施工图设计由社会投资人负责，具体情况还须根据项目情况而定。

2. 项目设计要求：在 PPP 项目合同签订之前，双方应协商确定具体的项目设计要求和标准，并在 PPP 项目合同中予以明确约定。

3. 设计的审查：政府方有权审查由项目公司制作的任何设计文件；政府方应当在约定期限内（通常在合同明确约定）审查设计文件；如项目公司对政府方提出的意见存在异议，可以提交争议解决程序处理。但需要注意，上述审查不能减轻或免除项目公司依法履行相关设计审批程序的义务。

（二）建设

1. 建设要求：包含政府提供的建设条件（政府为项目建设提供的条件，如建设用地、交通条件、市政配套等）；建设标准要求（项目达标投产标准，包括生产能力、技术性能、产品标准等；项目建设标准，包括技术标准、工艺路线、质量要求等；项目安全要求，包括安全管理目标、安全管理体系、安全事故责任等；工程建设管理要求，包括对招投标、施工监理、分包）；建设时间要求（项目控制性进度计划，包括项目建设期各阶段的建设任务、工期等要求）。

2. 建设责任：由项目公司负责按照合同约定的要求和时间完成项目的建设并开始运营，该责任不因项目建设已部分或全部由项目公司分包给施工单位或承包商实施而豁免。

3. 建设期限：合同应约定建设期的起止时间，以及期限延长的情形和审批程序。

4. 场地使用：合同应约定项目公司具有场地使用权，尤其是可无条件使用项目土地，对于是否可使用项目土地进行融资，也应该进行约定。PPP 合同中通常有项目用地条款，约定土地取得、费用承担、土地使用权及其限制。PPP 项目大多是基础设施、公共服务项目，符合划拨用地的条件，但不少项目也采取协议转让的方式，因为划拨用地融资上有一定的不便利性，例如须补缴土地出让金。

5. 工程变更管理：项目合同应约定建设方案变更（如工程范围、工艺技术方案、设计标准或建设标准等的变更）和控制性进度计划变更等工程变更的触发条件、变更程序、方法和处置方案。

6. 工程建设保险：项目合同应约定建设期需要投保的相关险种，如建筑工程一切险、安装工程一切险、建筑施工人员团体意外伤害保险等，并落实各方的责任和义务，注意保险期限与项目运营期相关保险在时间上的衔接。

7. 政府方对项目建设的监督和介入：包括定期获取有关项目计划和进度报告及其他相关资料；审查设计文件、施工图纸等；在不影响项目正常施工的前提下进场检查和测试；对建设承包商的选择进行有限的监控（如设定资质要求等）；在特定情形下，介入项目的建设工作等。

8. 竣（交）工验收：通常情况下交工验收结束后进入运营期，本条款规定竣（交）工验收的程序、未履行程序的后果等。

9. 工程保修：项目合同应约定工程完工之后的保修安排，内容包括但不限于：保修期限和范围；保修期内的保修责任和义务；工程质保金的设置、使用和退还；保修期保函的设置和使用。

案例 13.7 某科教园 PPP 项目建设条款①

本协议所述的工程建设其他费用（主要指前期工作费用），由乙方（社会资本方）按照本协议第 5.2 条的约定向甲方或 × 市科教园区管委会指定主体支付，甲方向乙方提供合法的行政事业单位收据或相关发票。其他部分由项目公司采购。

……

乙方要求的变动（含优化设计）引起成本增加的，则由乙方自行承担；如乙方要求的变动使得本项目总成本降低的，则该等降低所带来的直接成本减少及对应产生的收益部分，甲方有权和乙方按照 35%:65% 的比例分享收益。

【点评】

工程所有的建设费用，包括前期工作费用，应该由项目公司承担，并纳入项目整体财务测算，而非由社会投资人承担。社会投资人仅仅是项目公司的股东，承担出资义务，并以出资义务为限承担有限责任。因此，上条建议修改为"本协议所述的工

① 案例来源于本书作者参与实际操作的项目。

程建设其他费用（主要指前期工作费用），由项目公司按照本协议第 5.2 条的约定向甲方或×市科教园区管委会指定主体支付，甲方向乙方提供合法的行政事业单位收据或相关发票。其他部分由项目公司采购”。

由政府方同意的工程变更，因变更引起的费用增加，我们建议由政府方承担，而非社会投资人承担，政府方可通过掌握工程变更同意权控制费用。因此，上条建议修改为“乙方要求的变动（含优化设计）引起成本增加的，若甲方已按本合同约定的程序批准变更的，则由甲方承担；如乙方要求的变动使得本项目总成本降低的，则该等降低所带来的直接成本减少及对应产生的收益部分，甲方有权和乙方按照 35%：65% 的比例分享收益”。

案例 13.8　某高速公路 PPP 项目建设条款①

由于下列任何一个事件引起施工延误，且该项施工延误为影响工期的关键路径事件，乙方有权要求延长预计的交工日期：

a. 甲方认可的项目范围变动；

b. 因甲方原因未能及时完成征地拆迁工作；

c. 为保护在建设用地范围内发现的历史文物；

d. 甲方提出的设计变更导致的完工延误；

e. 发生不可抗力。

【点评】

该条对工期延误之规定虽详细，但不完整，未能贯彻双方权利义务平等原则。通常因政府方原因导致的延误，社会资本方均可要求工期延长和费用补足，而本条款仅涉及甲方未及时完成征地拆迁、设计变更、项目范围变更三种原因引起的工期延误，建议增加一条“其他可归责于甲方的原因导致的完工延误的情形”。

此外，本条规定了不可抗力引起的工期延长，但是法律对不可抗力之界定非常严格，只有极其罕见的情况才构成不可抗力，而通常的法律变更、政府行为等可能无法达到不可抗力之条件，因此，建议增加一条“由于法律变更或政府行为导致工期延长的”。

八、项目运营和维护条款

有关项目运营的条款通常包括开始运营的时间和条件、运营期间的权利与

① 案例来源于本书作者参与实际操作的项目。

义务以及政府方和公众对项目运营的监督等内容。

（一）开始运营

项目开始运营意味着可以开始提供公共产品或服务，也往往意味着项目公司可以开始取得收益。开始运营时间点对于一些对时间要求较高的特殊项目尤为重要，如奥运会场馆。

（二）开始运营的条件

1. 一般条件：项目的建设已经基本完工并且已经达到满足项目目的的水平；已按照合同中约定的标准和计划完成项目试运营；项目运营所需的审批手续已经完成等。

2. 试营业安排：针对在完工后，需要一定时间测试以确保性能的稳定性或者需要进行大量的人员培训或工作交接的项目，可能需要在合同中进行试营业安排，这些安排包括约定：试运营的前提条件和技术标准、试运营的期限、试运营期间的责任安排、试运营的费用和收入处理、正式运营的前提条件、正式运营开始时间和确认方式等。

（三）因项目公司原因导致无法按期开始运营的后果

1. 一般的后果：无法按时获得付费、运营期缩短。

2. 支付逾期违约金：需要注意的是，融资方对于项目公司可能承担的违约金非常关注，政府为保障自身利益不受损失追求过高的违约金可能导致项目融资困难，因此在设定违约金时，应当考虑实际损失。对于逾期并不会对政府方造成很大损失的项目，付费机制和项目期限已经足以保证项目公司有动机按时完工，因而无须再另行规定逾期违约金。

3. 项目提前终止：如果政府方希望在逾期发生一定时间后获得提前终止该项目的权利，应当在合同中进行约定。

（四）政府提供的外部条件

项目合同应约定政府为项目运营提供的外部条件，如：

1. 项目运营所需的外部设施、设备和服务及其具体内容、规格、提供方式（无偿提供、租赁等）和费用标准等；

2. 项目生产运营所需特定资源及其来源、数量、质量、提供方式和费用标准等，如污水处理厂的进水来源、来水量、进水水质等；

3. 对项目特定产出物的处置方式及配套条件，如污水处理厂的出水、污泥的处置，垃圾焚烧厂的飞灰、灰渣的处置等；

4. 道路、供水、供电、排水等其他保障条件。

（五）运营服务标准

项目合同应从维护公共利益、提高运营效率、节约运营成本等角度，约定项目运营服务标准，包括：服务范围、服务内容；生产规模或服务能力；技术标准，如污水厂的出水标准，自来水厂的水质标准等；服务质量，如普通服务、持续服务等；其他要求，如运营机构资质、运营组织模式、运营分包等。

（六）主副产品的权属

项目合同应约定在运营过程中产生的主副产品（如垃圾填埋厂渗滤液与沼气）的权属和处置权限。

（七）运营期政府监管

政府有关部门依据自身行政职能对项目运营进行监管，社会资本主体应当予以配合。政府可在不影响项目正常运营的原则下安排特别监管措施，并与社会资本主体议定费用分担方式，如委托专业机构开展中期评估和后评价；政府临时接管的触发条件、实施程序、接管范围和时间、接管期间各方的权利义务等。

（八）项目大修、重置与改扩建

项目合同应约定项目大修、重置和改扩建的责任主体、时间、条件、费用承担以及未履行相关义务的违约责任。

案例 13.9 某海绵城市 PPP 项目改扩建条款[①]

若未来非因乙方原因导致本项目监测断面水质长期超标或适用法律中对新标准的执行或依据甲方要求而需要对项目设施进行的必要技术改造或者扩建，

① 案例来源于本书作者参与实际操作的项目。

届时甲乙双方将根据乙方的投资额以及运营成本的变动协商调整水系综合治理服务费。

【点评】

合同未明确非社会资本方引起的技术改造费用承担方式。建议对于非乙方原因引起的技术改扩建，可明确政府审批程序，在合同费用中未包括升级改造费用的情况下，获得政府许可的改扩建，费用由政府方承担。

九、项目移交条款

项目移交通常，是指在项目合作期满终止或者项目合同提前终止后，项目公司将全部项目设施及相关权益以合同约定的条件和程序移交给政府或者政府指定的其他机构。

项目移交的基本原则是，项目公司必须确保项目符合政府回收项目的基本要求。项目合作期限届满或项目合同提前终止后，政府需要对项目进行重新采购或自行运营的，项目公司必须尽可能减少移交对公共产品或服务供给的影响，确保项目持续运营。

1. 移交情形：项目移交可分为期满终止移交与提前终止移交。期满终止是指 PPP 项目合作期限届至，项目公司将项目移交给政府。期满移交又可分为有偿移交和无偿移交，通常 PPP 项目为无偿移交，因为在项目实施过程中已通过可用性付费等方式偿还社会资本成本和收益。期满移交还可分为资产移交和股权移交，通常资产移交涉及税费负担更重。提前终止移交的情形有违约、政府方选择终止、不可抗力。

2. 移交范围：项目设施；项目土地使用权及项目用地相关的其他权利；与项目设施相关的设备、机器、装路、零部件、备品备件以及其他动产；项目实施相关人员；运营维护项目设施所要求的技术和技术信息；与项目设施有关的手册、图纸、文件和资料（书面文件和电子文档）；移交项目所需的其他文件。

3. 移交的条件和标准：权利方面的条件和标准，项目设施、土地及所涉及的任何资产不存在权利瑕疵，其上未设路任何担保及其他第三人的权利；技术方面的条件和标准，项目设施应符合双方约定的技术、安全和环保标准，并处于良好的运营状况。

4. 移交程序：正式移交之前通常有一个过渡期，并成立由各方组成的移交委员会，合同应规定移交委员会的工作职责与程序。

5. 移交测试：在 PPP 项目移交前，通常需要对项目的资产状况进行评估并对项目状况能否达到合同约定的移交条件和标准进行测试。实践中，上述评估和测试工作通常由政府方委托的独立专家或者由政府方和项目公司共同组成的移交工作组负责。

6. 移交费用：移交费用由何方承担取决于双方谈判结果，通常由项目公司承担移交手续的相关费用，有的项目由政府方和项目公司共同承担移交手续的相关费用，如果因为一方违约事件导致项目终止而需要提前移交，可以约定由违约方来承担移交费用。

7. 合同受让：项目移交时，项目公司在项目建设和运营阶段签订的一系列重要合同可能仍然需要继续履行，因此可能需要将这些尚未履行完毕的合同由项目公司转让给政府或政府指定的其他机构。

8. 技术转让：在一些对于项目实施专业性要求较高的 PPP 项目中，可能需要使用第三方的技术（包括通过技术转让或技术许可的方式从第三方取得的技术）。在此情况下，政府需要确保在项目移交之后不会因为继续使用这些技术而被任何第三方进行侵权索赔。

9. 风险转移：财政部合同指引认为："移交条款中通常还会明确在移交过程中的风险转移安排：在移交日前，由项目公司承担项目设施的全部或部分损失或损坏的风险，除非该损失或损坏是由政府方的过错或违约所致；在移交日及其后，由政府承担项目设施的全部或部分损失或损坏的风险。"其中分号后"在移交日及其后，由政府承担项目设施的全部或部分损失或损坏的风险"和分号前相比，缺少了一句但书，易引起歧义：移交后即便损失或损坏是由项目公司的过错或违约所致仍由政府承担责任。实际上，法律上"风险转移"一词中的风险，特指无任何人有过错时发生的风险，如因项目公司过错或违约导致移交后发生损失或损坏，责任仍由项目公司承担。

另须注意的是，根据《合同法》第 142 条的规定，"标的物毁损、灭失的风险，在标的物交付之前由出卖人承担，交付之后由买受人承担，但法律另有规定或者当事人另有约定的除外"，我国法律对标的物风险转移采用了交付主义立法模式。但物权法对物权变动兼采了债权意思主义和债权形式主义，而动产与不动产的形式要件也有所区别。这就意味我国物权变动时间点（合同生效、交付或登记）与法律预设的风险转移时间点（交付）存在不同，但当事人如确有特殊需要，可以对风险转移时间点另行约定。

案例13.10 某科教园PPP项目移交日期条款①

合同定义部分规定"移交日期"，是指合作期届满之日后的第一个营业日（适用于本协议期满终止），或经双方书面同意的移交项目设施的其他日期。

合同"经营权"部分规定：项目合作期15年（含建设期3年，使用者付费项目合作期为30年），自监理工程师发出开工令之日起算。

【点评】

合同规定的移交日期并不明确，虽定义部分规定移交日期，是指"合作期届满之日后的第一个营业日（适用于本协议期满终止），或经双方书面同意的移交项目设施的其他日期"，然而合同对合同期限之规定却存在矛盾，既规定合作期为15年，又规定使用者付费期为30年，建议合同进一步明确移交日期。

案例13.11 某科教园PPP项目移交标准条款②

移交日期之前，甲方应在接收人和乙方代表在场时对本项目进行移交验收。乙方应确保移交资产达到竣工验收标准90%以上合格，此为乙方通过移交验收的标准。如发现存在缺陷的，未能达到本款所述移交标准的，则乙方应及时修复，以满足本款所述的移交验收标准的要求。如任一方对是否达到移交标准有异议的，则由移交委员会聘请第三方机构进行评定。

【点评】

合同规定了移交标准是"移交资产达到竣工验收标准90%以上合格"，然而合同通篇未规定竣工验收标准，且"竣工验收标准90%"之说法十分含糊，极易引起争议。根据竣工验收标准，工程验收只有"合格"与"不合格"之分，只有符合"合格"条件的，才可能验收通过。若政府在项目未验收合格的时候，就要求社会资本方移交，则可能引发工程质量风险，建议修改移交标准。

案例13.12 某科教园PPP项目风险转移条款③

如在移交日前，乙方需签订运营维护合同、设备合同及其他合同，且该等合

① 案例来源于本书作者参与实际操作的项目。

② 案例来源于本书作者参与实际操作的项目。

③ 案例来源于本书作者参与实际操作的项目。

同在本项目合作期届满后仍为有效的，则乙方应在该等合同签订前报经甲方同意。未经甲方同意的，由乙方承担相应责任。

【点评】

本条款旨在防范因乙方在项目移交前不当缔结合同导致接受方承担损失，然而“移交日前”之说法不甚准确；因移交日前之解释十分宽泛，既可以是移交日前一个较短时间段，也可以是移交日前一个较长时间段，建议修改为“在移交日前 12 个月内”。

十、项目付费条款

付费机制关系 PPP 项目的风险分配和收益回报，是 PPP 项目合同中的核心条款。实践中，需要根据各方的合作预期和承受能力，结合项目所涉的行业、运作方式等实际情况，因地制宜地设置合理的付费机制。

（一）常见的付费机制

1. 政府付费

政府付费，是指政府直接付费购买公共产品和服务。在政府付费机制下，政府可以依据项目设施的可用性、产品或服务的使用量以及质量向项目公司付费。

2. 使用者付费

使用者付费，是指由最终消费用户直接付费购买公共产品和服务。项目公司直接从最终用户处收取费用，以回收项目的建设和运营成本并获得合理收益。

3. 可行性缺口补助

可行性缺口补助指使用者付费不足以满足项目公司成本回收和合理回报时，由政府给予项目公司一定的经济补助，以弥补使用者付费之外的缺口部分，包括土地划拨、投资入股、投资补助、优惠贷款、贷款贴息、放弃分红权、授予项目相关开发收益权等中的一种或多种。

（二）设置付费机制的基本原则和主要因素

1. 项目产出是否可计量：这决定了其是否可以采用使用量付费和绩效付费方式。

2. 适当的激励：付费方式应对项目公司形成适当、有效的激励。

3. 灵活性：为了应对项目实施过程中可能发生的情势变更，须对付费机制设置一定的变更或调整机制。

4. 收益可融资性：部分项目可能需要通过资产证券化进行二次融资，付费机制在设计上应考虑到融资上的可行性以及对融资方吸引力。

5. 财政承受能力：采用政府付费和可行性缺口补助机制的项目中，财政承受能力关系到项目公司能否按时足额地获得收益，因此需要事先对政府的财政承受能力进行评估。

6. 设置唯一性条款和超额利润限制机制：为确保有足够的使用者，通常会规定政府方有义务防止不必要的竞争性项目，即唯一性条款；同时，使用者需求激增或收费价格上涨，将可能导致项目公司因此获得超出合理预期的超额利润，政府在设计付费机制时可以考虑设定一些限制超额利润的机制，包括约定投资回报率上限，超出上限的部分归政府所有，或者就超额利润部分与项目公司进行分成等。

（三）服务或产品的计量

项目合同应约定项目所提供服务（或产品）的计量方法、标准、计量程序、计量争议解决、责任和费用划分等事项。

（四）财务监管

政府和社会资本合作项目事关公共利益，项目合同应约定对社会资本主体的财务监管制度安排，明确社会资本主体的配合义务，如成本监管和审计机制、年度报告及专项报告制度、特殊专用账户的设置和监管等。

案例 13.13　某科教园 PPP 项目付费机制条款①

1. 可用性服务费总额

可用性服务费总额 = 当年可用性服务费总额第 1 年 + 当年可用性服务费总额第 2 年 + … + 当年可用性服务费总额第 n 年

其中，n = 1，2，…，n

当年可用性服务费总额第 n 年 = 项目全部建设成本 ×（1 + 合理利润率）×

① 案例来源于本书作者参与实际操作的项目。

(1 + 折现率)n ÷12

付费比例为中标人在投标文件中所确定的年度付费比例。

支付时间及进度为每6个月支付一次,第一个支付时点为自商业运营日起算第6个月届满后的10日内支付,依此类推。

2. 运营维护费

第2年、第3年,根据交竣工单体工程(如汝州市第一高级中学、汝州高等职业技术学院)进入运营期的实际工程核定年度运营费,双方另行商定,但各个单体工程年度运营费合计不得超过正常运营期实施方案中设定的标准。

整个项目完工进入运营期后,年度运营维护费暂按项目实施方案中设定的标准执行。

年度运营服务费每3个月支付一次,每次支付的金额为本年度运营服务费/4。自项目进入商业运营日起算每3个月届满后的10日内支付,依次类推。

【点评】

本项目为非经营性项目,所有建设运营费用均由政府支付,合同约定政府支付费用分为可用性服务费与运营维护费两部分,但却并未明示可用性服务费的标准;且从支付时间上看,可用性服务费与年度运营服务费有交叉之处。根据政府提供的财政承受能力报告和PPP 项目实施方案,政府明确了从项目建设期开始后第2年开始分期支付项目费用,建议合同进一步确认政府付费的构成,并将付费时间、金额明确列示于合同中。

案例 13.14 某科教园 PPP 项目调价机制条款①

运维绩效服务费将根据运营维护期间的通货膨胀情况(主要是指人工、自来水、维修费、电费、税费等),设定相应的调价周期及触发机制,初步考虑如下:一种是常规调价,即在运营期内以每两年为一个周期,若前述调整因素中的一项或多项成本变动幅度超过5%的,则项目公司可向×市科教园区管委会申请启动调价程序,由×市科教园区管委会组织相关政府部门审核通过后调价;另一种是临时调价,即在每个调价周期内因前述调整因素中的一项或多项成本变动幅度超过10%的变动,则项目公司可以向×市科教园区管委会申请启动临时调价程序,临时调价后下个常规调价启动年份顺延至该次临时调价的两年后。×市科教园区管委会亦可在符合调价程序启动条件的情况下自行启动调价程序。

① 案例来源于本书作者参与实际操作的项目。

【点评】

本合同规定了调价机制，然而却只考虑了通货膨胀情形，并未考虑利率等其他重要风险，而且对于通货膨胀风险，合同之规定也不甚明确。一是未明示成本变动幅度之基准，对于5%、10%之计算基准是整体合同价款，还是建设成本，还是仅指标料成本，我们不得而知；二是未明示调价之方法，合同仅规定政府审核后可调价，但是未明确调价之方法，调价是覆盖所有增加成本，还是覆盖部分增加成本，我们不得而知。总之，本合同之调价条款规定得十分粗疏，不利于纠纷之防范。

十一、履约担保与承诺条款

（一）履约担保

履约担保广义上，是指为了保证项目公司按照合同约定履行合同并实施项目所设置的各种机制。履约担保的方式通常包括履约保证金、履约保函以及其他形式的保证等。常见的保函包括建设期的履约保函、运营维护期的履约保函/维护保函、移交维修保函。

不少合同将履约担保与前提条件（或前期工作）条款放在一起，将运营维护保函与运营条款放在一起，将移交维修保函放于移交章节中。

（二）政府承诺

为了确保 PPP 项目的顺利实施，在 PPP 项目合同中通常会包括政府承诺的内容，用以明确约定政府在 PPP 项目实施过程中的主要义务。实践中较为常见的政府承诺通常为：

1. 照付不议（最低流量保障）：即政府在项目合同中承诺一个最低采购量，如果项目公司按照该最低采购量供应有关产品或服务并且不存在项目公司违约等情形，不论政府是否需要采购有关产品或服务，其均应按照上述最低采购量付费；

2. 负责或协助获取项目相关土地权利；

3. 提供相关连接设施：包括建设部分项目配套设施、完成项目与现有相关基础设施和公用事业的对接等（如发电项目的电网部分）；

4. 办理有关政府审批手续：需要注意的是，政府承诺的具体审批范围以及承诺的方式，需要根据法律法规的有关规定、项目具体情况以及获得相关审批的难易程度做具体评估；

5. 防止不必要的竞争性项目：即上文所述“唯一性条款”。

案例 13.15 某海绵城市 PPP 项目运营维护保函条款①

17.2 恢复运营维护保函的数额

如果甲方在项目合作期内根据本协议的有关规定提取运营维护保函项下的款项，乙方应确保在甲方提取后的 10 个工作日内，将运营维护保函的数额恢复到本协议第 17.1 款规定的数额，且应向甲方提供运营维护保函已足额恢复的证据。甲方提取运营维护保函的权利不影响甲方在本合同项下的其他权利，并且不应解除乙方不履行维护本项目义务而对甲方所负的任何进一步的责任和义务。

17.3 运营维护保函的延续

乙方可以根据其意愿提供一份期限少于第 17.1 款提及的整个期限的运营维护保函。在这种情况下，在运营维护保函到期前的 30 天之前，乙方应使这份运营维护保函通过另一份运营维护保函得以延续或更换。

17.4 未恢复、延续或未更换

如果乙方没有遵守第 17.2 款或第 17.3 款的规定，并且乙方在收到甲方要求其履行义务的书面通知后 7 个工作日内未予以纠正，甲方有权：

提取届时有效的运营维护保函下的全部款项；

……

此外，合同“运营维护保函”格式条款规定：

我行同意为乙方出具上述担保函，并特此确认，若因项目公司违反《PPP 项目协议》及其附件中所确定的义务，我们作为担保人并代表项目公司向甲方负责，运营维护保函金额为人民币伍佰万（5,000,000）元，担保期至乙方提交移交维修保函提交日。

【点评】

根据合同相关条款规定，政府方有权在项目公司违反 PPP 协议中任何一条时提取运营维护保函，如此一来，则运营维护保函与其他保函存在何区别？我们认为应进一步明确运营维护保函提取规则，如可规定“若乙方未履行本合同第十六章【运营

① 案例来源于本书作者参与实际操作的项目。

和维护要求】、第 17.2 款或第 17.3 款，则甲方有权提取届时有效的运营维护保函下的全部款项”，否则对社会投资人而言未免有失公平。

十二、违约与终止条款

PPP 合同中应当约定触发违约的事件、提前终止的事由以及终止后的处理机制等内容。

（一）触发违约的事件

根据违约主体的不同，违约事件可以分为以下两类。

1. 政府

（1）未按合同约定向项目公司付费或提供补助达到一定期限或金额的；

（2）违反合同约定转让 PPP 项目合同项下义务；

（3）发生政府方可控的对项目设施或项目公司股份的征收或征用的（是指因政府方导致的或在政府方控制下的征收或征用，如非因政府方原因且不在政府方控制下的征收征用，则可以视为政治不可抗力）；

（4）发生政府方可控的法律变更导致 PPP 项目合同无法继续履行的；

（5）其他违反 PPP 项目合同项下义务，并导致项目公司无法履行合同的情形。

2. 项目公司

（1）项目公司破产或资不抵债的；

（2）项目公司未在约定时间内实现约定的建设进度或项目完工或开始运营，且逾期超过一定期限的；

（3）项目公司未按照规定的要求和标准提供产品或服务，情节严重或造成严重后果的；

（4）项目公司违反合同约定的股权变更限制的；

（5）未按合同约定为 PPP 项目或相关资产购买保险的。

（二）提前终止

财政部合同指南规定：“如果在 PPP 项目合同履行过程中发生违约事件，未违约的合同相对方应及时通知违约方，并要求违约方在限期内进行补救，如违约方在该限期内仍无法补救的，则合同相对方有权终止 PPP 项目合同。”

根据财政部合同指南，在 PPP 项目合同中，可能导致项目提前终止的事由通常包括：(1)政府方违约事件——发生政府方违约事件，政府方在一定期限内未能补救的，项目公司可根据合同约定主张终止 PPP 项目合同；(2)项目公司违约事件——发生项目公司违约事件，项目公司和融资方或融资方指定的第三方均未能在规定的期限内对该违约进行补救的，政府方可根据合同约定主张终止 PPP 项目合同；(3)政府方选择终止——政府方可以根据 PPP 合同的约定，以确保公共利益为原则，在任何时间终止项目；(4)不可抗力事件——发生不可抗力事件持续或累计达到一定期限，任何一方可主张终止 PPP 项目合同。

我们认为，上述表达可能引起歧义，即任何违约不进行纠正都将使守约方获得解除合同的权利。而实际上，《合同法》第 94 条规定："有下列情形之一的，当事人可以解除合同：(1)因不可抗力致使不能实现合同目的；(2)在履行期限届满之前，当事人一方明确表示或者以自己的行为表明不履行主要债务；(3)当事人一方迟延履行主要债务，经催告后在合理期限内仍未履行；(4)当事人一方迟延履行债务或者有其他违约行为致使不能实现合同目的；(5)法律规定的其他情形。"可见根据《合同法》，违约行为只有符合某些条件时(如违反主要义务或致使合同目的不能实现)，守约方才有权解除合同。

针对这一问题，可以对财政部合同指南的规定进行限缩理解，使之符合合同法的相关规定：一方违约时的终止必须满足《合同法》第 94 条第 2 款、第 3 款、第 4 款；不可抗力事件导致终止必须满足《合同法》第 94 条第 1 款；政府方选择终止应当符合《合同法》第 93 条规定即"当事人可以约定一方解除合同的条件。解除合同的条件成就时，解除权人可以解除合同。"

除此之外，最高人民法院《关于适用〈中华人民共和国合同法〉若干问题的解释(二)》第 26 条在一定程度上为终止项目(解除项目合同)提供了兜底保护："合同成立以后客观情况发生了当事人在订立合同时无法预见的、非不可抗力造成的不属于商业风险的重大变化，继续履行合同对于一方当事人明显不公平或者不能实现合同目的，当事人请求人民法院变更或者解除合同的，人民法院应当根据公平原则，并结合案件的实际情况确定是否变更或者解除。"

(三)终止后的处理机制

在项目终止之后，一般的处理机制则为政府回购。

1. 回购义务

一般应当在合同中约定政府的回购义务，由于项目的公共属性，回购也是政府的权利。但也可以通过重新选择投资人的方式实现对原投资人的补偿。

2. 回购补偿的计算

（1）政府方违约、政治不可抗力以及政府方选择终止时

对于因政府方违约事件、政治不可抗力以及政府方选择终止所导致的项目合同终止，一般的补偿原则是确保项目公司不会因项目提前终止而受损或获得额外利益（即项目公司获得的补偿等于假设该 PPP 项目按原计划继续实施的情形下项目公司能够获得的经济收益）。补偿的范围一般可能包括以下几项。

第一，项目公司尚未偿还的所有贷款（其中可能包括剩余贷款本金和利息、逾期偿还的利息及罚息、提前还贷的违约金等）；

第二，项目公司股东在项目终止之前投资项目的资金总和（必要时需要进行审计）；

第三，因项目提前终止所产生的第三方费用或其他费用（例如支付承包商的违约金、雇员的补偿金等）；

第四，项目公司的利润损失（双方通常会在 PPP 项目合同中约定利润损失的界定标准及补偿比例）。

（2）项目公司违约时

第一，市场价值方法，也就是按照项目终止时合同的市场价值（即再进行项目采购的市场价值）计算补偿金额。此种方法相对比较公平，并且在项目回购后政府必须要在市场中重新进行项目采购，因此通常适用于 PPP 市场相对较为成熟的国家。

第二，账面价值方法，也就是按照项目资产的账面价值计算补偿金额。与市场价值方法不同，该计算方法主要关注资产本身的价值而非合同的价值。这种计算方法比较简单明确，可避免纠纷，但有时可能导致项目公司获得的补偿与其实际投资和支付的费用不完全一致。

在具体项目中适用哪一种计算方法，需要进行专项评估，但一般的原则是，尽可能避免政府不当得利并且能够吸引融资方的项目融资。此外，根据上述计算方法计算出的补偿金额，通常还要扣减政府因该终止而产生的相关费用和损失。

3. 自然不可抗力

由于自然不可抗力属于双方均无过错的事件，因此对于自然不可抗力导致

的终止，一般的原则是由双方共同分摊风险。

(1)补偿范围一般会包括未偿还融资方的贷款、项目公司股东在项目终止前投入项目的资金以及欠付承包商的款项；

(2)补偿一般会扣除保险理赔金额，且不包括预期利润损失。

案例 13.16 某科教园 PPP 项目提前终止事由条款①

发生下述事件时，乙方有权立即发出终止意向通知：

甲方在本协议第 3.1 条的承诺及其他任何声明和保证被证明是虚假的或未兑现，使乙方履行本协议的能力受到严重不利影响。

【点评】

本条规定了乙方单方提前终止合同的情形。《合同法》第 94 条规定："有下列情形之一的，当事人可以解除合同：(一)因不可抗力致使不能实现合同目的；(二)在履行期限届满之前，当事人一方明确表示或者以自己的行为表明不履行主要债务；(三)当事人一方迟延履行主要债务，经催告后在合理期限内仍未履行；(四)当事人一方迟延履行债务或者有其他违约行为致使不能实现合同目的；(五)法律规定的其他情形。"本条仅规定了甲方承诺不实时乙方的提前解约责任，未涉及甲方未履行其他主要合同义务时乙方的解约权利，不符合公平原则。建议修改为："发生下述事件时，乙方有权立即发出终止意向通知：甲方在本协议第 3.1 条的承诺及其他任何声明和保证被证明是虚假的或未兑现，使乙方履行本协议的能力受到严重不利影响；因国家或公共利益的需要，甲方需提前收回本项目；未按照本协议规定及时向乙方支付财政补贴；违反本合同规定的其他主要义务。"

案例 13.17 某科教园 PPP 项目终止后处理机制条款②

23.6 (终止后)甲方的权利

对设施的运营权利

(1) 在项目合作期内，如果乙方发生 23.1 所述事件，甲方发出终止意向通知之后，甲方或其指定机构有权，但在任何情况下无义务替代乙方接管项目设施的运营，以使项目设施继续运营或完成任何必要的修理以保证项目设施继续运

① 案例来源于本书作者参与实际操作的项目。

② 案例来源于本书作者参与实际操作的项目。

营。乙方保证与甲方或其指定机构合作，并应让贷款人在融资文件中作出具有同样内容的承诺。

(2) 任何情况下，甲方选择运营项目设施不应被视为所有权的转让或承担乙方作为项目设施所有权人的义务。

(3) 在甲方或其指定机构运营项目设施期间，乙方无义务支付在甲方及其指定机构接管项目设施的运营之日以后发生的运营费用。甲方无义务向乙方支付任何服务费，直至乙方按照本协议接替或承担项目设施的运营。

(4) 甲方应有权在任何时候退出项目设施的运营，在此情况下乙方应全面负责项目设施运营，直到任何一方发出终止通知。

终止本协议的权利

如果在23.1所述事件发生之后，甲方已发出终止意向通知，并且乙方违约事件在协商期期满之日前未得以补救，则甲方应有权在上述日期之后的任何时间发出终止通知终止本协议。

23.7 终止的后果

本协议终止后，双方在本协议项下不再有进一步的义务，但到期应付的款项除外；本协议的终止不影响本协议中争议解决条款和任何在本协议终止后仍然有效的其他条款的效力。

【点评】

本合同并未规定终止后财务处理方式，存在重大缺陷。建议增设条款进一步明确终止后项目的财务处理，例如，因甲方原因终止时，乙方有权要求甲方根据乙方投入、预期收益按照一定条件回购乙方股权，并赔偿乙方一切直接和间接损失；因乙方原因终止时，甲方有权按照项目现值收回乙方股权。

案例13.18 某高速公路PPP项目终止后处理机制条款[①]

62.1 甲方主张的合同解除

在特许经营期内，按本合同第60.1(4)款、第60.2款或其他约定被解除后，乙方的建设期履约保证将被没收，同时，甲方和乙方将共同委托具有相应资质的评估机构根据乙方的投资额、剩余的特许经营期限及项目现状进行评估，甲方有权按照项目评估价值的60%向乙方收购本项目。因乙方违反本合同约定而导

① 案例来源于本书作者参与实际操作的项目。

致甲方一方解除合同的,甲方将在本合同解除之日无条件、无偿接管项目与相关资料等,有权无偿使用或许可与项目建设有关的第三人无偿使用与项目有关的知识产权,继续组织投资建设或经营。

如果乙方的建设期履约担保无法弥补甲方损失的,甲方有权继续向乙方追索。

62.2 乙方主张的合同解除

在特许经营期内,按本合同第 60.1 款(3)、(7)、(9)及第 60.3 款或其他约定被解除后,甲方有偿收回项目和相关资料,甲方和乙方将共同委托具有相应资质的评估机构根据乙方的投资额、项目现状以及剩余特许经营期限价值进行评估。甲方将按照乙方的投资额、项目现状的评估值无条件收购本项目,并给予乙方合理的赔偿。

【点评】

本合同针对因甲方、乙方以及不可抗力原因终止合同的情形,做出了不同财务处理安排。在乙方因甲方违约而主张解除合同时,合同规定"甲方将按照乙方的投资额、项目现状的评估值无条件收购本项目,并给予乙方合理的赔偿"。这一规定较为含糊,不利于社会投资人权益保障,将来很可能引发争议。建议进一步明确,例如可规定,乙方因甲方违约而主张解除合同时,应按照乙方投标时项目资本金收益的 a% 增加 × 个百分点回购乙方在项目公司的股权,同时赔偿乙方因此产生的其他直接或间接损失。

十三、争议解决条款

根据 PPP 项目的法律性质,我们将政府与社会资本的争议界定为两类。与公共品提供和采购相关的,依仲裁或民事诉讼程序;与政府履行公共管理职能相关的,遵循行政诉讼程序解决。

鉴于 PPP 项目通常会涉及公共安全和公共利益,为保障项目的持续稳定运营,通常会在争议解决条款中明确规定在发生争议期间,各方对于合同无争议部分应当继续履行,除法律规定或另有约定外,任何一方不得以发生争议为由停止项目运营。

由于 PPP 项目周期长、制约因素多、风险大,因此项目履行过程中难免发生一些争议,如果一旦发生争议就进入仲裁或诉讼程序,对于合作各方而言,往往是成本最高、两败俱伤的方式。为了确保项目履约的顺利进行,PPP 合同通常会将协商、调解的争议解决方式置于诉讼、仲裁之前,并详细规定协商和调解程序。通常在当事人自行协商失败后,项目会进入第三方调解程序,为了保障调解的有效进行，合同应明示调解组织、人员选择方式、调解程序、调解后果等。

另外《操作指南》首次提出直接介入协议概念，这是国际项目融资通行的一种保障政府和债权人权利的机制：当项目出现重大经营或财务风险，威胁或侵害债权人利益时，除进行仲裁或诉讼，政府方或债权人也可依据与社会资本或项目公司签订的直接介入协议或条款，要求社会资本或项目公司改善管理等。在直接介入协议或条款约定期限内，重大风险已解除的，债权人应停止介入。

案例 13.19　某海绵城市 PPP 项目争议解决条款[①]

(1)如果争议未能根据本合同第 68.2 款予以解决，则合同任何一方均有权按方式解决争议：

方式一：向仲裁委员会申请仲裁；

方式二：向法院提起诉讼。

【点评】

目前，有关 PPP 项目纠纷解决方式的争议十分大。《基础设施和公用事业特许经营管理办法》(六部委 25 号令)第 51 条规定：特许经营者认为行政机关做出的具体行政行为侵犯其合法权益的，有陈述、申辩的权利，并可以依法提起行政复议或者行政诉讼。因此，有一种观点认为 PPP 项目只能通过诉讼，而且是行政诉讼方式解决，不能约定仲裁。但是在我国行政诉讼胜诉率非常低，如果 PPP 项目只能通过行政诉讼解决纠纷，将会严重打击社会投资人投资积极性。因此，另一种观点认为，只要与特许经营无关的，则应允许当事人约定仲裁解决纠纷。本书作者赞同第二种观点，是否属于行政诉讼范围，应视纠纷的性质，根据《中华人民共和国行政诉讼法》第 11 条有关受案范围的规定；若纠纷本身并不涉及对行政机关具体行政行为的异议，则不属于行政诉讼。最高法院在《北京北方电联电力工程有限责任公司与乌鲁木齐市交通运输局其他合同纠纷二审民事裁定书》[(2014)民二终字第 40 号]中的观点亦支持第二种观点。

该案系 BOT 项目终止后，社会投资人与乌鲁木齐交通局就政府回购依据发生的纠纷，社会投资人认为应按照司法鉴定支付回购款，而交通局认为应依双方约定以相关评估机构的评估结果作为回购依据。

一审法院新疆维吾尔自治区高级人民法院认为：本案所涉《BOT 协议》《补充协

---

① 案例来源于本书作者参与实际操作的项目。

议》的合同当事人一方为行政机关,合同目的是实现行政机关的行政职责进而实现社会公共利益,作为合同一方当事人的行政机关在订立合同、监督和指挥合同的履行、变更或者解除合同等方面均享有单方的优越和主导地位,而且合同的履行与行政许可行为紧密相关联,故交通局并不是以平等民事主体的身份与北方公司签订上述两份协议书,上述两份协议书不属于民事法律关系中的合同;基于上述两份协议书所产生的诉讼应当属于行政诉讼而不属于民事诉讼,故本案不属于人民法院民事诉讼案件的主管范围。依照《中华人民共和国民事诉讼法》第 124 条第 1 项、最高人民法院《关于适用〈中华人民共和国民事诉讼法〉若干问题的意见》第 139 条第 1 款之规定,裁定驳回北方公司的起诉。

最高法院认为:有关回购原因的行政行为与回购争议本身相互独立,北方公司对终止《BOT 协议》之前的相关行政行为并无异议。根据北方公司诉讼请求及一审查明的事实,双方争议的回购款依据问题,不涉及具体行政行为,北方公司本案亦未针对具体行政行为提出相关诉求。故本案不属于行政诉讼受案范围。一审裁定关于《BOT 协议》《补充协议》具有公益目的,作为一方当事人的行政机关在合同订立、解除等方面享有单方优越主导地位,合同履行与行政许可紧密关联,两协议不属平等主体间的民事合同,本案属行政诉讼的观点,混淆了上述协议履行过程中涉及的行政行为与协议终止后的回购款支付行为的性质,没有法律依据。各方当事人在回购款的支付问题上,处于平等的法律地位,不能排除民事法律规范的适用。北方公司起诉符合民事诉讼法关于受理条件的规定,应予受理。

十四、合同附件

PPP 项目所涉及的合作内容和具体要求通常较为庞杂,一般会在 PPP 项目合同正文之后附加一系列的附件,用以进一步明确合同中涉及的具体技术标准、条件要求、计算公式、文书格式等。常见的合同附件包括以下几种。

(一)项目场地范围

该附件用于划定项目涉及的场地的地点、范围、面积等,有时会以平面图的形式列示。

(二)项目所需审批

该附件用于列明项目实施所需获得的全部或主要审批,以及政府方和项目公司在获得上述审批上的责任分工。

（三）技术附件

该附件用于详细阐述 PPP 项目设计、建设、运营、维护等所依据的具体技术标准和规范。

（四）商务附件

该附件用于阐述 PPP 项目的商业方案，如财务模型、融资计划、项目公司设立方案等。

（五）履约担保格式

为了确保项目公司在签订 PPP 项目合同后所提供的履约担保能够符合双方的约定，有时还会将履约担保的相关协议作为合同附件，并约定项目公司将来按照该协议约定的内容和方式向政府方提供担保。

（六）移交条件

为了确保项目移交后符合政府的预期，双方可能会将项目移交的具体条件和标准在 PPP 项目合同的附件中予以明确规定。

（七）声明和保证

项目合同各方须就订立合同的主体资格及履行合同的相关事项加以声明和保证，并明确项目合同各方因违反声明和保证应承担相应责任。主要内容包括以下几项：

1. 关于已充分理解合同背景和目的，并承诺按合同相关约定执行合同的声明。
2. 关于合同签署主体具有相应法律资格及履约能力的声明。
3. 关于合同签署人已获得合同签署资格授权的声明。
4. 关于对所声明内容真实性、准确性、完整性的保证或承诺。
5. 关于诚信履约、提供持续服务和维护公共利益的保证。
6. 其他声明或保证。

第十四章
PPP 项目风险分配

PPP 项目投资金额巨大,生命周期往往长达几十年,此间不确定因素较多。PPP 项目风险无论是由公共部门或私人部门任何一方单独承担,都将直接导致项目的失败。目前有一种错误倾向认为 PPP 项目就是把政府风险转嫁给私人部门,然而,如果私人部门承担全部或过多风险,则项目的实施会极为困难,甚至可能停滞,最终政府也会成为项目失败的受害者。相反,如果由政府部门承担全部或过多风险,不仅可能导致公共产品供给的低效率、低质量,损害社会公共利益,而且成本支出最终将分摊至每一位纳税人,又回到了此前 BT 项目政府兜底的老路。因此,公平合理、高效地分配 PPP 项目风险将是 PPP 项目成功实施的保障,而 PPP 项目风险的分配最终将体现为 PPP 合同条款设计,合同是 PPP 风险分配的载体。下文将根据我国 PPP 项目最常遭遇的风险因素,针对性地提出合同条款设计解决方案。

第一节　PPP 项目风险负担的原则

国家有关 PPP 项目的政策法律明确了 PPP 项目风险承担的原则,也就是说,商业风险由社会资本承担,法律政策风险由政府承担。财政部《推广运用政府和社会资本合作模式有关问题的通知》(财金〔2014〕76 号)(2014 年 9 月 23 日)指出,注重体制机制创新,充分发挥市场在资源配置中的决定性作用,按照"风险由最适宜的一方来承担"的原则,合理分配项目风险,项目设计、建设、财务、运营维护等商业风险原则上由社会资本承担,政策、法律和最低需求风险等由政府承担。发改委《关于开展政府和社会资本合作的指导意见》(发改投资

〔2014〕2724号）规定：原则上，项目的建设、运营风险由社会资本承担，法律、政策调整风险由政府承担，自然灾害等不可抗力风险由双方共同承担。

然而PPP项目风险分配涉及问题较多，以上原则性规定不足以应付实务需要。目前学界对PPP项目风险分配原则已基本达成共识，PPP风险分配应遵循以下几个原则。

一、对风险最有控制力的一方控制相应的风险

PPP项目风险由对风险最有控制力的一方承担，意味着该方能减少风险发生的概率和风险发生时的损失，从而保证了控制风险一方用于控制风险所花费的成本是最小的。对风险没有控制力的一方或控制力较弱的一方不具备风险管理的最有利条件，因此不是最佳风险管理主体。对于社会资本而言，其负责PPP项目的建设运营，因此有关建设运营的风险大都应由其承担。对于政府而言，其负责审批、决策、公共利益维护，因此有关法律、政策、决策风险应由其承担。然而，有些风险并非由任何一方当事人所能够掌控，例如不可抗力风险，宜由双方共同承担。

二、承担的风险程度与所得回报相匹配

PPP项目风险承担程度应与所得回报相匹配，即控制风险所带来的收益应大于风险失控后所带来的损失，否则风险控制者没有足够的动力从事风险控制工作。例如，如果合同规定，社会投资人不注重建设运营风险控制而导致工期延误、工程质量缺陷，应承担对方的损失，甚至被政府惩罚；社会投资人提高管理水平，严格控制项目建设运营风险，则可能获得项目收益，甚至得到政府奖励，则社会投资人便具备足够的动力严格控制建设运营风险。

三、承担的风险要有上限

在PPP合同的实施阶段，项目的某些风险可能会出现双方意料之外的变化，带来超乎预料的损失，如果让某一方单独承担这些接近于无限大的风险，必将影响这些大风险的承担者管理项目的积极性，因此，应该遵从风险上限原则，对于异常风险损失可以由双方共担，或者通过保险机制解决。

第二节　PPP 项目重点风险与合同条款设计

PPP 项目前期谈判周期往往持续 1～2 年,谈判成本高,后续建设运营周期往往长达二三十年,涉及的建设、运营、法律政策、金融风险等诸多风险,每一个风险都可能是由多方原因造成;因此风险不宜简单地归由某一方当事人承担,必须坚持具体问题具体分析的原则。下文将详细分析各类别风险的具体分配,并在合同条款设计上提出针对性事前防范方案。

一、法律变更风险

法律变更风险主要是指因与 PPP 项目实施有关的法律法规被修订、废止、重新解释等原因,影响项目的合法性、市场需求、产品或服务收费、合同的有效性等,进而损害项目的正常建设和运营,甚至直接导致项目的中止或失败的风险。法律变更往往涉及合同基础的变化,可能导致项目合法性、合同有效性受到影响,严重影响项目的顺利进行,甚至直接导致项目失败,如以下案例 14.1。

中国法律环境不完善,不少对经济、社会生活有重大影响的法律法规往往是由层级较低的立法机构出台,而且存在政出多门、政策频出、矛盾频出的问题。政府宏观经济调控政策的调整可能对 PPP 项目产生干预,使一些进行中的 PPP 项目面临失败,如 1998 年至 2000 年间政府增发的 3600 亿元基本建设国债投入和中央政府的“强电政策”及电力市场改革,使众多 PPP 项目面临收益不足的风险。

有研究者认为,法律变更往往超出签约的地级市政府的权力控制范围,建议如果签约政府是省级政府,应该由政府承担大部分;如果签约政府是市级政府,该风险应该由双方共同承担。①

我们对此存在不同见解。法律变更涉及多个层次,如果是签约主体层面(省、市或县级政府)的法律政策变更,理应由其当承担全部风险,作为签约主体的政府应确保其法律政策的延续性,为 PPP 项目提供稳定的政策环境。但是,如果是上位法律政策变化,如市政府作为签约主体,但省级法规政策发生变化,或中央政策法规发生变化,如何处理?

---

① 参见柯永建、王守清编著:《特许经营项目融资(PPP)风险分担管理》,清华大学出版社 2011 年版,第 107 页。

根据《推广运用政府和社会资本合作模式有关问题的通知》(财金〔2014〕76号),政策、法律和最低需求风险等由政府承担。据此,笔者认为上位法律政策的变化也应当由 PPP 项目政府方承担,一方面是因为政府更容易控制法律变更风险,另一方面也有利于激励中央和地方政府共同保持政策的稳定性。

但是由于目前 PPP 法规效力层级较低,为了防范风险,笔者建议在 PPP 合同中明确法律变更风险由政府方承担,并细化法律变更的层次,以及不同层次法律变更的后果。如果政府出于保护公共利益的考虑,经慎重的利益权衡,出台了与合同规定相冲突、不利于项目运行的政策,导致社会资本遭受极大损失的,笔者认为社会资本可以根据合同法情势变更的原则要求政府方补偿。例如,北京市政府出于乘客安全和消防的考虑,规定地铁全线站内禁设任何零售商业措施,该规定的颁布较大影响了 4 号线运营商京港地铁项目公司的收益,项目公司可以向政府要求补偿。

案例 14.1　因法律变更导致项目失败的案例①

上海大场水厂是由英国泰晤士水务公司与上海市人民政府合作的 PPP 项目。2000 年,泰晤士水务公司收购原宝维士公司该项目 50% 的股份,使大场项目变成独资公司,从而成为中国第一个由外商独资经营的水厂。根据 BOT 协议,作为回报,市水务部门将逐年给予其建设补偿,并保证其项目的年固定回报率达到 15%。早年由于我国城市自来水管网没有开放,投资者不能直接面对用户销售产品,水价又由政府来定,因此外资为了避免政策上的风险,往往要求一个固定的回报。然而 2002 年国务院办公厅颁布了《关于妥善处理现有保证外方投资固定回报项目有关问题的通知》,一批固定回报项目进入清理过程,大场水厂项目最终在 2004 年被政府回购。

二、金融风险

(一)汇率风险

汇率风险,是指在国际金融和经营活动中,以外币计价的收付款项、资产与

① 案例来源于中国总会计师编辑部:《企业视角的 PPP 模式风险分析》,载《中国总会计师》2014 年 12 月。

负债业务因国际金融市场上的汇率变动而使得项目收益损失的风险。这种损失可能是所持有的外汇汇率波动及其所导致的物价波动造成的,也可能单纯是因折算汇率差异所产生的账面损失,或者是由于种种原因使当地货币不能及时转换成所需外币或者取得的外汇收入结汇后不能及时汇回本国所造成的。① 汇率风险往往出现于涉及外汇结算的中国企业对外投资项目或国内外商投资项目,在国际 PPP 项目中,汇率风险往往可能导致项目的失败。

许多 PPP 协议中并没有涉及汇率风险分担的问题,通常情况下,未说明的风险通常由社会资本方承担。由社会资本承担汇率风险的方式并非没有道理的,这一方面是因为中国的外汇管制下地方政府对汇率变化并没有什么决策权,只能在权力范围内进行协助;另一方面通常从事国际性项目合作的企业在对汇率变化的应对上比政府方更有经验,他们在实际操作中会通过远期、掉期、互换、期货、期权等金融衍生品进行套期保值。但是,社会资本方单独承担汇率风险较为困难,因为金融衍生品只能规避小规模的风险,且一旦运用不当反而可能放大风险。而且合同条款未涉及汇率风险并不意味着社会资本方报价中隐含了融资风险对价,多数情况下可能是尚未考虑,或其希望由政府方承担汇率风险,或者至少双方共担。事实上,政府方承担一定的风险是很有必要的,至少,政府方可以在权力范围内保证项目的外汇兑换和利润汇出不受影响。

为保证社会资本方的收益以维持项目运营,笔者建议在使用金融工具规避风险的同时,可以在合同中约定汇率变化超过一定比例时,通过调价公式调整价格或给予确定比例的补贴;也就是说,一般汇率风险由社会资本方承担,而重大汇率风险双方共担。如广西来宾 B 电厂项目协议中就约定:如果由于政府政策变化导致人民币与外汇的兑换率大幅变化,允许调整电价来解决;汇率波动在5% 以内时,电价不能调整,超过可以调整。②

当然,完全由政府方承担汇率风险可以更好地保证社会资本方的收益,事实上政府方为了吸引外资有时确实会给予这样的优惠待遇,但政府方也未必能完全承担汇率风险,以下案例就说明了这一点。所以我们认为,汇率风险由双方共担更为恰当。

---

① 参见廖诗娜:《PPP 项目融资金融风险管理研究——基于项目发起人的角度》,重庆大学 2010 年硕士学位论文。

② 参见王守清柯永建编著:《特许经营项目融资(BOT、PFI 和 PPP)》,清华大学出版社 2008 年版,第 136 页。

案例 14.2　因汇率风险导致项目失败的案例①

20 世纪 90 年代，美国能源巨头安然公司投资印度大博电厂 BOT 项目，并组建大博电力公司（Dabhol Power Company），投资总额近 30 亿美元，运营期 20 年。项目初期工期就一再延期，后来由于印度卢比在东南亚金融危机的冲击下大幅贬值。按照购电协议规定电费要以美元结算，于是所有外汇风险都转嫁给了马哈拉施特拉邦（以下简称“马邦”）电力局，最终导致上网电价大涨至当地电厂电价的两倍，随后的国际能源价格上涨又使电价上涨至当地电厂电价的四倍。马邦电力局无法承担如此之高的电费，在濒临破产的威胁下，马邦电力局不得不选择违约拒绝购买大博电厂的发电量，致使大博电厂停产。虽然对购电协议（PPA）提供担保的印度政府兑现了部分担保承诺支付了一部分电费，最终还是因无力长期为这一钱坑埋单而冒着失去信用的风险不再支付担保金给安然公司等投资者。

（二）利率风险

利率风险，是指因利率的变动而使得项目价值损失或收益减少的风险。由于项目延续时间长，且投资数额通常较大，使得项目贷款的利息支付和本金偿还有很大可能受利率波动的影响。具体而言，如果采浮动利率作为融资依据，利率一旦上升，项目的融资成本随之上升。然而，如果以固定利率来融资，利率下降，则会带来机会成本。

通常而言，利率风险由社会资本方承担，这是由于社会资本方能更好地管理利率风险。例如，在融资时以市场上利率较低的货币为计息货币，而以本国货币作为本金偿还货币，这样既可以降低利息也可以一定程度地减少汇率风险。又比如，合理安排浮动利率和固定利率债务的比例以保持稳定的利息支出。而且由于 PPP 项目具有比较稳定的现金流，又有政府信用担保，因此可以采用利率掉期、期权等工具将浮动利率转换成固定利率，或者采用带有一系列逐步递增的利率上限的利率期权来降低利率风险。

PPP 项目中融资机构往往接受浮动的贷款利率，PPP 项目周期往往长达

① 案例来源于张鸿：《当心项目融资风险—— 印度大博（Dabhol）电厂失败案例分析》，载《对外经贸实务》2002 年第 1 期。

20～30年，利率的大幅上升可能会极大增加融资成本，笔者建议在 PPP 合同中将利率的重大调整与政府补贴相挂钩。例如，一份 PPP 协议如此处理利率调整："政府将影子通行费率也同央行 5 年期贷款利率挂钩：当中央银行 5 年期贷款利率每上调 1 个百分点时，费率价格补贴 0.3 元/辆；当中央银行 5 年期贷款利率每下调 1 个百分点时，费率价格下调 0.3 元/辆。"

（三）通货膨胀风险

通货膨胀风险，是指因整体物价水平上升、货币的购买力下降，而导致的项目成本异常增加的风险。通常是由于原材料、设备等商品价格以及劳动力价格等的上涨导致项目建设运营成本支出增加、收费困难等进而影响项目公司收益。由于 PPP 项目的周期长达几十年，通货膨胀几乎是必然发生的，而这种风险对主要收益为商品或服务收费的 PPP 项目损害尤为严重，仅靠社会资本方承担此风险显得力有未逮，在遭遇严重金融危机时更是如此，案例 18.2 中印度大博电厂项目的失败与金融危机引发的通货膨胀也是分不开的。

为减少通货膨胀的风险，在项目工程建设阶段，社会资本方可将这一部分风险通过工程承包合同中的详细规定与承包商分担，或通过固定总价合同的方式全部转移给承包商。《建设工程施工合同示范文本（2013）》中有关于市场价格波动引起价格调整的价格指数计算方法，以及材料单价以基准价格为基础涨跌幅超过 ±5% 时，超过部分据实调整的规定。让社会资本方与承包方分担风险。

而在项目运营阶段，项目贷款者和股本投资者应当要求政府提供某种机制来规避货币贬值带来的风险。国际上规避通货膨胀的通行做法是，在 PPP 项目长期承购合同中，规定项目公司可以根据某种有关当地通货膨胀的指数定期调整项目产品或服务的价格，以应对物价上涨带给项目公司的损失。例如，某污水处理厂项目特许经营协议中约定，"污水处理服务费的调整调价前提是基于动力成本、药剂成本、污泥运输成本、人工成本、CPI（宁乡县统计部门发布的权威数据）五个因素的变化"，并约定了具体的价格调整公式。

当然，还有一个办法是将通胀预期直接包含入价格测算中。例如，广西来宾 B 电厂项目在竞标时电价定价中本身就考虑过通货膨胀因素，因为当时广西全社会商品零售价格总指数为 116.4%，所以社会资本方预测整个运营期内中国平均每年的通货膨胀率都达到 10% 以上。

然而，对于绝大多数基础设施 PPP 项目而言，政府对其收费往往进行管制，合同约定的调价机制可能因须遵守听证等行政程序，在实际操作中无法落实。故而，笔者认为，在价格调整机制之外设立政府补贴是很有必要的。例如，约定如果通过价格调整机制调价失败，则由政府补贴差价；或者如果通货膨胀率超过一定的水平，则由政府方提供一定比例的补贴。

（四）融资风险

融资风险，是指由于融资结构不合理、金融市场不健全、融资的可及性等因素引起的风险，其中最主要的表现形式是资金筹措困难。在特许经营型PPP项目中，经招标阶段选定中标者之后，政府与中标者草签特许权协议，中标者要凭草签的特许权协议在规定的融资期限内完成融资，特许权协议才可正式生效；如果在给定的融资期内发展商未能完成融资，将会被取消资格并没收投标保证金。

在此前的一些PPP、BOT项目中，政府承担了占比不小的部分出资义务，而且以各种承诺和担保形式提供财政兜底，这在很大程度上降低了社会资本方的融资压力。例如，国家体育场“鸟巢”项目中，北京国有资产经营管理有限公司出资18.154亿元参与项目，且不要求投资回报。然而，这些承诺和担保很容易转变为政府债务而使政府方遭受损失，在本轮PPP热潮中，政府方越来越不愿意承担融资风险。比如，重庆市官方强调通过PPP改革降低地方债务：“政府一不担保，二不背债，也不存在政府兜底。”

可以说，在本轮PPP项目中，社会资本承担着更大的融资风险，传统融资模式有待更新升级。当然，对于水利、电力、高速公路、地铁等运营收益比较稳定的经营性和准经营性项目，只要社会资本方具有足够的建设运营能力，政府方提供经营资源、补贴、税收优惠、政策法律支持等，金融机构配贷还是有充足的收益保障。

笔者认为融资风险的防范，首先应注重交易结构设计和合同条款约定，合理分配社会投资人与政府风险，如果合同存在重大瑕疵，则很可能导致融资的失败。例如，在一个案例中，合同约定不可抗力由社会资本承担，金融机构反馈不敢介入风险如此突出的交易中。

其次是应将融资问题提前至PPP项目前期谈判阶段充分考虑，一方面金融机构可以提前介入PPP项目谈判中，另一方面社会资本方也可以聘请专业投资顾问确保项目前期设计具有融资可能性。在我国PPP项目融资实践中，对于债权融资，金融机构往往要求存在强有力的债权担保；对于股权融资，金融机构往往要求提前安排有效的股权回购。笔者建议社会投资人在 PPP 谈判前期就落实融资条件，也可以邀请金融机构作为社会投资人共同投资 PPP 项目，避免在后期出现融资困难，或者因金融机构要求重启交易条件谈判而增加项目成本。

案例 14.3　发生融资风险的案例①

北京第十水厂项目采用的是 BOT 建设模式，其占地面积约 180 亩，总投资 23 亿元，设计处理能力为每日 50 万吨。此项目在投标阶段就遇上了标书效力的问题，经近 1 年时间的论证最后选择安菱联合体来完成这一项目。在项目谈判时，为了获得项目资格，安菱联合体放弃了一些诸如政治不可抗力等对自身有利的条件，以致后期融资时银行认为企业无法承担此类风险，提出只有政府愿意承担，才贷款给安菱联合体，但显然政府是不愿意承担的。所以按照安菱联合体和北京市政府签署的协议，安菱联合体要完成七八亿元的融资，但直到其提出终止项目时也未能完成。此外，因为种种问题，项目一拖再拖。终于，安菱联合体于 2004 年 7 月正式要求终止项目，并向政府索要 2,000 万美元的违约款。2005 年 5 月，北京市政府决定继续实施该项目，并同意外方退出，决定由北京控股集团有限公司和美国咨询公司——金州控股集团组成联合体，对项目进行重组。2007 年 8 月 2 日，北控——金州联合体与北京市政府正式签订项目的特许经营协议，第十水厂项目仍采用 BOT 方式，由北控—金州联合体进行项目的融资、投资、设计、建设、拥有、运营和维护，特许经营期为 23 年，其中建设期 3 年，运营期 20 年；运营期满后，向北京市政府指定的机构移交项目设施。如今第十水厂已建成正式投入运营。

三、政府风险

（一）政府干预风险

政府干预风险，是指政府方过度干预项目，使社会资本方丧失自主决策权而致决策不当，从而影响项目建设运营的风险。政府干预的表现通常是政府定位错误，政府将自己视为管理者，而非监督者，参与项目公司具体事务的微观管理，

① 案例来源于《中国第二个水务 PPP 项目北京第十水厂 16 年后终将建成》，载《东方早报》2014 年 8 月。

参与项目决策、安排人员、占用费用等。政府过度干预可能导致项目审批延迟、降低公司市场反应速度、增加项目贿赂腐败风险，从而增加项目的实际成本。例如国家体育馆项目设计权在政府，但政府中途变更设计方案，取消体育馆上方钢结构顶盖，对施工方案、成本、工期等产生严重影响，造成了造价上涨，最终也影响了项目运营。

特别是在政府参股的情况下，往往十分看重国有资产控制权和所有权，期望成为项目的控制方。通常会导致项目效率降低，可能出现返工、停工导致成本上升、工期拖延。本轮 PPP 项目中政府多以参股形式介入，一些地方政府部门明确表示，企业不能控股，政府要保证 51% 的控股权。然而，财政部《政府和社会资本合作模式操作指南（试行）》中明确指出，政府在项目公司中的持股比例应当低于 50%、且不具有实际控制力及管理权。

为避免政府干预风险，首先，各地方政府应端正态度、正确定位，加强对项目的监督，而不是干预项目的微观运作。其次，社会资本方可以通过以下途径保护自身利益：一是在 PPP 协议中明确约定政府方不得干涉项目管理，如建设部《城市污水处理特许经营协议示范文本》中第 12 条指出政府部门“不得干预项目内部管理事务，除非本协议条款的执行受到影响”；二是以合同附件或地方监管规定形式约定政府部门参与项目的形式、时间、内容、方式，明确政府不得干预项目决策。

（二）监管不力风险

PPP 项目大都是基础设施和公共服务、公共产品建设项目，与公共利益息息相关，政府方固然不能过度干预项目建设运营，但若监管不到位，极易损害公共利益。因此，政府方在项目中既不能“越位”，又不能“缺位”。具体而言，项目招标时要充分竞争选择合格的合作伙伴；项目建设运营中应适当参与，监督产品或服务质量；运营期满移交时要做好验收工作。

选择有建设运营经验和能力的项目公司合作是项目成功必不可少的，因此，在项目招标阶段充分竞争、慎重选择有能力的社会资本方是项目前期工作的重中之重。一般而言，项目公司规模越大、财力越雄厚，为项目提供后备资金的能力也就越强，同时融资能力也越强，项目成功的可能性也就越大。此外，项目开发经验也是必不可少的，是否拥有富有经验的管理人员往往关系到项目的成功与否，即便没有这样的专业人才，至少也应有建设运营此类项目的经验。

在项目的建设运营过程中,政府方的监管更是必不可少,政府监管重点应放到公共利益的维护上来,监管内容应限于工程质量、劳动安全、环保等方面,监管方式应是法律法规明确规定的方式。监管的缺位往往导致不能及时发现项目缺陷,最终无法控制项目风险。如深圳沙角 B 厂,不但移交时间比合同约定期迟延一年,而且在项目即将到期时一味追求发电量而不注重技术与设备的更新,对机组发电设备的非正常损耗造成了一定影响。①

政府方还可以通过奖惩和绩效考核方式对项目进行监管,有关监管的内容可以写入 PPP 项目合同。

首先,政府方可以与社会资本方事先约定产品或服务标准,并进行定期检查和不定期抽查,一旦项目所提供的产品或服务不能达到最初合同规定的标准,政府方将对其进行惩罚,如采用削减、延迟支付补贴额或者罚款的方式,直到其达标为止;如果产品或服务超过最初合同规定的标准,则可以获得一定比例的追加奖励;如果产品或服务持续低于合同规定的标准,那么 PPP 合同将被终止,项目或被政府方接管,或进行再招标,由另外的社会资本方接替。英国财政部曾对运行的 500 多个 PPP 项目进行调查,数据显示,当项目提供的服务不能满足合同要求的标准而受到支付削减的惩罚后,几乎所有受惩罚的项目随后提供的服务都达到了合同要求,72% 的受惩罚项目甚至在受罚后,提供比合同要求服务更好的服务。②

其次,政府方可以在征求社会资本意见的基础上建立绩效评价制度,综合考量项目建设运营中的各项指标并做出评价,指标大致可包括工程建设时间及实际运营时间、项目运营费用、工程质量及运营质量、合同执行程度及修改合同次数、项目各方及公众满意度、项目可持续发展性等。绩效考评结果应与项目支付结合,按绩效或可用性付费。

再次,政府方应重视项目移交阶段的性能测试和质量把关,社会资本方要保证在项目移交政府方时硬件设施完好、后备零件充足、性能符合标准、技术达标且无知识产权争议、拥有充足合格的技术人员足以保证项目正常运营,并且承担一定期限内的设备保修责任。

---

① 参见邓小鹏:《PPP 项目风险分担及决策研究》,东南大学 2007 年博士学位论文。

② 参见王秀芹等:《公私伙伴关系 PPP 模式成功的关键因素分析》,载《国际工程管理论坛》2007 年 12 月。

最后，项目可以设立绩效保函、履约保函和维修保函等担保制度，项目移交时如果绩效评价不合格，则于绩效保函中扣除一定比例的金额；如果质量不达标则从维修保函中扣除修正缺陷的费用，不足额的部分向社会资本方追偿。

（三）政府信用风险

政府信用风险，是指政府不履行或拒绝履行合同约定的责任和义务而给项目带来直接或间接危害的风险。政府信用风险有的是纯粹因政府引起，如汇津水务案例，政府认为水价过高，便以政策调整为由拒不履行合同；而有的与社会投资人无不关联，有的社会投资人利用政府缺乏 PPP 项目经验和运作能力，在 PPP 合同中设置不公平、暴利条款，严重损害社会公共利益，最终导致政府拒不履行合同承诺，如中法塘山水厂案例。

通常情况下，PPP 项目协议签署时，政府方会给予社会资本方一系列优惠政策；但在项目进行过程中，常常会出现前期土地及配套设施无法到位、迟延支付、违反竞争性条款等一系列违约行为。分析其原因：一是协议签署时政府方资金紧张或项目紧急，为吸引投资者很容易给出诱人的条件，实际上却是“空头支票”；二是 PPP 项目周期往往长于政府任期，而后任政府又常常会由于政绩需求改变发展策略，极大影响了 PPP 项目的建设运营；三是由于项目周期长，前任政府给出的收益担保承诺等大量优厚条件需要后任政府兑现，而使后任政府面临支付危机，其自然选择违约。

在 PPP 实务中，政府信用风险往往是社会投资人最为关心的风险，有的社会投资人主张在 PPP 合同中加入“政府信守条款”，概括性规定政府应严格遵守合同项下的一切义务。笔者认为概括性合同条款仅有宣示性意义，缺乏执行力，政府信用风险的防范一方面应注重合同条款的细节设计，另一方面要注重从商务模式安排上防范风险。

在合同条款方面，PPP 合同应详细规定政府方的具体义务，将一些前期工作的履行作为合同生效条件。对于可能出现的后期违约情形，应针对性规定每一种违约情形下社会资本方的提前退出机制和补偿机制。

在商务模式上，社会投资人要加强政府关系维护，注重社会利益的保护，避免在合同中设置不平等交易条款，争取取得双赢结果。此外，一些项目可以争取得到中央支持，如广西来宾 B 电厂建设营运过程中，广西区政府积极寻求中央政府支持和协助，国家计委将其作为国内第一个 BOT 项目试点，将其列入“九五”计划，并且确定了这一项目的工作思路、程序要求、具体操作办法和试点工作的总体安排，制定严格的时间表。国家也在建设政府信用监督体系，将政府信用纳入政绩考核并加以落实，试图改善政府信用状况，这些对 PPP 项目社会投资人而言都是利好消息。

案例 14.4 因政府违约导致项目失败的案例①

1999 年，长春市人民政府对该市污水处理项目进行招商。2000 年，香港汇津中国污水处理有限公司投资 3,200 万美元，建成了当时长春市第一家污水处理厂，成为国内首个外商直接投资的城市污水处理项目。2000 年 7 月 14 日，长春市人民政府颁发《长春汇津污水处理专营管理办法》(以下简称《专营办法》)，长春市政府授权排水公司与汇津公司订立合作合同，从事长春市北郊污水处理厂的建设和经营项目；由排水公司向长春汇津公司供应污水，由长春汇津公司进行处理，长春市政府责成长春市自来水公司向用水户收取污水处理费，然后由自来水公司将收到的污水处理费上缴长春市财政局，再由市财政局拨付给排水公司，最后由排水公司向长春汇津公司支付污水处理费。污水厂在 2000 年投产后一直运行良好。2002 年起，长春市排水公司开始拖欠污水处理费。

2003 年 3 月开始，排水公司完全停止支付任何污水处理费。2003 年 2 月 28 日，长春市政府以“长府发〔2003〕4 号决定”废止《专营办法》。长春市政府认为，《专营办法》违反了国务院有关“固定回报”的规定及《中外合资经营企业法》《中外合作经营企业法》等有关法律，经市常务会议讨论决定予以废止。《专营办法》废止后，排水公司停止了向合作企业支付任何污水处理费。截至 2003 年 10 月底，累计拖欠合作企业污水处理费约 9,700 万元人民币。此后，长春汇津和汇津公司多次与市政府和排水公司交涉要求其支付拖欠的污水处理费，但均未得到任何答复。2003 年 8 月，汇津公司向长春市中级人民法院提起行政诉讼，同年 12 月底，法院判决驳回原告的诉讼请求。2004 年 1 月 8 日，汇津公司向吉林省高级人民法院递交了上诉状。一审汇津公司败诉。汇津公司上诉，2005 年 8 月，本案调解结案，长春市政府以 2.8 亿人民币回购社会投资。

---

① 案例来源于《PPP 模式失败案例之长春汇津污水处理厂》，载中国工程建设网 http://www.chinacem.com.cn/ppp-nljs/2015-03/183741.html.，最后访问日期：2016 年 10 月 8 日。

案例 14.5　社会资本方利用政府方缺乏项目经验而致政府方违约的案例①

中法塘山水厂的建立源自于 1997 年中法水务投资有限公司与廉江自来水公司签订的一纸合资合同——《合作经营廉江中法供水有限公司合同》,合营期为三十年。这是当年廉江市最大的一单招商引资项目:根据该合同及其补充合同的约定,双方总共投资 1,669 万美元,中法水务和廉江水司出资分别为 60% 和 40%。廉江水司以日产 2 万吨的旧水厂、新水厂土地及原水管道估算作价 670 万美元投入合营公司,中法水务则投入现金 1,000 万美元,主要用作塘山水厂建设。按照合作经营合同规定:第一年每日购水量不得少于 6 万立方米,并每年递增,与廉江的实际情况相距甚远,并且"水价递升公式"逐年支付。水价增幅为 8% ~12%。按合同约定市自来水公司履约合作经营 30 年后,减去合作的收益后仍亏损 55 亿元,法方获纯利 81 亿元。由于亏损严重,廉江自来水公司表示,就算头顶"不诚信"和"破坏投资环境"的骂名也要违约。从 1999 年起,历经 8 年,中法双方谈判 30 余次仍未达成解决方案。

(四)政府审批延误风险

政府审批延误风险,是指由于政府决策程序不规范、官僚作风、缺乏项目运作经验、前期准备不足和信息不对称等造成项目决策失误和过程冗长的风险。PPP 项目中众多环节涉及政府审批,尤其是前期工作当中,例如 PPP 立项、特许经营相关文件的审批、规划选址、用地预审、环评审批等,有的项目"七通一平"的前期工作由政府承担,还涉及政府征拆问题,任何一个环节的差错都可能严重制约项目进度。

在 PPP 合同签署时,需要政府部门协助完成的所有审批程序及其所需材料等应于合同中列明,如住建部《城市生活垃圾处理特许经营示范本》第 21 条第 4 款、第 5 款指出,特许经营权授予方应"明确对项目公司为垃圾处理设施的投资、设计、建设、运营和移交所需的审查、许可、执照、同意、授权或批准。明确需要获得和保持批准,包括特许经营权授予方协助获得的批准和将由特许经营权授予方给予的批准的责任"。住建部《城市供水特许经营示范本》第 17 条第 2 款指

① 案例来源于和军、吕京京:《我国水务公私合作(PPP)的风险分担问题研究》,载《国有经济评论》2014 年 9 月。

出，政府部门有义务“协助乙方获得设计、建造、运营和维护供水工程所需的所有批准”。为降低其延误的可能性，有必要明确约定所有审批程序的申报时间、审批期限等具体事项，制成详细严格的时间表，并约定如果有某一项审批迟延则给予社会资本方一定的补偿，如延长特许经营期等。

为了防范政府审批延误和前期工作延误风险，笔者建议将政府审批和前期工作的完成作为 PPP 合同生效条件，或者将审批或前期工作延误作为社会投资人单方提前退出的条件，并在合同中约定提前退出的补偿，以保护社会投资人的正当权益，同时督促政府配合社会投资人尽早完成审批和相关前期工作。

案例 14.6　因政府审批延误导致项目失败的案例①

青岛威立雅污水处理项目是在 2003 年由青岛市排水管理局、法国威立雅水务集团、中国光大国际共同签约的投资额 4,280 万美元、合作年限为 25 年的污水处理项目，项目主要用于麦岛污水处理厂扩建及海泊河污水处理厂。项目服务标准为零污染，即通过实施一整套解决方案，从污水和淤泥处理到臭气、灰尘等其他副产品的净化处理全部达到质量标准。此项目中项目公司利用政府知识缺陷和错误决策签订不平等协议，从而引起后续谈判拖延，面临政府决策冗长的困境。项目签订后政府因价格不公平又单方面要求重新谈判，政府态度的频繁转变导致项目合同谈判频繁重启，严重拖延了合同签署时间。2007 年青岛麦岛污水处理厂污染自来水事件曝光，污水处理厂的回用水管道被直接接回到自来水主管道上，回用水污染了自来水的水质，对居民生活造成损害，在青岛市民中引起了震动。

（五）组织协调风险

组织协调风险，是指因协调沟通发生问题，项目各方产生矛盾冲突导致项目进展困难的风险。组织协调风险既有可能是需要政府方协助的有关事项如土地使用权的获取、各项审批、运营中与各部门间的协调等发生困难，也有可能是社会资本方与第三方如承租人、广告商或者供货、运输等的协调发生困难，故而此

① 案例来源于柯永建、王守清编：《特许经营项目融资（PPP）风险分担管理》，清华大学出版社 2011 年版，第 122 页。

种风险的分担需要分开讨论。

在项目前期，如果社会资本方不承担土地的一级开发工作，则政府方应确保其获得土地使用权批准、建设用地规划许可、建设工程规划许可、建设工程施工许可、临时占用土地许可等，还应保证土地“五通一平”或“七通一平”；如果社会资本方承担一级开发，这些许可也需要政府方协助获得。这些事项不但应于合同中明确约定，而且应当制定严格的完成时间表，按表执行，如果迟延，应予补偿；如果不能办理，应允许社会资本方退出。

国家发展改革委2014年12月2日颁布的《关于开展政府和社会资本合作的指导意见》（发改投资〔2014〕2724号）指出，依法依规为准经营性、非经营性项目配置土地、物业、广告等经营资源，为稳定投资回报、吸引社会投资创造条件。这说明PPP项目的盈利模式不单单是各项产品或服务费用的收取，还有许多其他的模式，如地铁、机场、高速公路等设施周边的广告和商铺以及高速公路服务区、加油站等。这些形形色色的经营资源都涉及批准许可，需要政府方从中协助，建议于合同中明确约定，内容包括这些附属设施的数量、位置、规格，涵盖审批所需材料、期限等，并同样制定严格时间表和迟延应对措施。

另外，组织协调还包括项目建设运营中与供应、运输、承购方的联络沟通，这些合作方有时是政府指定机构，属于政府相关部门和下属企业，此种情况下，应约定政府方协助协调项目公司与所涉单位的关系；若这些合作方与政府方没有关联，则需要社会资本方自身协调，而项目公司与如上所述的广告商、承租人等之间的协调工作就需要社会资本方自身的努力了。

（六）税收调整风险

税收调整风险是因中央或地方政府的税收政策变更而使税收条件发生较大变化进而影响项目的建设、运营的风险。税收调整，广义而言也是法律变更的一种，而且由于我国未贯彻税收法定原则，有关税收的法规政策多变，而税收变化会直接引起项目成本变化从而影响收益。

涉及税收事项，在签订项目合同中通常会明确给予社会资本方地方税收优惠并尽最大可能协助获得国家税收优惠。如某高速公路项目特许经营协议中约定：“在特许期内，确保乙方（社会资本方）享受国家、省及沿线各地方有关招商引资进行公路建设和开发的优惠政策，享受各级政府关于公路建设和沿线开发的一切优惠政策和税费减免政策。”再如某污水处理厂特许经营协议中约定：

"授权方应尽最大努力协助项目公司获得任何时候适用法律和有关政府部门许可的与履行本协议相关的税收优惠。"

上述条款只是笼统的约定而已，并未真正涉及税收调整，笔者建议为减轻税收调整风险，还应于合同中明确约定税收调整的应对措施。也就是说，如果税收优惠政策取消，或者税收变化超过一定比例而导致收益显著减少时，允许按照一定比例调整价格，或者约定政府方应予补偿，补偿方式可以是政府补贴、特许期延长或者其他方面的等价优惠。

此外，根据国务院《关于税收等优惠政策相关事项的通知》（国发〔2015〕25号），"除依据专门税收法律法规和《中华人民共和国民族区域自治法》规定的税政管理权限外，各地区一律不得自行制定税收优惠政策；未经国务院批准，各部门起草其他法律、法规、规章、发展规划和区域政策都不得规定具体税收优惠政策"，"未经国务院批准，各地区、各部门不得对企业规定财政优惠政策。对违法违规制定与企业及其投资者（或管理者）缴纳税收或非税收入挂钩的财政支出优惠政策，包括先征后返、列收列支、财政奖励或补贴，以代缴或给予补贴等形式减免土地出让收入等，坚决予以取消。其他优惠政策，如代企业承担社会保险缴费等经营成本、给予电价水价优惠、通过财政奖励或补贴等形式吸引其他地区企业落户本地或在本地缴纳税费，对部分区域实施的地方级财政收入全留或增量返还等，要逐步加以规范"。因此，对于地方政府的税收优惠允诺，社会资本方应依法依规加以甄别。

四、建设运营风险

对于建设风险和运营风险，多数学者认为应由社会资本方承担。① 笔者对此持不同意见，笔者认为应贯彻具体问题具体分析原则，决定建设和运营风险的承担方。多数情况下，建设运营风险应由社会资本方承担，因其是 PPP 项目的投资、建设、运营方，具有控制风险的便利条件；但在特殊情况下，部分建设运营风险是由政府方造成的，则应由政府方承担风险。下文将分类详述各种建设运营风险的分担规则。

政府方和社会资本方可以通过以下方式降低和控制建设运营风险。

① 参见柯永建、王守清编：《特许经营项目融资（PPP）风险分担管理》，清华大学出版社 2011 年版，第 115 ~ 117 页。

一是通过第三方合同转移。社会资本方可以通过工程总承包合同、运营合同、采购合同等将建设运营风险转移至承包商、运营商、供应商等第三方。为了避免各环节之间责任划分的困难，以及各第三方之间相互推诿，社会资本方可采取 EPC（工程—采购—建设）交钥匙模式将风险统一转移至总承包商。EPC 模式降低了社会资本方的建设风险，但是也增加了建设成本，通常一个 EPC 合同造价比普通工程合同高 20%，因为 EPC 总包商通常会为尚未预见的风险预留成本。此外，对于一些不可预见的意外风险，社会资本方也可以考虑通过保险合同转移给保险机构。

二是选择适格的承包商。以合同文件控制建设运营风险是社会资本方的必要选择，但选择一个适格的 EPC 总包商或承包商、供应商、运营商也是降低建设运营风险的关键。资质、从业经验、信誉是选择第三方的重要考量因素，与此同时，营业额和财务实力也同样需要衡量，有国外专家认为如果 PPP 项目合同规模超过承包商年度营业额的 10%，则该承包商可能无力单独从事承包工作；如果承包商同时作为社会投资人，则其在随后的承包商选择程序中应当回避。[①] 在我国，承包商通常与融资机构共同作为社会投资人，或者单独作为社会投资人，由于承包商具有利益冲突，为了项目能够顺利进行，建议业主方选择工程师等专业人员作为业主顾问参与承包合同谈判，而承包商不宜同时代表业主方和自己方参与谈判。

三是风险自担。尽管大部分风险可以通过第三方合同转移，仍然存在社会资本方无法通过第三方合同转移的风险，此时社会资本方只能自担，该部分风险也可以在社会资本方 PPP 投资报价中通过价格机制分散。

（一）工程或运营变更风险

变更风险，是指由于前期设计不到位、标准规范变化、合同变化、政府方或社会资本方的需求变化等原因引发的变更，导致实际项目总投资、项目范围与质量等发生变化的风险。变更风险通常是由多方面因素造成的，可能是因设计时的缺陷、项目公司或者合作方的变动等而产生的，也可能是供应、技术、质量、环境等共同作用而产生的。

---

① 参见［加］耶斯考比著：《公共部门与私营企业合作模式：政策与融资原则》，中国社会科学出版社 2012 年版，第 306－312 页。

由于PPP项目周期长，变更风险在项目工程和运营阶段几乎是不可避免的，故而如何应对风险，将损失控制在最小程度就显得尤为重要。由政府方原因造成的变更，如政府方变更项目产品或服务标准或者政府方承诺的供应方发生变化等，这样的风险由社会资本方承担是不公平的，应约定社会资本方向承包方承担责任之后有权向政府方追偿损失和要求补偿。

依据《建设工程施工合同示范本(2013)》中有关变更的条款，发包人和监理人均可以提出变更，发包人提出变更，由监理人向承包人指示；监理人提出变更，应向发包人提出计划，发包人同意的，由监理人向承包人指示；此外，承包人的合理化建议经发包人批准，由监理人指示承包人变更。由于上述变更都是由发包人做出或发包人同意的，所以若引起的工期变化和工程量变化幅度过大，变化带来的价格差额都应由发包人承担。PPP项目的发包人即社会资本方，因此工程变更风险原则上应由社会资本方承担。当然，社会资本方可以将这类风险进行转嫁，如设计失误造成的风险可以通过设计合同约定转嫁于设计方，由承包商造成的质量风险可以转嫁于承包商。

当然，如果项目产出的产品、服务标准或设计是由政府确定的，而政府变更了这些内容，则政府应承担变更带来的风险。例如，鸟巢项目设计方案是由政府确定的，最初设计方案中体育场上方不是露天的，而是有一个玻璃顶棚，且该顶棚可以遥控开关，为了节约钢材，北京市政府决定取消顶棚设计，为此项目设计方案须临时进行调整，一边施工一边设计，严重影响了项目进度，由此产生的设计费用增加、工期延误等风险均应由政府方承担。

(二)延期风险

延期风险是在预定的工期内，没有按时完成项目或没有达到设计要求，使工期拖延、造价升高，从而影响项目进展的风险。此风险产生的后果严重时，可能会导致项目被终止或者放弃。延期风险的发生原因也很多，除了工程变更外，还有因政府方前期工作不到位、资金无法落实、原料供应问题、不可抗力等导致的延期。延期风险承担原则是由引发风险的一方承担。

如果延期风险是政府方原因导致的，如政府方前期审批工作出现问题，导致土地、规划、建设等各项许可审批不到位；或者设计勘探工作出现问题，导致项目工程建设难以进行；或者基础设施不到位，没有做到合同约定的“七通一平”或“五通一平”；或者政府方承诺的资金不到位，导致无法支付预付款；或者政府方指定的供应商供应不足；或者政府提供的土地、项目等资料不真实导致项目出现未预料的地质风险；或者土地征拆遇到困难，导致项目进程被耽误等。笔者建议PPP 合同中应详细列明此类延期风险，并约定由政府方承担。

如果延期风险是社会资本方原因导致的，如由社会资本方土地一级开发工作延误、融资出现问题而造成的资金不到位、材料供应短缺、承包商工期延误等，则应由社会资本方承担。当然，由供应商、承包商等合同第三方原因引起的延误，社会资本方可通过供应合同、承包合同等将风险转移至第三方，由其承担全部赔偿责任。

如果延期风险是不可抗力原因导致的，应由双方共担。笔者建议在合同中详细约定哪些事项为不可抗力、不可抗力的标准、风险分担的具体规则。

案例 14.7　因延期风险导致项目失败的案例①

2001 年 2 月 23 日，凯迪电力与武汉高科国有控股集团公司（代表武汉市国资委持有国有资产的产权）达成协议，由凯迪公司以 BOT 方式承建汤逊湖污水处理厂项目，建设期两年，经营期 20 年，经营期满后无偿交给武汉高科。项目分两期建设，2001 年开建。然而一期工程建成后，由于有关部门迟迟未能解决配套管网建设、排污费收取等问题，以致无法进行二期工程，工厂闲置近 3 年。2004 年 7 月，武汉市政府组织各方协商后决定，将闲置的污水处理厂整体移交武汉市水务集团。据悉，该项目凯迪方面投资近 9,000 万元，而武汉市水务集团的出价为 6,600 万元，缺口问题尚待解决。

（三）恶劣气候与不利物质条件风险

1. 恶劣气候风险

依据《建设工程施工合同示范本合同（2013）》通用条款 7.7 的定义，“异常恶劣的气候条件是指在施工过程中遇到的，有经验的承包人在签订合同时不可预见的，对合同履行造成实质性影响的，但尚未构成不可抗力事件的恶劣气候条件。合同当事人可以在专用合同条款中约定异常恶劣的气候条件的具体情形”。

① 案例来源于柯永建、王守清编：《特许经营项目融资（PPP）风险分担管理》，清华大学出版社 2011 年版，第 119 页。

恶劣气候风险发生于合同履行期间、在签订合同时不可预见、对合同履行有实质性影响，同时尚未构成不可抗力。例如，有的施工合同约定 8 级风以上、24 小时降雨达 50mm ~ 99.9mm、38℃以上高温或 -10 度以下低温构成恶劣气候。

《建设工程施工合同示范本合同(2013)》通用条款 7.7 约定："承包人应采取克服异常恶劣的气候条件的合理措施继续施工，并及时通知发包人和监理人。监理人经发包人同意后应当及时发出指示，指示构成变更的，按第 10 条(变更)约定办理。承包人因采取合理措施而增加的费用和(或)延误的工期由发包人承担。"这一约定实际上是将该风险归于发包人，也就是 PPP 项目中的社会投资人。

对于 PPP 项目而言，恶劣气候风险除出现于工程建设中外，还可能出现于运营中。笔者认为该部分风险主要应由社会投资人承担，社会投资人可投保工程险，并将由此增加的费用计入 PPP 合同价格中；如果恶劣气候上升至不可抗力，保险公司拒绝承保，则政府方应分担社会投资人的损失。

2. 不利物质条件风险

依据《建设工程施工合同示范本合同(2013)》通用条款 7.6 的定义，"不利物质条件，是指有经验的承包人在施工现场遇到的不可预见的自然物质条件、非自然的物质障碍和污染物，包括地表以下物质条件和水文条件以及专用合同条款约定的其他情形，但不包括气候条件"并约定"承包人遇到不利物质条件时，应采取克服不利物质条件的合理措施继续施工，并及时通知发包人和监理人。通知应载明不利物质条件的内容以及承包人认为不可预见的理由。监理人经发包人同意后应当及时发出指示，指示构成变更的，按第 10 条(变更)约定执行。承包人因采取合理措施而增加的费用和(或)延误的工期由发包人承担"。

在 PPP 项目前期工作中，应该认真勘察项目所在地的地质状况，确定其是否处于震源附近、附近河道是否通畅、是否有其他阻碍项目建设运营的状况等，确定之后再做有针对性的项目规划设计，以此避免不利物质条件风险。然而即使审慎无误的勘察也可能无法发现项目地点的所有风险，尤其是需要在更广阔土地上开展工作的线性项目，如高速公路、铁路等。与投入更多成本进行"地毯式"勘察相比，承受风险可能是公共部门更物有所值的选择。由此看来，不利物质条件风险几乎是无法避免的。

如果风险是由政府方原因引起的，例如提供的项目资料不完备或错误、选址不当等，应由政府方承担。合同应明确政府方引起该风险的各种情形及处理方式，如由政府方支付补偿金、消除不利影响、延长特许经营期、启动退出机制等。

如果风险是由社会资本方原因造成的，如管理不善导致周边环境变化等，则由社会资本方承担。如果纯粹由是第三人原因造成的，应由第三人承担责任，但根据合同相对性原则，该部分风险也由社会资本方承担。

如果是与人无关的意外事件，而又不达不可抗力的程度，如发现考古文物、化石、古墓、遗址、艺术历史遗物等，笔者建议在合同中列明具体情形，并建立双方共担的规则，即政府方给予相应的补偿金、延长特许经营期等。

（四）残值风险

对于 PPP 项目，残值特指在特许经营期末社会资本方移交给政府方的那部分价值，不同于资产报废时的价值，也称为“余值”。残值包括项目固定资产、人员和组织、产权、信誉、声望等，涉及实物资产与非实物资产。PPP 项目在特许经营期结束而被移交给政府方时，应能维持原有的服务水平继续运营，项目保有的实物资产和非实物资产的实际（市场）价值应当较高。如果项目不能维持高水平的运行，那么必然发生了价值波动，说明 PPP 项目在被移交前未能得到有效管理，此时，我们称发生了残值风险。其可能导致的损失包括用于修复项目设施的资金、为提高项目服务水平等使项目能达到合同约定的价值或使用年限而付出的成本、在无法恢复或恢复投入太大的情况下直接报废项目产生的损失等。

我国的特许经营示范合同文本多规定残值风险由社会资本方来承担。如《城市供水特许经营协议示范文本》第 126 条：“乙方保证在移交日后十二个月内，修复由乙方责任而造成供水工程任何部分出现的缺陷或损坏。如果修理达不到《技术规范和要求》和《工程技术方案》规定的功能标准要求。甲方有权就供水设施性能降低而从维护保函中提取相应金额获得赔偿。”

笔者建议在 PPP 合同中明确约定移交资产、权利、文件、材料、档案等的范围及质量标准，约定移交前的恢复性大修、设备和资产的检查等交接工作程序，约定残值风险发生时的补偿办法和应对措施等。如果现有的项目资产对政府方没有价值，政府方也可以将项目资产交由社会资本方保留，而由社会资本方支付相应的补偿金。

（五）环保风险

环保风险，是指建设运营期间内引起的环境污染而遭受行政处罚或民事索赔的风险,或项目因环境问题为公众反对而搁浅的风险,或者是为了满足保护环境的要求而增加成本或终止项目的风险。

因项目规划、选址、评审等前期工作瑕疵导致的环保风险应由政府承担。通常在项目前期阶段,政府会委托专业机构出具环境评估报告,内容包括项目位置、水资源状况、空气状况、噪声影响情况、对公众健康的影响、历史和文化因素等方面的详细说明。环境评估结果是社会投资人开展投资和金融机构放款的重要依据。如果因选址不当、环境评估报告不真实或不全面等原因引起环保风险,政府应承担相应的责任。即使环评通过,但因公众反对导致政府决定中止或终止项目,则因此产生的延期、增加成本、赔偿等风险也应由政府方承担。

因建设未达约定标准或者运营中管理不善而造成环境问题,风险应由社会投资人自担。当然,社会投资人可通过工程承包合同、分包合同、采购合同等协议将环保风险转移给承包商、供货商等第三方。对于非人为因素引起的、未知的、意外风险,尤其是曾经用作工业用地的地块,双方当事人可以通过工程保险机制转移风险。

案例 14.8　因环保风险导致项目失败的案例①

吴江市生活垃圾焚烧发电项目,由投资方为吴江丝绸股份有限公司投资,工程预计总投资 32,001 万元人民币,其中银行贷款超过 2 亿元。吴江市生活垃圾焚烧发电项目于 2008 年 5 月正式动工建设,至 2009 年 10 月已完成设备安装、调试工作。然而因项目临近太湖,建于长江上游,距离平望镇 1 公里左右,遭遇当地群众抗议。群众称垃圾焚烧发电厂开工建设,他们担心其产生的一级致癌物——二噁英难以降解,并污染太湖流域的生态环境,后建设计划搁浅,项目失败。

(六)质量风险

质量风险,是指项目在建设运营工程中因质量问题而发生安全生产事故、设备故障、重大环境污染事故等情况,对项目产生影响的风险。质量问题大多数是

① 案例来源于南方日报 2009 年 11 月 2 日《江苏吴江投资 3 亿元垃圾发电厂被紧急叫停》。

建设过程引起的，多应由社会投资人承担，当然社会投资人可以将风险转移给具体引起风险的第三方。但是，政府方也可能是质量风险的引起者，如政府方指定的原料供应出现质量风险、政府方指定的设计方设计失误、政府方指定的运营方运营不当等，此时，风险应由政府方承担。

（七）其他建设运营风险

1. 供应风险

供应风险，是指由于所供应材料、能源、设备的价格上涨或供应效率下降而对项目造成影响的风险。在 PPP 项目中，如果原材料是社会资本选择的供应商供应，则由此产生的风险应由社会资本方自行承担。笔者建议社会资本方可通过与供应商签订长期供应合同降低风险，合同中应明确供货标准、计价方式、违约责任等。

一些 PPP 项目中，政府方指定机构提供原材料，如污水处理项目中的污水、电力项目中的燃料等，笔者建议社会资本方与供应商明确供应的数量、质量、时间、期限等，并约定供应风险由政府方承担。也就是说，如果不能完成承诺，则由此产生的损失应由政府方负责，并支付一定比例的违约金、补偿金或者延长特许经营期等。广西来宾 B 电厂项目中，广西政府指定了下属燃料供应企业提供发电燃料，然而签约几年之后，煤炭市场的供需结构发生变化，不仅出现了一煤难求的情况，而且煤炭质量发生大幅下降；作为社会资本方的法资企业在特许经营合同签约时将供应风险转移至政府方，避免受煤炭价格波动的影响。

2. 技术风险

技术风险，是指由于运用的生产技术不可靠、适用性或稳定性差等，而难以达到项目预定的标准和要求，以致追加投资或改进技术而使项目成本增加的风险。技术风险主要包括技术可靠性风险、技术适用性风险和技术稳定性风险，可能是由于设计失误、施工问题等因素造成的。

由于选择何种技术与项目产品或服务的质量密切相关，所以事先约定质量标准十分重要，这一点不再赘述。而为了避免技术风险，在项目前期，除了考虑质量标准外，还应综合考量项目的范围、规模、前景，反复考察项目所使用的技术和设备是否先进、是否适用、是否符合国家环保等标准、备品备件是否容易取得、价格是否合理、使用人员是否能及时充分培训到位等。由此选择最合适的方案，并于合同中详细约定所选方案的技术规范、要求等细节。

3. 私营投资者变动风险

私营投资者变动风险，是指由于 PPP 项目的各社会资本方之间发生冲突或者其他原因导致的投资者变动、退出等，从而影响项目建设运营的风险。由于其对于项目影响较大，通常会于特许经营协议中约定未经政府方书面同意，社会资本方不得转让其在协议下的全部或任何部分权利或义务。

私营投资者变动风险是指社会资本方在 PPP 合同签订之后，退出 PPP 项目的风险。不少 PPP 项目遭遇了私营投资者变动风险，如北京第十水厂项目，中标的外资企业因各种原因中途退出项目，北京市政府不得不安排市属其他国有企业承接该项目。私营投资者变动将加大项目成本、延误项目进程。笔者建议在 PPP 协议中限制社会资本方随意退出项目。对此，可参考《城市供水特许经营协议示范本》第 119 条："未经甲方书面同意的情况下，乙方不得转让其在本协议下的全部或任何部分权利和义务。"第 122 条："乙方在开始运营日起规定年限后才能进行股东变更。"第 123 条："如因任何原因乙方主要股东发生变更（实际持股数列前 2 位的股东变更，包括通过关联方持股使列前 2 位的股东发生变更），乙方必须书面通知甲方。"

4. 私营投资人能力不足

私营投资人能力不足的风险，是指因社会资本方没有建设运营特定规模的 PPP 项目的经验、能力，使建设运营出现问题或管理不善从而影响项目建设运营甚至使项目无以为继的风险。为避免此风险，在项目招投标阶段应慎重选择规模较大、财力较雄厚、富有项目开发经验的社会资本方，其应拥有富有经验的管理人员或者有建设运营此类项目的经验。因此，确保政府采购环节的充分竞争性是 PPP 项目成功的关键。我国 PPP 项目实践中，通常社会资本方会在政府采购环节之前介入项目，帮助甚至代替政府完成编制项目实施方案、招标文件等工作，导致采购环节竞争性不足，这是应当避免的。

五、市场风险

（一）价格风险

价格风险指由于 PPP 项目中产品或服务价格过高、过低、未约定价格调整机制或价格调整机制不灵活而导致项目运营收入不足或公共资源贱卖的风险。这里主要讨论价格调整机制的问题。

1. 合同中未约定调价机制

运营收益是经营性和准经营性 PPP 项目的主要收入来源，然而 PPP 项目期限很长，合同签订时的价格很可能无法适应市场变化而导致收益大幅下降，所以 PPP 合同应当约定调价机制。PPP 调价的原因包括汇率变化、利率变化、通货膨胀、原材料或设备市场供求情况变化等。

在 PPP 项目的公共服务项目，如污水处理、垃圾处理等项目中，通常是社会资本方与政府签订长期购买协议，并确定产品或服务的定价策略。长期购买协议具有长期服务性和担保性，能为项目运营时的市场需求量提供一定的保证。如今，我国采用最多的定价模式主要有两种，边际成本加政府补贴定价法和两部制定价法。两部制定价分为两部分，一是一次性收取的固定使用费（固定成本），二是每年收取的年度运营费用（变动成本费用），同时约定定期调整价格；边际成本加补贴是以项目的服务能力与成本两方面来确定单价，预先约定每年最低服务总量，若当年总量未达约定则按约定总量计算费用，若服务量超过约定则超额部分按单价计算，同时约定定期调整价格。这两种定价方式都应当有相应的调价机制配合。

价格调整机制对于保障社会资本方的收益而言十分重要，通过价格调整机制上调运营价格可以应对因实际的市场需求低于预期而给运营公司带来的亏损。笔者建议在 PPP 协议中明确约定调价情形和调整公式。不少 PPP 合同均存在调价条款，例如平赞高速公路项目合同中约定，“乙方有权根据同期国家及河北地区消费物价指数变化情况或项目合理的经营成本等因素的变动情况，拟定公路收费价格调整方案，经报河北省政府批准后执行”。但是，此类条款过于原则，只能留待争议发生时订立补充协议，但争议发生后达成协议的成本是十分高昂的，因此 PPP 调价条款应更为具体明确。

案例 14.9　合同中未约定调价机制的案例①

福建省泉州市境内横跨晋江的刺桐大桥，是我国最早引入民营资本、采取 BOT 方式建设的路桥项目。1994 年，15 家民企参股组成的名流公司出资 60%，政府资金占 40%，组建“刺桐大桥投资开发有限公司”，全权负责大桥建设，经营

① 案例来源于柯永建、王守清编：《特许经营项目融资（PPP）风险分担管理》，清华大学出版社 2011 年版，第 121 页。

期限 30 年。按约定的收费方式、收费标准，通过收费获得整个特许经营期内的投资回报，期间所有收益归名流公司支配。1997 年通车之后，车流量迅速上升，社会效应和经济效应都曾被各方面高度肯定。然而，几年之后因政府兴建桥梁，分流了车流量，使刺桐大桥形成面临竞争。此后名流公司提出要求提高收费和政府回购，然而由于合同规定的粗疏，并未约定价格调整机制，拿不出任何基于契约的制约或者和政府讨价还价的依据，也未规定相应的退出机制，所以一直未能得到政府响应。

2. 调价审批不通过

不少 PPP 项目涉及用户付费，例如供电项目、供水项目、供热项目等，我国《价格法》和《政府价格决策听证办法》规定，公用事业价格等政府指导价、政府定价，应当建立听证制度。听证制度无疑很容易造成审批延误或者审批无法通过。

PPP 项目产品或服务的价格通常在长期协议中定制，并规定一定的调价机制，然而根据合同制订的调价方案往往得不到社会公众的认可。也就是说，即使合同存在详细的调价约定，价格调整也不一定能够执行。笔者认为为防范此种情况，社会资本方可在 PPP 合同中争取约定，如果价格听证不能通过审批，政府方应当按照一定比例给予补贴以保证项目最低收益。

案例 14.10　价格调整审批不通过的案例①

上海大场水厂是我国第一座以 BOT（建设—运营—移交）形式建设的自来水厂，属于最早一批水务领域固定回报项目，英国泰晤士水务于 1996 年以 BOT 模式、投资约 7,000 万美元取得了上海市北自来水公司下属大场水厂项目为期 20 年的经营权，于 1998 年正式投入运营。按照当初的 BOT 协议，泰晤士水务将经营到 2018 年。由于固定资产投资成本较高，上海大场水厂一直存在“成本价格倒挂”现象，即收入小于成本，需要提高水价。然而上海人大代表提出反对水价上涨的提案，造成上海水价改革措施迟迟无法落实，最终泰晤士水务不得不出售了其大场水厂的股份。

---

① 案例来源于柯永建、王守清编：《特许经营项目融资（PPP）风险分担管理》，清华大学出版社 2011 年版，第 123 页。

（二）市场竞争风险（唯一性风险）

市场竞争风险，也称项目唯一性风险，是指政府或其他投资人新建或改建其他项目，导致对该项目形成实质性的商业竞争而产生的风险。项目唯一性风险出现后往往会带来市场需求变化风险、市场收益风险、信用风险等一系列的后续风险，对项目的影响非常大。为了避免项目竞争风险，社会投资人可以在 PPP 合同中加入项目唯一性条款，即规定政府方在特定时间、特定地区不得再兴建特定项目，以避免对本项目造成竞争，降低项目公司的经营收益。

然而，笔者认为唯一性条款并不能完全杜绝市场竞争风险。

一是市场竞争既可能来自同类项目，更可能来自于其他替代性产品。如轨道交通项目的竞争主要来自于同类的其他交通项目；桥梁项目可能受到轮渡、隧道等影响；而收费高速公路四通八达，很难确定两条公路之间是否有实质性竞争，即使不再于两地间新建高速公路，其他已有收费低的公路仍会对项目产生竞争。

二是政府方可能因政策原因无法对特定项目做出唯一性承诺。例如，电力、水利等项目，国家对新能源项目的政策倾斜，如减排指标控制、优先购买、一定比例补贴等，也对非新能源 PPP 项目造成了实质性的竞争。

三是政府可能因公共利益原因拒绝签订或信守唯一性条款，如桥梁和高速公路类的项目，政府可能因民众意见和城市整体规划原因启动新项目，案例 15. 11中杭州湾跨海大桥就是如此。

四是竞争风险可能更多地来自于现有的竞争性设施。如英法隧道虽然获得了于 2020 年前都不会修建第二条海底隧道的唯一性承诺，但仍然由于海运、航空等造成的竞争难以为继。

因此，笔者建议社会资本方除在签署 PPP 合同时应加入项目唯一性条款外，还应当考虑政府方违约的情况，明确约定违约金及退出机制；此外，可以通过流量风险条款补足项目唯一性条款的不足，下文将详述。

案例 14.11　因唯一性风险导致项目失败的案例①

杭州湾跨海大桥建设投资额预算达 118 亿元，各合作方约定出资比例，共同

① 案例来源于《基于案例分析的 PPP 项目案例运作经验总结及启示》，载中债资信《PPP 系列研究》第 2 期。

出资组建宁波杭州湾大桥投资发展有限公司。注册资本 41.8 亿元,其中由 17 家民营企业组成民间资本投资占总股本的 50.25%,注册资本与总投资额的差额部分由国开行和商业银行贷款解决,占总投资额的 65%,年利率 5.75%。杭州湾跨海大桥开工未满两年,相隔仅仅 50 公里左右的绍兴杭州湾大桥已经开始项目准备。2003 年,随着第一大股东宋城集团转让股份,一度占优势的民资下降到 29.38%。民资退出,其主要原因在于绍兴杭州湾大桥对杭州湾跨海大桥的竞争作用,使得杭州湾跨海大桥的客流量显然低于预期,导致了其市场收益不足的结果。

(三)市场需求变化风险(流量风险)

市场需求变化风险,是指排除唯一性风险以外,由于宏观经济、社会环境、人口变化、法律法规调整等其他因素使市场需求变化,导致市场预测与实际需求之间出现差异而产生的风险。运营收益是 PPP 项目收益很重要的一部分,而其与市场需求有着重要联系,一旦市场需求发生变化,势必影响项目运营收益。据悉,本轮 PPP 热潮中,政府确定了社会资本"盈利但不暴利"原则,原则上社会资本的利润率不超过 8%。所以,一方面,如果市场需求远不如预期,运营收益必然与预期收益相去甚远,有极大可能使项目失败;另一方面,如果市场需求远远超过预期水平,则运营收益远超预期而有失公平。故而,市场需求变化风险应由社会资本方与政府方共担。

避免市场需求变化的最好方式无疑是将市场需求固定,如上文提到的电力、水利等项目中项目公司通常与政府方签署购买产品或服务的协议,在这些协议中往往有最低购买量的约定,这样就固定了市场需求。然而,此种协议相当于将市场需求的风险全部转移给政府方,如果实际用量不达最低购买量而政府方又不违约,那么要么会给政府财政造成压力要么将这一部分转嫁给公众承担。所以,一方面政府方要于项目前做好预测工作,尽量避免此种事件,另一方面也应规定较为灵活的调整机制,以防万一。

在这里,介绍地铁 4 号线的项目,提供一种思路。

地铁 4 号线项目前期,政府方通过对项目运营成本、客流预测和票价定价等方面的实证研究,建立了城市轨道交通的项目寿命期现金流寿命模型,并将公益性部分和赢利性部分的比例被确定为 7:3。这一划分既确保地铁项目作为公共产品的公益性,又降低了投资风险,使得社会资本有利可图。

其次，地铁 4 号线项目通过票价机制使风险共担。按最初北京市政府对票价的规定，票价定价为 3 元起步，但受奥运会影响，出台了低票价政策（2 元/人次），按照出行最短路径对票价进行拆分后的票价仅为 1 元/次，导致票款收入无法弥补运行成本，无法达到预期的投资回报。按照北京市政府与香港地铁签订的票价合同，在低票制情况下，北京市政府补助 2.44 元/人次，在票价提高后取消对票价补贴。

地铁 4 号线通过资产租赁及租金调整机制实现有效管理和利益共享。由于项目区分为公益性和盈利性两部分且由两个业主进行投资建设，所以约定由特许经营公司通过租赁政府方资产的形式获得整体线路运营管理的权利。此外，合同还设置了租金调整机制，即在项目初期，政府只向特许经营公司免收或者收取少量象征意义的租金，促进项目尽快成熟；而在项目成熟期，当实际客流超出预测客流一定比例，政府投资方将适当的提高租金，避免特许经营公司利用公共财产产生超额利润；反之，若客流低于预测客流一定比例或者政府定价低于测算的平均人次票价，政府投资方会适当的减免租金，增强项目抵御风险的能力。①

市场需求变化风险，是指排除唯一性风险以外，由于宏观经济、社会环境、人口变化、法律法规调整等其他因素使市场需求变化，导致市场预测与实际需求之间出现差异而产生的风险。运营收益是 PPP 项目收益很重要的一部分，而其与市场需求有着重要联系，一旦市场需求发生变化，势必影响项目运营收益。本轮 PPP 热潮中，政府确定了社会资本“盈利但不暴利”原则，原则上社会资本的利润率不超过 8%（当然在很多案例中利润率可能达到百分之十几）。因此，一方面，如果市场需求远不如预期，运营收益必然与预期收益相去甚远，有极大可能使项目失败，增加投资风险；另一方面，如果市场需求远远超过预期水平，则运营收益远超预期，公共资源有被贱卖之嫌。因此，通过合同设计明确市场需求不足（流量过低）风险由哪一方当事人承担，并明确市场需求过盛（流量过高）的处理方式，对于 PPP 项目的顺利进行极为重要。

根据财政部《推广运用政府和社会资本合作模式有关问题的通知》（财金〔2014〕76 号），政策、法律和最低需求风险等由政府承担。避免市场需求变化的最好方式无疑是将市场需求固定，一方面，社会资本方通常与政府方签署购买产

① 参见廖诗娜：《PPP 项目融资金融风险管理研究——基于项目发起人的角度》，重庆大学 2010 年硕士学位论文。

品或服务的协议，约定最低购买量，即所谓“限低”条款，若实际流量低于某一标准，则通过价格调整机制、补贴机制或其他补偿、优惠等维持项目运营。另一方面，PPP 协议约定“限高”条款，即当流量超过某一标准时，超额收益应由政府与社会资本共享。

如地铁 4 号线项目通过资产租赁及租金调整机制控制流量风险。在项目初期，政府只向特许经营公司免收或者收取少量象征意义的租金，促进项目尽快成熟；而在项目成熟期，当实际客流超出预测客流一定比例，政府投资方将适当的提高租金，避免特许经营公司利用公共财产产生超额利润；反之，若客流低于预测客流一定比例或者政府定价低于测算的平均人次票价，政府投资方会适当的减免租金，增强项目抵御风险的能力。

案例 14.12　因市场需求变化影响项目经营的案例①

山东中华发电项目是我国迄今为止装机规模最大、结构最复杂、贷款额最高的 BOT 电力项目。曾被《欧洲货币》《项目融资》等多家全球著名金融杂志列为 1998 年度最佳项目融资计划。该项目总投资 168 亿元人民币，总装机规模 300 万千瓦。项目由山东省电力公司、山东国际信托投资公司、香港中华电力投资有限公司以及法国电力公司共同发起的中华发电有限公司承担。工程项目公司于 1997 年成立，1998 年开始运营，计划于 2004 年最终建成。公司合作经营期为 20 年，经营期结束后，电厂资产全部归中方所有。项目建成后运营较为成功，但是遭遇了山东电力市场的变化和国内电力体制改革，对项目运营产生了重大影响。第一是电价问题，1998 年在原国家计委曾签署的谅解备忘录中中华发电项目部分机组获准了 0.41 元/度这一较高的上网电价；而在 2002 年 10 月，菏泽电厂新机组投入运营时，山东省物价局批复的价格是 0.32 元/度。这一电价不能满足项目的正常运营。第二是合同中规定的最低购电量受到威胁，2003 年开始，山东省计委将以往中华发电与山东电力集团间的最低购电量 5,500 小时减为 5,100 小时。这使中华发电项目承担了严重的市场需求变化风险。

① 案例来源于《PPP 项目的失败案例》，载中国工程建设网 http://www.chinacem.com.cn/ppp-alfx/2015-02/182873.html.，最后访问日期：2016 年 10 月 8 日。

六、不可抗力风险

依据我国《民法通则》第 153 条及《合同法》第 117 条第 2 款规定，不可抗力指不能预见、不能避免并不能克服的客观事件。也就是说，在履行合同的过程中，合同一方或是双方发生了事前未能预料、不能防范，情况发生时又不能控制和有效克服的意外事件，使合同当事人不能依照合同规定履行或如期履行相应的职责。

不可抗力的起因包括自然因素和社会因素，其中自然因素如洪灾、地震、旱灾等，社会因素如政府禁令、战争、罢工、禁运等。不可抗力风险就是由不可抗力引起的风险。关于不可抗力的事项应在合同中明确约定，例如何种程度以上的自然灾害为不可抗力、影响大于何种范围的社会动荡为不可抗力等；同时，还应约定何种事项不属于不可抗力，以正反两方面约定明确不可抗力的事项范围。

不可抗力风险常常是不可避免和不可控制的，只能通过采取各种措施来降低风险所造成的损失，所以一般而言，由政府方与社会资本方共担。笔者建议在 PPP 合同中明确约定不可抗力的情形，以及损失计算、分担、补偿的规则。如澳大利亚的墨尔本环城高速公路项目中约定，如果不可抗力可以保险，项目公司必须恢复风险造成的破坏，一旦投资人要求用保费补偿风险损失，使项目公司无法恢复风险造成的破坏，可以将被破坏的部分交于政府处理；而如果项目公司主动承担风险，则政府给予投资人补偿以维持最低投资回报率。如果不可抗力不可保险，项目公司为了维持投资者的利益，可以不修复损失；如果修复的成本在扣除保费之后大于 4.5 亿澳元，项目公司可以将破坏部分移交给政府处理。在澳洲雪梨过港隧道项目中，当项目公司于建造期间内遭受无法投保的不可抗力风险，导致成本超支或偿付本息困难时，为维持特许公司的建设及营运，由政府提供补助性融资保证。

案例 14.13 因不可抗力致使项目失败的案例[①]

20 世纪 90 年代中期，国外某能源投资公司与湖南省政府签订该省某电厂（原国家计委批准立项）特许权协议，在前期的合作中项目进展良好。但是 1999

① 案例来源于柯永建、王守清编：《特许经营项目融资（PPP）风险分担管理》，清华大学出版社 2011 年版，第 123 页。

年5月8日以美国为首的北约(其中也包括项目中标人所在国家)悍然轰炸我驻南斯拉夫使馆,这已经在实质上严重侵犯了中国主权。面对突变的国际政治局面,项目公司未能在比较合理的融资期限内完成融资,最终政府收回项目并结束了该项目的招标活动,该项目引进外商投资者以失败告终。

后　记

2015 年年初，我有幸开始从事 PPP 法律服务，先后为几十个 PPP 项目提供法律咨询，亲身经历了这一波 PPP 热潮，目睹了地方政府、施工单位和金融机构如何从最初的一头雾水到借助工程咨询机构、律师事务所等中介机构的力量，逐步落地一些 PPP 项目的艰难历程。

在从事 PPP 法律服务的过程中，我深深地感到与其说 PPP 是单纯的工程项目，不如说它是金融工程项目，因为 PPP 模式是金融与工程最深度结合的一种形式。施工单位如果只懂建造，不懂财务测算、市场经营前景预测，无法从事真正的 PPP 业务；只能将 PPP 做成拉长的 BT，也就是假 PPP，早期法律服务中经常遇到这种项目。金融机构如果只懂金融，不懂工程，也无法实现真正意义上的项目融资；仍然因循守旧，拘泥于传统的主体信用的融资模式，无法为真正的 PPP 项目提供融资服务。正因为如此，我萌生了撰写一本横贯 PPP 融资与建造书籍的念头，希望能够成为建筑人与金融人手边的 PPP 参考手册。

我本人在中国建筑股份公司、中国人寿保险股份公司从事法律工作多年，略了解工程与金融法律，将该想法与金融圈朋友沟通后，立刻得到大家的响应。于是，来自银行、信托、保险、基金、工程咨询机构的朋友便组成了一个 PPP 小沙龙，畅谈 PPP 融资与建造问题，并开始着手撰写相关章节。

本书自 2015 年 7 月开始撰写，由于 PPP 法规频出，模式不断更新，项目不断落地，本书稿几经修订。再加上本书作者都是工程、法律、金融领域的实务工作者，平时工作比较繁忙，常常是利用业余时间从事研究。因此，虽然初稿早在去年 11 月份出来，但直到一年后才得以定稿。时隔一年，值得欣慰的是，目前市场上仍然缺乏兼论 PPP 融资与管理运作的书籍。

感谢本书作者王瀚培、骆杰、耿胜先、王亚利、綦赞超、郭楠、孙杰、李越川的鼎力支持;感谢求实咨询公司张大平先生对全书的把关和指导;感谢我的助理黄轩辕、田婷婷为本书撰写收集资料,参与校对统稿工作;感谢法律出版社朱峰老师为本书出版面世所做出的大量辛勤工作。

看着这二十余万字的书稿,回顾这一年以来无数次起早贪黑,我体会到了什么是"积小步成千里"。尽管只是每天拿出一些时间查阅国内外文献、阅读、思考,但是坚持一年下来,竟也有不小的收获。这也激励了我在今后的律师生涯中,勤思考、勤阅读、勤动笔,继续做有益于行业实践的研究。

当然,这本书较为粗浅,仅涉及 PPP 操作流程、融资策略、风险控制要点和合同重要条款等基础问题,由于篇幅关系,尚未涉及疑难法律问题分析和案例分析解读。随着我国 PPP 实践的深入开展,随着 PPP 立法的深入推进,未来还有很多问题值得深入研究和探讨,我们也将继续探索、研究、实践。本书不当之处,也请读者不吝赐教。

黄华珍

2016 年 7 月 30 日于北京

图书在版编目(CIP)数据

完胜PPP:融资与建造的全域解析 / 黄华珍著. —
北京:法律出版社,2016.11
ISBN 978-7-5197-0219-9

Ⅰ.①完… Ⅱ.①黄… Ⅲ.①政府投资—合作—社会资本—研究—中国 Ⅳ.①F832.48②F124.7

中国版本图书馆CIP数据核字(2016)第262101号

责任编辑/朱 峰　　**装帧设计**/李 瞻

出版/法律出版社　　**编辑统筹**/法律出版社
总发行/中国法律图书有限公司　　**经销**/新华书店
责任校对/杜 进　　**责任印制**/沙 磊
印刷/固安华明印业有限公司

开本/720毫米×960毫米 1/16　　**印张**/22　　**字数**/354千
版本/2016年11月第1版　　**印次**/2016年11月第1次印刷

法律出版社/北京市丰台区莲花池西里7号(100073)
电子邮件/info@lawpress.com.cn　　**销售热线**/010-63939792/9779
网址/www.lawpress.com.cn　　**咨询电话**/010-63939796

中国法律图书有限公司/北京市丰台区莲花池西里7号(100073)
全国各地中法图分、子公司电话:
第一法律书店/010-63939781/9782　　**西安分公司**/029-85388843
重庆公司/023-65382816/2908　　**上海公司**/021-62071010/1636
北京分公司/010-62534456　　**深圳公司**/0755-83072995

书号:ISBN 978-7-5197-0219-9　　**定价:**59.00元